in cattedra
Concorsi Scuola

LEGISLAZIONE SCOLASTICA

Manuale disciplinare
per la preparazione ai concorsi a cattedra

III EDIZIONE

EDIZIONI SIMONE
dal 1968
Gruppo Editoriale Simone

Via Francesco Caracciolo, 11
80123 Napoli
www.simone.it

Marzo 2020
526/C • Legislazione scolastica

Questo volume è stato stampato presso:
PL PRINT s.r.l.
Via Don Minzoni, n. 302 – Cercola (NA)

Per tenerti informato sul concorso visita:

- la nostra pagina dedicata ai concorsi nella scuola *www.concorsiacattedra.it* e il blog *Simoneconcorsi.it*
- la nostra pagina Facebook (*www.facebook.com/SimoneConcorsi*)
- il gruppo Facebook *Concorsi a cattedre - Edizioni Simone*

PREMESSA

Il manuale di **Legislazione scolastica** rappresenta un utile strumento di preparazione in vista delle prove dei concorsi a cattedra.

Oltre alla padronanza del proprio ambito disciplinare e al dominio dell'insieme di competenze pedagogiche, metodologiche e didattiche, infatti, è necessario che gli aspiranti docenti siano in possesso di un'adeguata conoscenza di molti aspetti normativi del contesto in cui dovranno operare, e della legislazione che disciplina il funzionamento della scuola.

L'aspirante docente deve, infatti, conoscere l'assetto del sistema scolastico in Italia, con particolare riferimento, ad esempio, ai principi della Costituzione italiana relativi all'istruzione, all'evoluzione storica della scuola, ai diversi ordini e gradi di istruzione, e al modo in cui la scuola concretamente agisce in relazione all'offerta formativa e alla sua gestione, all'interazione tra i diversi organi collegiali della scuola, all'autovalutazione dell'istituzione scolastica e alla valutazione degli apprendimenti. Senza dimenticare l'impatto riformatore della **legge 107 del 2015, cd. Buona scuola** che, con i suoi otto decreti attuativi e i diversi provvedimenti applicativi (tra i quali da ultimo il **D.M. 28/2020** sugli esami di Stato), sta gradualmente modificando la fisionomia del sistema scolastico, incidendo su ambiti sensibili: dalla valutazione degli alunni, al sistema di reclutamento dei docenti, all'integrazione degli studenti disabili, per citarne alcuni.

Il manuale è suddiviso in *due Parti*:

— **Prima Parte - Legislazione e normativa scolastica**: si disegna un quadro generale del sistema scolastico, in particolare della *scuola autonoma*; partendo dai suoi principi fondanti contenuti nella *Costituzione,* e passando per i diversi *percorsi riformatori*, si tracciano le linee degli *ordinamenti didattici*, con uno sguardo anche all'*Europa* e ai suoi nuovi documenti di riferimento, per poi scendere nei delicati temi dell'*autovalutazione della scuola* e della sua gestione da parte dei suoi *organi di governo*, fino ad esaminare lo *stato giuridico del docente* e le *responsabilità* giuridiche sue e dell'istituzione scolastica.

— **Seconda Parte - La disciplina della didattica e dell'insegnamento**: tratta dell'offerta formativa della scuola nel documento che viene definito la *carta di identità dell'istituzione scolastica*, ossia il PTOF, per poi entrare nella complessità dell'*integrazione e inclusività* della scuola che accoglie alunni con bisogni educativi speciali (disabili, DSA e stranieri) e del delicato tema del *bullismo* e del *cyberbullismo*; infine, la trattazione dedica uno spazio alla *scuola digitale* che, in quanto pubblica amministrazione, tra trasparenza e dematerializzazione, è tenuta ad adeguarsi alle innovazioni che le tecnologie informatiche stanno introducendo.

I diversi capitoli in cui le Parti sono strutturate presentano **tabelle, schemi** che arricchiscono la trattazione e **sintesi finali** in cui sono evidenziati con *parole chiave* i contenuti di ciascun capitolo.

Approfondimenti e provvedimenti normativi di rilievo sono tra le **espansioni on line**, accessibili tramite il QrCode posto all'interno del testo.

Per garantire un volume sempre aggiornato, tra le espansioni online verranno forniti anche gli ulteriori **aggiornamenti normativi** che dovessero intervenire fino all'espletamento delle prove del concorso.

I Legislazione e normativa scolastica

Sommario Parte I

1
Costituzione e scuola

Oltre alle conoscenze relative alla materia di insegnamento e ai fondamenti teorici di psicologia e pedagogia, oggi il docente deve padroneggiare anche il sistema di norme e direttive che regolano la scuola in cui opera.

Autonomia didattica, libertà di insegnamento, diritto all'istruzione, progettazione didattica, sono locuzioni abusate ma assolutamente prive di significato se non si conoscono i confini che le norme statali e spesso internazionali (si veda ad esempio quelle dell'Unione europea) impongono nella loro applicazione quotidiana.

È per questo motivo che, in aderenza con quanto previsto nei diversi bandi di concorso, daremo conto del contesto normativo che regola il "sistema scuola" italiano.

1 La Costituzione italiana

Alla fine di analizzare i principi costituzionali che sono alla base della normativa italiana in materia di istruzione ed educazione, occorre ripercorrere quelli che sono i principi fondamentali della nostra Carta.

La **Costituzione** è la legge fondamentale dello Stato. Essa contiene le norme e i principi relativi all'organizzazione e al funzionamento degli organi dello Stato, nonché le norme riguardanti i diritti e i doveri fondamentali dei cittadini.

La Costituzione italiana fu approvata dall'Assemblea costituente il 22 dicembre 1947 ed è entrata in vigore il 1° gennaio 1948. È una costituzione **lunga** perché, oltre alla norme sull'organizzazione statale, contiene i principi fondamentali che devono ispirare l'azione dei cittadini e dei pubblici poteri. È, inoltre, una Costituzione **rigida**, ossia non può essere modificata da una semplice legge ordinaria, ma solo attraverso un procedimento legislativo (detto *aggravato*) particolarmente lungo e articolato.

La Costituzione italiana si apre con un gruppo di 12 articoli in cui sono poste le fondamenta dell'ordinamento della Repubblica. I più importanti **principi** enunciati in tali articoli sono:

- il *principio democratico* (art. 1): rappresenta la norma base del sistema in quanto la Repubblica si fonda sul consenso dei cittadini che sono gli unici legittimi titolari della *sovranità*;
- il *principio personalista e della dignità umana* (artt. 2 e 3): la Repubblica riconosce il primato assoluto della persona e il pieno rispetto delle libertà dell'individuo;
- il *principio di eguaglianza* (art. 3) degli individui sia di fronte alla legge che nella società;
- il riconoscimento e la tutela delle *diversità culturali* (artt. 3, 5 e 6) degli individui (lingua, tradizioni, religione etc.) che non devono rappresentare motivo di discriminazione tra i cittadini;
- il *principio pluralista* (artt. 2 e 3) che esalta le comunità intermedie e le *formazioni sociali* (famiglia, scuola, sindacati, partiti etc.) tra individuo e Stato considerate le sedi più idonee per la crescita e lo sviluppo della personalità;
- il *principio lavorista* (artt. 1 e 4) che colloca il lavoro e i lavoratori al centro della vita del Paese;
- il *principio solidarista* (artt. 2 e 4) che impone ai cittadini di adempiere ai doveri inderogabili di fratellanza e solidarietà e che è alla base dello stesso *Stato sociale* quale è quello italiano, che si

assume di conseguenza l'onere di favorire l'accesso all'istruzione generale gratuita, e garantire l'assistenza sanitaria e sociale per tutti, le assicurazioni sociali nonché il sistema pensionistico e previdenziale.

PRINCIPI FONDAMENTALI (ARTT. 1-12 COST.)

Principio democratico (art. 1)
I cittadini sono i reali detentori del potere di indirizzo politico

Principio personalista (art. 2)
I diritti inviolabili sono le posizioni giuridiche della persona considerate essenziali in quanto connaturate alla natura umana

Principio di uguaglianza (art. 3)
I cittadini hanno pari dignità sociale e sono uguali davanti alla legge senza alcun tipo di discriminazione

Principio lavorista (art. 4)
Il lavoro costituisce il valore centrale dell'ordinamento e il criterio guida della politica nazionale

Principio autonomista (art. 5)
Riconoscimento dell'esistenza di centri di potere autonomi, diversi dallo Stato e più vicini ai cittadini

Tutela delle minoranze linguistiche (art. 6)
e delle formazioni sociali che si differenziano dalla maggioranza dei cittadini per diversità etniche e linguistiche

Principio di laicità (art. 7)
Stato e Chiesa sono, ciascuno nel proprio ordine, indipendenti e sovrani

Libertà dei culti (art. 8)
Lo Stato garantisce l'eguale tutela delle diverse religioni come riflesso del sentimento religioso del singolo

Principio culturale e ambientalista (art. 9)
La Repubblica incentiva il progresso culturale e tutela il paesaggio e i beni culturali e ambientali

- *Promozione della cultura e della scuola* (**art. 33**)
- *Diritto all'istruzione* (**art. 34**)

Adattamento al diritto internazionale (art. 10)
L'ordinamento giuridico italiano si conforma alle norme di diritto internazionale

Principio pacifista (art. 11)
L'Italia ripudia la guerra come strumento di offesa e di risoluzione delle controversie

Il tricolore italiano come bandiera della Repubblica (**art. 12**)

2 Il ruolo dell'istruzione e della scuola nella Costituzione

La nostra Costituzione dedica alcuni articoli all'**istruzione**, considerata come uno dei fini di cui ogni Stato deve farsi carico per procurare maggiore benessere alla collettività e per migliorare ed elevare le condizioni di vita dei cittadini.

In particolare, *la scuola è considerata ponte di passaggio tra la famiglia*, primigenio nucleo sociale e formativo della persona, *e la società*, luogo naturale di integrazione con gli altri individui e di esplicazione della propria personalità.

Relativamente al mondo dell'istruzione e della scuola, tre sono gli articoli più importanti: artt. 9, 33 e 34 Cost.

Art. 9, comma 1: «*La Repubblica promuove lo sviluppo della cultura e la ricerca scientifica e tecnica*».

Tale articolo consacra lo Stato italiano come **Stato di cultura**, col preciso compito di farsi carico della **promozione culturale dei suoi cittadini**, ovvero di fornire le condizioni e i presupposti per il libero sviluppo della cultura e dell'istruzione, considerate fra i più rilevanti parametri di crescita dell'individuo sotto il profilo personale e civile.

Art. 33: *"L'arte e la scienza sono libere e libero ne è l'insegnamento. La Repubblica detta le norme generali sull'istruzione ed istituisce scuole statali per tutti gli ordini e gradi.*

Enti e privati hanno il diritto di istituire scuole ed istituti di educazione, senza oneri per lo Stato.

La legge, nel fissare i diritti e gli obblighi delle scuole non statali che chiedono la parità, deve assicurare ad esse piena libertà e ai loro alunni un trattamento scolastico equipollente a quello degli alunni di scuole statali.

È prescritto un esame di Stato per l'ammissione ai vari ordini e gradi di scuole o per la conclusione di essi e per l'abilitazione all'esercizio professionale.

Le istituzioni di alta cultura, università ed accademie, hanno il diritto di darsi ordinamenti autonomi nei limiti stabiliti dalle leggi dello Stato."

Art. 34: "*La scuola è aperta a tutti. L'istruzione inferiore, impartita per almeno otto anni, è obbligatoria e gratuita.*

I capaci e meritevoli, anche se privi di mezzi, hanno diritto di raggiungere i gradi più alti degli studi.

La Repubblica rende effettivo questo diritto con borse di studio, assegni alle famiglie ed altre provvidenze, che devono essere attribuite per concorso."

Da quanto si è appena letto, gli artt. 33 e 34 disciplinano l'**istruzione scolastica** secondo i seguenti **princìpi**:

- *libertà di insegnamento* (art. 33, comma 1 Cost.);
- disponibilità di scuole statali per tutti i tipi, ordini e gradi di istruzione (art. 33, comma 2 Cost.);
- *libero accesso all'istruzione scolastica*, senza alcuna discriminazione (art. 34, comma 1 Cost.);
- *obbligatorietà e gratuità dell'istruzione dell'obbligo* (art. 34, comma 2 Cost.);
- riconoscimento del *diritto allo studio* anche a coloro che sono privi di mezzi, purché capaci e meritevoli, mediante borse di studio, assegni e altre provvidenze da attribuirsi per concorso (art. 34, comma 3 Cost.);
- ammissione, per esami, ai vari gradi dell'istruzione scolastica e dell'abilitazione professionale (art. 33, comma 5 Cost.);
- *libera istituzione di scuole da parte di enti o privati* (art. 33, comma 3 Cost.);
- *parificazione delle scuole private a quelle statali*, quanto agli effetti legali e al riconoscimento professionale del titolo di studio (art. 33, comma 4 Cost.).

Oltre che dallo Stato in prima persona, i compiti sopra indicati sono e devono essere espletati anche da altri soggetti: Regioni, Città metropolitane, Province, Comuni etc.

3 Libertà di insegnamento

Il principio alla base delle norme costituzionali sulla scuola è quello della *libertà di insegnamento* (**comma 1, art. 33 Cost.**): «*L'arte e la scienza sono libere e libero ne è l'insegnamento*». I termini «*arte*» e «*scienza*» devono essere intesi nell'accezione più ampia possibile, in modo da abbracciare qualunque manifestazione dello spirito compatibile con l'insegnamento. Secondo la comune accezione, **la libertà di insegnamento dei docenti** si specifica ulteriormente nella:

- *libertà di manifestare il proprio pensiero* con ogni mezzo possibile di diffusione;
- *libertà di professare qualunque tesi o teoria* si ritenga degna di accettazione;
- libertà di svolgere il proprio insegnamento *secondo il metodo che appaia opportuno adottare*.

È, dunque, riconosciuta al docente la libertà di esercitare le proprie funzioni didattiche e di ricerca scientifica senza vincoli di ordine politico, religioso o comunque ideologico. Tuttavia, la libertà di insegnamento trova dei contemperamenti allorquando si esplica nelle **scuole private di tendenza**, ossia in quelle particolari organizzazioni scolastiche o universitarie finalizzate al raggiungimento di specifici scopi e portatrici di precise fedi religiose o di particolari indirizzi culturali.

3.1 Autonomia didattica

La libertà nell'insegnamento si estrinseca relativamente all'aspetto del metodo e dei contenuti, nella cosiddetta **autonomia didattica**.

L'**art. 1** del Testo unico Scuola (D.Lgs. 297/1994) stabilisce appunto che «*ai docenti è garantita la libertà d'insegnamento intesa come autonomia didattica e come libera espressione culturale del docente*» e che «*l'esercizio di tale libertà è diretto a promuovere, attraverso un confronto aperto di posizioni culturali, la piena formazione della personalità degli alunni*».

L'insegnamento può essere impartito in qualsiasi luogo, anche isolatamente, sia ai giovani che agli adulti; non è neanche necessario che si rivolga ad una categoria differenziata di soggetti o che questi siano in rapporto di subordinazione rispetto al docente.

La libertà di insegnamento, come tutte le libertà, ha dei limiti. Restano escluse da tutela tutte le manifestazioni propagandistiche di tesi o teorie che non ricevono alcuna garanzia costituzionale. Nell'area di garanzia della libertà d'insegnamento non può essere compresa neanche l'espressione di convinzioni personali opinabili e arbitrarie, bensì solo *l'esposizione di argomenti attuata con metodo scientifico*.

L'insegnamento, inoltre, in qualunque ambito venga esercitato, deve sempre rispettare, quale limite alla sua libera esplicazione, il **rispetto del buon costume**, **dell'ordine pubblico, della pubblica incolumità**.

Nell'ambito dei comportamenti contrari al *buon costume* vi si possono far rientrare tutti quegli atti o fatti che in un dato momento storico suscitano *scandalo o allarme sociale, violando* il comune senso del pudore o la coscienza collettiva. Il *rispetto dell'ordine pubblico* si traduce nel divieto di introdurre in aula elementi di turbativa sociale e di propaganda sovversiva per le istituzioni dello Stato. Per quanto concerne, invece, il *limite della pubblica incolumità*, esso attiene a quelle *attività pratiche* tecniche o di laboratorio e che, nel momento in cui vengono svolte senza le normali cautele, possono essere pregiudizievoli per l'integrità fisica e la salute degli alunni.

Il legislatore ha poi provveduto a identificare, quali ulteriori limiti alla libertà d'insegnamento, il **rispetto delle norme costituzionali e degli ordinamenti della scuola**, nonché il **rispetto della coscienza morale e civile degli alunni**.

3.2 Libertà della scuola: scuole non statali, paritarie e confessionali

Dal punto di vista strutturale, la libertà d'insegnamento si connota e si qualifica come **libertà della scuola**.

In particolare, il comma 2 dell'**art. 33 Cost.** afferma che «*La Repubblica detta le norme generali sull'istruzione ed istituisce scuole statali per tutti gli ordini e gradi*», cosicché allo Stato competono, in via generale, la predisposizione dei mezzi d'istruzione e la creazione delle norme generali in materia. Tuttavia l'istruzione non è monopolio dello Stato: sempre l'art. 33 Cost. continua: «*Enti e privati hanno il diritto di istituire scuole ed istituti di educazione, senza oneri per lo Stato*».

L'esistenza di due tipi di **scuole (statali e non statali)** è considerata, infatti, garanzia di buon funzionamento per entrambe. Ciò discende, evidentemente, dal principio costituzionale della libertà di manifestazione del pensiero e della libertà di iniziativa economica senza dimenticare che l'esistenza di scuole private accanto a quelle pubbliche giova al mantenimento di un pluralsmo culturale. La libertà per enti e privati di creare istituti di insegnamento trova tutela anche nella *Carta dei diritti fondamentali dell'Unione europea* (art. 14).

Lo Stato può anche intervenire a *finanziare scuole o istituti in difficoltà, ovvero scuole private* in luoghi nei quali non esistono scuole statali.

3.3 La disciplina giuridica della parità scolastica

Il pluralismo scolastico ha ragione di esistere solo se l'istruzione impartita nelle scuole non statali raggiunge gli stessi livelli e obiettivi educativi delle scuole statali e se alle scuole private è data la possibilità di rilasciare titoli di studio validi ed equiparati a quelli statali.

La possibilità di **parificare ed equiparare gli studi** compiuti in istituti di istruzione privati, a quelli compiuti presso scuole statali è però legata a precise valutazioni tecniche: la **parità con le scuole statali** viene accordata alle scuole che ne facciano richiesta, in base alla legge dello Stato che ne fissa «*i diritti e gli obblighi*» (art. 33, comma 4 Cost.).

Collegandosi al dettato costituzionale, la **legge sulla parità scolastica, L. 10 marzo 2000, n. 62** ha istituito, quindi, un *sistema nazionale di istruzione a carattere misto* costituito da **scuole statali** e da scuole gestite da privati o da enti locali col riconoscimento della *parità* (**scuole paritarie**).

Si definiscono **scuole paritarie** a tutti gli effetti (in particolare per quanto riguarda l'abilitazione a rilasciare titoli di studio aventi valore legale), **le istituzioni scolastiche non statali** (comprese quelle degli enti locali) che, a partire dalla scuola per l'infanzia, corrispondono agli ordinamenti generali dell'istruzione, sono coerenti con la domanda formativa delle famiglie e sono caratterizzate da alcuni requisiti di qualità ed efficacia (art. 1, comma 2, L. 62/2000).

Il *riconoscimento della parità scolastica inserisce la scuola paritaria nel sistema nazionale di istruzione* e garantisce l'equiparazione dei diritti e dei doveri degli studenti, le medesime modalità di svolgimento degli esami di Stato, l'assolvimento dell'obbligo di istruzione e l'abilitazione a rilasciare titoli di studio aventi lo stesso valore dei titoli rilasciati da scuole statali.

I **requisiti** ai quali è collegato il riconoscimento della parità alle scuole non statali sono:

- un progetto educativo in armonia con i principi della Costituzione, sia pure nella piena libertà dell'orientamento culturale della scuola e dell'indirizzo pedagogico-didattico;
- un *piano dell'offerta formativa* conforme agli ordinamenti e alle disposizioni vigenti;
- l'attestazione della titolarità della gestione e la *pubblicità dei bilanci*;
- la disponibilità di locali, arredi e attrezzature didattiche propri del tipo di scuola e conformi alle norme vigenti;
- l'istituzione e il funzionamento degli *organi collegiali* improntati alla partecipazione democratica;
- la possibilità di *iscrizione alla scuola per tutti gli studenti* i cui genitori ne facciano richiesta, compresi gli alunni e gli studenti disabili, purché in possesso di un titolo di studio valido per l'iscrizione alla classe che essi intendono frequentare;
- l'applicazione delle norme vigenti in materia di inserimento di studenti con disabilità o in condizioni di svantaggio;
- l'organica costituzione di *corsi completi*: non può essere riconosciuta la parità a singole classi, tranne che in fase di istituzione di nuovi corsi completi, a iniziare dalla prima classe;
- *personale docente fornito del titolo di abilitazione*;
- contratti individuali di lavoro per personale dirigente e insegnante che rispettino i *contratti collettivi nazionali di settore*.

Al fine di garantire identici standard educativi le **scuole paritarie sono soggette a valutazione e verifica da parte del Ministero**, che accerta il possesso dei requisiti descritti.

Lo Stato, al fine di sostenere la funzione pubblica svolta dalle scuole paritarie nell'ambito del sistema nazionale di istruzione, **può anche erogare contributi alle scuole** dell'infanzia, primarie e secondarie di primo e secondo grado, in **possesso del riconoscimento di parità**.

3.4 Scuole non paritarie e scuole confessionali

Nell'ambito del sistema di istruzione italiano rientrano anche le **scuole non paritarie** che sono scuole non statali che *non intendono chiedere il riconoscimento della parità*. Esse sono iscritte in elenchi regionali che vengono aggiornati ogni anno. La regolare frequenza della scuola non paritaria da parte degli alunni rappresenta assolvimento dell'obbligo di istruzione, tuttavia tali scuole **non possono rilasciare titoli di studio aventi valore legale**.

Per quanto concerne più specificamente le **scuole confessionali**, secondo il Concordato del 1984 «la Repubblica italiana ... garantisce alla Chiesa cattolica il diritto di istituire liberamente scuole di ogni ordine e grado e istituti di educazione».

Il progetto educativo di tali istituti (che possono o meno ottenere la parità in base alla normativa esposta sopra) deve indicare l'eventuale indirizzo educativo di carattere culturale o religioso. Non sono, comunque, obbligatorie per gli alunni **attività *extra curriculari*** che presuppongano o esigano l'adesione ad una determinata ideologia o confessione religiosa.

4 Libertà di istruzione

Strettamente collegata alla libertà d'insegnamento è la **libertà d'istruzione**, nel senso che al dovere statale di istituire scuole di ogni ordine e grado fa fronte il diritto dei cittadini (compresi gli inabili e i minorati - art. 38 Cost.) ad *accedere liberamente al sistema scolastico* (l'art. 34, primo comma Cost., recita: «*La scuola è aperta a tutti*»).

Il **diritto all'istruzione** si identifica come potere-dovere di ogni cittadino di frequentare i gradi dell'istruzione obbligatoria e gratuita, nonché di accedere ai gradi più alti degli studi, anche se privo di mezzi ma capace e meritevole.

Quest'ultima aspettativa si definisce **diritto allo studio** (→ *infra*) e si colloca, in una Costituzione garantista e solidarista come la nostra, nel novero dei diritti fondamentali dell'uomo. È, quindi, compito della Repubblica garantire l'estensione *a tutti* dell'offerta d'istruzione, nonché la fruibilità di essa con una serie di provvidenze, elargizioni e aiuti finanziari alle famiglie degli studenti bisognosi (borse di studio, assegni etc.), realizzando così la vera *eguaglianza sociale sancita dall'art. 3 Cost.*

Il **principio di uguaglianza** enunciato nell'art. 3 è uno dei più importanti del nostro ordinamento giuridico. Esso si articola in due forme, riconosciute dai due commi dell'articolo: l'uguaglianza formale (*comma 1 art. 3 Cost.*) e l'uguaglianza sostanziale (*comma 2 art. 3 Cost.*).

Secondo il principio di **uguaglianza formale** tutti i cittadini hanno **pari dignità sociale**. Ciò significa che ciascuno ha diritto di essere trattato e riconosciuto come uomo o come donna, dai suoi pari, in ogni rapporto sociale in cui si viene a trovare, a prescindere da fattori economici, culturali, politici. Lo Stato non può (e nemmeno possono funzionari amministrativi, docenti, Dirigenti scolastici etc.), in nessuna circostanza, emanare provvedimenti che creino distinzioni tra i cittadini per motivi di razza, sesso, religione etc. (l'elenco delle "discriminazioni vietate" dall'art. 3 Cost. è solo *esemplificativo, non tassativo*).

La Costituzione ribadisce questo principio molte volte. L'articolo 8 stabilisce l'eguale libertà di **tutte le confessioni religiose**; l'articolo 29 sancisce l'uguaglianza morale e giuridica dei **coniugi**; l'articolo 37, a parità di lavoro, riconosce l'eguaglianza di diritti e retribuzioni fra **lavoratori e lavoratrici**.

Il sesso, la razza, la lingua, la religione, le opinioni politiche, le condizioni economiche di un individuo non possono, quindi, essere motivo di discriminazione sociale o giuridica di una persona.

Il principio di eguaglianza formale, però, non deve portare a trattare allo stesso modo situazioni obiettivamente differenti, per non correre il rischio di creare discriminazioni nei confronti di quei soggetti che hanno bisogno di una maggiore tutela rispetto ad altri. All'uguaglianza formale deve perciò accompagnarsi un'**uguaglianza sostanziale**. Pensiamo a persone in condizioni economiche disagiate, con un minor grado di istruzione, con handicap fisici o psichici. *Se lo Stato non intervenisse* con apposite norme per correggere tali disuguaglianze, garantendo, per esempio, a questi soggetti una via preferenziale per accedere al lavoro, alcuni cittadini sarebbero posti in una situazione di inferiorità e impossibilitati a sviluppare pienamente la propria personalità.

Il compito di *diversificare in certi casi le norme* spetta al legislatore, il quale, però, nel valutare la diversità delle situazioni, deve attenersi al **criterio della ragionevolezza delle leggi**: la legge deve, cioè, fornire logiche giustificazioni alla disparità di trattamento fra i cittadini. La legge, ad esempio, non consente alle donne di lavorare in miniera: questa prescrizione apparentemente limita la loro capacità lavorativa, creando una disuguaglianza rispetto ai lavoratori di sesso maschile. In realtà, trova piena e ragionevole giustificazione nella tutela della potenziale maternità, che impedisce di assumere le donne per i lavori considerati insalubri.

5 Diritto allo studio

5.1 Nella Costituzione

Il **diritto allo studio** trova il suo fondamento nei commi 3 e 4 dell'articolo 34 Cost., nei quali si afferma il **diritto dei capaci e meritevoli**, anche se privi di mezzi economici, di raggiungere i gradi più alti degli studi nonché il dovere della Repubblica a rendere effettivo questo diritto con *borse di studio, assegni alle famiglie* ed altre provvidenze da attribuire mediante concorso.

Gli interventi dello Stato per garantire il diritto allo studio concernono sia la scuola che l'università. Per quanto riguarda la scuola gli interventi possono essere di vario tipo: *sostegni economici* (borse di studio, fornitura gratuita o semigratuita dei libri di testo, borse di studio per merito, buoni scuola regionali), *servizi* (trasporto scolastico, servizio mensa, misure di accompagnamento per i disabili) e *agevolazioni varie*.

La garanzia dell'effettività del diritto allo studio per la scuola è stata disciplinata inizialmente dall'art. 27 della L. 448/1998 che dispone la fornitura gratuita dei libri di testo ad alunni e studenti meno abbienti.

Misure finanziarie sono state in seguito emanate attraverso diversi provvedimenti mirati e, con uno dei decreti attuativi della Buona scuola (L. 107/2015), precisamente il **D.Lgs. 13-4-2017, n. 63**, si è attuata la delega al Ministero dell'istruzione per la garanzia dell'*effettività del diritto allo studio su tutto il territorio nazionale,* attraverso la definizione dei livelli essenziali delle prestazioni. Il provvedimento ha, infatti, riorganizzato le prestazioni per il sostegno allo studio, con la promozione di un sistema di *welfare* studentesco basato appunto sull'uniformità territoriale dei servizi per il diritto allo studio degli alunni e delle alunne e degli studenti e delle studentesse del sistema nazionale di istruzione e formazione, statale e paritario, fino al completamento del percorso di istruzione secondaria di secondo grado.

In particolare, i servizi che **Stato, Regioni ed enti locali programmano e finanziano** sono:

a) servizi di trasporto e forme di agevolazione della mobilità;
b) servizi di mensa;
c) fornitura dei libri di testo e degli strumenti didattici indispensabili negli specifici corsi di studi;
d) servizi per le alunne e gli alunni, le studentesse e gli studenti ricoverati in ospedale, in case di cura e riabilitazione, nonché per l'istruzione domiciliare.

È previsto anche l'esonero dalle tasse scolastiche per gli studenti del quarto e quinto anno della scuola secondaria di secondo grado, in presenza di **requisiti di reddito Isee determinati** con decreto.

È assicurato il servizio di trasporto delle alunne e degli alunni delle scuole primarie statali per consentire loro il raggiungimento della più vicina sede di erogazione del servizio scolastico, su domanda e dietro contribuzione diretta.

Inoltre, sono attivabili, laddove il tempo scuola lo renda necessario, per le alunne e gli alunni delle scuole pubbliche dell'infanzia, primarie e secondarie di primo grado, servizi di mensa, attivabili a richiesta degli interessati.

Nel rispetto di quanto previsto dalla L. 448/1998, le scuole possono promuovere servizi di comodato d'uso gratuito per la fornitura di libri di testo e di dispositivi digitali per le studentesse e gli studenti, stipulando specifiche **convenzioni** in accordo con gli enti locali.

Per garantire il diritto allo studio delle studentesse e degli studenti , di ogni ordine e grado, ricoverati in ospedale in case di cura e riabilitazione e il diritto all'**istruzione domiciliare** (D.Lgs. 66/2017 e Linee di indirizzo 2019) è assicurata l'erogazione dei servizi e degli strumenti didattici necessari, anche digitali e in modalità telematica.

Della garanzia dell'effettività del diritto allo studio fa parte anche l'erogazione di **borse di studio** per le quali il Ministero dell'istruzione ha istituito l'apposito *Fondo unico per il* *welfare dello studente e per il diritto allo studio*, a favore degli studenti di scuole di secondo grado, per l'acquisto di libri di testo, per la mobilità e il trasporto, e l'accesso a beni e servizi culturali.

L'ammontare degli importi, la modalità e il valore dell'Isee per l'accesso sono stabiliti annualmente con decreto ministeriale.

La **Carta dello Studente "Io Studio"** è una carta nominativa che consente di attestare lo *status* di studente in Italia e all'estero e di usufruire di **vantaggi, agevolazioni** e **sconti** offerti dai partner nazionali e locali aderenti al progetto (cinema, teatri, musei e aree archeologiche, agenzie di viaggio, esercizi commerciali etc.). Per gli studenti delle scuole secondarie di secondo grado, la Carta ("Io Studio-*Postepay*") è integrata con nuovi servizi digitali e, grazie alla collaborazione con Poste Italiane, può essere attivata anche come un **borsellino elettronico** (carta prepagata ricaricabile).

Ai sensi dell'art. 10 del D.Lgs. 63/2017 la Carta dello Studente è destinata agli studenti delle scuole primarie e secondarie di primo e secondo grado. La Carta è attribuita, a richiesta, anche agli studenti frequentanti le Università, gli Istituti per l'alta formazione artistica, musicale e coreutica e i Centri regionali per la formazione professionale.

6 Diritto-dovere di istruzione e formazione, obbligo scolastico

L'art. 34, comma 1, Cost. stabilisce che «l'istruzione inferiore, impartita per almeno **otto anni**, è **obbligatoria** e gratuita».

In attuazione della cd. Riforma Moratti venne approvato successivamente e sulla base del principio scolastico, sancito nella Costituzione, il **D.Lgs. n. 76 del 15 aprile 2005** per la disciplina degli interventi di orientamento contro la dispersione scolastica e per assicurare la realizzazione del *diritto-dovere di istruzione e formazione*. Tale decreto partiva dal presupposto che l'**obbligo scolastico** di cui all'art. 34 Cost. poteva essere ridefinito e ampliato come **diritto all'istruzione e formazione e correlativo dovere, per almeno dodici anni**. La locuzione utilizzata dal legislatore va intesa nel senso che la fruizione dell'offerta di istruzione e formazione deve costituire per tutti i minori, *compresi quelli stranieri* presenti nel territorio dello Stato, non solo un **diritto soggettivo**, ma anche, ai sensi dell'art. 4, comma 2, della Costituzione, un **dovere sociale**, appositamente sanzionato.

È stato osservato che un diritto/dovere di formazione così concepito sopravanzava certamente il vecchio *obbligo scolastico*, divenendo una sorta di **diritto di cittadinanza sociale**, per la realizzazione del quale si richiedeva l'azione di soggetti istituzionali diversi. Inoltre, la mutata concezione dell'obbligo scolastico in "diritto-dovere di istruzione e formazione" crea un legame significativo tra sistema formativo e sistema delle imprese, dalle forme più antiche dell'apprendistato a quelle più moderne dello stage o dell'alternanza scuola/lavoro.

Con la **L. 296/2006** (art. 1, comma 622) l'obbligo scolastico previsto dalla Costituzione è stato innalzato di due anni e così portato a **dieci anni**. In tal modo, fino al sedicesimo anno di età è obbligatorio frequentare la scuola; tra i sedici e i diciotto, in base al diritto-dovere di istruzione e formazione, è possibile completare il percorso in una scuola, nella formazione professionale regionale o nell'apprendistato (→ *infra*).

Il legislatore predispone altresì un **meccanismo sanzionatorio** per gli eventuali inadempimenti al dovere di istruzione e formazione. **Responsabili** dell'adempimento vengono considerati i *genitori dei minori* (o coloro che a qualsiasi titolo ne fanno le veci): questi hanno con l'obbligo di iscrivere i minori alle istituzioni scolastiche o formative.

Alla **vigilanza** sull'adempimento del dovere di istruzione e formazione devono provvedere:

- il Comune, in particolare il **Sindaco**, in cui hanno la residenza i giovani soggetti all'obbligo di istruzione (D.M. 489/2001, art. 2, co. 1, lett. a);
- i **Dirigenti scolastici** o i responsabili, rispettivamente, delle istituzioni del sistema di istruzione (le scuole di ogni ordine e grado) o del sistema di istruzione e formazione professionale presso le quali sono iscritti, ovvero hanno fatto richiesta di iscrizione, gli studenti tenuti ad assolvere al predetto dovere;
- i *servizi per l'impiego*, in relazione alle funzioni di loro competenza a livello territoriale.

Con la **Nota n. 19837/2018**, il Ministero dell'istruzione ha segnalato agli Uffici scolastici regionali l'importanza dell'*azione di vigilanza* in merito all'adempimento dell'obbligo scolastico.

La Nota segnala quanto previsto dal **decreto ministeriale 489/2001** "*Regolamento concernente l'integrazione (...) delle norme relative alla vigilanza sull'adempimento dell'obbligo scolastico*".

In particolare, i Dirigenti scolastici provvedono alla **vigilanza** nei confronti degli studenti iscritti attraverso:

- la **trasmissione degli elenchi** delle studentesse e degli studenti iscritti ai **Comuni** di residenza;
- la **verifica** in corso d'anno della **frequenza**.

La Nota ricorda, inoltre, che **limitatamente alla scuola primaria (art. 731 c.p.)**, l'inosservanza dell'obbligo si configura come **violazione del codice penale** da parte dei genitori, pertanto, in questo caso, il Dirigente scolastico è tenuto a «*fare denuncia senza ritardo*».

La Nota, infine, invita tutti gli uffici a **intraprendere ogni iniziativa utile alla riduzione dell'abbandono scolastico,** coordinandosi con la Direzione per lo studente e informando l'Ufficio di gabinetto sui risultati conseguiti.

Inoltre, in conformità alla *Raccomandazione del Parlamento europeo e del Consiglio del 2006 sulle competenze-chiave per l'apprendimento permanente* (→ Cap. 8, par. 7) sono state emanate alcune norme di attuazione: l'art. 1 della legge 27 dicembre 2006, n. 296 (legge finanziaria 2007) e il D.M. n. 139 del 22 agosto 2007.

L'**art. 1 della legge 296/2006** stabilisce che:

- l'*istruzione impartita per almeno dieci anni, come detto, deve essere obbligatoria* e finalizzata a consentire il conseguimento di un titolo di studio di scuola secondaria superiore o di una qualifica professionale di durata almeno triennale entro il diciottesimo anno di età (successivamente è stato previsto che l'obbligo d'istruzione si assolva pure nei percorsi di istruzione e formazione professionale e anche nei percorsi sperimentali di istruzione e formazione professionale);
- l'adempimento dell'obbligo di istruzione doveva consentire, una volta conseguito il titolo di studio conclusivo del primo ciclo, l'acquisizione dei saperi e delle competenze previsti dai *curricula* relativi ai primi due anni degli istituti di istruzione secondaria superiore.

Con **D.M. 139/2007** (*Regolamento sul nuovo obbligo di istruzione*), invece, sono state emanate le *Indicazioni nazionali sulle competenze e i saperi che tutti i giovani devono possedere a sedici anni*, indipendentemente dalla scuola che frequentano, in modo da assicurare l'equivalenza formativa di tutti i percorsi, nel rispetto dell'identità dell'offerta formativa e degli obiettivi caratterizzanti i curricoli dei diversi ordini, tipi e indirizzi di studio.

I saperi e le competenze essenziali sono riferiti a **quattro assi culturali**:

1. **asse dei linguaggi**;
2. **asse matematico**;
3. **asse scientifico-tecnologico**;
4. **asse storico-sociale**.

Tali saperi vengono ulteriormente articolati in *abilità*, *capacità* e *conoscenze*, con riferimento al sistema di iscrizione previsto per l'adozione del **Quadro europeo dei titoli e delle qualifiche** (**EQF**, *European Qualifications Framework*) (→ Cap. 8, par. 6).

Attualmente, dunque, l'**obbligo di istruzione** riguarda la fascia di età compresa tra i 6 e i 16 anni. I genitori hanno quindi il diritto-dovere di iscrivere i propri figli a scuola. Non è invece obbligatoria la frequenza della scuola dell'infanzia.

Diverso dall'obbligo di istruzione è l'**obbligo formativo**, che è il diritto/dovere dei giovani maggiori di anni 16 che hanno assolto l'obbligo scolastico e che non vogliono proseguire gli studi nel sistema dell'istruzione scolastica, di frequentare attività formative fino a 18 anni (frequentando, ad esempio, il sistema della formazione professionale).

Negli ultimi tempi è sempre più acceso il dibattito sull'elevazione dell'obbligo di istruzione a 18 anni.

In sintesi

- La **Costituzione**, legge fondamentale dello Stato, contiene le norme e i principi relativi all'organizzazione e al funzionamento degli organi dello Stato, nonché le norme sui diritti e i doveri dei cittadini.
- Gli **articoli** relativi all'istruzione sono: art. 9, art. 33 e 34 Cost.
- Il principio alla base delle norme costituzionali sulla scuola è quello della **libertà di insegnamento** (comma 1, art. 33 Cost.): il docente, nella sua attività didattica, è libero da qualsiasi vincolo di ordine politico, religioso o ideologico, fermo restando, il rispetto della libertà di opinione dell'allievo.
- Lo Stato garantisce anche la **libera gestione** dell'istruzione, assicurando il *plularismo* educativo.
- La Repubblica assicura il **diritto all'istruzione** per almeno dieci anni e il *diritto-dovere di istruzione e formazione* sino al conseguimento di una qualifica di durata almeno triennale entro il 18° anno di età. Ciò si realizza nel primo e secondo ciclo del sistema educativo di istruzione e formazione.

2
Le riforme della scuola

La scuola è sempre stata al centro dell'attenzione del nostro legislatore, al fine di adattare il sistema dell'istruzione e l'accrescimento culturale delle nuove generazioni al mutare del mondo e delle esigenze sociali. I provvedimenti che si sono succeduti dall'unità d'Italia in poi sono stati numerosissimi. Qui di seguito proponiamo una carrellata sintetica dei principali.

1 Dalla legge Casati alla Riforma Gentile

1.1 Legge Casati (1859)

Il primo testo normativo italiano (esteso cioè a tutto il Regno d'Italia) in materia di istruzione porta il nome del Ministro della pubblica istruzione Gabrio Casati (cosiddetta **legge Casati** del 1859). Esso si collocava nel contesto sociale della seconda metà dell'Ottocento, caratterizzato da un *diffuso analfabetismo*, e fu considerato un vero e proprio *codice dell'istruzione* che regolava tutta la materia: dall'amministrazione all'organizzazione della scuola per ordini e gradi (struttura, materie d'insegnamento, personale). Con questo provvedimento legislativo si affrontava per la prima volta in maniera organica il problema dell'educazione, e in particolar modo quello dell'*educazione primaria*, alla luce delle idee illuministiche, sostenitrici del *principio dell'istruzione di massa come bene nazionale*.

La legge Casati rimase in vigore fino al 1923, quando venne varata la **riforma Gentile**. Essa rappresenta l'atto di nascita del sistema scolastico italiano e, per certi versi, anche la sua impalcatura fondamentale.

Con tale legge fu sancito il riconoscimento del diritto-dovere dello Stato di intervenire in materia scolastica, *sostituendo e affiancando la Chiesa* da secoli detentrice del monopolio dell'istruzione.

L'obiettivo principale della legge Casati consisteva nel garantire un **minimo di istruzione** alla popolazione analfabeta: ci si accorse subito però che la legge non sarebbe stata in grado di risolvere il problema del diffuso analfabetismo in Italia. Il metodo d'insegnamento adottato era di tipo *trasmissivo-mnemonico*: l'insegnante, in quanto soggetto depositario di conoscenze e valori indiscutibili, aveva il compito di trasmetterli ai propri allievi.

Inoltre la legge istituiva una **scuola elementare articolata in due bienni** il primo dei quali era **obbligatorio**. Dopo la scuola elementare il sistema si divideva in due tronconi educativi: il **ginnasio** (a pagamento, cui seguivano 3 anni di liceo) e le **scuole tecniche**.

Il sistema così configurato risultò comunque *classista*, dato il fenomeno dell'autoesclusione culturale in virtù del quale l'istruzione tecnica sembrava destinata a formare la classe operaia specializzata, mentre l'istruzione classica di stampo umanistico — che consentiva l'accesso a tutte le facoltà universitarie — era riservata ai figli delle famiglie più agiate, destinati a incarnare la futura classe dirigente.

1.2 Legge Coppino (1877)

La successiva legge Coppino (L. 15-7-1877, n. 3961) non sortì risultati migliori per quel che riguarda il proposito dell'*alfabetizzazione*, nonostante l'imposizione dell'obbligo ai genitori di far frequentare ai propri figli la scuola fino all'età di 9 anni (terza elementare), pena l'applicazione di sanzioni. Il vero nodo cruciale della legge era tuttavia costituito dall'**impostazione laica** dell'insegnamento: infatti tale norma, ispirata alla volontà democratica delle forze politiche allora al governo, proponeva l'abolizione dell'insegnamento religioso (fino a quel momento punto focale dell'educazione dei fanciulli), sostituito dallo studio, di stampo prettamente positivista, delle prime nozioni sui doveri dell'uomo e del cittadino (educazione civica).

In quello stesso periodo dal punto di vista didattico furono portati avanti progetti molto progressisti: Maria Montessori nel 1907 fondò a Roma la Casa dei Bambini, le sorelle Agazzi fondarono a Mompiano una scuola materna fondata sul *metodo attivistico* (i bambini dovevano essere soggetti attivi e non più passivi nel processo di apprendimento), si diffusero le scuole salesiane di don Giovanni Bosco che sostenevano gli alunni più svantaggiati.

1.3 Legge Orlando (L. 407/1904)

Estese l'obbligo scolastico dal 9° al 12° anno di età e impose ai Comuni di istituire scuole almeno fino alla quarta elementare, nonché di assistere gli alunni più poveri, elargendo fondi alle amministrazioni comunali dotate di bilanci modesti. Anche stavolta, però, gli effetti non furono quelli sperati, in quanto i contributi statali si rivelarono ben presto inadeguati. L'analfabetismo non decrebbe, mentre acquistò sempre più forza il convincimento che all'istruzione e alla formazione dei cittadini non dovessero provvedere i Comuni, bensì lo Stato.

1.4 Legge Credaro (L. 487/1911)

La scuola elementare diventa un servizio statale. Viene istituito il liceo scientifico (liceo moderno).

2 La Riforma Gentile (1923)

Dopo il primo conflitto mondiale lo Stato si impegnò a fornire un assetto organico al sistema scolastico, riesaminando le norme in vigore e rimuovendo quanto di improduttivo e imperfetto sussisteva nell'organizzazione della scuola. A tale obiettivo era preposta la cosiddetta **riforma Gentile**, che prese il nome dal filosofo Giovanni Gentile, al quale venne affidato l'incarico di ridisegnare l'assetto scolastico ispirandosi alle linee-guida della filosofia neoidealistica e dell'ideologia politica allora prevalente in Italia. I punti-chiave della riforma furono i seguenti:

- estensione dell'obbligo scolastico fino al 14° anno di età, con un corso elementare della durata di cinque anni e un corso di avviamento professionale della durata di tre anni per coloro che non accedevano alla scuola media;
- istituzione di scuole speciali per handicappati sensoriali della vista e dell'udito;
- disciplina di tutti i tipi di istituzioni scolastiche (statali, private, parificate etc.) nelle quali svolgere l'obbligo scolastico;

— riformulazione di tutti i programmi scolastici con enfatizzazione dell'aspetto umanistico. Viene reintrodotta la religione nella scuola elementare;
— istituzione del liceo scientifico, dell'istituto magistrale (da cui si usciva con l'abilitazione all'insegnamento) e dell'esame di maturità per l'accesso all'università;
— insegnamento obbligatorio della religione cattolica;
— istituzione di rigidi controlli sull'inadempienza dell'obbligo scolastico;
— istituzione dell'istituto magistrale per la preparazione dei maestri elementari.

Il sistema scolastico risultante dalla riforma Gentile conservava una concezione aristocratica ed elitaria della cultura e dell'educazione: la scuola superiore era riservata a pochi privilegiati, ovvero ai migliori per censo e per classe sociale, cosicché continuava ad essere strumento di selezione della futura classe dirigente (infatti, l'iscrizione a qualunque facoltà universitaria era consentita *soltanto ai diplomati del liceo classico*). Alle classi più modeste e meno abbienti era invece riservata l'educazione al lavoro, la quale, considerata uno degli obiettivi primari del processo educativo, veniva attuata mediante la frequenza delle scuole dell'ordine tecnico e della cosiddetta *scuola di avviamento professionale*, riordinata con legge n. 490/1932.

3 La nascita della scuola democratica

3.1 La scuola media unica

Con la Costituzione del 1948, la neonata Repubblica Italiana opera una scelta a favore di una scuola democratica. In particolare, come visto, alcuni articoli sono dedicati all'istruzione, considerata uno dei fini di benessere perseguiti dallo Stato.

Il primo importante provvedimento strutturale in materia scolastica, in un'Italia che da paese agricolo si trasformava in paese industriale, è la **legge n. 1859 del 1962**, che istituì per la prima volta la **scuola media unica e obbligatoria**, che permetteva l'accesso a tutte le scuole superiori, dando attuazione al principio costituzionale dell'obbligatorietà e gratuità dell'istruzione impartita per almeno otto anni (cioè dal 6º al 14º anno d'età).

Nel **1969** (**L. 910/1969**) fu poi approvata la legge sul riordinamento degli esami di Stato di maturità (esame con 2 prove scritte e un orale su due materie scelte dallo studente) e si aprirono tutte le facoltà a tutti i diplomati.

3.2 La scuola materna statale

La **legge n. 444 del 1968** istituì poi la **scuola materna statale**, come settore formativo triennale a sé stante, che «*accoglie bambini nell'età prescolastica dai tre ai sei anni e si propone fini di educazione e di sviluppo della personalità infantile, di assistenza e di preparazione alla scuola dell'obbligo, integrando l'opera della famiglia*». Il carattere statale della scuola materna ne sottolineava la **gratuità**, mentre fino ad allora l'istruzione prescolastica era stata affidata a enti locali, ecclesiastici e non, oppure a privati ed era spesso a pagamento.

3.3 La scuola «a tempo pieno»

Gli anni Settanta, in piena contestazione studentesca, registrano molti interventi normativi in materia scolastica.

La legge n. 820 del 1971 istituisce la **scuola elementare «a tempo pieno»** quale risposta del sistema educativo ai bisogni sociali di «nuova generazione» che *riflettono un cambiamento sociologico della famiglia*, ormai impegnata con tutti i suoi componenti nel mondo del lavoro. Con tale riforma si riduce il numero massimo di alunni per ciascuna classe a 25 e si allunga il tempo dell'impegno scolastico, si avvia la sperimentazione di attività integrative che affiancano le materie curricolari richiedendo un maggior coinvolgimento di tutti i docenti in lavori integrativi e multidisciplinari.

3.4 I decreti delegati

La legge 30 luglio 1973, n. 477 delegò il Governo ad emanare norme sul **riordinamento dell'organizzazione della scuola e sullo stato giuridico del personale direttivo, ispettivo, docente e non docente della scuola** dello Stato, con un termine di nove mesi dall'entrata in vigore della legge stessa.

I decreti delegati nn. 416, 417, 418, 419, 420 emanati con D.P.R. 31 maggio 1974, integralmente confluiti nel Testo unico delle leggi sulla scuola (D.Lgs. 297/94), contenevano norme giuridiche riguardanti:

- istituzione e riordinamento di organi collegiali della scuola di ogni ordine e grado;
- stato giuridico del personale della scuola statale;
- corresponsione di un compenso per lavoro straordinario al personale scolastico;
- sperimentazione e ricerca educativa, aggiornamento culturale e professionale;
- stato giuridico del personale non insegnante statale delle scuole.

3.5 La L. 517/1997

La **legge n. 517/1977** abolì nella scuola elementare e media gli esami di riparazione, introdusse i giudizi al posto dei voti, sostituì la pagella con la scheda di valutazione, ed infine ebbe il merito di integrare gli alunni disabili nelle classi "normali".

Con la L. 517/77 il principio costituzionale dell'eguaglianza sostanziale di cui all'art. 3 Cost. trova riscontro concreto anche nell'ambito scolastico, ammettendosi che in una scuola realmente democratica e, per volontà del Costituente, aperta a tutti, devono trovare posto anche **alunni handicappati** accanto ad **alunni normodotati** e che la progettazione di attività scolastiche ed iniziative di sostegno a favore degli alunni portatori di handicap sia da realizzare mediante l'utilizzazione dei docenti di ruolo o incaricati a tempo indeterminato, in servizio nella scuola e in possesso di particolari titoli di specializzazione (cd. docenti di sostegno). Si rompe, così, l'impostazione didattica individualistica tradizionale per consentire «l'apertura delle classi» e la «collegialità dell'insegnamento».

3.6 Il progetto Brocca

Nel 1985 furono approvati i **nuovi programmi** per la **scuola elementare** (basati su un'impostazione che vede il bambino soggetto attivo nel processo di apprendimento) e nel 1988 furono rivisti i programmi della **scuola secondaria superiore** (*Progetto Brocca*), potenziando la lingua straniera, la matematica e l'informatica.

4 La scuola degli anni Novanta

4.1 La riforma della scuola elementare

Negli anni Novanta si registra un'attenzione particolare del legislatore in materia scolastica.

Uno dei primi e principali provvedimenti è la **legge n. 148 del 1990** che dà attuazione a una vera e propria **riforma dell'ordinamento della scuola elementare** (la Riforma Gentile fino ad allora in vigore, prevedeva cinque anni di scuola elementare, 2 + 3, con un esame conclusivo di licenza elementare). La legge 148/1990 istituzionalizza l'organizzazione didattica del **modulo di tre docenti ogni due classi**, definisce le forme di raccordo continuativo con gli ordini successivi di scuola e disegna le tre opzioni organizzative della didattica (**modulo, tempo lungo, tempo pieno**) rispetto alle quali avviene la scelta delle famiglie.

4.2 Il Testo unico della scuola

È, invece, del 1994 il provvedimento più rilevante per l'organizzazione scolastica, nato per riordinare in un unico corpo normativo tutte le norme stratificatesi nei decenni in materia di legislazione scolastica: il **Testo unico delle disposizioni legislative in materia di istruzione, D.Lgs. n. 297 del 1994**. La stratificazione normativa di tutte le disposizioni legislative vigenti in materia di istruzione (ad eccezione di quella universitaria), emanate in successione di tempo spesso senza alcuna connessione logico-sistematica tra loro, impose l'intervento del Parlamento che elaborò questo Testo unico con un preciso compito chiarificatore e di organica sistematicità.

Con la legge delega 10-4-1991, n. 121, successivamente modificata dalla L. 20-4-1993, n. 126, il Parlamento, infatti, ha autorizzato il Governo ad emanare entro il 30 aprile 1994 un **Testo Unico delle disposizioni legislative vigenti relative alle scuole di ogni ordine e grado**, ivi comprese le scuole italiane all'estero, e all'ordinamento dell'amministrazione scolastica centrale e periferica: il D.Lgs. 16-4-1994, n. 297.

La legislazione confluita nel Testo unico vige — secondo quanto disposto dall'art. 676 — nella formulazione da esso risultante; quella non inserita resta ferma nella sua vigenza; quella che risulti ad esso contraria o incompatibile è abrogata.

La chiarezza testuale della norma finale ci fa intendere che, pur sostituendosi alla legislazione scolastica previgente con l'intento di coordinare disposizioni talora contrastanti o di ambigua interpretazione, il Testo unico non esaurisce in sé la disciplina in materia di istruzione.

Altre fonti vanno, infatti, a completare il quadro normativo scolastico:

- le disposizioni in materia contrattuale succedutesi nel tempo a partire dal D.P.R. 10-4-1987, n. 207 fino alle tornate contrattuali successive all'entrata in vigore della normativa di riforma del pubblico impiego;
- la disciplina del pubblico impiego che trova applicazione anche per il personale della scuola (D.P.R. 10-1-1957, n. 3; D.Lgs. 3-2-1993, n. 29 e succ. modif. ora confluito nel T.U. pubblico impiego, D.Lgs. 30-3-2001, n. 165);

— la congerie di norme di fonte secondaria (decreti ministeriali, circolari, regolamenti) necessariamente escluse dal Testo unico perché la delega di cui alla L. 121/91 era riferita a disposizioni di natura legislativa;
— le norme di legge intervenute successivamente a regolare la materia scolastica.

4.3 La Carta dei servizi scolastici

Nel quadro di una progressiva sensibilizzazione della P.A. nei confronti delle aspettative dei cittadini a fruire di prestazioni efficienti si colloca la Carta dei servizi pubblici come codice di autoregolamentazione cui ciascuna P.A. deve attenersi nell'erogazione dei pubblici servizi.

La scuola italiana avvertiva da tempo la necessità di imparare a conoscersi, valutando e misurando i livelli qualitativi delle prestazioni rese per poter rilevare con tempestività le deficienze e le discrasie ed introdurre idonei correttivi.

L'adozione della **Carta dei servizi scolastici** (D.P.C.M. 7-5-1995) impegnava seriamente ciascuna unità scolastica a garantire un servizio più orientato allo studente e perciò qualitativamente migliore perché ancorato a precisi standard o fattori di qualità.

Tali standard si identificavano:

— nell'uguale possibilità di accesso e di fruizione dei servizi scolastici secondo l'insegnamento costituzionale (art. 34, 1° comma), cui si accompagna l'impegno in favore dell'integrazione degli alunni nella realtà scolastica con particolare riguardo alle situazioni problematiche (studenti lavoratori - stranieri - degenti negli ospedali - internati negli istituti carcerari etc.);
— nell'imparzialità e regolarità dei servizi scolastici da intendersi come obiettività ed equità nella gestione della scuola;
— nella partecipazione alle scelte scolastiche nella quale si fa rientrare il diritto dell'utente di scegliere liberamente fra le istituzioni che erogano il servizio scolastico e il coinvolgimento dello studente e dei genitori nell'offerta formativa elaborata nel Progetto educativo di istituto (c.d. contratto formativo);
— nella efficienza e trasparenza delle decisioni di politica educativa, ma anche dei singoli servizi amministrativi (ad es. i servizi di segreteria);
— nel costante aggiornamento didattico dei docenti.

4.4 La riforma degli esami di maturità

La legge n. 352 del 1995 abolisce gli esami di riparazione anche nelle scuole secondarie superiori introducendo il **sistema dei debiti e dei recuperi.**

Con la legge n. 425 del 1997 si è, invece, provveduto a riformare l'esame conclusivo degli istituti di istruzione secondaria superiore (l'**esame di maturità**) articolato *su tre prove scritte* (una delle quali a carattere multidisciplinare) e una *prova orale*; si introduce, inoltre, un nuovo sistema di valutazione del rendimento calcolato in *centesimi* e si prevede un ulteriore parametro valutativo rappresentato dal **credito scolastico**.

La legge dispone che il Consiglio di classe attribuisca, ad ogni studente meritevole, un credito nello scrutinio finale di ciascuno degli ultimi tre anni del percorso.

5 Le Riforme degli anni 2000

5.1 Riforma dei cicli (L. 30/2000)

Con l'emanazione della legge n. 30 del 2000 (cosiddetta **riforma De Mauro-Berlinguer**) fu introdotta quella che è stata definita comunemente la "riforma dei cicli", ovvero il provvedimento con il quale si è messo mano a una complessiva **ristrutturazione del percorso educativo degli alunni**, adottando una scansione scolastica articolata su *due cicli* (scuola di base e scuola secondaria) in luogo dei tradizionali tre cicli. Tale modello si richiamava ai sistemi educativi francese, britannico e spagnolo riformati alla fine degli anni '80. Tale provvedimento normativo, sostanzialmente mai entrato in vigore, fu poi **abrogato** dalla cosiddetta riforma Moratti.

5.2 Riforma Moratti (L. 53/2003)

La **riforma Moratti** (L. 28-3-2003, n. 53, con i suoi decreti attuativi), sulla scia delle modificihe introdotte dalla L. 30/2000, delinea una riforma della scuola organica e compiuta che vada a sostituire la riforma Gentile, allora ancora base fondante dell'impianto scolastico. I suoi punti rilevanti sono:

- **nuova articolazione degli studi** e della formazione scanditi in: scuola dell'infanzia (3 anni, non obbligatoria e anticipabile); primo ciclo (scuola primaria di cinque anni e scuola secondaria di primo grado di tre anni) con esame di Stato alla fine del ciclo; secondo ciclo (sistema dei licei — durata 5 anni — e sistema dell'istruzione e della formazione professionale – 3 + 1 anni) ed esame di Stato;
- **istituzione di nuovi licei**: economico, tecnologico, musicale, linguistico, delle scienze umane;
- **valorizzazione del sistema dell'istruzione e della formazione professionale** anche attraverso il sistema dell'*alternanza scuola/lavoro*, che in origine era un percorso alternativo riservato ai giovani compresi nella fascia d'età dai 15 ai 18 anni, per assicurare loro, oltre alle conoscenze di base, l'acquisizione di competenze spendibili nel mercato del lavoro;
- **valorizzazione della qualità** del sistema dell'istruzione: l'*Istituto nazionale di valutazione*, come in tutti i Paesi europei, ha il compito di monitorare con verifiche nazionali la qualità complessiva dell'offerta formativa e dei livelli degli apprendimenti per valutare il livello culturale degli studenti.

In sintesi, la cosiddetta **riforma Moratti** fu caratterizzata dal principio tradizionale (contenuto già nella Costituzione) della *personalizzazione*, che ribadiva la centralità della persona nel percorso educativo, riconosceva la ricchezza delle differenze e ne faceva la base per differenziare l'offerta formativa in termini sia di contenuto che di metodologia. Il **diritto all'istruzione diventava così anche un dovere sociale** nel senso che la fruizione dell'offerta di **istruzione e formazione** avrebbe dovuto costituire per tutti i minori, compresi quelli stranieri presenti nel territorio dello Stato, non solo un **diritto soggettivo**, ma anche, un **dovere sociale** (→ Cap. 1, par. 6).

5.3 Riforma Gelmini (2008)

Sul sostrato normativo rappresentato dalla riforma Moratti, e a partire da esso, hanno inciso gli interventi innovativi dell'assetto ordinamentale, organizzativo e didattico del sistema scolastico che comunemente prendono il nome di **riforma Gelmini**. Tra le varie modifiche si segnala:

- la reintroduzione del maestro unico nella scuola primaria;
- la reintroduzione dei voti da 1 a 10 nel primo ciclo di istruzione;
- l'innalzamento dell'obbligo scolastico fino a 16 anni;
- l'introduzione delle *Indicazioni nazionali degli obiettivi specifici di apprendimento*, atte a definire le linee-guida delle conoscenze fondamentali che lo studente dovrebbe possedere al termine del proprio percorso di studi. Le *Indicazioni* individuano alcuni nuclei fondamentali di ciascuna disciplina e pertanto rappresentano un riferimento per l'insegnante, lasciando comunque un ampio margine di autonomia, a livello personale e professionale, per poter progettare percorsi scolastici innovativi e di qualità;
- il riordino di istituti professionali, istituti tecnici e licei.

6 La Riforma della "Buona scuola" (L. 107/2015)

A seguito delle Linee guida del settembre 2014 e di una lunga consultazione, è stata emanata la **L. 13-7-2015, n. 107**, cd. "**Buona scuola**", strutturata in un solo articolo con 212 commi.

Il sistema di istruzione e formazione necessitava di una revisione completa, alla luce anche dei cambiamenti della società e degli imprescindibili adeguamenti della didattica agli ordinamenti europei. Il percorso di approvazione della legge è stato caratterizzato da due elementi: l'urgenza temporale legata al piano di assunzioni già dall'anno scolastico 2015-2016 e il bisogno di miglioramento dei contenuti pedagogici e didattici, nonché gestionali, dell'intero assetto scolastico.

La legge cd. Buona scuola che ne è derivata contiene disposizioni che incidono su aspetti cruciali della scuola, come ad esempio: **l'autonomia scolastica, i poteri dei Dirigenti scolastici**, che divengono «*leader* dell'apprendimento», la definizione dell'**organico dell'autonomia.**

Essa prevede *nove deleghe al Governo* in diverse materie che richiedevano un più urgente rinnovamento (→ *infra*).

Uno dei punti più spinosi della discussione durante la progettazione della riforma è stata la cd. *chiamata diretta dei docenti a discrezione del Dirigente scolastico*, più precisamente, **chiamata per competenze**, in base alla quale si può più facilmente adeguare l'individuazione dei docenti all'offerta formativa della scuola. I docenti non hanno più la sede di titolarità ma sono inseriti in un albo; sono poi i Dirigenti a scegliere triennalmente gli insegnanti traendoli dall'albo dell'*ambito territoriale.*

L'abolizione della titolarità di ambito e, conseguentemente, della chiamata diretta è prevista per tutti i docenti dal **CCNI mobilità 2019/2022**, mentre per legge è prevista soltanto per coloro i quali verranno trasferiti o immessi in ruolo dal 2019/2020, come detta il comma 796 della *legge di bilancio 2019* (**L. 145/2018**): *A decorrere dall'anno scolastico 2019/2020, le procedure di reclutamento* *del personale docente e quelle di mobilità territoriale e professionale del medesimo personale non possono comportare che ai docenti sia attribuita la titolarità su ambito territoriale.*

Il provvedimento contiene ulteriori importanti modifiche al sistema scolastico, tra le quali:

— il **rafforzamento del collegamento tra scuola e mondo del lavoro**: si prevede la durata minima dei percorsi di alternanza scuola-lavoro negli ultimi tre anni della scuola secondaria di secondo grado (almeno 400 ore negli istituti tecnici e professionali e almeno 200 ore nei licei) e la possibilità di stipulare convenzioni con ordini professionali; l'alternanza scuola-lavoro può essere svolta anche nei periodi di sospensione delle attività didattiche e con la modalità dell'*impresa simulata*;
— si è previsto che il Ministero adottasse il nuovo **Piano nazionale scuola digitale**, in conformità al quale le scuole dovranno promuovere azioni coerenti;
— molta attenzione è data all'**organico dell'autonomia**, che è costituito dai posti comuni, per il sostegno e per il potenziamento dell'offerta formativa. Esso viene assegnato alle scuole sulla base del fabbisogno risultante dal Piano triennale dell'offerta formativa;
— è stato previsto un **piano straordinario di assunzioni** di personale docente. Destinatari della disposizione sono stati gli idonei del concorso pubblico bandito nel 2012 e gli iscritti nelle graduatorie ad esaurimento;
— l'istituzione del **Portale unico dei dati aperti della scuola**. Si definisce la modalità per la pubblicazione (in conformità al vigente Codice dell'amministrazione digitale) dei dati pubblici del sistema nazionale di istruzione e formazione relativi ai bilanci delle scuole, al Sistema nazionale di valutazione, all'Anagrafe dell'edilizia scolastica, ai dati aggregati dell'Anagrafe degli studenti, ai provvedimenti di incarico di docenza, ai Piani dell'offerta formativa (compresi quelli delle scuole paritarie) e ai dati dell'Osservatorio tecnologico, i materiali didattici e le opere autoprodotte dagli istituti scolastici e rilasciate in formato aperto, nonché dati, documenti e informazioni utili a valutare l'avanzamento didattico, tecnologico e di innovazione del sistema scolastico.

6.1 I decreti delegati di attuazione

Nel maggio 2017 sono stati poi pubblicati in **Gazzetta Ufficiale**, otto decreti attuativi della Buona Scuola, dei nove previsti dalla legge delega (l'unico rimasto senza attuazione è quello che delegava il Governo ad approvare il "Testo unico per le leggi sulla scuola"). Qui di seguito elenchiamo i decreti di cui tratteremo ampiamente nei corrispondenti capitoli di riferimento.

— **D.Lgs. 13 aprile 2017, n. 59** Riordino, adeguamento e semplificazione del *sistema di formazione iniziale e di accesso nei ruoli di docente nella scuola secondaria* per renderlo funzionale alla valorizzazione sociale e culturale della professione, a norma dell'articolo 1, commi 180 e 181, lettera b), della legge 13 luglio 2015, n. 107.

— **D.Lgs. 13 aprile 2017, n. 60** Norme sulla *promozione della cultura umanistica*, sulla valorizzazione del patrimonio e delle produzioni culturali e sul sostegno della creatività, a norma dell'articolo 1, commi 180 e 181, lettera g), della legge 13 luglio 2015, n. 107.

— **D.Lgs. 13 aprile 2017, n. 61** *Revisione dei percorsi dell'istruzione professionale* nel rispetto dell'articolo 117 della Costituzione, nonché raccordo con i percorsi dell'istruzione e formazione professionale, a norma dell'articolo 1, commi 180 e 181, lettera d), della legge 13 luglio 2015, n. 107.

— **D.Lgs. 13 aprile 2017, n. 62** Norme in materia di *valutazione e certificazione delle competenze nel primo ciclo ed esami di Stato*, a norma dell'articolo 1, commi 180 e 181, lettera i), della legge 13 luglio 2015, n. 107.

— **D.Lgs. 13 aprile 2017, n. 63** *Effettività del diritto allo studio* attraverso la definizione delle prestazioni, in relazione ai servizi alla persona, con particolare riferimento alle condizioni di disagio e ai servizi strumentali, nonché *potenziamento della carta dello studente*, a norma dell'articolo 1, commi 180 e 181, lettera f), della legge 13 luglio 2015, n. 107.

— **D.Lgs. 13 aprile 2017, n. 64** Disciplina della scuola italiana all'estero, a norma dell'articolo 1, commi 180 e 181, lettera h), della legge 13 luglio 2015, n. 107.

— **D.Lgs. 13 aprile 2017, n. 65** Istituzione del *sistema integrato di educazione e di istruzione dalla nascita sino a sei anni*, a norma dell'articolo 1, commi 180 e 181, lettera e), della legge 13 luglio 2015, n. 107.

— **D.Lgs. 13 aprile 2017, n. 66** Norme per la promozione dell'*inclusione scolastica degli studenti con disabilità*, a norma dell'articolo 1, commi 180 e 181, lettera c), della legge 13 luglio 2015, n. 107.

Questi decreti a loro volta, hanno ricevuto applicazione concreta attraverso decreti e regolamenti di dettaglio.

In sintesi

- **Dalla legge Casati alla legge Credaro**: con la legge Casati (1859) l'obiettivo principale è quello di garantire un minimo di istruzione alla popolazione analfabeta; il metodo è trasmissivo-mnemonico e la scuola elementare è articolata in due bienni ed è obbligatoria, dopodiché si può scegliere tra ginnasio e liceo o scuole tecniche. La legge Coppino (1877) impone l'obbligo della terza elementare e un'impostazione laica dell'insegnamento. La legge Orlando (1904) estende l'obbligo ai 12 anni di età, ma solo con la legge Daneo- Credaro (1911) la scuola elementare diventa un servizio statale; viene istituito il liceo scientifico.
- **La riforma Gentile:** conservando una visione elitaria della cultura, la riforma del 1923 estende l'obbligo scolastico fino a 14 anni con rigidi controlli dell'inadempienza, istituisce scuole per handicappati, disciplina le tipologie di istituzioni scolastiche, introduce la religione cattolica come insegnamento obbligatorio, istituisce il liceo scientifico, l'esame per l'accesso all'università e l'istituto magistrale per la preparazione dei maestri.
- **La scuola dopo la Costituzione della Repubblica:** nasce un'istruzione più democratica (artt. 33 e 34 Cost.); viene istituita la scuola media unica e obbligatoria (L. 1859/1962) che concretizza l'obbligo scolastico di otto anni e consente l'accesso a tutte le scuole superiori; viene istituita la scuola materna (L. 444/1968); la scuola elementare a tempo pieno, istituita con L. 820/1971, riflette il cambiamento sociale in corso.
- **I decreti delegati e gli anni '80:** nel maggio del 1974, i decreti delegati dalla L. 477/1973, nn. 416, 417, 418, 419, 420 hanno disciplinato vari aspetti organizzativi della scuola e dello stato giuridico del personale, in particolare hanno introdotto la partecipazione di insegnanti, studenti, genitori negli organi collegiali delle scuole al fine di superare le conflittualità della vita scolastica. La L. 517/1977 abolisce gli esami di riparazione, nella scuola elementare e media, e i voti, introducendo i giudizi e la scheda di valutazione anziché la pagella; integra inoltre gli alunni disabili nelle classi ordinarie.
- **Gli anni novanta:** la L. 148/1990 riforma la scuola elementare delineando tre opzioni per le famiglie (modulo, tempo lungo e tempo pieno); il Testo unico istruzione (D.Lgs. 297/1994) accorpa la normativa stratificatasi nel corso del tempo in materia (oggi va integrato con altra normativa, essendo stato inciso da modifiche successive considerevoli).
- **La riforma Moratti:** la L. 53/2003 e i suoi decreti attuativi sono caratterizzati dal fatto di porre al centro del percorso educativo la persona. I punti rilevanti della riforma sono: la nuova articolazione dei cicli di studio (primo ciclo: 5 anni di primaria e 3 anni di secondaria di primo grado, con esame di Stato; secondo ciclo: licei, 5 anni e istruzione e formazione 3 anni + 1, entrambi con esame di Stato); l'introduzione di nuovi licei (economico, tecnologico, musicale, delle scienze umane); sistema dell'istruzione e formazione professionale (alternanza scuola-lavoro); valorizzazione della qualità del sistema di istruzione.

- **Il pacchetto Gelmini:** la ristrutturazione del sistema scolastico resasi necessaria da esigenze di politica di bilancio è alla base della serie di provvedimenti denominati «riforma Gelmini», i cui obiettivi sono: la razionalizzazione del personale e la revisione complessiva del sistema scolastico.
- **La Buona scuola:** con la L. 107/2015, si intende prima di tutto stabilizzare il precariato attraverso un Piano triennale di assunzioni dei docenti, si ampliano e rafforzano i poteri del Dirigente scolastico quale leader dell'apprendimento, anche con la cd. chiamata diretta del docente, si rafforza il collegamento della scuola col mondo del lavoro, si dà vita ad un Piano nazionale della scuola digitale, si introduce il nuovo concetto di organico dell'autonomia, si delega il Governo a disciplinare e innovare in materia di: reclutamento dei docenti, inclusione scolastica, istruzione professionale, sistema integrato di educazione e istruzione zero-sei anni, diritto allo studio, diffusione della cultura umanistica, scuole italiane all'estero, certificazione delle competenze, un nuovo Testo unico.
  Ad essa hanno fatto seguito otto decreti di attuazione.

3
L'autonomia scolastica

1 Il processo autonomistico innescato dalle Leggi Bassanini

Nella seconda metà degli anni Novanta si avvia un processo riformatore di modernizzazione e razionalizzazione della pubblica amministrazione italiana, portato avanti da una serie di provvedimenti (**leggi Bassanini**) promosse dall'allora ministro della funzione pubblica, Franco Bassanini. Con tali leggi si realizzò una *radicale riforma del sistema amministrativo* volta a creare amministrazioni più efficienti, più snelle e capaci di assicurare servizi di maggiore qualità. Tale obiettivo è stato perseguito seguendo due linee: la *semplificazione amministrativa* e il *federalismo amministrativo*.

Applicando per la prima volta nel nostro ordinamento il *principio di sussidiarietà* già presente nella normativa europea (il principio in base al quale le decisioni vanno prese dall'ente più vicino possibile ai cittadini), si assistette a un massiccio *trasferimento di funzioni amministrative* (e di beni e risorse) *dall'amministrazione statale alle amministrazioni regionali e locali* sulla base del principio per il quale ogni funzione amministrativa e ogni compito non esplicitamente mantenuto in capo allo Stato devono necessariamente essere attribuiti alla competenza delle Regioni o degli altri enti locali (cd. **decentramento**).

La **legge n. 59 del 15 marzo 1997** (prima Legge Bassanini) proietta il processo autonomistico delle istituzioni scolastiche e degli istituti educativi nel più ampio contesto della riorganizzazione dell'intero sistema formativo.

Pur affidandosi a interventi normativi successivi per dare concretezza all'intento riformatore, il legislatore segnò con precisione le **tappe di questo processo evolutivo**, in particolare:

- individuò i parametri in relazione ai quali opera il riconoscimento della personalità giuridica, ovvero il *raggiungimento di requisiti dimensionali* ottimali attraverso piani di dimensionamento della rete scolastica (D.P.R. 233/1998);
- predispose l'avvio di apposite *iniziative per rendere meno traumatico il passaggio al nuovo regime di autonomia organizzativa, didattica e finanziaria delle scuole*, aventi ad oggetto la formazione del personale, l'analisi delle realtà territoriali, sociali ed economiche delle singole scuole, gli interventi perequativi dal punto di vista finanziario etc.;
- avviò un *programma di riforma e razionalizzazione degli organi collegiali della pubblica istruzione di livello nazionale e periferico* per valorizzare l'autonomo apporto delle diverse componenti anche locali e delle minoranze linguistiche e delle specifiche professionalità e competenze, nonché per l'eliminazione delle duplicazioni organizzative e funzionali (D.Lgs. 233/1999);
- trasformò in manager i capi d'istituto conferendo loro la *qualifica dirigenziale*, contestualmente all'acquisto della personalità giuridica e dell'autonomia da parte delle singole scuole (D.Lgs. 59/1998).

2 La scuola autonoma

Come abbiamo visto, l'attuazione dell'autonomia finanziaria, organizzativa e didattica delle istituzioni scolastiche costituiva, nella dichiarazione d'intenti posta in apertura dell'**art. 21 della legge 59/1997** (**legge Bassanini**), il percorso obbligato che il legislatore doveva seguire per realizzare una riforma della scuola in termini di *modernità* ed *efficienza*.

Con questa riforma si optava per un *sistema organizzativo non piramidale ma di tipo orizzontale*, nel quale la scuola cessava di essere il terminale passivo di norme, circolari e regolamenti, e diventava un *centro di erogazione di servizi*, un soggetto protagonista in grado di progettare, programmare percorsi didattici, elaborare nuovi metodi e, infine, ottemperare ai compiti di ricerca e sperimentazione.

Elemento centrale e qualificante del suddetto art. 21 è rappresentato dalla codificazione dei princìpi, in passato oggetto di aspre discussioni, di **autonomia organizzativa e didattica**, i quali si sono concretizzati nel potere attribuito al capo d'istituto dalle determinazioni degli organi collegiali, di:

- organizzare l'offerta di servizi didattici diversi (da somministrare anche in orari differenziati);
- introdurre nuove tecnologie;
- predisporre corsi extracurricolari finalizzati sia a raccordare la formazione scolastica dello studente con il mondo del lavoro, sia ad attribuire un'istruzione agli adulti.

2.1 Il regolamento sull'autonomia scolastica (D.P.R. n. 275/1999)

Per dare attuazione all'art. 21 della legge Bassanini fu emanato il **D.P.R. 8 marzo 1999, n. 275** che contiene il regolamento dell'autonomia delle istituzioni scolastiche.

Con il riconoscimento dell'autonomia didattica delle istituzioni scolastiche vennero meno i *Programmi nazionali*, sostituiti da un lato con *Indirizzi* o *Indicazioni nazionali e orientamenti* pensati per i vari ordini e gradi di scuola, allo scopo di indirizzare la progettazione didattico-formativa, dall'altro con il *curricolo didattico* elaborato dalle scuole all'interno del *Piano dell'offerta formativa* (→ Cap. 10).

Il processo autonomistico delle istituzioni scolastiche avviatosi con la legge 59/1997 è stato seguito, in primo luogo dal **D.Lgs. 112/1998** che nella direzione del decentramento ha attuato un primo *federalismo*, dal citato D.P.R. n. 275/1999, nonché dalla **legge cost. n. 3 del 18 ottobre 2001**, di riforma federale dello Stato che ha offerto un referente normativo al processo distributivo delle competenze fra gli organi dell'amministrazione diretta dello Stato, le istituzioni scolastiche e le autonomie territoriali, ricomponendo i tasselli di un unico disegno riformatore; in seguito a ciò «*le scuole, riducendosi il rapporto unidirezionale con il Ministero e con le sue direttive, possono per alcuni versi e debbono, per altri, far ricorso alle realtà vicine e, tra tutte, agli enti territoriali, soggetti di competenze sull'istruzione nuove e di qualità diversa dalle precedenti*».

Risulta, da questo susseguirsi di norme, un rinnovato **sistema di istruzione nazionale** del quale fanno parte:

- lo Stato;
- le Regioni;

— i Comuni e le Province;
— le istituzioni scolastiche autonome.

Anche l'art. 117 Cost. riformato sancisce così l'**autonomia delle istituzioni scolastiche**.

Nel quadro delle nuove competenze, ai sensi del D.P.R. n. 275/1999, le singole scuole e le loro reti hanno facoltà di prendere decisioni autonome in materia **didattica, organizzativa e di sperimentazione, ricerca e sviluppo**, nel rispetto delle norme nazionali e regionali.

Alle università e alle istituzioni di alta cultura, la Costituzione (art. 33) attribuisce un grado di autonomia maggiore, perché riconosce loro il diritto di darsi ordinamenti autonomi.

Veniamo ora ad analizzare i vari tipi di autonomia che il D.P.R. n. 275/1999 riconosce alle scuole.

Occorre premettere che il processo autonomistico che ha coinvolto la pubblica amministrazione e la scuola nel periodo che stiamo considerando ha trovato il proprio fondamento nei cambiamenti che hanno attraversato la società. La scuola rappresenta l'organismo istituzionale depositario della *formazione integrale* della persona e, in quanto tale, è chiamata a predisporre percorsi formativi adeguati alle caratteristiche specifiche dei destinatari, in sintonia con le esigenze emergenti dal territorio e con le potenzialità formative extrascolastiche, tenendo conto cioè delle caratteristiche demografiche, economiche e socio-culturali del territorio in cui si innesta, nonché delle presenze e dell'estensione di fenomeni di devianza giovanile e dispersione scolastica.

In tale scenario, la scuola attuale viene dotata, come abbiamo detto, di **autonomia didattica, organizzativa, finanziaria, di ricerca, sperimentazione e sviluppo**, allo scopo di perseguire il successo formativo dei *singoli alunni*, in termini di pieno sviluppo della persona umana, nel rispetto dell'identità sociale, culturale e professionale.

La **personalizzazione educativa** costituisce un ulteriore tassello del percorso di avvicinamento dei servizi erogati dallo Stato verso i fruitori: infatti, partendo dalle esigenze educative dei singoli alunni, attraverso la definizione degli obiettivi formativi si intende realizzare il successo formativo di ogni studente, promuovendo l'acquisizione di conoscenze e abilità da trasformare in competenze personali. L'azione educativa e didattica deve garantire il **conseguimento degli obiettivi formativi** da parte di tutti gli alunni, assicurando il minore dispendio possibile di risorse e puntando alla formazione di competenze. In simile prospettiva occorre quindi privilegiare una didattica formativa che miri non solo alla trasmissione dei saperi, ma soprattutto alla riscoperta/ricostruzione/reinvenzione dei **processi** attraverso i quali si realizza l'acquisizione delle conoscenze, nonché la creazione di capacità e atteggiamenti.

La normativa del settore scuola, recependo gli indirizzi predisposti a livello europeo, si rivela dunque attenta e rispettosa dei ritmi dell'età evolutiva, delle differenze e delle identità di ciascuno, riferendosi alla generalità degli alunni e rappresentando la naturale derivazione delle pulsioni autonomistiche che hanno investito la scuola.

3 L'autonomia didattica (art. 4 D.P.R. n. 275/1999)

In base all'**art. 4 del D.P.R. n. 275/1999**, le istituzioni scolastiche adattano gli obiettivi nazionali ai *percorsi formativi* funzionali alla realizzazione del diritto ad apprendere e alla crescita educativa di tutti gli alunni, riconoscono e valorizzano le diversità e promuovono le potenzialità di ciascuno adottando *tutte le iniziative utili* al raggiungimento del successo formativo. Ciò avviene soprattutto attraverso la stesura del Piano dell'offerta formativa, divenuto con la L. 107/2015 (legge della Buona scuola) Piano triennale dell'offerta formativa (PTOF).

Nell'esercizio dell'**autonomia didattica** (che si richiama inequivocabilmente alla libertà d'insegnamento), le singole scuole regolano i tempi dell'insegnamento e dello svolgimento delle discipline e delle attività nonché i metodi e gli strumenti da utilizzare in modo funzionale alla tipologia di studi e ai ritmi di apprendimento degli allievi.

L'attenzione al **diritto ad apprendere di tutti gli alunni**, la tutela delle potenzialità di ciascuno, l'obiettivo generalizzato del successo formativo di ogni studente connotano l'autonomia scolastica quale prerogativa attuativa del dettato costituzionale, rafforzando la finalità di rimozione degli ostacoli dovuti alle differenze contingenti.

Essa si sostanzia nella libera e programmata scelta di metodologie, strumenti, organizzazione e tempi di insegnamento, da adottare nel rispetto della possibile pluralità di opzione metodologiche, e in ogni iniziativa che sia espressione di libertà progettuale, compresa l'eventuale offerta di insegnamenti opzionali, facoltativi o aggiuntivi e nel rispetto delle esigenze formative degli studenti.

L'autonomia didattica si estrinseca in diverse forme di flessibilità adattabili, quali ad esempio la possibilità di:

- rimodulare il monte ore annuale di ciascuna disciplina;
- programmare percorsi formativi specifici per es. con insegnamenti di lingua straniera etc.;
- organizzare iniziative di recupero e sostegno nonché di orientamento scolastico e professionale;
- *ampliare l'offerta formativa* (art. 9 D.P.R. 275/1999) aggiungendo all'insegnamento delle discipline curricolari (nella scuola dell'infanzia, dei «campi di esperienza»), nuovi progetti e attività formative, che siano ovviamente coerenti con le finalità dell'istituto;
- definire unità di insegnamento non coincidenti con l'ora di 60 minuti;
- attivare percorsi didattici individualizzati per alunni stranieri, svantaggiati, disabili etc.;
- definire diverse modalità e criteri di valutazione degli alunni pur nel rispetto della normativa nazionale;
- aggregare le discipline in ambiti disciplinari;
- definire i criteri di riconoscimento dei crediti scolastici per il recupero dei debiti formativi.

3.1 La definizione dei curricoli

Il settore più importante in cui si esplica l'autonomia didattica delle scuole è quello dell'**integrazione dell'offerta formativa** nell'ambito della quota nazione del **curricolo**. Esso è un *progetto formativo*, adattato alla realtà della scuola. La definizione dei curricoli è oggetto dell'**art. 8 D.P.R. 275/1999** che dispone che compete al Ministero l'individuazione delle discipline e attività costituenti la quota nazionale dei curricoli, con relativo monte ore annuale, e dell'orario complessivo annuale dei curricoli, composto da quota nazionale obbligatoria e quota obbligatoria riservata alle scuole. Dunque, nel rispetto degli obiettivi generali del processo formativo e specifici di apprendimento, delle discipline e attività costituenti la **quota nazionale dei curricoli** e del loro monte ore, dell'orario obbligatorio, annuale complessivo comprensivo della quota nazionale e della **quota riservata alla istituzione scolastica** definiti, a livello nazionale, dal Ministero dell'istruzione le scuole compongono un quadro didattico unitario nel quale sono presenti: discipline e attività fondamentali nell'ambito delle quali ne esistono alcune a carattere alternativo tra di loro, discipline e attività integrative anch'esse obbligatorie rispetto alle quali esiste la possibilità di esercitare una facoltà opzionale da parte dei genitori e degli studenti, discipline e attività facoltative che integrano l'offerta formativa e la cui frequenza non è obbligatoria per gli alunni.

3.2 L'organico dell'autonomia nella Buona scuola

Al fine di dare piena attuazione all'autonomia, nell'ottica della generale riorganizzazione dell'intero sistema scolastico, la **L. 107/2015** ha istituito l'apposito **organico dell'autonomia**, per l'intera istituzione scolastica e per tutti gli indirizzi degli istituti di secondo grado afferenti la stessa scuola. Esso è *funzionale* alle esigenze formative delle scuole ed è costituito dai posti comuni, dai posti per il sostegno e dai posti per il potenziamento dell'offerta formativa.

I docenti dell'organico dell'autonomia sono individuati dalle istituzioni scolastiche (*rectius*, dal Dirigente scolastico) che fissano il fabbisogno di posti in relazione all'offerta formativa che intendono realizzare, nel rispetto del monte orario degli insegnamenti e tenuto conto della quota di autonomia dei curricoli e degli spazi di flessibilità. Essi concorrono alla realizzazione del PTOF con attività di *insegnamento, di potenziamento, di sostegno, di organizzazione, di progettazione e di coordinamento.*

I docenti saranno utilizzati, anche in classi di concorso diverse da quelle per le quali sono abilitati, a discrezione del Dirigente scolastico.

Il campo di azioni del Piano dell'offerta formativa

Il POF ha un contenuto ampio che può prevedere:

- curricoli obbligatori corrispondenti agli indirizzi di studio, percorsi didattici alternativi, obbligatori e facoltativi, curricolari ed extracurricolari;
- discipline e attività didattiche aggiuntive in favore degli alunni finalizzati ad ampliare, diversificare e migliorare l'offerta formativa con l'inserimento di una seconda lingua comunitaria obbligatoria, insegnamenti speciali facoltativi nel settore artistico, musicale e dell'informatica, corsi di attività motoria e di animazione teatrale ecc.;
- progetti educativi specifici per la diffusione delle lingue e culture minori locali;
- programmi di sostegno in favore dei soggetti portatori di handicap gravi o meno gravi, di recupero del disagio giovanile e comunque di prevenzione del fenomeno della dispersione scolastica;
- accordi con enti pubblici e privati specialistici, Università e con altre scuole, collegate in rete, per attività di aggiornamento del personale, per garantire la continuità tra i vari segmenti scolastici, per l'organizzazione di un servizio di orientamento scolastico, universitario e professionale. Per tale finalità i protocolli di intesa possono prevedere modalità per la preiscrizione universitaria o per visite d'istruzione, corsi di preparazione finalizzati alla scelta dell'indirizzo di studio universitario, per stage in azienda, per la conoscenza dei processi produttivi, delle tecniche di lavorazione, dei materiali, dei laboratori e macchinari.
- intese con la Regione e gli enti locali per favorire l'integrazione tra sistemi educativi e rendere agevole il passaggio in più direzioni con riferimento al sistema d'istruzione, alla formazione professionale e al mondo del lavoro.

4 L'autonomia organizzativa (art. 5 D.P.R. n. 275/1999)

Funzionale alla realizzazione delle diverse forme di autonomia didattica e dunque di flessibilità, si presenta l'autonomia organizzativa, di cui all'art. 5 del D.P.R. n. 275/1999, la quale si sostanzia nell'adozione di modalità organizzative e di utilizzo dei docenti che sono **espressione di un'ampia libertà progettuale**. Essa è finalizzata alla realizzazione della flessibilità, della diversificazione, dell'efficienza e dell'efficacia del servizio scolastico, all'integrazione e al miglior utilizzo delle risorse e delle strutture, all'introduzione di tecnologie innovative e al coordinamento con il contesto territoriale.

In concreto, come **mezzi** per adattare l'organizzazione della scuola alle esigenze della didattica:

— ciascuna istituzione scolastica può diversificare le modalità di impiego dei docenti nelle varie classi e sezioni, in funzione delle eventuali differenziazioni nelle scelte metodologiche e organizzative adottate;
— è concessa alle scuole la possibilità di modificare il calendario scolastico. Gli **adattamenti del calendario** sono stabiliti dalle scuole in relazione alle esigenze derivanti dal PTOF, nel rispetto di quanto stabilito dalle Regioni nella definizione del calendario scolastico;
— è concessa un'organizzazione flessibile dell'orario del curricolo in non meno di 5 giorni la settimana.

Tra gli strumenti organizzativi che la L. 107/2015 ha introdotto, mettendoli a disposizione delle istituzioni scolastiche per il raggiungimento degli obiettivi formativi, vi sono poi:

— l'apertura pomeridiana delle scuole;
— la riduzione del numero di alunni e studenti per classe;
— le articolazioni di gruppi di classi, anche con *potenziamento del tempo scolastico* o rimodulazione del monte orario normale.

Tutto ciò incrementa la dimensione autonomista della scuola che ancora una volta trova la sua concretizzazione nel PTOF. Ogni istituzione scolastica, infatti, nell'ambito dell'autonomia organizzativa, adotta **criteri flessibili** di svolgimento delle attività formative nel rispetto delle finalità predefinite ed esercita l'autonomia di ricerca, sperimentazione e sviluppo in considerazione del contesto in cui opera, anche in collaborazione con altre scuole o soggetti esterni, mediante la stipula di **accordi di rete**, consorzi o intese (→ *infra* par. 6).

L'autonomia organizzativa, utilizzando la variabilità dei tempi, degli spazi e dei gruppi, determina il passaggio da un assetto rigido a un'organizzazione che favorisce l'interconnessione delle variabili dell'organizzazione scolastica in funzione di una migliore pianificazione dell'offerta formativa, in conformità con le caratteristiche degli alunni e con le loro esigenze formative.

5 L'autonomia di ricerca, sperimentazione e sviluppo (art. 6 D.P.R. n. 275/1999)

In base all'**art. 6 del D.P.R. n. 275/1999** le istituzioni scolastiche, singolarmente o tra loro associate, esercitano l'**autonomia di ricerca, sperimentazione e sviluppo** tenendo conto delle esigenze del contesto culturale, sociale ed economico delle realtà locali. Si dà così alle scuole la possibilità di fare ricerca e sperimentazione didattica permanente, garantendogli la possibilità di elaborare ipotesi, provarle e se necessario modificarle (in passato per portare avanti progetti didattici sperimentali era richiesta l'approvazione del Ministero).

Fra le prerogative assegnate sulla base di tale articolo figurano:

a) la progettazione formativa e la ricerca valutativa;
b) la *formazione e l'aggiornamento culturale e professionale del personale scolastico*;
c) l'innovazione metodologica e disciplinare;
d) la ricerca didattica sulle diverse valenze delle tecnologie dell'informazione e della comunicazione e sulla loro integrazione nei processi formativi;
e) la documentazione educativa e la sua diffusione all'interno della scuola;
f) gli scambi di informazioni, esperienze e materiali didattici;
g) l'integrazione fra le diverse articolazioni del sistema scolastico e, d'intesa con i soggetti istituzionali competenti, fra i diversi sistemi formativi.

6 Le reti di scuole (art. 7 D.P.R. n. 275/1999)

Nell'ambito dell'autonomia scolastica le scuole, sia singolarmente che collegate in rete (**reti di scuole**), possono stipulare **convenzioni** con università statali o private, con istituzioni, con enti, con associazioni o agenzie operanti sul territorio che intendono fornire il proprio apporto alla realizzazione di determinati obiettivi in relazione alle istanze del territorio (**art. 7 n. D.P.R. 275/1999** e artt. 46-47 D.I. 129/2018, nuovo *Regolamento di contabilità*).

In base a queste norme le istituzioni scolastiche possono promuovere **accordi di rete** per il raggiungimento delle proprie finalità istituzionali inerenti al potenziamento delle attività didattiche, di ricerca, sperimentazione e sviluppo, di formazione e aggiornamento, di amministrazione e contabilità, di acquisto di beni e servizi, di organizzazione, avvalendosi della collaborazione anche di enti esterni specializzati.

L'organo competente per la deliberazione di tali accordi è il **Consiglio d'istituto**, ma nel caso in cui l'accordo preveda attività didattiche o di ricerca, sperimentazione e sviluppo, ovvero di formazione e aggiornamento, esso deve essere **approvato anche dal Collegio dei docenti** delle singole scuole interessate per la parte di propria competenza.

Le reti di scuole possono avere per **oggetto**:

- attività didattiche o di ricerca e sperimentazione;
- la circolazione, anche mediante rete telematica, di ricerche, esperienze, documenti e informazioni;
- la gestione amministrativa e contabile delle scuole;
- la formazione in servizio del personale scolastico;
- l'orientamento scolastico e professionale;
- l'acquisto di beni e servizi;
- lo scambio temporaneo di docenti;
- l'organizzazione di laboratori territoriali.

Nel quadro normativo appena evidenziato, in cui ampie sinergie caratterizzano la collaborazione tra le agenzie formative presenti sul territorio, i percorsi formativi vengono arricchiti dall'apporto *di enti esterni specializzati*. La scuola dell'autonomia promuove così le relazioni esterne attraverso *azioni coordinate* con i soggetti culturali, politici, professionali, sociali ed economici del territorio, allo scopo di attivare *azioni di supporto* alle particolari problematiche sociali dell'utenza e del contesto in cui opera, implementando la *cultura di rete* come strumento di sviluppo e di visibilità dei percorsi formativi tracciati.

6.1 Le reti territoriali della Buona scuola

La Buona scuola ha voluto potenziare il sistema delle reti, creando **reti territoriali per la gestione dell'organico dei docenti**, tra istituzioni scolastiche all'interno del *medesimo ambito territoriale* (art. 1, commi 70, 71, 72 e 74, L. 107/2015). L'obiettivo è valorizzare le risorse professionali, gestire in comune attività amministrative, realizzare progetti e iniziative da definirsi sulla base degli *accordi di rete*. Questi individuano i criteri e le modalità per l'utilizzo dei docenti nella rete, in particolare per insegnamenti specialistici, di coordinamento e di progettazione funzionali ai Piani triennali dell'offerta formativa di più scuole in rete; i piani di formazione del personale; le risorse da destinare alla rete; le forme di pubblicità.

Al fine di alleggerire il carico di adempimenti burocratici in capo alle istituzioni scolastiche (e questa costituisce la reale *innovazione* introdotta dalla Buona scuola), in base ad accordi specifici, possono essere attribuiti, alle reti di scuole, **compiti istruttori** riguardanti atti relativi a pensioni, carriere, trattamento di fine rapporto del personale scolastico.

Inoltre, le stesse reti possono sottoscrivere accordi per la «gestione» delle risorse professionali, le attività amministrative e le iniziative didattiche.

7 L'autonomia amministrativa e contabile delle scuole

Le istituzioni scolastiche, dotate di autonomia didattica, organizzativa e di sperimentazione, sono protagoniste del sistema di istruzione, assumendo la fisionomia di un soggetto giuridico al quale viene affidata l'erogazione del *servizio pubblico istruzione*. Pertanto hanno anche competenze di tipo amministrativo e contabile, nonché di gestione delle finanze.

Nell'art. 14 del Regolamento (D.P.R. n. 275/1999) sono individuate **le competenze amministrative della scuola** che, a seguito dell'autonomia, sono trasferite dall'amministrazione centrale alle singole scuole.

Le istituzioni scolastiche riorganizzano i servizi amministrativi e contabili tenendo conto del nuovo assetto istituzionale delle scuole e della complessità dei compiti ad esse affidati, per garantire all'utenza un efficace servizio (comma 4).

In particolare, le istituzioni scolastiche provvedono a tutti gli **adempimenti relativi alla carriera scolastica degli alunni** e infatti disciplinano: le iscrizioni, le frequenze, le certificazioni, la documentazione, la valutazione, il riconoscimento degli studi compiuti in Italia e all'estero ai fini della prosecuzione degli studi medesimi, la valutazione dei crediti e debiti formativi, la partecipazione a progetti territoriali e internazionali, la realizzazione di scambi educativi internazionali (comma 2).

Le **competenze contabili** della scuola, intendendosi ricomprese l'amministrazione, la gestione del bilancio e dei beni e le modalità di definizione e di stipula dei contratti di prestazione d'opera, sono disciplinate dal **regolamento di contabilità** previsto dall'articolo 21, commi 1 e 14, L. 59/1997 (comma 3). Esso deve stabilire le modalità di esercizio della capacità negoziale e ogni adempimento contabile relativo allo svolgimento dell'attività negoziale medesima, nonché modalità e procedure per il controllo dei bilanci della gestione e dei costi. E' inoltre esplicitamente disposto che il regolamento può discostarsi dalle norme vigenti in materia di contabilità dello Stato, nel rispetto dei principi di universalità, unicità e veridicità della gestione e dell'equilibrio finanziario.

Il primo regolamento di contabilità delle istituzioni scolastiche fu emanato con *decreto interministeriale n. 44/2001*, il quale conteneva la disciplina dei compiti e degli strumenti per la gestione economica che di fatto rendono possibile l'**autonomia nelle decisioni di tipo finanziario.**

Il regolamento di contabilità è oggi contenuto nel **D.I. n. 129/2018** che ha sostituito il D.I. n. 44/2001, dettando nuove norme generali sulla contabilità delle scuole, nuove competenze dei diversi organi nella scuola in tale ambito, soprattutto in attuazione dei principi sanciti nella Buona scuola (art. 1, comma 143, L. 107/2015).

L'autonomia finanziaria consiste nella gestione autonoma dei fondi pervenuti da contributi statali, tasse e contributi degli studenti, più altre forme di autofinanziamento. In tal senso l'**art. 21 della legge 59/1997**, comma 4, afferma che la dotazione finanziaria essenziale delle istituzioni scolastiche *è costituita dall'assegnazione dello Stato per il funzionamento amministrativo e didattico* (per es. per l'acquisto dei beni di consumo o strumentali alla didattica).

Le istituzioni scolastiche godono di **autonomia contabile, amministrativa e di bilancio** e, sulla base di quanto evidenziato nel *Regolamento di contabilità* (**D.I. 129/2018**), le risorse assegnate dallo Stato costituenti la dotazione finanziaria di istituto sono utilizzate senza altro vincolo di destinazione che quello prioritario per lo svolgimento delle attività di istruzione, di formazione e di orientamento proprie dell'istituzione interessata. Le istituzioni scolastiche provvedono altresì all'autonoma allocazione delle risorse finanziarie derivanti da entrate proprie o da altri finanziamenti dell'Unione Europea, dello Stato, delle Regioni, di enti locali o di altri enti, pubblici e privati, sempre che tali finanziamenti non siano vincolati a specifiche destinazioni.

La gestione finanziaria e amministrativo-contabile della scuola deve comunque ispirarsi ai criteri tipici aziendali di **efficacia, efficienza** ed **economicità**, e deve concretizzarsi in un atto di programmazione che, come un qualsiasi bilancio di previsione, deve ispirarsi ai principi di contabilità di trasparenza, annualità, integrità, universalità, unicità, veridicità.

Le risorse finanziarie assegnate dallo Stato non sono mai, come è noto, sufficienti. Il Testo unico istruzione (D.Lgs. n. 297/1994) prevede che il Consiglio di istituto possa prevedere delle **forme di autofinanziamento** che nel quotidiano si sono trasfuse nella prassi di richiedere alle famiglie dei **contributi** *fissi forfettari all'atto dell'iscrizione*, che si aggiungono alle *tasse scolastiche* che sono *obbligatorie solo nell'ultimo biennio delle scuole secondarie di secondo grado* (dopo cioè l'assolvimento dell'obbligo scolastico). Altri contributi vengono spesso richiesti alle famiglie per finanziare le varie attività connesse all'offerta formativa della scuola.

I contributi richiesti dalle scuole sono obbligatori per le famiglie solo nel caso in cui siano da considerarsi *rimborsi spese fatte dalla scuola*, come quelle per l'assicurazione per infortuni e risarcimento danni degli allievi, per coprire visite e viaggi di istruzione, per l'acquisto del libretto delle assenze e delle autorizzazioni etc.

Gran parte dei contributi forfettari richiesti all'atto dell'iscrizione non possono essere, invece, considerati obbligatori né la scuola può imporne il pagamento: lo stesso Ministero (in varie note) ha ribadito che i versamenti di tipo forfettario richiesti dalle scuole sono assolutamente **volontari** e non possono essere destinati a finanziare il funzionamento ordinario dell'istituzione scolastica, bensì solo attività connesse con l'ampiamento dell'offerta culturale e formativa.

La scuola gode anche di **autonomia negoziale**, in quanto il Dirigente scolastico, rappresentante dell'istituzione scolastica cui è preposto, con l'autorizzazione del Consiglio di istituto, può chiedere finanziamenti, accendere mutui, accettare eredità, legati e donazioni, acquistare e vendere immobili, aderire a reti di scuole e consorzi etc.

8 Il nuovo modello di insegnamento/apprendimento nella scuola dell'autonomia

L'autonomia scolastica, nelle sue diverse modalità di espressione, si propone sia di far acquisire agli studenti conoscenze, competenze e abilità adeguate, sia di ridurre il tasso di insuccesso scolastico e di fornire concrete possibilità di riuscita anche agli alunni disagiati. Pertanto il vecchio modello di insegnamento/apprendimento basato essenzialmente sul gruppo classe, sulle verifiche tradizionali, sulla lezione frontale, su orari e lezioni improntati alla massima rigidità è stato necessariamente ripensato e superato sulla base di una nuova struttura che prevede articolazioni flessibili e a carattere modulare, le quali possono riguardare l'orario delle lezioni, il calendario scolastico, l'aggregazione degli studenti in gruppi omogenei ed eterogenei, nonché modelli di apprendimento alternativi.

Nell'esercizio dell'autonomia didattica le scuole sono quindi chiamate a regolare i tempi dell'insegnamento e dello svolgimento delle singole discipline e attività nella maniera più adeguata al tipo di studi e ai ritmi di apprendimento degli alunni, con la possibilità di adottare tutte le forme di flessibilità ritenute opportune, e fra l'altro (come specificato al comma 2 del suddetto art. 4, alla luce anche della L. 107/2015 cd. Buona scuola):

— «*l'articolazione modulare del monte-orario annuale di ciascuna disciplina ivi compresa attività e insegnamenti interdisciplinari*», la quale consente al Consiglio di classe di andare oltre il tradizionale susseguirsi delle tematiche inserite nei programmi ministeriali, che diventano sempre più duttili, flessibili e gestibili secondo le esigenze dei singoli gruppi-classe, pur nel rispetto delle indicazioni fornite dai cosiddetti «*saperi minimi*», che comunque devono sempre essere considerate nella programmazione e nell'esecuzione della didattica;

— «*la definizione di unità di insegnamento non coincidenti con l'unità oraria della lezione e l'utilizzazione, nell'ambito del curricolo obbligatorio, degli spazi orari residui*», in modo da poter realizzare un cammino concluso e definito, in cui la lezione viene sempre più intesa come apporto partecipativo dell'intero gruppo, ovvero come «***imparare insieme***», definendo collegialmente le strutture didattiche, calibrate e personalizzate a seconda del gruppo di alunni a cui si riferiscono;

— «*il potenziamento del tempo scolastico* anche oltre i modelli e i quadri orari, nei limiti della dotazione organica dell'autonomia, tenuto conto delle scelte degli studenti e delle famiglie;

— «*la programmazione plurisettimanale e flessibile dell'orario complessivo del curricolo e di quello destinato a singole discipline, anche mediante l'articolazione del gruppo della classe* con conseguente superamento del concetto tradizionale di «classe», la quale diventa così un insieme flessibile, duttile e dinamico, in grado di interagire con le altre classi, dalle quali non è più separata in maniera netta. In tal modo si realizza un equilibrio sincronico nel quale le componenti delle diverse classi si fondono, per dar vita a gruppi organizzati capaci di rispondere alle diverse esigenze dell'apprendimento. Possono crearsi gruppi per sviluppare percorsi mirati di recupero, oppure per potenziare e migliorare le capacità attraverso percorsi di eccellenza, o ancora per realizzare percorsi tematici in grado di interessare e coinvolgere particolari categorie di alunni;

- «*l'aggregazione delle discipline in aree e ambiti disciplinari*», la quale consente di impostare la didattica tenendo conto delle interazioni tra le diverse materie: interazioni che devono essere valorizzate e sottolineate, impostando, nello stesso tempo, percorsi operativi unificati che da una parte realizzano un'economia spazio-temporale nella didattica, dall'altra fungono da stimolo e da esempio per la classe, a sua volta organizzata dal lavoro *in team* dei docenti.

In sintesi

- L'autonomia scolastica trova i suoi principi basilari nell'**art. 21 L. 59/1997**. Elemento centrale e qualificante dell'art. 21, però, è rappresentato dalla codificazione dei principi di **autonomia organizzativa e didattica** che consiste nel potere del dirigente di organizzare diversamente l'offerta di servizi didattici.
- In attuazione dell'art. 21 è stato emanato il **D.P.R. 275/1999** che ha recato il regolamento in materia di autonomia definita come garanzia di libertà di insegnamento e di pluralismo culturale.
- L'**autonomia finanziaria** è la gestione autonoma dei fondi pervenuti per contributi statali, tasse e contributi degli studenti, più altre forme di finanziamento. Il finanziamento statale si compone di:
  - — assegnazione ordinaria, determinata in base a parametri fissi;
  - — assegnazione perequativa, di natura eventuale.

  Le risorse assegnate dallo Stato sono utilizzate senza altro vincolo di destinazione che quello per lo svolgimento delle attività di istruzione, formazione e orientamento. Le istituzioni scolastiche possono stipulare, nell'ambito dell'**autonomia negoziale**, convenzioni e contratti. Il *dirigente scolastico* esercita i poteri di gestione negoziale, nel rispetto del programma annuale e dei compiti educativi dell'istituto.
- Nell'ambito dell'**autonomia didattica** (art. 4, D.P.R. 275/1999) le istituzioni scolastiche regolano i tempi dell'insegnamento e dello svolgimento delle discipline, eventualmente adottando forme di flessibilità, quali:
  - — Rimodulare il monte ore di ciascuna disciplina
  - — Programmare percorsi formativi specifici (ad es. lingua straniera)
  - — Definire unità di insegnamento non necessariamente di 60 minuti
  - — Aggregare le discipline in ambiti disciplinari.

  Nel rispetto del degli obiettivi generali del processo di apprendimento stabiliti a livello nazionale, le scuole definiscono ed attuano un **curricolo** (80% quota oraria nazionale e 20% quota dell'autonomia).

  L'autonomia didattica trova applicazione e si manifesta nel **Piano triennale dell'offerta formativa (PTOF)**.
- L'**autonomia organizzativa** è espressione della libertà progettuale della scuola, che si attua con gli adattamenti del calendario scolastico, con il potenziamento del tempo scuola, adottando criteri flessibili.
- L'attuazione dell'autonomia passa anche attraverso le **reti di scuole** (art. 7 D.P.R 275/1999). Esse si costituiscono con **accordi** deliberati dal Consiglio d'istituto e approvati dal Collegio dei docenti tra le diverse istituzioni scolastiche che condividono un obiettivo comune (attività didattiche o di formazione, contabili e amministrative, laboratoriali).

4
Gli ordinamenti didattici. La scuola dell'infanzia

Il sistema di istruzione nazionale è stato sempre interessato da numerose riforme degli ordinamenti didattici che hanno coinvolto tutti gli ordini di scuola.

In particolare, all'incirca nell'ultimo decennio, le novità hanno riguardato:

— il riordino della scuola dell'infanzia e del primo ciclo (**D.P.R. 89/2009**; **D.Lgs. 65/2017**);
— il coordinamento delle norme per la valutazione degli alunni (**D.Lgs. 62/2017**);
— il riordino delle scuole del secondo ciclo (**D.P.R. 89/2010**; **D.Lgs. 61/2017**).

1 L'ordinamento della scuola dell'infanzia

1.1 Caratteristiche

La scuola dell'infanzia dura **tre anni**, accoglie i bambini **tra i 3 ed i 5 anni** compiuti entro il 31 dicembre dell'anno di riferimento, fa parte del *sistema educativo*, ma *non del percorso corrispondente al diritto-dovere dell'istruzione e formazione*, poiché **non è obbligatoria**.

La **L. 28-3-2003, n. 53**, cd. **riforma Moratti** e il **D.Lgs. 59/2004** che vi dà attuazione, cambiano il nome della scuola materna che diventa *scuola dell'infanzia* (terminologia già utilizzata in modo preferenziale negli Orientamenti del '91).

Con il successivo **D.P.R. 20-3-2009, n. 89** *di revisione dell'assetto ordinamentale, organizzativo e didattico della scuola dell'infanzia e del primo ciclo di istruzione* — rientrante nel **pacchetto normativo cd. Gelmini** — si provvede, anche attraverso modifiche delle disposizioni legislative vigenti, ad introdurre, nell'organizzazione e nel funzionamento della scuola dell'infanzia e del primo ciclo di istruzione, misure di riorganizzazione e qualificazione, al fine di assicurare migliori opportunità di apprendimento e di crescita educativa, e dell'assolvimento dell'obbligo di istruzione.

La **scuola dell'infanzia** concorre all'educazione e allo sviluppo affettivo, psicomotorio, cognitivo, morale, religioso e sociale dei bambini e delle bambine, promuovendone le potenzialità di relazione, autonomia, creatività, apprendimento e operando per assicurare una effettiva eguaglianza delle opportunità educative.

Nel rispetto della primaria responsabilità educativa dei genitori, concorre alla formazione integrale dei bambini e delle bambine e, nella sua autonomia e unitarietà didattica e pedagogica, realizza la continuità educativa con il complesso dei servizi all'infanzia (*continuità con l'asilo-nido*) e con la scuola primaria (inteso come primo ciclo di istruzione obbligatoria).

La frequenza della scuola dell'infanzia non è obbligatoria, tuttavia la Repubblica assicura la generalizzazione dell'offerta formativa.

Come precisato dal comma 2, art. 9 **D.P.R. 20-3-2009, n. 81**, recante *Norme per la riorganizzazione della rete scolastica e il razionale ed efficace utilizzo delle risorse umane della scuola,* le sezioni di scuola dell'infanzia sono costituite, di norma, con un numero di bambini **non inferiore a 18 e non superiore a 26**.

Ove non sia possibile ridistribuire i bambini tra scuole viciniori, eventuali iscrizioni in eccedenza sono ripartite tra le diverse sezioni della stessa scuola senza superare, comunque, le 29 unità per sezione, escludendo dalla redistribuzione le sezioni che accolgono alunni con disabilità.

Le **sezioni della scuola dell'infanzia** con un numero di iscritti inferiore a quello previsto in via ordinaria, situate in **Comuni montani, in piccole isole e in piccoli Comuni**, appartenenti a comunità prive di strutture educative per la prima infanzia, possono accogliere piccoli gruppi di bambini di età compresa tra i due e i tre anni, la cui consistenza è determinata nell'annuale decreto interministeriale sulla formazione dell'organico. L'inserimento di tali bambini avviene sulla base di progetti attivati, d'intesa e in collaborazione tra istituzioni scolastiche e Comuni interessati, e non può dar luogo a sdoppiamenti di sezioni.

1.2 I modelli organizzativi: l'orario di funzionamento

L'orario di funzionamento della scuola dell'infanzia è stabilito in **40 ore settimanali**, con possibilità di estensione fino a **50 ore**. Permane la possibilità, prevista dalle norme vigenti, che le famiglie chiedano la fruizione di un tempo scuola ridotto, limitato alla sola fascia del mattino, per complessive **25 ore settimanali**. In questo caso, le eventuali economie di ore e di posti vengono utilizzate solo per espandere il servizio con la possibilità di creazione di nuove sezioni.

Tali orari sono comprensivi della quota riservata all'insegnamento della religione cattolica in conformità all'Accordo che apporta modifiche al Concordato Lateranense e relativo Protocollo addizionale, reso esecutivo con L. 25-3-1985, n. 121, ed alle conseguenti Intese.

Le istituzioni scolastiche organizzano le attività educative per la scuola dell'infanzia con l'inserimento dei bambini in sezioni distinte a seconda dei modelli orario scelti dalle famiglie.

1.3 Iscrizioni anticipate (cd. anticipo)

Secondo quanto previsto dall'art. 2 D.P.R. 89/2009, la scuola dell'infanzia accoglie bambini di età compresa **tra i tre e i cinque anni** compiuti entro il 31 dicembre dell'anno scolastico di riferimento.

Su richiesta delle famiglie sono iscritti alla scuola dell'infanzia, le bambine e i bambini che compiono tre anni di età **entro il 30 aprile** dell'anno scolastico di riferimento.

Tuttavia, l'inserimento dei bambini ammessi alla **frequenza anticipata** (cd. bambini «anticipatari»)è disposto ricorrendo le seguenti **condizioni**:

- disponibilità dei posti;
- accertamento dell'avvenuto esaurimento di eventuali liste di attesa;
- disponibilità di locali e dotazioni idonei sotto il profilo dell'agibilità e funzionalità, tali da rispondere alle diverse esigenze dei bambini di età inferiore a tre anni;
- valutazione pedagogica e didattica, da parte del collegio dei docenti, dei tempi e delle modalità dell'accoglienza.

Espansione Web
Indicazioni nazionali della scuola dell'infanzia

L'approvazione definitiva delle **Indicazioni nazionali per il curricolo della scuola dell'infanzia e del primo ciclo di istruzione** è avvenuta dopo una sperimentazione durata tre anni

ed ha portato al regolamento emanato con **D.M. 16-11-2012, n. 254**, che organizza le attività educative per i bambini di scuola dell'infanzia in base a cinque "campi di esperienza":
- Il sé e l'altro;
- Il corpo e il movimento;
- Immagini, suoni, colori;
- I discorsi e le parole;
- La conoscenza del mondo.

2 Le sezioni primavera

Le cd. **sezioni primavera**, o *ponte*, costituiscono la risposta del legislatore ad una diffusa esigenza sociale e ad una crescente domanda di servizi educativi per i bambini dai 24 ai 36 mesi di età, oltre che un qualificato momento di preparazione e introduzione alla scuola dell'infanzia.

La **L. 27-12-2006, n. 296** (*legge finanziaria per il 2007*), al comma 630, art. 1, introdusse dall'anno scolastico 2007-2008 iniziative sperimentali improntate a criteri di qualità pedagogica, flessibilità, in rispondenza alle caratteristiche della specifica fascia di età dei bambini di 2-3 anni per l'ampliamento dell'offerta formativa ad essi rivolta.

I servizi così forniti possono articolarsi secondo diverse tipologie, con priorità per quelle modalità che si qualificano come sezioni sperimentali aggregate alla scuola dell'infanzia, per favorire un'effettiva continuità del percorso formativo lungo l'asse cronologico 0-6 anni di età.

Il **D.P.R. 20-3-2009, n. 89,** all'art. 2 comma 3, poi confermò l'iniziativa delle sezioni primavera stabilendo gli opportuni coordinamenti con l'istituto degli anticipi, nell'ambito delle **risorse finanziarie** destinate allo scopo a legislazione vigente.

La L. 296/2006 rinviava, poi, ad un **Accordo** in sede di **Conferenza unificata Stato-Regioni-Autonomie locali** per la concreta definizione delle modalità per la realizzazione dei progetti di sezioni primavera.

Tali accordi vengono rinnovati ogni anno, in sede di Conferenza unificata; ad essi seguono *a livello locale*, le Intese regionali tra Ufficio scolastico regionale (USR) ed ente Regione. Nel tempo, sono stati emanati alcuni Accordi speciali, definiti «quadro» con i quali sono stati dettati i criteri essenziali e linee di indirizzo generale.

Dal combinato disposto delle previsioni contenute negli ultimi accordi quadro risultano i seguenti **punti fermi** di disciplina di tale iniziativa educativa:
- le iniziative si rivolgono a bambini di età compresa **tra i 24 ed i 36 mesi** e si qualificano come servizi socio-educativi integrativi dell'offerta di asili nido e di scuole dell'infanzia, che restano le tipologie di base previste dall'ordinamento giuridico;
- i progetti possono essere realizzati da soggetti **gestori pubblici e privati**, **legittimati** alla gestione dei servizi educativi 0-6 anni (amministrazioni comunali, scuole dell'infanzia paritarie, soggetti gestori di nidi convenzionati con amministrazioni comunali, istituzioni scolastiche statali), nel rispetto della normativa regionale e nazionale di riferimento;
- le iniziative si ispirano a criteri di qualità pedagogica, rispettosi dell'età dei bambini, sulla base di indicatori e **standard di funzionamento definiti dalle leggi regionali** o, in

mancanza, contenuti nell'accordo; questi ultimi riguardano, in particolare, la presenza di strutture adeguate, il contenimento del numero dei bambini (da 10 a massimo 20 per sezione), un rapporto numerico insegnanti-bambini non superiore ad 1/10, la flessibilità degli orari (tra le 5 e le 8 ore giornaliere), la qualificazione del personale docente ed ausiliario, il supporto psicopedagogico;

— in realtà particolari (es. **piccoli Comuni**), laddove non è possibile strutturare una iniziativa con le sopraccitate caratteristiche, è possibile proporre **soluzioni più flessibili**, che dovranno essere descritte in modo puntuale nei progetti proposti;
— in sede locale, **il Comune è il soggetto «regolatore»** dell'offerta socio-educativa **per bambini al di sotto dei tre anni**, sulla base della normativa regionale.

Quanto, infine, al **finanziamento** a sostegno del funzionamento del servizio delle sezioni primavera in sede di Conferenza unificata si provvede ad un dettagliato riparto fra le istituzioni nei seguenti termini:

— il Ministero dell'Istruzione e il Ministero del Lavoro mettono annualmente a disposizione del servizio specifiche risorse finanziarie, la cui entità complessiva viene resa nota all'inizio dell'esercizio finanziario e comunque non oltre l'avvio dell'anno scolastico;
— ciascuna Regione può concorrere al finanziamento delle sezioni primavera con proprio contributo finanziario;
— i Comuni concorrono al funzionamento delle sezioni primavera con proprio apporto di risorse strumentali e umane e di servizi, autonomamente definito.

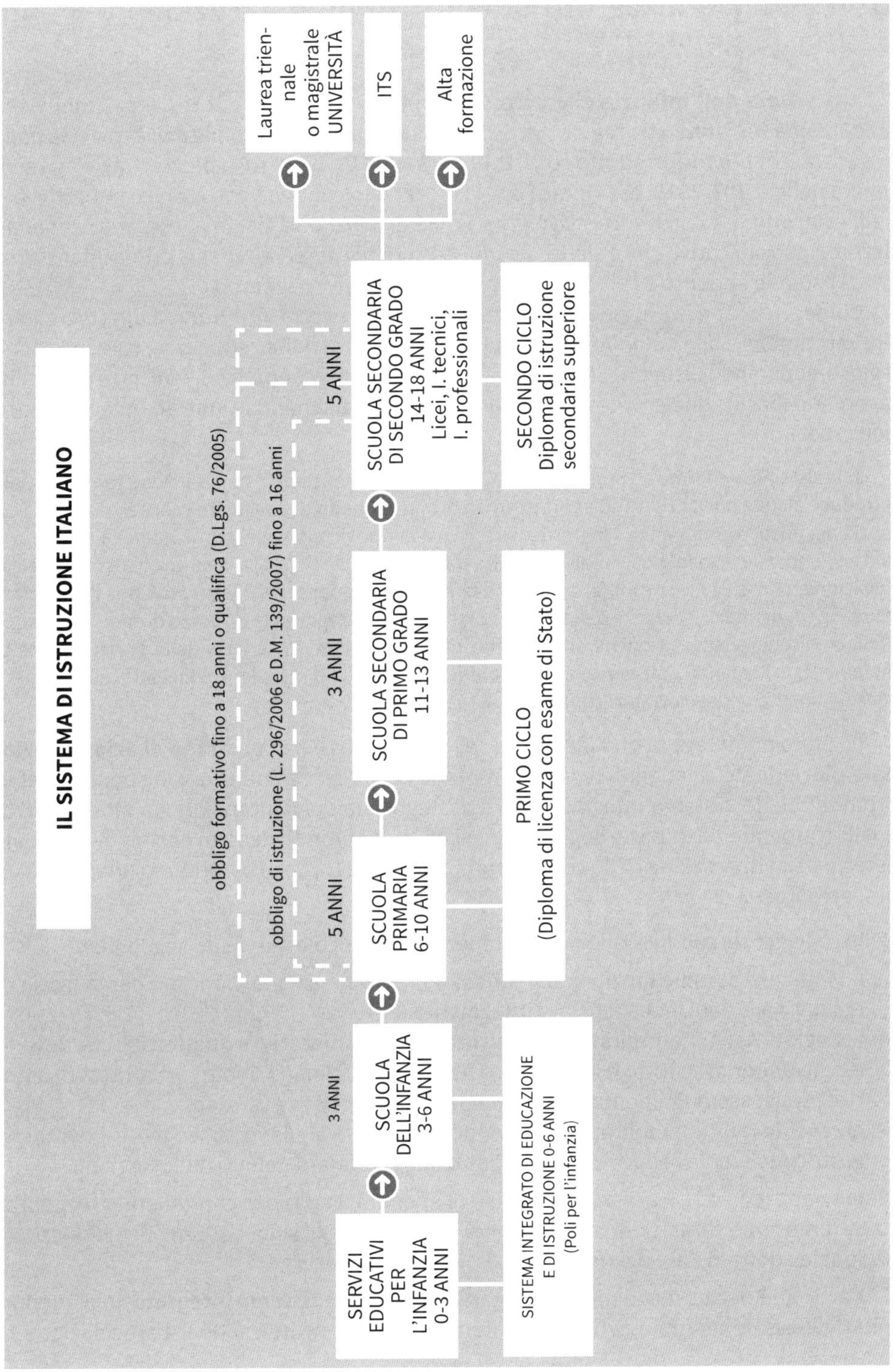
IL SISTEMA DI ISTRUZIONE ITALIANO
obbligo formativo fino a 18 anni o qualifica (D.Lgs. 76/2005)
obbligo di istruzione (L. 296/2006 e D.M. 139/2007) fino a 16 anni
SERVIZI EDUCATIVI PER L'INFANZIA 0-3 ANNI
3 ANNI
SCUOLA DELL'INFANZIA 3-6 ANNI
5 ANNI
SCUOLA PRIMARIA 6-10 ANNI
3 ANNI
SCUOLA SECONDARIA DI PRIMO GRADO 11-13 ANNI
5 ANNI
SCUOLA SECONDARIA DI SECONDO GRADO 14-18 ANNI Licei, I. tecnici, I. professionali
Laurea triennale o magistrale UNIVERSITÀ
ITS
Alta formazione
SISTEMA INTEGRATO DI EDUCAZIONE E DI ISTRUZIONE 0-6 ANNI (Poli per l'infanzia)
PRIMO CICLO (Diploma di licenza con esame di Stato)
SECONDO CICLO Diploma di istruzione secondaria superiore

3 Il Sistema integrato di educazione e istruzione 0-6 anni (D.Lgs. 65/2017)

Alla **scuola dell'infanzia** che accoglie bambini e bambine dai tre ai sei anni viene affidata una **funzione strategica** nel *Sistema integrato di educazione e di istruzione dalla nascita fino a sei anni* introdotto con il **D.Lgs. 13-4-2017, n. 65** sulla base della delega contenuta nella L. 107/2015: essa infatti opera in maniera contigua con i servizi educativi per l'infanzia, prima, e con il successivo primo ciclo di istruzione, per la necessaria *continuità* del processo educativo che è elemento imprescindibile dei servizi per la prima infanzia ma che si estende appunto a tutto il primo ciclo in un *processo unitario.*

Come si legge nella Relazione illustrativa, il *Sistema educativo 0-6 anni* è diretto a garantire «ai bambini e alle bambine pari opportunità di educazione, istruzione, cura, relazione e gioco, superando disuguaglianze e barriere territoriali, economiche, etniche e culturali», favorendo l'inclusione e ricorrendo ad un'adeguata personalizzazione ed organizzazione degli spazi.

Tale sistema, uniforme ed omogeneo su tutto il territorio nazionale nei suoi punti fondamentali, introduce alcune novità rilevanti soprattutto in ordine al modo di concepire i servizi alla prima infanzia nel nostro ordinamento. In particolare, rileva la novità relativa al requisito della *formazione universitaria del personale* dei «nidi» (a partire dal 2019-2020 è richiesta la laurea in Scienza dell'educazione, classe L19, con indirizzo specifico per **educatori dei servizi educativi per l'infanzia** o laurea quinquennale in Scienze della formazione primaria integrata da un corso di specializzazione di 60 crediti universitari) nonché della formazione continua ed in servizio dello stesso, al fine di incrementare la *qualità* dei servizi; viene promossa inoltre "la dimensione collegiale del lavoro e il coordinamento pedagogico territoriale".

Lo Stato promuove la qualificazione dell'offerta attraverso un **Piano di azione nazionale pluriennale** che definisce la destinazione delle risorse finanziarie disponibili per la promozione del sistema integrato, con il sostegno sia degli interventi già in atto che di quelli in programma da parte degli enti locali. Di questi ultimi il decreto non innova l'attuale assetto della ripartizione delle competenze, ma lo integra con l'assetto regionale relativo al segmento 0-3.

Nello specifico, la suddivisione delle competenze si articola nel modo seguente:

- il **Ministero** assume funzioni di indirizzo e programmazione, non solo per la fascia di età dai 3 ai 6 anni, ma anche per il segmento 0-3;
- le **Regioni** definiscono gli **standard strutturali organizzativi e qualitativi**, che devono essere uniformi su tutto il territorio nazionale; disciplinano, inoltre, le attività di autorizzazione, accreditamento e vigilanza degli enti locali e le sanzioni;
- gli **enti locali** (Comuni) autorizzano, accreditano e vigilano sui soggetti privati che gestiscono i servizi educativi, nel rispetto degli standard definiti dalle Regioni.

In tale sistema di *governance*, al Ministero spetterà un ruolo di coordinamento, indirizzo e promozione, in sintonia con le Regioni e gli enti locali, sulla base del Piano di azione nazionale adottato dal Governo.

L'articolo 2 del decreto definisce l'**organizzazione del Sistema integrato**, la cui uniformità deve essere garantita su tutto il territorio nazionale, strutturandone l'articolazione in:

- *servizi educativi per l'infanzia*, cioè **nido** e **micro-nido** (bambini da 3 a 36 mesi), **servizi integrativi** (spazi gioco, servizi educativi domiciliari), **sezioni primavera** (bambini da 24 a 36 mesi);
- **scuole per l'infanzia**, statali e paritarie.

Il comma 1, in particolare, nel rimarcare la specificità e l'autonomia dei servizi educativi per l'infanzia e delle scuole dell'infanzia, precisa che esse costituiscono, ciascuno in base alle proprie caratteristiche funzionali, *la sede primaria dei processi di cura, educazione ed istruzione* per la completa attuazione delle finalità previste dal decreto.

Tale Sistema integrato di educazione e di istruzione, che verrà realizzato progressivamente e in funzione della disponibilità delle risorse finanziarie e strumentali, recepisce in parte i servizi già esistenti sul territorio nazionale.

Inoltre, al fine di potenziare la ricettività dei servizi e sostenere la continuità del percorso educativo e scolastico delle bambine e dei bambini di età compresa tra tre mesi e sei anni di età, è previsto che le *Regioni*, d'intesa con gli Uffici scolastici regionali, promuovano la costituzione di **Poli per l'infanzia**, che però non saranno organismi dotati di autonomia scolastica. Essi potranno essere anche aggregati agli edifici che ospitano scuole primarie e istituti comprensivi, in modo da riunire in un unico contesto la formazione «prescolare» e quella successiva, con spazi e personale specializzato condivisi.

In sintesi

- **La scuola dell'infanzia**: dura **3 anni** e la sua frequenza **non** è obbligatoria. I bambini hanno tra i 3 e i 5 anni compiuti entro il 31 dicembre. È possibile iscrivere i bambini che compiono 3 anni entro il 30 aprile dell'a.s. di riferimento (cd. **anticipo**), sulla base di condizioni determinate.
- Le sezioni di scuola dell'infanzia devono essere costituite con non meno di **18 bambini** e non più di **26**.
- L'orario è stabilito in **40 ore** settimanali, con possibilità di estensione fino a **50**. È possibile richiedere un tempo ridotto di **25 ore**.
- Le sezioni primavera accolgono bambini tra i **2 e i 3 anni**. La definizione delle modalità di realizzazione è rimessa a livello locale. Oggi anche esse confluiscono ne Sistema integrato 0-6 anni.
- Il Sistema integrativo di educazione e istruzione 0-6 anni (D.Lgs. 65/2017) accoglie bambini da **0 a 6 anni** creando continuità educativa e riorganizzando le disomogenee realtà educative e riorganizzando le disomogenee realtà educative per l'infanzia già esistenti a livello locale.

5
Il primo ciclo di istruzione

1 Articolazione del primo ciclo di istruzione

Il **primo ciclo di istruzione** si articola in **due percorsi** scolastici consecutivi e obbligatori:

1. la **scuola primaria**, della durata di cinque anni;
2. la **scuola secondaria di primo grado**, della durata di tre anni.

La **scuola primaria** (una volta chiamata *scuola elementare*), anch'essa regolata dal D.P.R. 89/2009, dura, come detto, **cinque anni** ed è articolata in:

— un **primo anno**, pensato come *continuum* con la scuola dell'infanzia;
— **due periodi didattici biennali** al termine dei quali l'alunno passa alla scuola secondaria di primo grado.

La scuola secondaria di primo grado ha la durata di tre anni e si articola in:

— un **periodo didattico biennale**;
— un **terzo anno** completa il percorso disciplinare dell'istruzione del primo ciclo. Quest'ultimo anno si conclude con l'esame di Stato ed assicura l'orientamento ed il raccordo con il secondo ciclo di istruzione e formazione.

2 La scuola primaria

2.1 Orario di funzionamento e modelli organizzativi

La frequenza della scuola primaria è **obbligatoria** in ottemperanza all'obbligo di istruzione di almeno 10 anni, confermato, come abbiamo visto, dal D.M. 139/2007.

Le classi di scuola primaria sono di norma costituite con un **numero di alunni non inferiore a 15 e non superiore a 26**, elevabile fino a 27 qualora residuino resti (art. 10, comma 1, D.P.R. 81/2009). Le pluriclassi sono costituite da non meno di 8 e non più di 18 alunni.

Nelle *scuole e nelle sezioni staccate* funzionanti nei Comuni montani, nelle piccole isole e nelle aree geografiche abitate da minoranze linguistiche possono essere costituite classi, per ciascun anno di corso, con un numero di alunni inferiore al numero minimo previsto e comunque non inferiore a 10 alunni.

Le sezioni di scuola primaria, che accolgono *alunni con disabilità*, sono costituite con **non più di 20 alunni**, limite confermato dal **D.Lgs. 66/2017** in materia di inclusione scolastica.

Sono iscritti alla scuola primaria le bambine e i bambini che compiono **sei anni** di età entro il 31 dicembre dell'anno scolastico di riferimento. Possono, altresì, essere iscritti alla scuola primaria, su richiesta delle famiglie, le bambine e i bambini che compiono sei anni di età entro il 30 aprile dell'anno scolastico di riferimento (cd. istituto dell'*anticipo*) (art. 5, D.P.R. 89/2009).

L'**orario scolastico** settimanale della scuola primaria è articolato su quattro modelli di durata pari a **24, 27 e fino a 30 ore**, nonché **40 ore** (**tempo pieno**): in quest'ultimo caso, qualora il numero delle domande di tempo pieno ecceda la ricettività di posti/alunno delle classi da formare, spetta ai Consigli d'istituto indicare i criteri di ammissione.

Le modalità di realizzazione del **tempo pieno** (introdotto dalla L. 147/2007)prevedono **due insegnanti** titolari sulla stessa classe e uno specifico *progetto formativo integrato* (senza distinzione tra le attività didattiche del mattino e quelle del pomeriggio) attivabile sulla base delle disponibilità di organico assegnate all'istituto, nonché in presenza delle necessarie strutture e servizi.

Il tempo-scuola ordinario della primaria è svolto, invece, secondo il modello dell'**insegnante unico di riferimento**, attivabile a richiesta delle famiglie, alternativo al precedente assetto del *modulo* e delle *compresenze*, attualmente ancora molto diffuso.

Di fatto l'insegnante, anche quando è scelto il modello dell'insegnante unico, unico non lo è mai. La **L. 169/2008** aveva l'intento di restaurare il «maestro» unico in Italia, al fine di conformarsi a quello che è il *sistema adottato* prevalentemente in Europa. Ma di fatto l'insegnante non è unico bensì *prevalente*, in quanto è affiancato sempre da altri colleghi specializzati (docenti di sostegno, per l'insegnamento della lingua e della religione cattolica).

2.2 Le Indicazioni nazionali per il curricolo

Le **Indicazioni nazionali per il curricolo della scuola dell'infanzia e del primo ciclo di istruzione** (D.M. 16-11-2012, n. 254) tracciano, come abbiamo visto, le linee e i criteri per il conseguimento delle finalità formative e degli obiettivi di apprendimento anche per la scuola del primo ciclo. Discipline di studio obbligatorie sono:

> **Espansione Web**
> *Indicazioni nazionali per il curricolo del primo ciclo di istruzione*

- Italiano
- Lingua inglese (per l'insegnamento dell'inglese nella primaria è diventata obbligatoria per i docenti la formazione linguistica)
- Storia
- Geografia
- Cittadinanza e Costituzione (inserita nell'area disciplinare storico-geografica)
- Matematica
- Scienze
- Musica
- Arte e immagine
- Educazione fisica
- Tecnologia
- Inoltre, per gli alunni che se ne avvalgono, è previsto l'insegnamento della **religione cattolica** per due ore settimanali.

Le Indicazioni nazionali per il primo ciclo sono state rilette ed **integrate** nel 2017 (D.M. 537/2017, D.M. 910/2017) con il documento, a cura del Comitato scientifico, dal titolo "**Indicazioni nazionali e nuovi scenari**", (**Nota Miur 3645/2018**), anche al fine di potenziare l'insegnamento di «**Cittadinanza e Costituzione**», l'insegnamento introdotto nelle scuole di ogni ordine e grado, con la L. 169/2008, nelle

> **Espansione Web**
> *Indicazioni nazionali e nuovi scenari*

aree *storico-geografica* per il primo ciclo e *storico-sociale* e *storico geografica* per le scuole di secondo grado, e sottoposta a valutazione.

La scuola primaria promuove, quindi, nel rispetto delle diversità individuali, lo sviluppo della personalità; permette di acquisire e sviluppare le conoscenze e le abilità di base fino alle prime sistemazioni logico-critiche; favorisce l'apprendimento dei mezzi espressivi, ivi inclusa l'alfabetizzazione in almeno una lingua dell'Unione europea (inglese) oltre alla lingua italiana; pone le basi per l'utilizzazione di metodologie scientifiche nello studio del mondo naturale, dei suoi fenomeni e delle sue leggi; valorizza le capacità relazionali e di orientamento nello spazio e nel tempo; educa i giovani cittadini ai principi fondamentali della convivenza civile.

Il passaggio alla scuola secondaria di primo grado, al termine della quinta classe della primaria, non prevede più che gli alunni sostengano un esame (il D.Lgs. 59/2004 ha abrogato l'art. 148 T.U. Istruzione).

3 L'insegnamento dell'educazione civica

Nel settembre del 2019 è entrata in vigore la **L. 20 agosto 2019, n. 92** di *introduzione dell'insegnamento scolastico dell'educazione civica*, la cui applicazione è stata rinviata all'anno scolastico 2020-2021.

La materia rappresenta un *continuum* rispetto a «Cittadinanza e Costituzione», introdotta dal D.L. 137/2008, conv. in L. 169/2008.

Il suo insegnamento è *trasversale* e si esplica nel **primo e nel secondo ciclo di istruzione.**

Alla base dell'educazione civica c'è la **conoscenza della Costituzione italiana**, alla quale gli alunni sono sensibilizzati, a partire dalla scuola dell'infanzia, per sviluppare competenze ispirate ai valori della responsabilità, legalità, partecipazione e solidarietà. Essa rientra tra le *competenze di cittadinanza* che tutti gli studenti, in ogni percorso di istruzione e formazione devono conseguire. Un primo approccio ai principi contenuti nella Carta costituzionale avviene già a partire dalla scuola dell'infanzia, per la quale sono avviate iniziative di *sensibilizzazione* alla cittadinanza responsabile.

In concreto, tutte le scuole prevedono nel loro *curricolo* di istituto l'insegnamento di educazione civica, specificando l'orario per ciascun anno di corso, per non meno di **trentatrè ore** in un anno scolastico, da svolgersi nel monte ore obbligatorio. Per raggiungere tale obiettivo, le scuole possono far ricorso alla quota di autonomia per modificare il curricolo.

In particolare, l'insegnamento è affidato, nelle **scuole del primo ciclo**, ai docenti, in *contitolarità*; nelle **scuole del secondo ciclo**, ai docenti delle discipline *giuridiche ed economiche* ove disponibili nell'ambito dell'*organico dell'autonomia*.

Per ogni classe viene poi individuato un **docente coordinatore**; nella valutazione degli apprendimenti, il coordinatore ha la competenza della proposta di **voto** in decimi, risultante dagli elementi acquisiti dagli altri docenti a cui è affidato l'insegnamento.

L'insegnamento, infatti, è oggetto di **valutazioni** periodiche e finali, come stabilito dal D.Lgs. 62/2017 e dal D.P.R. 122/2009, per le parti ancora in vigore.

Al **Dirigente scolastico** compete la **verifica** della piena attuazione dell'insegnamento e la coerenza con il Piano triennale dell'offerta formativa (PTOF).

L'insegnamento dell'educazione civica può anche essere integrato con *esperienze extra-scolastiche,* attraverso la costituzione di reti di scuole, o con soggetti appartenenti al volontariato o al terzo settore, che siano impegnati nella promozione della cittadinanza attiva.

Gli **obiettivi specifici di apprendimento** per l'educazione civica sono individuati con apposite *Linee guida da emanarsi* con decreto del Ministero, in riferimento a molti aspetti, tra i quali: Costituzione italiana; istituzioni nazionali, dell'Unione europea e degli organismi internazionali; Agenda 2030 per lo sviluppo sostenibile; educazione alla cittadinanza digitale in riferimento a bullismo e *cyberbullismo*; elementi fondamentali di diritto, con particolare riferimento al diritto del lavoro; educazione ambientale; educazione alla legalità; educazione stradale, alla salute e al benessere, al volontariato e alla cittadinanza attiva.

Molte sono le iniziative attivabili dalle autonomie locali al fine di promuovere la conoscenza del *pluralismo istituzionale*, per lo studio dei diritti e degli istituti di partecipazione a livello statale e territoriale.

4 La scuola secondaria di primo grado

La scuola secondaria di primo grado (prima chiamata *scuola media*) *non è più*, anche in riferimento all'obbligo scolastico, *scuola terminale*. Essa ha il compito di assicurare ad ogni allievo il consolidamento delle padronanze strumentali (lettura, scrittura, matematica, lingue) e della capacità di apprendere, nonché un adeguato livello di conoscenze e di competenze, che formano la piattaforma su cui costruire il percorso successivo.

La frequenza della scuola secondaria di primo grado è **obbligatoria** per tutti i ragazzi italiani e stranieri che abbiano concluso il percorso della scuola primaria.

Le classi prime delle medie sono costituite, di norma, con un numero minimo di **18 alunni** e un **numero massimo di 27** (ma possono diventare 28 se ci sono dei resti). Qualora si formi una sola classe prima, gli alunni possono essere 30. Le classi di scuola secondaria di primo grado che accolgono alunni con disabilità sono costituite, di norma, con non più di 20 alunni, qualora si tratti di alunni disabili gravi.

L'**orario annuale obbligatorio** delle lezioni (D.P.R. 89/2009) nella scuola secondaria di primo grado è di complessive **990 ore**, corrispondente a **29 ore settimanali**, più 33 ore annuali da destinare ad attività di approfondimento relativamente agli insegnamenti di materie letterarie, per un totale di 30 ore settimanali.

Nel **tempo prolungato** (spesso poco utilizzato per la mancanza di strutture e servizi idonei) il monte-ore è determinato mediamente in **36 ore settimanali**, elevabili fino a 40, comprensive delle ore destinate sia agli insegnamenti e alle attività, sia al tempo dedicato alla mensa.

Il **quadro orario settimanale e annuale** delle discipline e le classi di concorso per gli insegnamenti della scuola secondaria di primo grado, definiti tenendo conto dei nuovi piani di studio, sono determinati come specificato nella tabella che segue.

	Settimanale	**Annuale**
Italiano, Storia, Geografia (+ Cittadinanza e Costituzione)	9	297
Attività di approfondimento in materie letterarie	1	33
Matematica e Scienze	6	198
Tecnologia	2	66
Inglese	3	99
Seconda lingua comunitaria	2	66
Arte e immagine	2	66
Scienze motorie e sportive	2	66
Musica	2	66
Religione cattolica	1	33

Anche in questo caso l'insegnamento della **religione cattolica** è facoltativo per le famiglie.

Il **quadro orario settimanale e annuale** delle discipline per gli insegnamenti della scuola secondaria di primo grado **a tempo prolungato** è invece determinato come specificato nella tabella che segue.

	Settimanale	**Annuale**
Italiano, Storia, Geografia	15	495
Matematica e Scienze	9	297
Tecnologia	2	66
Inglese	3	99
Seconda lingua comunitaria	2	66
Arte e immagine	2	66
Scienze motorie e sportive	2	66
Musica	2	66
Religione cattolica	1	33
Approfondimento a scelta delle scuole nelle discipline presenti nel quadro orario	1 o 2	33/66

Si noti come in tutte le classi della scuola secondaria di primo grado è impartito l'insegnamento della **lingua inglese per tre ore settimanali** e di una **seconda lingua per due ore settimanali**. A richiesta delle famiglie e compatibilmente con le disponibilità di organico, può essere introdotto l'**insegnamento potenziato dell'inglese** per cinque ore settimanali complessive, utilizzando anche le ore d'insegnamento della seconda lingua comunitaria.

Con la Buona scuola il *potenziamento* dello studio della lingua inglese è stato confermato, ricorrendo anche alla metodologia CLIL (art. 1, comma 7, L. 107/2015).

Inoltre, con il **D.Lgs. 60/2017** di attuazione della Buona scuola in materia di **promozione e diffusione della cultura umanistica**, le discipline artistiche e creative entrano a far parte dell'offerta formativa delle scuole di ogni ordine e grado.

5 La valutazione degli alunni nel primo ciclo di istruzione (D.Lgs. 62/2017)

5.1 La valutazione degli apprendimenti

La disciplina della valutazione degli alunni è oggi contenuta nel **D.Lgs. 13-4-2017, n. 62**, attuativo della Buona scuola, che si applica a partire dall'anno scolastico 2017-2018.

Il decreto riordina e coordina in un unico testo le disposizioni previgenti principalmente il D.P.R. 122/2009, incidendo sulla **valutazione degli apprendimenti**, sulle prove degli **esami di Stato** e sulla **certificazione delle competenze** in un'ottica di maggiore equilibrio delle prove d'esame, soprattutto in relazione a quelle previste per il secondo ciclo (→ *infra*), e di trasparenza nella comunicazione sugli effettivi livelli di apprendimento raggiunti.

La valutazione degli apprendimenti delle alunne e degli alunni frequentanti la scuola primaria e secondaria di primo grado è di competenza dei docenti della classe.

Essa viene effettuata attraverso l'attribuzione di un **voto in decimi**, ma va corredata della esplicitazione dei *livelli di apprendimento raggiunti* dall'alunno. La valutazione, infatti, ha un'importante *funzione formativa*, cioè di accompagnamento dei processi di apprendimento, e di stimolo al miglioramento continuo, in modo da finalizzare i percorsi didattici all'acquisizione di competenze disciplinari, personali e sociali.

La valutazione degli alunni, periodica e finale, compete dunque ai docenti contitolari della classe (nella scuola primaria) ovvero al Consiglio di classe: è **collegiale** (è necessaria la presenza di tutti i componenti, lo scrutinio è palese e non ci si può astenere); partecipano alla valutazione di tutti gli alunni anche gli *insegnanti di sostegno*, in quanto contitolari della classe.

L'**ammissione alla classe successiva** degli alunni del primo ciclo è così regolata:

— gli alunni della *scuola primaria* sono ammessi alla classe successiva **anche in presenza di livelli di apprendimento parzialmente raggiunti** o in via di prima acquisizione. La **non ammissione** alla classe successiva è possibile **in casi eccezionali** e deve essere deliberata all'*unanimità* e comprovata da *specifica motivazione* dei docenti contitolari (come già previsto nella normativa precedente);

— gli alunni della *scuola secondaria di primo grado* sono ammessi alla classe successiva o all'esame di Stato, con delibera del Consiglio di classe, anche in caso di parziale o mancata acquisizione dei livelli di apprendimento, dunque **anche in caso di attribuzione di voti inferiori a sei decimi**. In caso di alunni che non abbiano, totalmente o parzialmente, acquisito i necessari livelli di apprendimento in una o più discipline, il Consiglio di classe può deliberare, con *adeguata motivazione* e a maggioranza, la **non ammissione** alla classe successiva o all'esame conclusivo del primo ciclo.

Il decreto n. 62 del 2017 introduce, a tal proposito, per tutto il primo ciclo, l'attivazione, da parte dell'istituzione scolastica, di specifiche *strategie per il miglioramento* dei livelli di apprendimento parzialmente raggiunti o in via di prima acquisizione.

In buona sostanza, diventa difficile una "**bocciatura**", se non in casi eccezionali, poiché l'ammissione diviene la regola generale se la scuola avrà messo a punto, ben prima del termine dell'anno scolastico, i percorsi di supporto per colmare le lacune nei livelli di apprendimento.

La **verbalizzazione** degli scrutini è importante ai fini di *autotutela* della scuola, e deve riportare esiti numerici e favorevoli o contrari alle ammissioni. Le operazioni di scrutinio devono essere presiedute dal Dirigente scolastico o da un suo delegato.

5.2 Le prove INVALSI

Le rilevazioni nazionali predisposte dall'INVALSI si svolgono, in modalità cartacea, nelle **classi seconda e quinta della primaria** e sono dirette ad accertare il livello degli apprendimenti in *italiano, matematica*, e *nella classe quinta, anche inglese* (materia quest'ultima introdotta dal decreto n. 62), in coerenza con il Quadro comune di riferimento europeo per le lingue.

Le prove INVALSI nella **scuola secondaria di primo grado**, invece, si svolgono solo al **terzo anno** attraverso prove standardizzate *computer based* e sono anch'esse effettuate per accertare i livelli di apprendimento in italiano, matematica e inglese. Le prove INVALSI devono essere svolte entro il mese di aprile e non fanno più parte dell'esame finale del primo ciclo, come in precedenza, ma costituiscono, a partire dal 2017-2018, **requisito per l'ammissione** all'esame.

Le rilevazioni nazionali degli apprendimenti delle prove INVALSI costituiscono **attività ordinarie di istituto** e contribuiscono al processo di **autovalutazione** delle istituzioni. Con il D.Lgs. 62/2017 le prove INVALSI diventano, dunque, **obbligatorie**.

È prevista, inoltre, la restituzione individuale alle famiglie, attraverso un giudizio in forma descrittiva, del livello di apprendimento raggiunto in italiano, matematica e inglese.

5.3 La valutazione del comportamento

La valutazione del comportamento delle alunne e degli alunni del primo ciclo di istruzione viene espressa collegialmente dai docenti con un **giudizio sintetico riportato nel documento di valutazione** (art. 2 D.Lgs. 62/2017). Scompare, quindi, come nella scuola primaria, la valutazione del comportamento in decimi.

Di conseguenza, il giudizio negativo di comportamento risulta *neutrale* rispetto all'ammissione alla classe successiva. Inoltre, il criterio di valutazione deve essere riferito "*allo sviluppo delle competenze di cittadinanza*".

Ne costituiscono riferimenti essenziali lo Statuto delle studentesse e degli studenti (per il secondo ciclo), il *Patto educativo di corresponsabilità* (esteso alla scuola primaria con **L. 92/2019**) e i regolamenti scolastici.

Ciascuna istituzione scolastica, poi, può determinare autonomamente iniziative rivolte alla promozione e alla valorizzazione dei comportamenti positivi delle alunne e degli alunni, anche in sede di predisposizione del PTOF (art. 1).

5.4 La valutazione delle assenze

Nella **scuola secondaria di primo grado**, le assenze vengono valutate ai fini della validità dell'anno scolastico, per la quale è necessaria la frequenza minima di almeno **tre quarti del monte ore annuale** personalizzato. Nel monte ore rientrano tutte le attività oggetto di valutazione periodica e finale da parte del Consiglio di classe (**art. 5 D.Lgs. 62/2017**).

Resta dunque ferma la disciplina prevista dall'art. 14, comma 7, D.P.R. 122/2009, fatte salve le eventuali deroghe definite dal Collegio dei docenti (già previste dalla C.M. 4-3-2011, n. 20). Le scuole, infatti, possono porre **deroghe** al limite dei tre quarti di presenza minima necessaria, *in casi eccezionali* (assenze continuative) e documentati: è il Collegio dei docenti che delibera la deroga purché la frequenza effettuata consenta al Consiglio di classe di procedere alla valutazione sulla base di elementi sufficienti.

Nel caso in cui non sia possibile procedere alla valutazione, il Consiglio di classe delibera la **non ammissione** dell'alunno.

6 L'esame di Stato

A partire dall'anno scolastico 2017-2018, l'esame finale del primo ciclo risulta disciplinato dal **D.Lgs. 62/2017**, dal **D.M. 3 ottobre 2017, n. 741** che ha regolamentato specificamente le operazioni connesse e dalla **Nota n. 1865** del **10 ottobre 2017** sulla valutazione, certificazione delle competenze ed esami di Stato.

> **Espansione Web**
> *D.M. 741/2017: Esame di Stato conclusivo del primo ciclo di istruzione*

Il **voto di ammissione** all'esame conclusivo del primo ciclo è espresso dal Consiglio di classe **in decimi**, e deve tener conto del percorso scolastico compiuto dall'alunno.

L'**art. 8 D.Lgs. 62/2017** disciplina e modifica il contenuto delle prove dell'esame conclusivo del primo ciclo, in particolare, "semplificandolo" rispetto alla normativa previgente. Esso prevede: **tre prove scritte** (italiano, matematica e lingua straniera articolata in sezioni per ciascuna delle lingue seguite) cui si aggiunge un **colloquio** per valutare le conoscenze descritte nel profilo finale dello studente e per accertare le competenze trasversali, quali la capacità di argomentazione, di risoluzione di problemi, di pensiero critico e riflessivo, nonché il livello di padronanza delle competenze di Cittadinanza e delle competenze nelle lingue straniere.

La **Commissione d'esame predispone le prove d'esame** e i criteri per la correzione e la valutazione. Un'ulteriore innovazione riguarda la composizione della Commissione medesima, per la quale è prevista l'attribuzione della **presidenza** al **Dirigente scolastico** della scuola oppure ad un docente collaboratore in caso di sua assenza (scuole in reggenza) o impedimento.

L'esame si intende superato se il candidato consegue una votazione finale non inferiore a **sei decimi**. La votazione di dieci decimi può essere accompagnata dalla **lode** se deliberata all'unanimità dalla Commissione.

Il voto finale dell'esame, espresso in decimi, deriva dalla media aritmetica, arrotondata all'unità superiore per frazioni pari o superiori a 0,5, tra il voto di ammissione e la media dei voti delle prove e del colloquio (prima il voto finale derivava dalla media tra il voto di ammissione e quello delle singole prove d'esame).

L'esito dell'esame di Stato, con l'indicazione della votazione complessiva conseguita, è **pubblicato** per tutti i candidati nell'albo della scuola sede della commissione d'esame ed è consultabile anche sul sito web della scuola.

I **diplomi** sono *firmati* dal presidente della Commissione, cioè il Dirigente scolastico e vengono conservati **nell'archivio** della segreteria della scuola di pertinenza.

I diplomi di licenza di scuola secondaria di primo grado possono essere rilasciati gratuitamente (art. 181, D.Lgs. 297/1994) all'interessato o, se questi è minore, al genitore o ad un suo delegato che ne faccia richiesta presso la segreteria dell'istituto in cui si è sostenuto l'esame conclusivo. In luogo del diploma può essere rilasciato anche il *certificato sostitutivo del diploma*, ad esempio in caso di smarrimento o di furto dell'originale.

7 La certificazione delle competenze

La **certificazione delle competenze**, per il primo ciclo di istruzione, consiste nella descrizione e certificazione delle *competenze chiave* nonché delle competenze di cittadinanza acquisite dall'alunno. Si tratta di un documento *per livelli* (avanzato, intermedio, base e iniziale) *e non per voti*: deve essere scritto in maniera semplice in quanto si rivolge alle famiglie. La certificazione delle competenze si affianca alla pagella ma non la sostituisce.

Essa infatti non è sostitutiva delle attuali modalità di valutazione e attestazione giuridica dei risultati scolastici (ammissione alla classe successiva, rilascio di un titolo di studio finale etc.), ma accompagna e integra tali strumenti normativi, accentuandone il carattere informativo e descrittivo del quadro delle competenze acquisite dagli allievi.

La certificazione delle competenze viene **rilasciata al termine della scuola primaria e del primo ciclo di istruzione** (art. 9, comma 2, del **D.Lgs. 62/2017**).

La maggior parte delle scuole già in precedenza compilava la scheda della certificazione delle competenze, ciascuna in base ad un proprio modello differente, ma solo con la **C.M. 3/2015**, contenente le *Linee guida per la certificazione delle competenze nel primo ciclo di istruzione*, è stato adottato un **modello nazionale** uniforme, che è stato oggetto di **sperimentazione** da parte delle scuole negli anni scolastici 2014-2015 e 2015-2016.

L'adozione della certificazione delle competenze era stata prevista già dalla legge che istituiva l'autonomia scolastica (D.P.R. 275/1999, art. 10). Il Comitato tecnico per le Indicazioni nazionali per il curricolo, nel 2015, ha definito i due modelli per la certificazione (uno per le classi quinte della primaria e l'altro per le classi terze delle medie) *armonizzandoli con le competenze chiave dell'Unione europea e con le Indicazioni nazionali* (D.M. 254/2012).

In seguito, sono state emanate le nuove **Linee guida per la certificazione delle competenze nel primo ciclo di istruzione 2018** che propongono un modello semplificato frutto dell'esperienza delle scuole che hanno già sperimentato negli anni passati la certificazione. Esse ricalcano in maniera evidente le *otto competenze chiave per l'apprendimento permanente* (→ Cap. 8, par. 7) stabilite nel 2006 dal Parlamento europeo e dal Consiglio d'Europa e in seguito rinnovate nel 2018, con una **nuova Raccomandazione europea** (del **22 maggio 2018**).

I livelli da attribuire a ciascuna competenza sono stati confermati.

Essi sono:

A - *Avanzato*: L'alunno/a svolge compiti e risolve problemi complessi, mostrando padronanza nell'uso delle conoscenze e delle abilità; propone e sostiene le proprie opinioni e assume in modo responsabile decisioni consapevoli.

B - *Intermedio*: L'alunno/a svolge compiti e risolve problemi in situazioni nuove, compie scelte consapevoli, mostrando di saper utilizzare le conoscenze e le abilità acquisite.

C - Base: L'alunno/a svolge compiti semplici anche in situazioni nuove, mostrando di possedere conoscenze e abilità fondamentali e di saper applicare basilari regole e procedure apprese.
D - Iniziale: L'alunno/a, se opportunamente guidato/a, svolge compiti semplici in situazioni note.

Il Ministero dell'istruzione ha emanato con il **decreto n. 742 del 3 ottobre 2017**, *"Finalità della certificazione delle competenze"* i **due modelli** di certificazione delle competenze da compilare, a cura delle scuole, al termine della scuola primaria e al termine del primo ciclo di istruzione, stabilendo che: le istituzioni scolastiche statali e paritarie del primo ciclo di istruzione certificano l'acquisizione delle competenze acquisite progressivamente dalle alunne e dagli alunni.

Anche per il 2018/2019, le scuole hanno utilizzato il modello allegato al D.M. 742/2017, in attesa della ridefinizione del profilo dello studente individuato nelle Indicazioni, in coerenza con le nuove competenze chiave europee del 2018 (Nota Miur 4-4-2019, n. 5772).

Per la **scuola primaria** il documento di certificazione delle competenze, a firma del Dirigente scolastico, è redatto dagli insegnanti a conclusione dello scrutinio finale della classe quinta.

Relativamente alla **secondaria di primo grado**, viene redatto dal Consiglio di classe in sede di scrutinio finale solo per gli studenti ammessi all'esame di Stato e consegnato alle famiglie degli alunni che abbiano sostenuto l'esame stesso con esito positivo.

8 Le Linee guida 2018 (Nota n. 312/2018)

Le Linee guida per la certificazione del 2018 tengono conto delle innovazioni introdotte con il D.Lgs. 62/2017 e con i decreti ministeriali attuativi, il D.M. 741 e il D.M. 742 del 2017.

La certificazione delle competenze viene definita *atto educativo* e si chiarisce che al suo interno confluiscono diversi contenuti di apprendimento - *formale, non formale e informale* - insieme a fattori individuali che attribuiscono alla competenza un carattere personale.

Sono **confermati i livelli** descrittivi delle competenze già previsti.

Il riferimento cui agganciare l'operato degli insegnanti nella valutazione e certificazione delle competenze al termine del primo ciclo di istruzione sono le *Indicazioni nazionali per il curricolo della scuola dell'infanzia e del primo ciclo di istruzione*, emanate con D.M. 16-11-2012, n. 254.

Inoltre, si afferma che "i principi enunciati dall'Agenda ONU 2030 sono del tutto coerenti con la nostra Costituzione e sono riconducibili, in termini di progettualità curricolare, alle otto competenze chiave europee e ai Traguardi delle Indicazioni Nazionali", in riferimento alle competenze chiave per l'apprendimento permanente contenute nelle Raccomandazioni europee.

Le Linee guida 2018 confermano che per arrivare alla certificazione delle competenze occorre prima di tutto **valutarle**, ma essendo l'oggetto di valutazione già complesso di per sé, il processo che le connota è differenziato in quanto si svolge in un tempo prolungato, con un'osservazione continua di ciascun alunno nelle diverse situazioni con le quali si confronta.

In questo percorso che porta al documento, gli insegnanti hanno il delicato compito di monitorare di continuo il grado di *maturazione* delle competenze di ciascun alunno per valorizzarle e favorirne lo sviluppo, senza trascurare il ruolo determinante che tutti i risultati di apprendimento, identificati principalmente nelle conoscenze e nelle abilità, svolgono in funzione delle competenze stesse.

La certificazione delle competenze richiede **un'azione didattica incisiva e specifica** e una corretta e diffusa *cultura della valutazione*. Pertanto, l'insegnamento va necessariamente adeguato nei suoi tre momenti sostanziali e cioè la *progettazione, le attività didattiche in classe, la valutazione.*

La progettazione deve partire dai *traguardi per lo sviluppo delle competenze*, previsti dalle Indicazioni nazionali del 2012, richiamati, come accennato, nelle Linee guida, e da essa definiti *prescrittivi*, e dagli *obiettivi di apprendimento* previsti per ciascuna disciplina.

In sintesi

- **La scuola primaria** ha durata di cinque anni ed è articolata in un **primo anno** e **due periodi didattici biennali**; le classi sono di norma costituite da un numero di alunni non inferiore a 15 e non superiore a 26, elevabile fino a 27. I modelli di orario scolastico settimanale sono quattro: 24 (derivante dalla L. 169/2008), 27 e 30 ore (derivante dalla L. 53/2003), 40 ore, corrispondente al tempo pieno. Sul modello orario delle 24 ore settimanali è previsto che le istituzioni scolastiche possano costituire classi affidate ad un unico insegnante (art. 4 D.L. 137/2008).
- La **scuola secondaria di primo grado** ha la durata di tre anni e si articola in un periodo didattico biennale e un terzo anno, che si conclude con l'esame di Stato. L'orario annuale è di 990 ore, corrispondente a 29 ore settimanali (art. 5 D.P.R. 89/2009); nel tempo prolungato il monte ore è determinato in 36 ore settimanali, elevabili fino a 40. Le classi prime della scuola secondaria di primo grado sono generalmente costituite con minimo 18 alunni e massimo 27 (28 se ci sono resti).
- La **certificazione delle competenze**, nel primo ciclo di istruzione, descrive e certifica le competenze acquisite dagli alunni al termine della scuola primaria e della scuola secondaria di primo grado.

  La finalità di tale certificazione è quella di descrivere il livello di apprendimento di ciascun alunno, mediante enunciati descrittivi dei diversi livelli di acquisizione delle competenze, per poterne agevolare l'orientamento nel prosieguo del percorso di studi. La certificazione indica anche, in forma descrittiva, il livello raggiunto nelle prove a carattere nazionale, per ciascuna disciplina e le abilità di comprensione e uso della lingua inglese.

6
Il secondo ciclo d'istruzione

1 L'articolazione dei percorsi di studio

La **scuola secondaria di secondo grado** costituisce, soprattutto nell'impianto della **legge 53/2003 (Riforma Moratti)**, il secondo ciclo dell'istruzione ed ha la finalità di preparare lo studente agli studi universitari nonché a fornirgli un'adeguata preparazione per il mondo del lavoro.

La scuola secondaria di secondo grado è stata oggetto di numerose riforme, alcune delle quali rimaste incomplete o inattuate.

Citiamo, in particolare, il **progetto Brocca**, risalente al 1998 con il quale furono rivisti i programmi dei primi due anni delle scuole superiori.

Con il progetto Brocca si delineò, infatti, l'area comune del *biennio*.

Molti dei 17 indirizzi di studio previsti dal progetto sono rimasti validi fino alla riforma Gelmini, superando gli interventi riformatori degli anni seguenti.

Con la L. 53/2003 (cd. riforma Moratti) e il suo decreto attuativo D.Lgs. 226/2005, veniva previsto un percorso a doppio binario: da un lato il **sistema dei licei** e dall'altro il **sistema dell'istruzione e della formazione professionale**.

La **legge n. 40 del 2 aprile 2007**, e la sua legge di attuazione, L. 133/2008, ha modificato sostanzialmente l'impianto della normativa, lasciando però, come conquista acquisita, la *pari dignità tra i percorsi del sistema dell'istruzione secondaria superiore* (licei, istituti tecnici e istituti professionali) e quelli del sistema dell'istruzione e formazione professionale, nei quali si realizza il diritto-dovere all'istruzione e alla formazione di cui al D.Lgs. 76/2005.

A partire dal 1° settembre 2010 è entrata in vigore la riforma complessiva e simultanea del secondo ciclo d'istruzione e formazione ad opera dei regolamenti emanati nel marzo 2010 (**riforma Gelmini**) di cui tratteremo nei successivi paragrafi.

Il volto della scuola secondaria superiore si presenta dunque come segue:

— 6 licei;
— istituti tecnici suddivisi in 2 settori con 11 indirizzi;
— istituti professionali suddivisi in 11 indirizzi (D.Lgs. 61/2017).

Anche il **sistema di istruzione e formazione professionale**, di competenza regionale presenta un ordinamento di rilievo nazionale che prevede *qualifiche triennali* e *diplomi quadriennali*.

Rafforzando le *caratteristiche identitarie* dei quattro settori nei quali è stata organizzata dal 2010-2011 l'offerta formativa dopo il primo ciclo d'istruzione (licei; istituti tecnici; istituti professionali; percorsi regionali di istruzione e formazione) si rende più semplice e chiara l'offerta di istruzione secondaria, semplificando così il vecchio panorama costituito da centinaia di percorsi costituiti nei decenni e con stratificazioni successive, anche a seguito della moltiplicazione delle sperimentazioni.

Anche i **piani di studio** delle scuole secondarie superiori nei decenni addietro erano stati ampliati fino a raggiungere dimensioni anomale — se confrontate con quelle degli altri Paesi europei — sia per estensione oraria, sia per numero di materie previste. Per questo motivo con la riforma Gelmini, i **quadri orari delle lezioni** sono stati alleggeriti in media del 10-15%. Le istituzioni scolastiche, avvalendosi della propria autonomia, possono poi ampliare e arricchire il curricolo con attività e *insegnamenti facoltativi* che, una volta scelti, comportano comunque l'obbligo di frequenza.

La normativa fissa, inoltre, un tetto massimo di **30-32 ore per l'orario settimanale** (**35 ore** solo per l'istruzione artistica). Le scuole, nell'esercizio della propria autonomia didattica e organizzativa, possono definire *unità di insegnamento* non coincidenti con ore di 60 minuti per realizzare specifiche attività didattiche (ad esempio l'alternanza scuola/lavoro), ma devono garantire agli studenti e alle famiglie un orario complessivo di lezioni corrispondente al monte-ore annuale assegnato al corso di studi, calcolato su ore di 60 minuti e non più di 50 come invalso nella pratica della maggior parte delle scuole.

Per gli allievi il tempo di presenza in aula è, dunque, più o meno lo stesso, ma distribuito su un minore numero di materie, in modo da consentire una maggiore concentrazione.

In concreto, la riforma si presentava con l'intento di offrire un'organizzazione più efficiente in un quadro più moderno e semplificato, mantenendo un servizio analogo a quello precedente dal punto di vista del monte-ore annuale.

I successivi interventi normativi, di cui tratteremo nei prossimi paragrafi, hanno inciso ancora sui percorsi del secondo ciclo di istruzione; si pensi agli istituti professionali.

LICEI

COME ERANO	COME SI PRESENTANO
396 indirizzi sperimentali e **51 progetti** assistiti dal Miur	**6 Licei** **Liceo classico** **Liceo scientifico** • con opzione Scienze applicate **Liceo linguistico** **Liceo artistico** (6 nuovi indirizzi): • Arti figurative • Architettura e ambiente • Audiovisivo e multimedia • Design • Grafica • Scenografia **Liceo musicale e coreutico** **Liceo delle scienze umane** • con opzione Economico-sociale

ISTITUTI TECNICI

COME ERANO	COME SI PRESENTANO
10 settori e **39 indirizzi**	**2 settori e 11 indirizzi** **Settore economico** (2 indirizzi): • Amministrativo, finanza e marketing • Turismo **Settore tecnologico** (9 indirizzi): • Meccanica, meccatronica ed energia • Trasporti e logistica • Elettronica ed elettrotecnica • Informatica e telecomunicazioni • Grafica e comunicazione • Chimica, materiali e biotecnologie • Sistema moda • Agraria e agroindustria • Costruzioni, ambiente e territorio

ISTITUTI PROFESSIONALI

COME ERANO	CON LA RIFORMA GELMINI	COME DIVENTANO (D.Lgs. 61/2017)
5 settori e **27 indirizzi**	**2 settori e 6 indirizzi** **Settore dei servizi** (4 indirizzi): • Servizi per l'agricoltura e lo sviluppo rurale • Servizi socio-sanitari • Servizi per l'enogastronomia e l'ospitalità alberghiera • Servizi commerciali **Settore industria e artigianato** (2 indirizzi): • Produzioni artigianali e industriali • Servizi per la manutenzione e l'assistenza tecnica	**11 indirizzi** a) Agricoltura, sviluppo rurale, valorizzazione dei prodotti del territorio e gestione delle risorse forestali e montane; b) Pesca commerciale e produzioni ittiche; c) Industria e artigianato per il Made in Italy; d) Manutenzione e assistenza tecnica; e) Gestione delle acque e risanamento ambientale; f) Servizi commerciali; g) Enogastronomia e ospitalità alberghiera; h) Servizi culturali e dello spettacolo; i) Servizi per la sanità e l'assistenza sociale; l) Arti ausiliarie delle professioni sanitarie: odontotecnico; m) Arti ausiliarie delle professioni sanitarie: ottico

2 I licei

Il quadro normativo di disciplina dei licei è rappresentato dal D.Lgs. 17 ottobre 2005, n. 226 e dal **D.P.R. 15 marzo 2010, n. 89.**

Tutti i percorsi liceali sono accomunati dalla maggiore sostenibilità per gli alunni del carico **orario annuale** obbligatorio, adattato alle esigenze dei percorsi, che contempla di norma:

- *891 ore per ciascun anno del primo biennio*;
- *990 ore nel secondo biennio e nell'ultimo anno*, prolungato a *1.023 ore nel secondo biennio e nell'ultimo anno per il liceo classico*, al fine di rafforzare gli insegnamenti di lingua straniera e dell'area matematico-scientifica.

L'orario annuale, comprensivo della quota riservata alle Regioni, alle istituzioni scolastiche autonome e all'insegnamento della religione cattolica, è articolato in **attività e insegnamenti obbligatori** per tutti gli studenti e in **insegnamenti eventualmente previsti dal PTOF** coerenti con il profilo educativo, culturale e professionale dello studente elaborato per il relativo percorso liceale, il tutto affidato a un contingente di insegnanti messo a disposizione degli Uffici scolastici regionali o anche assumendo, in base al proprio bilancio, esperti qualificati.

La scelta delle attività e degli insegnamenti facoltativi è libera per gli studenti, che però sono tenuti alla frequenza delle attività e degli insegnamenti facoltativi prescelti. Le materie facoltative, a loro volta, concorrono alla valutazione complessiva.

Tutti i percorsi liceali hanno **durata quinquennale**, sviluppandosi in due periodi biennali e in un quinto anno che completa il percorso disciplinare:

- il **primo biennio** (nel liceo classico, il vecchio *ginnasio*) è finalizzato all'iniziale approfondimento e sviluppo delle conoscenze e delle abilità e ad una prima maturazione delle competenze caratterizzanti le singole articolazioni del sistema liceale, nonché all'assolvimento dell'obbligo d'istruzione di cui al D.M. n. 139/2007;
- il **secondo biennio** è finalizzato all'approfondimento e allo sviluppo delle conoscenze e delle abilità e alla maturazione delle competenze caratterizzanti le singole articolazioni del sistema liceale;
- nel **quinto anno** si persegue la piena realizzazione del profilo educativo, culturale e professionale dello studente, nonché il completo raggiungimento degli obiettivi specifici di apprendimento, e si consolida il percorso di orientamento agli studi successivi e all'inserimento nel mondo del lavoro.

I percorsi dei licei si concludono con un **esame di Stato** (→ par. 8).

Al superamento dell'esame di Stato conclusivo dei percorsi liceali viene rilasciato il titolo di **diploma liceale**, indicante la tipologia di liceo e l'eventuale indirizzo, opzione o sezione seguita dallo studente. Il diploma consente l'accesso all'università e agli istituti di alta formazione artistica, musicale e coreutica, agli istituti tecnici superiori e ai percorsi di istruzione e formazione tecnica superiore. Il diploma è integrato dalla *certificazione delle competenze acquisite dallo studente* al termine del percorso liceale.

Il **sistema dei licei** comprende le seguenti tipologie di liceo:

- liceo artistico;
- liceo classico;

— liceo linguistico;
— liceo musicale e coreutico;
— liceo scientifico;
— liceo delle scienze umane.

Quanto alle discipline di insegnamento, la riforma e le successive **Indicazioni nazionali degli obiettivi specifici di apprendimento per il sistema dei licei** approvate con D.M. 7-10-2010, n. 211, prevedono che:

Espansione Web
Indicazioni nazionali per il sistema dei licei

— *nel liceo classico* è rafforzato l'insegnamento della lingua straniera, previsto anche nel triennio, con l'insegnamento in lingua straniera di una disciplina non linguistica nel quinto anno; è altresì previsto il potenziamento dell'asse matematico-scientifico e della storia dell'arte;
— *nel liceo scientifico* è confermato lo studio del latino;
— *nel liceo delle scienze umane*, opzione economico-sociale, si studiano due lingue straniere;
— *nel liceo musicale e coreutico* l'iscrizione è subordinata al superamento di una prova di verifica delle specifiche competenze possedute;
— *in tutti i licei* sono previsti stage e tirocini formativi;
— l'insegnamento di *Cittadinanza e Costituzione* (che sarà sostituito da quello dell'*educazione civica* a partire dal 2020-2021, **L. 92/2019**) è svolto nell'ambito delle aree storico-geografica e storico-sociale.

2.1 I percorsi liceali: Liceo artistico

Come precisato dall'**art. 4 D.P.R. 89/2010**, il percorso del liceo artistico è indirizzato allo studio dei fenomeni estetici e alla pratica artistica. Favorisce l'acquisizione dei metodi specifici della ricerca e della produzione artistica e la padronanza dei linguaggi e delle tecniche relative. Fornisce allo studente gli strumenti necessari per conoscere il patrimonio artistico nel suo contesto storico e culturale e per coglierne appieno la presenza e il valore nella società odierna. Guida lo studente ad approfondire e a sviluppare le conoscenze e le abilità e a maturare le competenze necessarie per dare espressione alla propria creatività e capacità progettuale nell'ambito delle arti.

Il liceo artistico si articola, **a partire dal secondo biennio**, nei seguenti **indirizzi**:

a) arti figurative;
b) architettura e ambiente;
c) design;
d) audiovisivo e multimediale;
e) grafica;
f) scenografia.

L'orario annuale delle attività e degli insegnamenti obbligatori per tutti gli studenti è di **1122 ore nel primo biennio**, corrispondenti a 34 ore medie settimanali; di **759 ore**, corrispondenti a 23 ore medie settimanali **nel secondo biennio**, e di **693 ore**, corrispondenti a 21 ore medie settimanali nel **quinto anno**. L'orario annuale delle attività e degli insegnamenti di indirizzo è di 396 ore nel secondo biennio, corrispondenti a 12 ore medie settimanali e di 462 ore, corrispondenti a 14 ore medie settimanali nel quinto anno.

2.2 I percorsi liceali: Liceo classico

Ai sensi dell'**art. 5 D.P.R. 89/2010**, il percorso del liceo classico è indirizzato allo studio della civiltà classica e della cultura umanistica; favorisce una formazione letteraria, storica e filosofica idonea a comprenderne il ruolo nello sviluppo della civiltà e della tradizione occidentali e nel mondo contemporaneo sotto un profilo simbolico, antropologico e di confronto di valori; favorisce l'acquisizione dei metodi propri degli studi classici e umanistici, all'interno di un quadro culturale che, riservando attenzione anche alle scienze matematiche, fisiche e naturali, consente di cogliere le intersezioni tra i saperi e di elaborare una visione critica della realtà; guida lo studente ad approfondire ed a sviluppare le conoscenze e le abilità e a maturare le competenze necessarie.

L'orario annuale delle attività e degli insegnamenti obbligatori per tutti gli studenti è di **891 ore nel primo biennio** (che mantiene la denominazione di ginnasio) corrispondenti a 27 ore medie settimanali, e di **1023 ore nel secondo biennio e nel quinto anno**, corrispondenti a 31 ore medie settimanali.

2.3 I percorsi liceali: Liceo linguistico

Il liceo linguistico trova disciplina nell'**art. 6 D.P.R. 89/2010**.

Il percorso del liceo linguistico è indirizzato allo studio di più sistemi linguistici e culturali; guida lo studente ad approfondire e a sviluppare le conoscenze e le abilità, a maturare le competenze necessarie per acquisire la padronanza comunicativa di tre lingue, oltre l'italiano, e per comprendere criticamente l'identità storica e culturale di tradizioni e civiltà diverse.

Dal primo anno del secondo biennio è impartito l'**insegnamento in lingua straniera di una disciplina non linguistica**, prevista nell'area delle attività e degli insegnamenti obbligatori per tutti gli studenti o nell'area degli insegnamenti attivabili dalle istituzioni scolastiche nei limiti del contingente di organico ad esse assegnato e tenuto conto delle richieste degli studenti e delle loro famiglie. *Dal secondo anno del secondo biennio* è previsto, inoltre, l'**insegnamento, in una diversa lingua straniera, di una disciplina non linguistica**, compresa nell'area delle attività e degli insegnamenti obbligatori per tutti gli studenti o nell'area degli insegnamenti attivabili dalle istituzioni scolastiche nei limiti del contingente di organico ad esse assegnato e tenuto conto delle richieste degli studenti e delle loro famiglie.

L'orario annuale delle attività e insegnamenti obbligatori per tutti gli studenti è di **891 ore nel primo biennio**, corrispondenti a 27 ore medie settimanali, e di **990 ore nel secondo biennio e nel quinto anno**, corrispondenti a 30 ore medie settimanali.

2.4 I percorsi liceali: Liceo musicale e coreutico

Come precisato dall'**art. 7 D.P.R. 89/2010**, il percorso del liceo musicale e coreutico, articolato nelle rispettive sezioni, è indirizzato all'**apprendimento tecnico-pratico della musica e della danza** e allo studio del loro ruolo nella storia e nella cultura; guida lo studente ad approfondire e a sviluppare le conoscenze e le abilità e a maturare le competenze necessarie per acquisire, anche attraverso specifiche attività funzionali, la padronanza dei linguaggi musicali e coreutici sotto gli aspetti della *composizione, interpretazione, esecuzione e rappresentazione*, maturando la necessaria prospettiva culturale, storica, estetica, teorica e tecnica. Assicura altresì la continuità dei percorsi formativi per gli studenti provenienti dai corsi ad indirizzo musicale di cui all'art. 11, comma 9, L. 3-5-1999, n. 124. L'iscrizione al percorso del liceo musicale e coreutico è subordinata al superamento di una prova preordinata alla verifica del possesso di specifiche competenze musicali o coreutiche.

L'orario annuale delle attività e insegnamenti obbligatori per tutti gli studenti è di **594 ore nel primo biennio**, **nel secondo biennio e nel quinto anno**, corrispondenti a 18 ore medie settimanali. Al predetto orario si aggiungono, per ciascuna delle sezioni musicale e coreutica, 462 ore nel primo biennio, nel secondo biennio e nel quinto anno, corrispondenti a 14 ore medie settimanali.

2.5 I percorsi liceali: Liceo scientifico

Il percorso del liceo scientifico (**art. 8 D.P.R. 89/2010**) è indirizzato allo *studio del nesso tra cultura scientifica e tradizione umanistica*; favorisce l'acquisizione delle conoscenze e dei metodi propri della matematica, della fisica e delle scienze naturali; guida lo studente ad approfondire e a sviluppare le conoscenze e le abilità ed a maturare le competenze necessarie per seguire lo sviluppo della ricerca scientifica e tecnologica e per individuare le interazioni tra le diverse forme del sapere, assicurando la padronanza dei linguaggi, delle tecniche e delle metodologie relative, anche attraverso la pratica laboratoriale.

Nel rispetto della programmazione regionale dell'offerta formativa, **può essere attivata** l'**opzione «scienze applicate»** che fornisce allo studente competenze particolarmente avanzate negli studi afferenti alla cultura scientifico-tecnologica, con particolare riferimento alle scienze matematiche, fisiche, chimiche, biologiche, della terra, all'informatica e alle loro applicazioni.

L'orario annuale delle attività e degli insegnamenti obbligatori per tutti gli studenti è di **891 ore nel primo biennio,** corrispondenti a 27 ore medie settimanali, e di **990 ore nel secondo biennio e nel quinto anno**, corrispondenti a 30 ore medie settimanali.

Il D.P.R. 52/2013 (Regolamento del liceo sportivo) ha previsto poi nei licei scientifici, la possibilità di costruire sezioni «**ad indirizzo sportivo**», per l'approfondimento delle scienze motorie e l'avviamento delle diverse discipline sportive, sulla base delle attitudini e delle capacità individuali degli studenti.

2.6 I percorsi liceali: Liceo delle scienze umane

Ai sensi dell'**art. 9 D.P.R. 89/2010**, il percorso del liceo delle scienze umane è indirizzato allo studio delle *teorie esplicative dei fenomeni collegati alla costruzione dell'identità personale e delle relazioni umane e sociali*; guida lo studente ad approfondire ed a sviluppare le conoscenze e le abilità ed a maturare le competenze necessarie per cogliere la complessità e la specificità dei processi formativi; assicura la padronanza dei linguaggi, delle metodologie e delle tecniche di indagine nel campo delle scienze umane.

Nell'ambito della programmazione regionale dell'offerta formativa, **può essere attivata** l'**opzione economico-sociale** che fornisce allo studente competenze particolarmente avanzate negli studi afferenti alle scienze giuridiche, economiche e sociali.

L'orario annuale delle attività e insegnamenti obbligatori per tutti gli studenti è di **891 ore nel primo biennio**, corrispondenti a 27 ore medie settimanali e di **990 nel secondo biennio e nel quinto anno**, corrispondenti a 30 ore medie settimanali.

3 Gli istituti professionali (D.Lgs. 61/2017)

Gli istituti professionali sono stati oggetto nel giro di pochi anni di due radicali riforme: il D.P.R. n. 87/2010 e il D.Lgs. n. 61/2017.

Il D.P.R. n. 87 del 15 marzo 2010 (destinato a essere progressivamente abrogato *ex* D.Lgs. n. 61/2017) ha definito gli **istituti professionali (I.P.)** quali **percorsi quinquennali** di articolazione del secondo ciclo del sistema di istruzione e formazione. Gli istituti professionali, in base a questo ordinamento, operano in *due settori* che comprendono in totale *6 indirizzi* in luogo degli originari 28. Tale composizione rispondeva a un'esigenza di razionalizzazione e, in particolare, consentiva di evitare il rischio di sovrapposizione con l'istruzione tecnica e soprattutto con il sistema regionale dell'istruzione e della formazione professionale.

Nel **decreto legislativo n. 61 del 13 aprile 2017** di attuazione della Buona scuola (art. 1, commi 180 e 181, lett. d) si legge l'intenzione di rinnovare l'identità degli istituti professionali attraverso un nuovo PECUP, profilo educativo, culturale e professionale degli stessi I.P.; di innovarne l'assetto organizzativo e didattico attraverso la *revisione dei piani di studio*, improntati anche alla *personalizzazione* del percorso di apprendimento attraverso il **Progetto formativo individuale (PFI)**.

L'applicazione del D.Lgs. n. 61 è iniziata con le prime classi dell'anno scolastico 2018/2019. Il D.P.R. n. 87/2010 rimarrà in vigore per le classi già istituite prima dell'anno 2018 e dunque fino al completamento del ciclo scolastico, nell'a.s. 2022-2023.

Dunque, al termine del primo ciclo di istruzione gli studenti che intendono proseguire con un'**istruzione di taglio professionale** possono scegliere tra:

— i *percorsi di istruzione professionale* (I.P.), di durata quinquennale, finalizzati al conseguimento del relativo diploma, realizzati da scuole statali e da scuole paritarie riconosciute;

— *i percorsi di istruzione e formazione professionale* (IeFP), per il conseguimento di qualifiche e di diplomi professionali quadriennali, realizzati dalle istituzioni formative accreditate dalle Regioni e dalle Province autonome o dagli istituti professionali statali, *in regime di sussidiarietà*.

Inoltre, il **raccordo** del sistema di istruzione professionale con il sistema dell'istruzione e formazione professionale diventa strutturale, attraverso la costituzione di una "*Rete nazionale delle scuole professionali*" ed è stato regolato con **D.M. 17-5-2018** di cui fanno parte le istituzioni scolastiche statali o paritarie, che offrono percorsi di istruzione professionale, e le istituzioni formative accreditate, che offrono percorsi di IeFP.

3.1 Modello organizzativo e indirizzi

Dal punto di vista **organizzativo**, il decreto legislativo n. 61/2017 riordina l'assetto dell'istruzione professionale nel seguente modo:

— un **biennio** di complessive **2112 ore** (1056 ore l'anno), articolate in **1188** ore complessive di attività e insegnamenti di **istruzione generale** e in **924** ore complessive di attività e insegnamenti **caratterizzanti l'indirizzo**, comprensive del tempo da destinare al potenziamento dei **laboratori**. Nell'ambito delle 2112 ore del biennio, una quota non superiore a *264 ore*, è destinata alla *personalizzazione* degli apprendimenti e alla realizzazione del **Progetto formativo individuale (PFI)**, ad opera del Consiglio di classe; tale quota può comprendere anche le attività di alternanza scuola-lavoro, che negli istituti professionali sono attivabili già dal secondo anno;

— un **triennio** (in luogo dell'attuale secondo biennio più ultimo anno) articolato in un terzo, quarto e quinto anno e con una forte caratterizzazione laboratoriale e lavorativa in generale. Per ciascun anno del triennio, l'orario scolastico è di **1056 ore**, articolate in **462 ore** di attività e insegnamenti di istruzione **generale** e in **594 ore** di attività e insegnamenti di **indirizzo**.

Il **D.P.R. 31 luglio 2017, n. 133** (di modifica dell'art. 5 n. 87/2010) fissa poi i criteri di definizione dell'orario complessivo annuale degli istituti professionali.

Il **D.M. 92/2018** ha regolamentato: la disciplina dei profili di uscita degli indirizzi di studio dei percorsi di istruzione professionale, per l'area generale e per i singoli indirizzi; i relativi risultati di apprendimento; l'articolazione dei quadri orari; la correlazione degli indirizzi di studio con le attività economiche di settore nonché dei profili di uscita con i percorsi dell'istruzione e formazione professionale.

Il D.Lgs. 61/2017 prevede **11 indirizzi** in luogo dei sei originari, a partire dalle prime classi dell'anno **2018-2019** (→ *tabella infra*).

Come detto, la riforma del 2017 promuove una forte **personalizzazione dei percorsi** attraverso un'articolazione più flessibile e una più ampia autonomia didattica e gestionale ricorrendo a strumenti innovativi: rimodulazione quadri orario, progettazione per unità di apprendimento, personalizzazione educativa. Questa personalizzazione dei percorsi di apprendimento (cui nel **biennio** sono destinate ben 264 ore) si concretizza nel **Progetto formativo individuale (PFI)** elaborato dal Consiglio di classe entro il 31 gennaio del primo anno. Il PFI va aggiornato durante il percorso scolastico e si basa su un *bilancio personale di saperi e competenze acquisiti* in modo sia formale che informale.

3.2 Le linee guida 2019

In ottemperanza di quanto previsto dal Regolamento attuativo (D.M. 92/2018), il MIUR ha emanato le **Linee-guida per favorire e sostenere l'assetto didattico e organizzativo dei percorsi di istruzione professionale 2019**, a supporto degli istituti professionali nella definizione della loro offerta formativa nel quadro normativo del D.Lgs. 61/2017. Le Linee guida sanciscono i nuovi profili in uscita, definiscono l'assetto organizzativo e didattico, declinando i risultati di apprendimento intermedi, per l'area generale e di indirizzo, e gli strumenti all'uopo necessari.

Esse infatti si inseriscono nel quadro metodologico e didattico in cui i docenti devono operare che è molto cambiato, rivelando la flessibilità organizzativa degli istituti.

Per ciò che concerne i **quadri orari e gli spazi di adattamento**, ad esempio, è possibile, per le scuole, declinare gli indirizzi di studio *sulla base dei settori produttivi* che il territorio esprime e sulla base delle disponibilità di organico presenti nella scuola.

Nel **triennio** esiste la possibilità di modificare "*il monte ore assegnato a ciascun insegnamento (...)*", con una "autonomia" che inevitabilmente differenzia l'offerta formativa degli istituti professionali tra di loro.

Tutto ciò sempre nell'ambito della struttura ordinamentale prevista.

> **Espansione Web**
> *Linee-guida per l'assetto didattico e organizzativo dei percorsi di IP*

La **quota di autonomia**, infatti, da utilizzare nell'ambito dell'organico dell'autonomia, sul monte ore generale resta invariata, è cioè pari al 20%, sia nel biennio che nel triennio; tale quota di autonomia è destinata a potenziare gli insegnamenti obbligatori con particolare riferimento alle attività laboratoriali, nonché gli **spazi di flessibilità**, intesa quale possibilità di articolare gli indirizzi del triennio in profili formativi, con riguardo al 40% dell'orario complessivo previsto per il terzo, quarto e quinto anno.

Per l'attuazione dell'autonomia sono previsti altri strumenti, tra i quali:

— stipula di contratti d'opera con esperti del mondo del lavoro;
— partenariati per il miglioramento dell'offerta formativa;
— sviluppo di attività e progetti di orientamento scolastico ed inserimento nel mondo del lavoro, con l'apprendistato di primo livello.

3.3 I passaggi tra percorsi

Il decreto attuativo della Buona scuola, D.Lgs. 61/2017, disciplina come anticipato, i **passaggi tra i percorsi dell'istruzione professionale** e i percorsi dell'istruzione e formazione professionale (IeFP), trattati ampiamente nelle **Linee guida 2019**.

TABELLA DI CONFLUENZA DEI PERCORSI DEGLI ISTITUTI PROFESSIONALI *EX* D.P.R. 87/2010 NEI NUOVI ORDINAMENTI DEGLI ISTITUTI PROFESSIONALI (ART. 1, COMMI 180 E 181, LETT. D) L. 107/2015)	
INDIRIZZI, ARTICOLAZIONI E OPZIONI NELL'ORDINAMENTO PREVIGENTE (validi per le classi a completamento dei corsi di studio già cominciati)	**NUOVI INDIRIZZI DI STUDIO** (validi per le prime classi a partire dall'anno scolastico **2018-2019)**
-Servizi per l'agricoltura e lo sviluppo rurale (indirizzo) -Gestione risorse forestali e montane (opzione) -Valorizzazione e commercializzazione dei prodotti agricoli del territorio (opzione)	Agricoltura, sviluppo rurale, valorizzazione dei prodotti del territorio e gestione delle risorse forestali e montane
— Produzioni industriali e artigianali (indirizzo), *collegate al settore produttivo economia del mare*	Pesca commerciale e produzioni ittiche
— Produzioni industriali e artigianali (articolazione *industria*) — Arredi e forniture di interni (opzione) — Produzioni industriali e artigianali (articolazione *artigianato*) — Produzioni tessili sartoriali (opzione) — Produzioni artigianali del territorio (opzione) — Coltivazione e lavorazione dei materiali lapidei (opzione)	Industria e artigianato per il made in Italy

Manutenzione e assistenza tecnica (indirizzo) Apparati, impianti e servii tecnici industriali e civili (opzione) Manutenzione dei mezzi di trasporto (opzione)	Manutenzione e assistenza tecnica
	Gestione delle acque e risanamento ambientale
Servizi commerciali (indirizzo) Promozione commerciale e pubblicitaria (opzione)	Servizi commerciali
Servizi per l'enogastronomia e l'ospitalità alberghiera (articolazione *enogastronomia*) Prodotti dolciari artigianali ed industriali (opzione) Servizi per l'enogastronomia e l'ospitalità alberghiera (articolazione *servizi di sala e di vendita*) Servizi per l'enogastronomia e l'ospitalità alberghiera (articolazione *accoglienza turistica*)	Enogastronomia e ospitalità alberghiera
Produzioni industriali e artigianali (articolazione *industria*- opzione *produzioni audiovisive*)	Servizi culturali e di spettacolo
Servizi socio-sanitari (indirizzo)	Servizi per la sanità e l'assistenza sociale
Servizi socio sanitari delle professioni sanitarie: odontotecnico (articolazione *arti ausiliarie*)	Arti ausiliarie delle professioni sanitarie: odontotecnico
Servizi socio sanitari delle professioni sanitarie: ottico (articolazione arti ausiliarie)	Arti ausiliarie delle professioni sanitarie: ottico

La possibilità del passaggio tra i sistemi è diretta a consentire agli studenti di seguire un *percorso personalizzato* di crescita più rispondente alle proprie potenzialità anche cambiando la scelta iniziale.

La norma prevede che i passaggi degli studenti tra i percorsi di istruzione professionale e i percorsi di istruzione e formazione professionale siano attivati **su domanda** dello studente e non avvengano in maniera automatica ma tengano conto dei risultati di apprendimento; inoltre, il passaggio reciproco tra percorsi di istruzione professionale e quelli di IeFP *non sono irreversibili* ma prevedono che le scuole e gli istituti formativi progettino modalità di inserimento graduale nel nuovo percorso.

Le fasi per realizzare i passaggi sono state inizialmente previste con **Accordo** raggiunto in Conferenza Stato-Regioni il **10 maggio 2018** che riguarda appunto le fasi di passaggio tra percorsi quinquennali di IP e percorsi triennali e quadriennali dell'IeFP e viceversa, nel rispetto dei *criteri generali* fissati nell'**art. 8 D.Lgs. 61/2017**. L'Accordo si riferisce sia ai percorsi IeFP erogati dagli istituti professionali (cd. *regime di sussidiarietà*) che a quelli erogati dalle istituzioni formative accreditate dalle Regioni.

Le procedure si attiveranno, per i primi tre anni dei percorsi IeFP e di IP nel corso o al termine di ciascun anno, al termine del quarto anno, per i passaggi dai percorsi di IeFP a quelli di IP.

3.4 Il diploma professionale

I percorsi degli istituti professionali si concludono con un **esame di Stato**, al cui superamento viene rilasciato il **diploma di istruzione professionale**, indicante l'indirizzo seguito dallo studente e le competenze acquisite. Tale diploma costituisce titolo necessario per l'accesso all'università e agli istituti di alta formazione artistica, musicale e coreutica, agli istituti tecnici superiori e ai percorsi di istruzione e formazione tecnica superiore.

In particolare, dopo il completamento degli studi secondari, i diplomati degli istituti professionali hanno ulteriori opportunità, diverse rispetto all'inserimento nel mondo del lavoro e all'iscrizione all'università, vale a dire:

- iscrizione a percorsi brevi di 800/1.000 ore idonei a conseguire una **specializzazione tecnica superiore** (**IFTS**) per rispondere alle esigenze formative del territorio;
- iscrizione a percorsi biennali per conseguire un **diploma di tecnico superiore** nelle aree tecnologiche più avanzate presso gli Istituti Tecnici Superiori (**ITS**).

4 I percorsi IeFP

Come visto, oltre ai corsi offerti dai licei, dagli istituti tecnici e dagli istituti professionali, i giovani possono scegliere di iscriversi ad uno dei percorsi formativi proposti dal **sistema dell'istruzione e formazione professionale**, previsti dal **D.Lgs. 226/2005**, di competenza delle Regioni, per il conseguimento di una *qualifica triennale e di un diploma quadriennale* riconosciuti a livello nazionale.

La frequenza di tali corsi è utile ai fini dell'assolvimento dell'obbligo di istruzione e dell'esercizio del diritto-dovere a conseguire entro i 18 anni almeno una qualifica professionale triennale.

Questi percorsi regionali sono un'opportunità soprattutto per i giovani interessati ad una formazione che privilegi l'apprendimento in contesti applicativi e metodologie che valorizzino il saper fare, anche ai fini di un rapido inserimento nel mondo del lavoro. Chi fosse interessato a continuare gli studi, avrà la possibilità di rientrare nel sistema scolastico per il conseguimento del diploma di scuola secondaria superiore, o di frequentare un apposito corso di preparazione organizzato d'intesa con le università. La stessa opportunità è offerta, come visto, agli studenti della scuola secondaria superiore che intendano passare al sistema di IeFP per conseguire qualifiche e diplomi professionali.

FIGURE DI RIFERIMENTO RELATIVE ALLE QUALIFICHE PROFESSIONALI DI CUI AL REPERTORIO NAZIONALE DELL'OFFERTA DI ISTRUZIONE E FORMAZIONE PROFESSIONALE 2019	
FIGURE	**INDIRIZZI**
1. Operatore agricoo	Gestione di allevamenti Coltivazione di piante erbacee, orticole e legnose in pieno campo e in serra Produzione di piante ornamentali e fiori in vivaio Costruzione e manutenzione di aree verdi, parchi e giardini Gestione di aree boscate e forestali
2. Operatore ai servizi di promozione e accoglienza	
3. Operatore ai servizi d'impresa	
4. Operatore ai servizi di vendita	
5. Operatore alla riparazione dei veicoli a motore	Manutenzione e riparazione delle parti e dei sistemi meccanici ed elettromeccanici Manutenzione e riparazione della carrozzeria Manutenzione e riparazione di macchine operatrici per l'agricoltura e l'edilizia Riparazione e sostituzione di pneumatici

Segue

FIGURE	INDIRIZZI
6. Operatore alle lavorazioni dei materiali lapidei	
7. Operatore alle lavorazioni dell'oro, dei metalli preziosi o affini	
8. Operatore alle lavorazioni di prodotti di pelletteria	
9. Operatore dei sistemi e dei servizi logistici	
10. Operatore del benessere	Erogazione di trattamenti di acconciatura Erogazione dei servizi di trattamento estetico
11. Operatore del legno	
12. Operatore del mare e delle acque interne	
13. Operatore dell'abbigliamento e dei prodotti tessili per la casa	
14. Operatore della ristorazione	Preparazione degli alimenti e allestimento piatti Allestimento sala e somminstrazione piatti e bevande
15. Operatore delle calzature	
16. Operatore delle produzioni alimentari	Lavorazioni e produzioni di pasticceria, pasta e prodotti da forno Lavorazione e produzione lattiero e caseario Lavorazione e produzione di prodotti a base di vegetali Lavorazione e produzione di prodotti a base di carne Lavorazione e produzione di prodotti ittici Produzione di bevande
17. Operatore delle produzioni chimiche	
18. Operatore delle produzioni tessili	
19. Operatore di impianti termoidraulici	
20. Operatore edile	Lavori generali di scavo e movimentazione Costruzione di opere in calcestruzzo armato Realizzaione opere murarie e di impermeabilizzazione Lavori di rivestimento e intonaco Lavori di tinteggiatura e cartongesso Monitoraggio di parti in legno per la carpenteria edile
21. Operatore elettrico	Installazione e cablaggio di componenti elettrici, elettronici e fluidici Installazioni, manutenzione di impianti elettrici civili Installazione/manutenzione di impianti elettrici industriali e del terziario Installazione/manutenzione di impianti speciali per la sicurezza e per il cablaggio strutturato
22. Operatore gestione delle acque e risanamento ambientale	
23. Operatore grafico	Impostazione e realizzazione della stampa ipermediale
24. Operatore informatico	
25. Operatore meccanico	Lavorazioni meccanica, per asportazione e deformazione Saldatura e giunzione dei componenti Montaggio componenti meccanici Installazione e cablaggio di componenti elettrici, elettronici e fluidici Fabbricazione e montaggio/installazione di infissi, telai e serramenti
26. Operatore montaggio e manutenzione di imbarcazioni da diporto	

FIGURE DI RIFERIMENTO RELATIVE AI DIPLOMI PROFESSIONALI DI CUI AL REPERTORIO NAZIONALE DELL'OFFERTA DI ISTRUZIONE E FORMAZIONE PROFESSINALE	
FIGURE	**INDIRIZZI**
1. Tecnico agricolo	Gestione di allevamenti Coltivazione di piante erbacee, orticole e legnose in pieno campo e in serra Produzione di piante ornamentali e fiori in vivaio Costruzione e manutenzione di aree verdi, parchi e giardini Gestione di aree boscate e forestali
2. Tecnico commerciale delle vendite	Vendita a libero servizio Vendita assistita
3. Tecnico degli allestimenti e della predisposizione degli impianti nel settore dello spettacolo	Allestimento del sonoro Allestimento luci Allestimento di scena
4. Tecnico dei servizi di animazione turistico-sportiva e del tempo libero	
5. Tecnico dei servizi di impresa	Amministrazione e contabilità Gestione del personale
6. Tecnico dei servizi di promozione e accoglienza	Ricettività turistica Agenzie turistiche Congegnistica ed eventi culturali
7. Tecnico dei servizi di sala e bar	
8. Tecnico dei servizi logistici	Logistica esterna (trasporti) Logistica interna e magazzino
9. Tecnico dei trattamenti estetici	
10. Tecnico del legno	Seconda trasformazione del legno e produzione di pannelli Fabbricazione di parti in legno per la carpenteria e l'edilizia Produzione, restauro e riparazione di mobili e manufatti in legno Intarsiatura di manufatti in legno Decorazione e pittura di manufatti in legno
11. Tecnico dell'acconciatura	
12. Tecnico dell'abbigliamento e dei prodotti tessili per la casa	Abbigliamento Prodotti tessili per la casa
13. Tecnico dell energie rinnovabili	Produzione energia elettrica Produzione energia termica
14. Tecnico delle lavorazioni dei materiali lapidei	
15. Tecnico delle lavorazioni del ferro e metalli non nobili	Fabbricazione, montaggio, installazione di manufatti e oggetti di lattoneria Lavorazione artigianale/artistica in ferro e/o metalli non nobili
16. Tecnico delle lavorazioni dell'oro e dei metalli preziosi	
17. Tecnico delle lavorazioni di pelletteria	
18. Tecnico delle lavorazioni tessili	Produzione Sviluppo prodotto

Segue

FIGURE	INDIRIZZI
19. Tecnico delle produzioni alimentai	Lavorazioni e produzioni di pasticceria, pasta e prodotti da forno Lavorazione e produzione lattiero e caseario Lavorazione e produzione di prodotti a base di vegetali Lavorazione e produzione di prodotti a base di carne Lavorazione e produzione di prodotti ittici Produzione di bevande
20. Tecnico di cucina	
21. Tecnico di impianti termici	Impianti di refrigerazione Impianti civili/industriali
22. Tecnico edile	Costruzioni architettoniche e ambientali Costruzioni edili in legno
23. Tecnico elettrico	Building automation Impianti elettrici civili/industriali
24. Tecnico grafico	
25. Tecnico informatico	Sistemi, reti e data management Sviluppo soluzioni ICT
26. Tecnico meccatro nico delle autoriparazioni	Manutenzione e riparazione delle parti e dei sistemi meccanici elettrici, elettronici Manutenzione e riparazione di carrozzeria, telaio e cristalli Riparazione e sostituzione di pneumatici e cerchioni
27. Tecnico modellazione e fabbricazione digitale	Modellazione e prototipazione Prototipazione elettronica
28. Tecnico per la programmazione e gestione di impianti di produzione	Sistemi a CNC Sistemi CAD CAM Conduzione e manutenzione impianti
29. Tecnico per l'automazione industriale	Programmazione Installazione e manutenzione impianti

5 Gli istituti tecnici

Analogamente a quanto avvenuto per gli istituti professionali, il decreto di riordino degli **istituti tecnici**, **D.P.R. 15 marzo 2010, n. 88**, configura questi ultimi quali **percorsi quinquennali** del secondo ciclo di istruzione.

L'identità degli istituti tecnici, in linea con le indicazioni dell'Unione Europea, si caratterizza per *una solida base culturale a carattere scientifico e tecnologico*, costruita attraverso lo studio, l'approfondimento e l'applicazione di linguaggi e metodologie di carattere specifico e generale. Essa è espressa da un *limitato numero di ampi indirizzi correlati a settori fondamentali per lo sviluppo economico e produttivo del Paese*, con l'obiettivo di far acquisire agli studenti, in relazione all'esercizio di **professioni tecniche**, saperi e competenze necessari per un rapido inserimento nel mondo del lavoro e per l'accesso all'università e all'istruzione e formazione tecnica superiore.

Gli istituti tecnici collaborano con le strutture formative accreditate dalle Regioni nei poli tecnico-professionali costituiti secondo le linee-guida adottate dal MIUR, anche allo scopo di favorire i passaggi tra i sistemi di istruzione e formazione.

Gli istituti tecnici operano in **due settori** che comprendono, in totale, **11 indirizzi**.

1. **Settore economico**, i cui indirizzi sono:

— Amministrazione, finanza e marketing (*Relazioni internazionali per il marketing*; *Sistemi informativi aziendali*);
— Turismo;

2. **Settore tecnologico**, i cui indirizzi sono:

— Meccanica, meccatronica ed energia (*Meccanica e meccatronica*; *Energia*);
— Trasporti e logistica (*Costruzione del mezzo*; *Conduzione del mezzo*; *Logistica*);
— Elettronica ed elettrotecnica (*Elettronica*; *Elettrotecnica*; *Automazione*);
— Informatica e telecomunicazioni (*Informatica*; *Telecomunicazioni*);
— Grafica e comunicazione;
— Chimica, materiali e biotecnologie (*Chimica e materiali*; *Biotecnologie ambientali*; *Biotecnologie sanitarie*);
— Sistema moda (*Tessile, abbigliamento e moda*; *Calzature e moda*);
— Agraria, agroalimentare e agroindustria (*Produzioni e trasformazioni*; *Gestione dell'ambiente e del territorio*; *Viticoltura ed enologia*);
— Costruzioni, ambiente e territorio (*Geotecnico*).

Tutti i percorsi di studio hanno la seguente struttura:

— un **primo biennio** articolato, per ciascun anno, in **660 ore** di attività e insegnamenti di istruzione generale e in **396 ore** di attività e insegnamenti obbligatori di indirizzo, ai fini sia dell'assolvimento dell'obbligo d'istruzione, sia dell'acquisizione dei saperi e delle competenze di indirizzo in funzione orientativa, anche per favorire la reversibilità delle scelte degli studenti;
— un **secondo biennio** articolato, per ciascun anno, in **495 ore** di attività e insegnamenti di istruzione generale e in **561 ore** di attività e insegnamenti obbligatori di indirizzo;
— un **quinto anno** articolato in **495 ore** di attività e insegnamenti di istruzione generale e in **561 ore** di attività e insegnamenti obbligatori di indirizzo;
— il secondo biennio e il quinto anno costituiscono un complessivo **triennio** nel quale, oltre all'area di istruzione generale comune a tutti i percorsi, i contenuti scientifici, economico-giuridici e tecnici delle aree di indirizzo vengono approfonditi e assumono connotazioni specifiche che consentono agli studenti di raggiungere, nel quinto anno, un'adeguata competenza professionale di settore, idonea anche per la prosecuzione degli studi a livello di istruzione e formazione superiore, con particolare riferimento all'esercizio delle professioni tecniche.

Il **D.P.R. 31 luglio 2017, n. 134** fissa i criteri per la definizione dell'orario complessivo annuale degli istituti tecnici.

Ciascun percorso è strutturato in modo da favorire un collegamento organico con il mondo del lavoro e delle professioni. È previsto lo sviluppo di metodologie innovative basate *sull'utilizzo diffuso del laboratorio* a fini didattici in tutti gli ambiti disciplinari e un raccordo più stretto con il mondo del lavoro e delle professioni, compresi il volontariato e il privato sociale, attraverso la più ampia diffusione di stage, tirocini, alternanza scuola/lavoro.

Le **Linee-guida per il primo biennio** sono contenute nella direttiva ministeriale 28 luglio 2010, n. 57, a completamento delle quali sono state emanate poi le Linee guida per il triennio (Decreto Interministeriale 16-1-2012, n. 4) che contengono, a sostegno dell'autonomia degli istituti tecnici, i riferimenti per la definizione del PTOF e gli orientamenti per l'organizzazione del curricolo.

Espansione Web
Le Linee guida per gli istituti tecnici

I percorsi degli istituti tecnici si concludono con un **esame di Stato**, al superamento del quale viene rilasciato il **diploma di istruzione tecnica**, che costituisce titolo necessario per l'accesso all'università e agli istituti di alta formazione artistica, musicale e coreutica, agli istituti tecnici superiori e ai percorsi di istruzione e formazione tecnica superiore.

6 I percorsi IFTS e ITS

6.1 L'istruzione e formazione tecnica superiore (IFTS)

Il sistema di Istruzione e Formazione Tecnica Superiore, istituito con L. 144/1999, è un **canale formativo di livello superiore non universitario**, caratterizzato dalla sua articolazione in percorsi di formazione diretti a soddisfare l'esigenza proveniente dal mondo del lavoro di **figure professionali tecniche specializzate**, con riferimento ad alcuni settori produttivi più interessati di altri da innovazioni tecnologiche o internazionalizzazione dei mercati.

Al percorso di IFTS **possono accedere**:

- diplomati cioè giovani e adulti in possesso di un **diploma di istruzione secondaria superiore** o **diploma professionale di tecnico**;
- coloro che sono stati **ammessi al quinto anno di liceo**;
- **non diplomati**, previo accertamento delle competenze acquisite in percorsi successivi all'assolvimento dell'obbligo di istruzione.

I **percorsi IFTS**, che sono programmati dalle Regioni nell'ambito delle loro competenze esclusive in materia di programmazione dell'offerta formativa, rispondono ai seguenti **standard**:

- hanno, di regola, la durata di **due semestri**, per un totale di 800/1000 ore e sono finalizzati al conseguimento di un certificato di specializzazione tecnica superiore;
- sono progettati e gestiti dai soggetti associati di cui all'art. 69, L. 144/1999, per rispondere a **fabbisogni formativi riferiti ai settori produttivi individuati**, per ogni triennio, con accordo in sede di Conferenza Unificata;
- si concludono con **verifiche finali** delle competenze acquisite, condotte da commissioni d'esame costituite in modo da assicurare la presenza di rappresentanti della scuola, dell'università, della formazione professionale ed esperti del mondo del lavoro;
- sono finalizzati al conseguimento di un **certificato di specializzazione tecnica superiore**.

I percorsi IFTS sono individuati di anno in anno dalle Regioni e possono concernere la formazione di figure professionali come quelle che elenchiamo sotto (a titolo esemplificativo riportiamo la programmazione dell'Emilia Romagna per l'anno 2015-2016):

— Tecnico per la progettazione e la realizzazione di prodotti calzaturieri;
— Tecnico per la progettazione e realizzazione del prodotto moda;
— Tecnico per la progettazione il design e la fabbricazione digitale 3D;
— Tecnico per la realizzazione e internazionalizzazione dei prodotti agro-alimentari made in Italy;
— Tecnico per il disegno meccanico e la progettazione industriale;
— Tecnico per il design e la comunicazione per la ceramica industriale;
— Tecnico di prodotto e di processo nell'agro-industria;
— Tenico della logistica integrata e delle spedizioni;
— Tecnico per la programmazione della produzione e la logistica;
— Tecnico della programmazione della produzione e della logistica esperto in modelli lean;
— Tecnico per la manutenzione di macchine e impianti per l'industria agroalimentare;
— Tecnico della qualità e della sicurezza dei processi nell'agro-industria;
— Tecnico di monitoraggio e gestione del territorio e dell'ambiente con l'utilizzo di strumentazione topografica;
— Tecnico per la progettazione e lo sviluppo di applicazioni informatiche, dall'e-commerce al social-commerce;
— Tecnico per la progettazione e lo sviluppo di applicazioni informatiche specializzato in social media managemen;
— Tecnico specialista in applicazioni informatiche mobile;
— Tecnico per la comunicazione e il multimedia;
— Tecnico della produzione multimediale per la comunicazione della cultura;
— Tecnico per l'amministrazione economico-finanziaria e il controllo di imprese orientate all'export;
— Tecnico delle produzioni tipiche e della tradizione enogastronomica del territorio;
— Tecnico per la promozione turistica specializzato in strumenti web e social, etc.

6.2 Gli Istituti Tecnici Superiori (ITS)

Accanto ai percorsi formativi IFTS sono stati costituiti gli Istituti Tecnici Superiori (ITS). Il D.P.C.M. 25-1-2008 prevede che su iniziativa degli istituti di istruzione secondaria superiore dell'ordine tecnico e professionale possano essere costituiti gli ITS — **Istituti Tecnici Superiori** — nella **forma giuridica di fondazione (di partecipazione)** di cui agli artt. 14 e seguenti del codice civile.

Più precisamente, i **soggetti fondatori degli ITS** sono:

— un *istituto di istruzione secondaria superiore*, statale o paritario, che in relazione all'art. 13 della L. 40/2007 appartenga all'ordine tecnico o professionale, ubicato nella provincia sede della fondazione;
— una *struttura formativa accreditata dalla Regione* per l'alta formazione, ubicata nella provincia sede della fondazione;
— un'*impresa del settore produttivo cui si riferisce l'istituto tecnico superiore*;
— un *dipartimento universitario* o altro organismo appartenente al sistema della ricerca scientifica e tecnologica;
— un *ente locale* (Comune, Provincia, Città metropolitana, Comunità montana).

Possono divenire fondatori le persone fisiche e giuridiche, pubbliche o private, gli enti o le agenzie che contribuiscano al fondo di dotazione o al fondo di gestione.

L'istituto tecnico o professionale, che promuove la costituzione della fondazione di partecipazione in qualità di fondatore, ne costituisce l'*ente di riferimento*, ferma restando la distinta ed autonoma sua soggettività giuridica rispetto all'Istituto Tecnico Superiore.

L'Istituto Tecnico Superiore acquista la **personalità giuridica**, ai sensi dell'art. 1 D.P.R. 10-2-2000, n. 361, mediante **iscrizione nel registro delle persone giuridiche** istituito presso la prefettura della Provincia nella quale ha sede. Il Prefetto esercita il controllo sull'amministrazione delle fondazioni ITS.

Tutti i soggetti fondatori contribuiscono alla costituzione del patrimonio della fondazione di partecipazione, anche attraverso risorse strumentali. Gli istituti tecnici e professionali e le strutture formative accreditate partecipano alla costituzione della fondazione avvalendosi dei contributi statali disponibili sul fondo di cui alla L. 296/2006, art. 1, comma 875, nonché di quelli conferiti dalle Regioni in misura non inferiore al 30% del predetto contributo, dagli Enti locali e da altri soggetti pubblici e privati.

Gli ITS promuovono corsi della durata di **quattro semestri** della durata complessiva di 1800/2400 ore, ai quali possono accedere giovani e adulti con *diploma di istruzione secondaria di secondo grado o diploma professionale* conseguito al termine dei percorsi quadriennali di istruzione e formazione professionale di cui al D.Lgs. 226/2005 (art. 1, comma 46, **L. 107/2015**).

Le figure relative ai corsi si riferiscono alle **sei aree tecnologiche** indicate nel D.P.C.M. 25-1-2008:

— efficienza energetica;
— mobilità sostenibile;
— nuove tecnologie della vita;
— nuove tecnologie per il made in Italy;
— tecnologie innovative per i beni e le attività culturali;
— tecnologie della informazione e della comunicazione.

Al termine del corso si consegue un **diploma di tecnico superiore**.

7 La valutazione degli studenti nel secondo ciclo di istruzione

7.1 La valutazione degli apprendimenti e le assenze

La materia rimane regolata dall'**art. 4** del **D.P.R. 122/2009** che va integrato con il **D.Lgs. 62/2017**, di riorganizzazione della normativa sulla valutazione e sugli esami di Stato.

La valutazione *periodica e finale* degli apprendimenti, anche qui espressa in *decimi*, è effettuata dal **Consiglio di classe**, presieduto dal Dirigente scolastico o da suo delegato, con deliberazione assunta, ove necessario, *a maggioranza*. I *docenti di sostegno*, contitolari della classe, partecipano alla valutazione di tutti gli alunni, e qualora un alunno con disabilità sia affidato a più docenti di sostegno, essi si esprimono con un unico voto.

Per poter valutare lo studente è richiesta la frequenza di almeno **tre quarti dell'orario annuale** (art. 5 D.Lgs. 62/2017). Se le **assenze** superano questo limite massimo, lo studente è escluso dallo scrutinio finale, con conseguente **non ammissione** alla classe successiva o all'esame finale. Il Collegio dei docenti può però consentire in casi eccezionali, delle deroghe al limite dei tre quarti di presenza del monte ore annuale (art. 14 D.P.R. 122/2009 e art. 5 D.Lgs. 62/2017).

Sono **ammessi** alla classe successiva gli alunni che in sede di scrutinio finale conseguono un voto di comportamento non inferiore a sei decimi e una votazione **non inferiore a sei decimi** in ciascuna disciplina o gruppo di discipline valutate con l'attribuzione di un unico voto.

Nello scrutinio finale il Consiglio di classe **sospende il giudizio** *degli alunni che non hanno conseguito la sufficienza in una o più discipline*, senza riportare immediatamente un giudizio di non promozione (cd. **debiti formativi**). A conclusione dello scrutinio, l'esito relativo a tutte le discipline è comunicato alle famiglie.

7.2 Il recupero dei debiti formativi

L'abolizione degli esami di riparazione negli istituti e scuole di istruzione secondaria superiore è stata disposta dal D.L. 253/1995, conv. in **L. 352/1995**, che, al loro posto, prevede l'attivazione di **interventi *ad hoc*** per l'efficace inserimento nella programmazione di classe di alunni il cui profitto, nel corso dell'anno scolastico, sia risultato insufficiente in una o più materie.

Tali interventi si attuano nella forma di ***corsi*** *di sostegno* o ***di recupero delle carenze*** (cd. **debiti**) (più propriamente detti «**IDEI**», ovvero *interventi didattici-educativi integrativi*) dei quali il D.M. 42/2007 e il D.M. 80/2007 indicano modalità, strumenti e risorse.

Questi i **punti cardine** della normativa ministeriale:

— le scuole organizzano, subito dopo gli *scrutini intermedi*, **interventi didattico-educativi di *recupero*** per gli studenti che abbiano presentato insufficienze;

— è competenza dei *Consigli di classe* decidere come organizzare i corsi di recupero, che possono essere tenuti dagli insegnanti della scuola o con la collaborazione di soggetti esterni;

— dopo i corsi di recupero, che si svolgono nel corso dell'anno scolastico, gli studenti devono affrontare delle *verifiche intermedie* per dimostrare di aver superato il debito;

— all'esito degli scrutini di fine anno scolastico, il Consiglio di classe comunica alle famiglie le carenze scolastiche degli studenti che abbiano riportato voti insufficienti in una o più materie, rimandando la *decisione di promuoverli a dopo il 31 agosto*, in occasione della verifica finale del superamento dei debiti;

— dopo lo scrutinio finale, la scuola organizza ulteriori **corsi di recupero**, che si svolgono durante l'estate, per gli studenti che non hanno ottenuto la sufficienza in una o più discipline;

— entro il 31 agosto di ogni anno si *concludono le iniziative di recupero* e subito dopo, ma non oltre la data di inizio delle lezioni dell'anno successivo, si effettuano le verifiche finali sulla base delle quali si conclude lo scrutinio con il giudizio definitivo: **promozione o bocciatura**. All'avvio dell'anno scolastico tutti gli alunni sono a parità di condizioni, in modo tale che i docenti possano sviluppare il programma dell'anno regolarmente.

Per ciò che concerne lo scrutinio degli esami di recupero, il Consiglio di classe deve obbligatoriamente mantenere la **medesima composizione di quello che ha proceduto alle operazioni di scrutinio di fine anno** (O.M. 92/2007), anche nei casi di conclusione delle operazioni di scrutinio dopo il 31 agosto (C.M. prot. n. 6163/2008).

Per i docenti **non sussiste però alcun obbligo di servizio**, essendo possibile anche il rifiuto di alcuni componenti del Consiglio di classe di partecipare alle operazioni finali (nota MIUR n. 7783/2008); pertanto, il Dirigente scolastico dovrà necessariamente operare nello stesso modo in cui opera per i regolari scrutini di fine anno procedendo alla nomina dei **sostituti**. "L'eventuale assenza di un componente del Consiglio di classe [...] dà luogo alla nomina di altro docente della stessa disciplina secondo la normativa vigente" (O.M. 92/2007).

È possibile utilizzare personale di ruolo interno alla scuola per le sostituzioni, purché si tratti di docenti della medesima disciplina di insegnamento.

7.3 La valutazione del comportamento

Per il regolamento (D.P.R. 122/2009 art. 7) «la valutazione del comportamento degli alunni nelle scuole secondarie di primo e di secondo grado si propone di favorire l'acquisizione di una coscienza civile basata sulla consapevolezza che la libertà personale si realizza nell'adempimento dei propri doveri, nella conoscenza e nell'esercizio dei propri diritti, nel rispetto dei diritti altrui e delle regole che governano la convivenza civile in generale e la vita scolastica in particolare».

Ricordiamo che l'art. 7 del D.P.R. 122/2009 cessa di avere efficacia a partire dal 1°-9-2017 solo per il primo ciclo, per effetto del D.Lgs. 62/2017.

La valutazione periodica e finale del **comportamento** degli alunni è espressa in **decimi** ed il voto numerico è riportato anche in lettere nel documento di valutazione.

La valutazione del comportamento concorre alla determinazione dei **crediti scolastici**.

La valutazione del comportamento **con voto inferiore a sei decimi** in sede di scrutinio finale comporta la non ammissione alla classe successiva o all'esame finale del ciclo e può essere decisa dal Consiglio di classe solo nei confronti dell'alunno cui sia stata precedentemente irrogata una *sanzione disciplinare*. La valutazione del comportamento con voto inferiore a sei decimi deve essere **motivata** e deve essere **verbalizzata** in sede di scrutinio intermedio e finale.

7.4 I crediti scolastici

Istituito con l'art. 11 D.P.R. n. 323/1998 il **credito scolastico** è un **punteggio** riconosciuto agli alunni in base al merito, per l'andamento degli studi durante il triennio della scuola secondaria di secondo grado, punteggio che viene sommato al punteggio ottenuto alle prove scritte e orali ai fini della determinazione del voto di maturità.

Il Consiglio di classe, negli scrutini di fine anno del triennio, calcola il credito per ciascun alunno tenendo conto dei seguenti parametri:

— la media dei voti;
— la frequenza scolastica delle attività curricolari e dei progetti;
— la partecipazione al dialogo educativo;
— l'interesse alle attività complementari e integrative;
— eventuali **crediti formativi documentati** (attività ed esperienze coerenti con gli obiettivi formativi dell'indirizzo: attività teatrali, artistiche, ricreative che siano certificate, anche se acquisite fuori della scuola di appartenenza o all'estero).

L'**art. 15 del D.Lgs. 62/2017** fissa il punteggio attribuibile nel secondo biennio e nell'ultimo anno in un **massimo di 40 punti** (prima erano 25 punti), di cui 12 per il terzo anno, 13 per il quarto e 15 per il quinto, delineando i punteggi per fasce nella tabella A allegata al D.Lgs.; quest'ultima prevede anche la conversione del credito per gli anni precedenti al nuovo regime, disciplinando così il periodo transitorio.

Il **D.Lgs. n. 62/2017** introduce un **nuovo esame di maturità**, in cui è stata eliminata la terza prova, sono stati ridotti i punti da assegnare all'esame orale ed è stato dato maggior peso alla carriera scolastica (proprio tramite l'aumento del punteggio dei crediti scolastici) (*infra*).

7.5 La certificazione delle competenze nel secondo ciclo di istruzione

La **certificazione delle competenze** è prevista anche al termine del secondo anno della scuola secondaria di secondo grado (ossia al completamento dell'obbligo scolastico), per *attestare appunto l'assolvimento dell'obbligo di istruzione*, come previsto dal **D.M. 139/2007**.

A tal fine, la certificazione è rilasciata nei confronti di quegli alunni che nel corso dell'anno solare di riferimento, hanno compiuto 16 anni e, in sede di scrutinio di giugno, sono stati ammessi alla frequenza della classe terza. Il Dirigente scolastico, previa delibera del Consiglio di classe, rilascia a richiesta dell'interessato il *Certificato delle competenze di base acquisite nell'assolvimento dell'obbligo d'istruzione*, secondo il modello allegato al **D.M. 9/2010**.

Il D.Lgs. 13/2013 ha istituito il *Sistema nazionale di certificazione delle competenze* e prevede che "In linea con gli indirizzi dell'Unione europea, sono oggetto di individuazione e validazione e certificazione le competenze acquisite dalla persona in contesti formali, non formali o informali, il cui possesso risulti comprovabile attraverso riscontri e prove definiti nel rispetto delle linee guida...".

Dunque, sussiste anche un obbligo di certificazione delle competenze acquisite *al termine del secondo ciclo di istruzione*, previo superamento dell'esame finale, ma al momento si attende ancora l'emanazione di un modello ministeriale.

8 Il nuovo esame di Stato

Il **D.Lgs. 62/2017**, riordinando e coordinando in un unico testo le disposizioni in materia (D.P.R. 122/2009, L. 425/1997, D.P.R. 323/1998, L. 176/2007), ha inciso anche sull'assetto dell'esame di Stato conclusivo del secondo ciclo di istruzione. Le nuove disposizioni sono state applicate a partire dall'a.s. 2018/2019.

Sono **ammessi** all'esame di Stato, con delibera del Consiglio di classe, gli studenti che siano in possesso dei seguenti **requisiti**:
— la frequenza di almeno tre quarti del monte ore annuale personalizzato dell'ultimo anno, salve le deroghe previste dall'art. 14, comma 7, D.P.R. 122/2009;
— la partecipazione alle prove INVALSI;
— lo svolgimento dell'alternanza scuola-lavoro, coerentemente con la L. 107/2015;
— la **votazione non inferiore ai sei decimi** in ogni disciplina e un voto di comportamento non inferiore a sei decimi. Nel caso di votazione inferiore a sei decimi in una disciplina, il Consiglio di classe può deliberare, con *motivazione adeguata*, l'ammissione all'esame finale.

Con **D.L. 91/2018**, conv. in **L. 108/2018** i requisiti delle prove Invalsi e Alternanza scuola-lavoro previsti per l'ammissione all'esame conclusivo sono differiti al **1° settembre 2019**.

Con **D.M. 769/2018** sono stati definiti anche quadri di riferimento e griglie di valutazione; con **D.M. 37/2019** sono state individuate le *materie* oggetto della seconda prova scritta; inoltre, il Ministero ha emanato degli *esempi* di prova e previsto lo svolgimento di *simulazioni* delle prove, al fine di consentire alle scuole e agli studenti di adeguarsi alle nuove regole degli esami.

La disciplina per l'ammissione dei **candidati esterni** è contenuta nell'art. 14 D.Lgs. 62/2017, mentre quella per la partecipazione diretta all'esame degli studenti che hanno ottenuto *votazioni eccellenti nella penultima classe* resta invariata.

Possono sostenere nella sessione *del penultimo anno*, il corrispondente esame di Stato (**abbreviazione per merito**), gli studenti iscritti alle penultime classi:

a) che, nello scrutinio finale per la promozione all'ultima classe, hanno riportato non meno di **otto decimi in ciascuna disciplina** e non meno di otto decimi nel comportamento (nella pratica questi studenti vengono chiamati infatti «*ottisti*»);
b) che hanno seguito un regolare corso di studi di istruzione secondaria di secondo grado;
c) che hanno riportato una votazione non inferiore a **sette decimi in ciascuna disciplina** o gruppo di discipline e non inferiore a otto decimi nel comportamento negli scrutini finali dei **due anni antecedenti il penultimo**, senza essere incorsi in ripetenze nei due anni predetti.

Dunque, ai sensi dell'art. 6, co. 2, D.P.R. n. 122/2009 gli alunni del 4° anno particolarmente meritevoli possono essere ammessi, **su loro espressa domanda**, agli esami di Stato. È una norma volta a premiare i più meritevoli.

Le **Commissioni** di esame sono costituite una ogni due classi, sono presiedute da un *presidente esterno* e composte da tre membri esterni e, per ciascuna delle due classi, da tre membri interni. È comunque assicurata la presenza dei commissari delle materie oggetto della prima e seconda prova scritta.

I commissari e il presidente sono nominati dall'Ufficio scolastico regionale in base a criteri definiti a livello nazionale con decreto del Ministro dell'istruzione. Presso l'USR sono istituiti elenchi di presidenti cui i Dirigenti scolastici e i docenti di scuola secondaria di secondo grado in possesso dei requisiti possono accedere.

Le **prove** dell'esame di Stato conclusivo del secondo ciclo di istruzione non sono più quattro ma, in base all'art. 17 D.Lgs. 62/2017, diventano tre: due prove a carattere nazionale scritte e un colloquio:

- la **prima prova scritta** è intesa ad accertare la padronanza della lingua italiana o della lingua nella quale si svolge l'insegnamento, nonché le capacità espressive, logico-linguistiche e critiche del candidato. In particolare per l'a.s. 2019-2020 il **D.M. 30-1-2020, n. 28** ha confermato l'assegnazione della traccia di ambito storico nella tipologia B di testo argomentativo;
- la **seconda prova**, che può essere scritta o anche grafica o scrittografica, pratica, compositivo/esecutiva, musicale e coreutica, ha per oggetto una delle materie caratterizzanti il corso di studio.

  Al fine di uniformare i criteri di valutazione tra le diverse Commissioni di esame, con appositi **decreti** sono stati definiti, per l'esame di Stato 2018-2019:

  - i quadri di riferimento per la redazione e lo svolgimento delle prove (D.M. 769/2018);
  - le griglie di valutazione per l'attribuzione dei punteggi per la prima e la seconda prova (D.M. 769/2018);
  - le discipline oggetto della seconda prova e le modalità organizzative per lo svolgimento del colloquio (D.M. 37/2019);

- il **colloquio** è disciplinato, per l'a.s. 2019-2020 ed il relativo esame, dal **D.M. 30-1-2020, n. 28**, nel rispetto della normativa del D.Lgs. 62/2017. Esso è disciplinato, per l'a.s. 2019-2020 ed il relativo esame, dal **D.M. 30-1-2020, n. 28**, nel rispetto della normativa del D.Lgs. 62/2017. Esso è diretto ad accertare il conseguimento del *profilo culturale, educativo e professionale* dello studente. A tal fine la Commissione valuta la capacità del candidato di analizzare materiale **scelto** dalla **Commissione medesima**, e assegnato subito prima dell'inizio dei colloqui: testi, documenti, esperienze, progetti, problemi per verificare l'acquisizione dei contenuti e dei metodi propri delle singole discipline, la capacità di utilizzare le conoscenze acquisite e di collegarle per argomentare in maniera critica e personale anche utilizzando la lingua straniera. Lo studente inoltre espone attraverso una breve relazione e/o un elaborato multimediale, l'esperienza svolta nell'ambito dei percorsi per le competenze trasversali e per l'orientamento.

Durante il colloquio, che è pluridisciplinare, infine, si valutano le conoscenze e competenze maturate dal candidato nell'ambito delle attività relative a «*Cittadinanza e Costituzione*».

L'**esito** dell'esame resta espresso in **centesimi**, risultato della somma dei punteggi delle varie prove e dei punti acquisiti per il credito scolastico per un massimo, come visto, di 40 punti.

Un'ulteriore novità contenuta nel D.Lgs. 62/2017 è rappresentata dal fatto che, a differenza della disposizione della L. 425/1997, ora la prima e la seconda prova scritta ed il colloquio hanno ciascuno un peso di massimo **20 punti** nell'attribuzione del punteggio finale.

Il voto minimo per superare l'esame è di **sessanta centesimi.**

La Commissione può deliberare motivatamente di **integrare** il punteggio di 5 punti se il minimo del credito è di trenta punti e il risultato delle prove è pari ad almeno 50 punti; inoltre, la Commissione all'unanimità può decidere motivatamente di attribuire la **lode** a chi ha conseguito un punteggio di cento punti purché si sia conseguito il credito scolastico massimo con voto unanime del Consiglio di classe e punteggio massimo nelle prove.

8.1 Le prove INVALSI

Ai sensi dell'art. 19 D.Lgs. 62/2017 gli studenti dell'ultimo anno della scuola secondaria devono sostenere la **prova INVALSI**, *computer based,* in italiano, matematica ed inglese.

Lo svolgimento obbligatorio di questa prova costituisce **requisito per l'ammissione all'esame**, a partire dal 1° settembre 2019 (D.L. 91/2018, conv. in L. 108/2018); il suo esito viene riportato all'esame finale ma **non confluisce nel voto finale**.

Ricordiamo che le prove INVALSI sono previste anche al secondo anno delle superiori.

8.2 Il diploma e il *curriculum* dello studente

I **diplomi di istruzione secondaria di secondo grado** sono rilasciati dal presidente della Commissione esaminatrice e possono essere *firmati* dal Dirigente scolastico, su delega del presidente di Commissione.

Il diploma viene rilasciato dalla segreteria della scuola, dopo aver ricevuto apposita domanda da parte dello studente o, se questi è minore (ad esempio nel caso di studenti privatisti), dal genitore o da un delegato, in prima istanza al Dirigente scolastico dell'istituzione scolastica in cui si è sostenuto l'esame conclusivo, in seconda istanza presso l'Ufficio dell'Ambito Territoriale di competenza.

Un altro requisito imprescindibile è il pagamento della **tassa** rilascio diploma che viene generalmente richiesta prima di sostenere l'esame di Stato.

Il diploma di istruzione secondaria di secondo grado attesta l'indirizzo, la durata del corso tenuto e il voto. Ad esso è allegato, a partire dal 2020, il *curriculum dello studente*.

Fino al 2019, è stato rilasciato, a completamento del diploma, il «Supplemento Europass», documento riconosciuto nell'UE che fornisce informazioni sull'indirizzo di studio, le competenze e i possibili sbocchi.

Una delle più importanti novità della Buona Scuola (art. 1, comma 28, L. 107/2015) è il cd. ***curriculum* dello studente**, una sorta di *portfolio* in cui devono confluire tutti i dati relativi al percorso di studi e alle competenze acquisite dallo studente. Dal momento che le scuole secondarie di secondo grado possono introdurre **insegnamenti opzionali** nel secondo biennio e nell'ultimo anno, tali insegnamenti diventano parte del percorso dello studente e vanno inseriti nel suo *curriculum* (tra questi insegnamenti molte scuole hanno inserito corsi di giornalismo, laboratori di fotografia, laboratori di meccanica e robotica, di economia e finanza etc.).

Il *curriculum* dello studente raccoglie tutti i dati utili: discipline e relativamente ore, insegnamenti opzionali, esperienze formative e abilità professionali acquisite nei percorsi per l'orientamento e le competenze trasversali, crediti scolastici e formativi, attività di volontariato.

Il *curriculum* dello studente va associato ad una *identità digitale* che dovrà essere regolata con un decreto del MIUR. Anche il modello del *curriculum* viene fornito dal Ministero.

9 Il riconoscimento delle eccellenze

Tra i compiti fondamentali dell'istruzione vi è quello di **favorire lo sviluppo dei talenti e delle vocazioni di ogni singolo studente**, nello spirito della Costituzione, che, all'art. 34, prevede che «*i capaci e meritevoli, anche se privi di mezzi, hanno diritto di raggiungere i gradi più alti degli studi*».

Il D.Lgs. 262/2007 prevede l'**incentivazione delle eccellenze** (art. 1) al fine di valorizzare la qualità dei percorsi compiuti dagli studenti frequentanti i corsi di istruzione superiore delle scuole statali e paritarie e di riconoscerne i risultati elevati. È una misura per innalzare il livello di apprendimento degli studenti, incoraggiando il proseguimento del percorso di istruzione nei licei, negli istituti tecnici e professionali e nella formazione tecnica superiore. Il **risultato raggiunto nei percorsi di «eccellenza»** è riconosciuto e certificato e garantisce l'**acquisizione di crediti formativi** e varie forme di premiazione.

Varie forme di incentivo sono individuate come ulteriore sostegno all'eccellenza e possono tradursi, per i *vincitori di gare o competizioni in ambito culturale o artistico*, in **premi e riconoscimenti** (viaggi di istruzione, accessi a musei e biblioteche etc.).

Con il **D.M. 182 del 2015** è stato definito il *Programma nazionale di valorizzazione delle eccellenze* che rientra nell'azione di promozione della cultura del merito e della qualità degli apprendimenti.

Vengono premiati gli studenti che hanno conseguito 100 e lode all'esame di Stato conclusivo del secondo ciclo, e gli studenti vincitori delle competizioni nazionali e internazionali riconosciute nel Programma.

Gli studenti meritevoli sono inseriti nell'**Albo Nazionale delle Eccellenze** pubblicato sul sito dell'INDIRE.

10 Dai programmi ministeriali alle Indicazioni nazionali

Con il termine **Indicazioni nazionali e Linee Guida** si fa riferimento all'insieme dei documenti che dettano, per ogni singolo percorso scolastico, dalla scuola dell'infanzia all'istruzione secondaria superiore, gli **obiettivi generali, gli obiettivi specifici di apprendimento e i relativi traguardi formativi** che ogni studente deve possedere al termine di un singolo percorso di studi.

Dal punto di vista normativo, il quadro attualmente vigente si è andato delineando, con l'approvazione di una serie di *decreti del Ministrero dell'istruzione* che si sono susseguiti a partire dal 2007. Più precisamente:

— le *Indicazioni nazionali per la scuola dell'infanzia e il primo ciclo di istruzione* (scuola primaria e secondaria di primo grado) sono state introdotte per la prima volta nel 2007 (con il D.M. 31 luglio 2007) e poi sottoposte a parziale revisione nel 2012 (con il D.M. 16 novembre 2012 e ancora nel 2018 (D.M. 1-8-2017, n. 537 e D.M. 16-11-2017, n. 910);
— le *Indicazioni nazionali per i Licei* sono state introdotte nel 2010 (in attuazione del D.P.R. 89/2010);
— le *Linee Guida per l'istruzione tecnica e professionale* sono state introdotte (in attuazione del D.P.R. 87/2010 e 88/2010) nel 2010 per il primo biennio e nel 2012 per il secondo biennio e per il quinto anno.

In particolare — per ciò che riguarda l'istruzione secondaria di II grado — le Indicazioni e Linee Guida sono andate a regime a partire dall'anno scolastico 2011-2012 con il cd. **sistema a scorrimento**. Ciò vuol dire che nel primo anno scolastico di entrata in vigore (2011-2012) sono andate in funzione per il primo anno di studi, nel secondo anno (2012-2013) per il secondo anno e così via, fino al completo assorbimento del vecchio ordinamento in favore del nuovo.

Durante questo periodo, inoltre, sono stati individuati altri indirizzi di studio (con le relative Indicazioni nazionali) come successo, ad esempio, con l'introduzione dei Licei ad indirizzo sportivo (istituti con D.M. 5 marzo 2013).

Dal punto di vista dei contenuti, seppure con modalità diverse legate alla peculiarità di ogni singolo percorso di studi, è possibile distinguere all'interno delle Indicazioni nazionali e delle Linee Guida:

— una *parte introduttiva* che contiene dettami di carattere generale e comune all'intero percorso di studi cui si riferiscono con l'individuazione del profilo educativo e dei risultati di apprendimento comune (ad esempio dell'istruzione liceale genericamente intesa);
— *indicazioni specifiche* sui diversi indirizzi e, se presenti profili, articolazioni e opzioni con indicazione dei quadri orari (ad esempio liceo classico, scientifico, scientifico opzione scienze applicate, linguistico, artistico ecc.);
— *obiettivi specifici di apprendimento*, declinati in campi di esperienza per la scuola dell'infanzia o piuttosto in *conoscenze e abilità* per ogni disciplina di studio, per la scuola secondaria e distinti per anni o per singole classi.

Le Indicazioni nazionali e le Linee Guida hanno sostanzialmente preso il posto, nel nostro ordinamento dei vecchi **programmi ministeriali**. I programmi ministeriali dettavano non solo i quadri orari di ogni tipologia di scuola e gli obiettivi didattici generali ma soprattutto la *programmazione disciplinare obbligatoria* per ogni materia. Si trattava di percorsi particolarmente dettagliati che lasciavano poco spazio all'autonomia, ingessando non poco l'istruzione e rendendola anche poco adattabile ai cambiamenti del tempo.

A questo si ovviava con l'attuazione di sempre nuovi **progetti sperimentali** che istituivano percorsi formativi differenziati: si pensi al Progetto Cinque negli Istituti tecnici per geometri, introdotto per individuare un corso di studi alternativo a quello tradizionale, per dare maggior spazio ed evidenza alle problematiche urbanistiche e ambientali, o al Progetto ITER introdotto nell'Istruzione tecnica per dare autonomia di studi a un percorso dedicato all'emergente settore turistico fino ad allora non presente nel nostro ordinamento.

Le Indicazioni nazionali e le Linee Guida, come *espressione dell'ormai riconosciuta autonomia didattica*, sono state invece concepite appositamente come una intelaiatura sulla quale le istituzioni scolastiche disegnano il proprio Piano dell'offerta formativa, i docenti costruiscono la propria programmazione didattica (→ Parte II, Cap. 1) e gli studenti raggiungono i propri obiettivi di apprendimento. Essi rappresentano pertanto il punto di partenza, il quadro generale entro cui la scuola e i docenti articoleranno la propria progettazione didattica.

11 Lo Statuto delle studentesse e degli studenti della scuola secondaria

Con **D.P.R. 24-6-1998, n. 249**, integrato e modificato poi con **D.P.R. 235/2007**, è stato approvato lo **Statuto delle studentesse e degli studenti della scuola secondaria** che si propone quale **carta dei diritti e dei doveri degli alunni**. Lo statuto recepisce e sviluppa le indicazioni emergenti dalla *Convenzione internazionale sui diritti del fanciullo* ratificata con L. 27-5-1991, n. 176.

Sotto altro profilo, lo statuto rappresenta una tappa del **processo autonomistico** avviato dalle istituzioni scolastiche in quanto tratteggia le fondamenta di una scuola che non è solo luogo di studio e di apprendimento, ma costituisce una *comunità complessa* le cui componenti — docenti, studenti, genitori — sono *integrate* fortemente tra di loro in un rapporto fondato sulla libertà e la responsabilità.

Ogni istituto scolastico deve integrare questo documento, sviluppando un proprio regolamento (**Regolamento d'istituto**) (vedi Cap. 10), il cui obiettivo è quello di definire le **relazioni** tra gli studenti e le altre componenti della scuola.

Più precisamente l'art. 2 D.P.R. 249/1998 definisce la **scuola come comunità di dialogo**, di ricerca, di esperienza sociale informata ai valori democratici e volta alla crescita della persona in tutte le sue dimensioni. In essa ognuno, con pari dignità e nella diversità dei ruoli opera per garantire la formazione alla cittadinanza, la realizzazione del diritto allo studio, lo sviluppo delle potenzialità di ciascuno e il recupero delle situazioni di svantaggio.

Concretamente, la comunità scolastica, interagendo con la più ampia comunità civile e sociale di cui è parte, fonda il suo progetto e la sua azione educativa sulla **qualità delle relazioni insegnante-studente, contribuisce allo sviluppo della personalità dei giovani**, anche attraverso l'educazione alla consapevolezza e alla valorizzazione dell'identità di genere, del loro senso di responsabilità e della loro autonomia individuale e persegue il raggiungimento di obiettivi culturali e professionali adeguati all'evoluzione delle conoscenze e all'inserimento nella vita attiva.

La vita della comunità scolastica si basa sulla *libertà di espressione, di pensiero, di coscienza e di religione*, sul rispetto reciproco di tutte le persone che la compongono, quale che sia la loro età e condizione, nel ripudio di ogni barriera ideologica, sociale e culturale.

Ciò comporta che **nel rapporto insegnante-alunno ciascuna delle componenti è titolare di diritti e centro di imputazione di doveri**.

11.1 I diritti degli studenti

Lo studente ha il *diritto*:

- *ad una formazione culturale e professionale qualificata* che rispetti e valorizzi l'identità individuale e sia aperta alla pluralità di idee. Spetta alla scuola valorizzare le inclinazioni personali degli studenti, ferma restando la continuità dell'apprendimento, con opportune iniziative;
- *alla riservatezza* per quanto riguarda la sua situazione di vita rispetto alla quale la scuola promuove in ogni modo la solidarietà tra i suoi componenti;
- *ad essere informato* sulle decisioni e sulle norme che regolano la vita della scuola;
- *a partecipare attivamente e responsabilmente alla vita della scuola*. È compito dei docenti e dei Dirigenti scolastici attivare un dialogo costruttivo con gli studenti in merito alle scelte di programmazione e definizione degli obiettivi didattici, di organizzazione della scuola, di criteri di valutazione, di scelta dei libri e del materiale didattico;
- *ad una valutazione trasparente e tempestiva* che lo stimoli ad un processo di autovalutazione nel corso del quale emerge nello studente la consapevolezza dei punti di forza e dei punti di debolezza e delle scelte di metodo per migliorare il proprio rendimento;
- *ad esprimere la loro opinione* in tutti i casi in cui una decisione possa influenzare in modo rilevante l'organizzazione della scuola;
- *alla libertà di apprendimento* che si concreta nella possibilità di scegliere tra le attività curricolari integrative e tra le attività aggiuntive facoltative offerte dalla scuola organizzate secondo tempi e modalità che tengono conto dei ritmi di apprendimento e delle esigenze degli studenti;
- *al rispetto della vita culturale e religiosa* della comunità cui lo studente, specie se straniero, appartiene. La scuola promuove e favorisce iniziative per l'accoglienza e la tutela della lingua e cultura straniera e per la realizzazione di attività interculturali;
- *di riunione, di assemblea e di associazione* opportunamente disciplinati dal regolamento di istituto.

L'esercizio dei citati diritti da parte degli alunni richiede che la **scuola si impegni a porre in essere una serie di condizioni quali**:

- un ambiente favorevole alla crescita integrale della persona e un servizio educativo-didattico di qualità;
- offerte formative aggiuntive e integrative, anche mediante il sostegno di iniziative liberamente assunte dagli studenti e dalle loro associazioni;
- iniziative concrete per il recupero di situazioni di ritardo e di svantaggio, nonché per la prevenzione e il recupero della dispersione scolastica;
- la salubrità e la sicurezza degli ambienti, che debbono essere adeguati a tutti gli studenti anche con disabilità;
- la disponibilità di un'adeguata strumentazione tecnologica;
- servizi di sostegno e promozione della salute e di assistenza psicologica.

11.2 I doveri degli studenti

Il corretto svolgimento della vita scolastica richiede, altresì, il rispetto di alcuni **doveri** da parte **degli studenti** ovvero:

— *frequentare regolarmente i corsi e di assolvere assiduamente agli impegni di studio*;
— *comportarsi correttamente nei rapporti interpersonali* ed in particolare con il capo di istituto, i docenti, il personale della scuola, i compagni;
— *osservare le disposizioni organizzative e di sicurezza* dettate dai regolamenti dei singoli istituti;
— *utilizzare in modo congruo le strutture, i macchinari e i sussidi didattici* in modo da non arrecare danni al patrimonio della scuola;
— *contribuire responsabilmente a rendere accogliente l'ambiente scolastico* e averne cura come importante fattore di qualità della vita della scuola.

Il mancato adempimento di tali doveri e di altri codificati dai regolamenti dei singoli istituti può configurare un'ipotesi di mancanza disciplinare e ingenerare, in capo allo studente, una **responsabilità disciplinare** (→ Cap. 12).

12 Il CLIL nelle scuole secondarie di secondo grado

Il termine CLIL è l'acronimo di *Content and language integrated learning*, apprendimento integrato di contenuto e lingua. Si tratta di una metodologia innovativa, introdotta obbligatoriamente negli ordinamenti dei licei e degli istituti tecnici italiani con la riforma Gelmini.

Tale metodologia prevede l'**insegnamento di una disciplina non linguistica (DNL)**, appartenente all'area degli apprendimenti obbligatori, in **lingua straniera veicolare**. In concreto, uno o più **discipline non linguistiche** (storia, geografia, scienze, arte etc.) vengono insegnate e apprese servendosi di una seconda lingua diversa da quella materna degli alunni.

L'insegnamento di una disciplina con il CLIL è previsto nell'ultimo anno dei licei e degli istituti tecnici (non è previsto espressamente per i professionali), mentre nei *licei linguistici* è previsto già dal terzo anno e dal quarto anno in poi le discipline non linguistiche per le quali è previsto il CLIL sono due.

Il docente CLIL deve possedere, quindi, competenze linguistiche e comunicative nella lingua straniera di **livello C1**, oltre a competenze metodologico-didattiche acquisite al termine di un corso di perfezionamento universitario del valore di 60 CFU per i docenti in formazione iniziale e di 20 CFU per i docenti in servizio (D.M. 30-9-2011 e Decreto Direttoriale 16-4-2012, n. 6).

Nell'ambito dell'autonomia organizzativa delle istituzioni scolastiche, i percorsi CLIL possono essere attivati con la **condivisione delle conoscenze** tra i docenti, l'utilizzo di **tecnologie multimediali** e di **tecniche comunicative multimodali**, il supporto di libri di testo corredati di materiali e schede didattiche in lingua veicolare etc.

Possono anche essere promossi incontri tra scuole o reti di scuole, sia in presenza, sia a distanza, allo scopo di condividere competenze ed esperienze. Nella Nota del MIUR n. 4969 del 25 luglio 2014, vengono citate, ad esempio, la **didattica a classi aperte** (il coinvolgimento di più classi o gruppi classe) e l'utilizzo di **insegnamenti a distanza** (lezioni condotte da docenti esperti anche di altre scuole italiane o straniere), che possono rappresentare utili strategie organizzative, funzionali all'ampliamento di percorsi formativi CLIL all'interno della scuola.

Quanto alla scelta della disciplina da insegnare con metodologia CLIL, essa è **demandata agli istituti scolastici**, fermo restando l'obiettivo di arrivare a coprire il 50% delle ore in tutti gli indirizzi in maniera graduale e in base alle competenze e alle necessità delle singole scuole.

Nel testo della Nota n. 4969 viene, poi, precisato che, laddove ci fosse una **totale assenza di docenti di DNL** in possesso delle necessarie competenze linguistiche e metodologiche all'interno dell'organico dell'istituzione scolastica, "*si raccomanda lo sviluppo di progetti interdisciplinari in lingua straniera nell'ambito del Piano dell'Offerta Formativa, che si avvalgano di strategie di collaborazione e cooperazione all'interno del Consiglio di classe, organizzati con la sinergia tra docenti di disciplina non linguistica, il docente di lingua straniera e, ove presenti, il conversatore di lingua straniera e eventuali assistenti linguistici. Resta inteso che gli aspetti formali correlati alla valutazione rimangono di competenza del docente di disciplina non linguistica*".

13 Percorsi per le competenze trasversali e l'orientamento: l'alternanza scuola-lavoro

Agli studenti della scuola secondaria la **riforma Moratti** (art. 4 L. 53/2003) ha riconosciuto la possibilità di realizzare i corsi del secondo ciclo in **alternanza scuola/lavoro**, in collaborazione con le imprese, al fine di assicurare ai giovani, oltre alle conoscenze di base, l'acquisizione di **competenze spendibili nel mercato del lavoro**.

Per la concreta definizione dell'alternanza scuola/lavoro il Governo ha emanato un apposito decreto legislativo (**D.Lgs. 15 aprile 2005, n. 77**) che:

- fissa le modalità per svolgere la formazione **dai 15 ai 18 anni**, attraverso l'alternanza di periodi di studio e di lavoro, sotto la responsabilità dell'istituzione scolastica, sulla base di **convenzioni con imprese** o con le rispettive associazioni di rappresentanza o con le Camere di commercio o con enti pubblici e privati, ivi inclusi quelli del terzo settore, che siano disponibili ad *accogliere gli studenti per periodi di tirocinio. Tali periodi di tirocinio non costituiscono rapporto individuale di lavoro*;
- fornisce le indicazioni generali per il reperimento e l'assegnazione delle risorse finanziarie necessarie alla realizzazione dei percorsi di alternanza, ivi compresi gli incentivi per le imprese, la valorizzazione delle imprese come luogo formativo e l'assistenza tutoriale.

Successivamente i percorsi dell'alternanza scuola-lavoro sono stati richiamati nei Regolamenti nella «**Riforma Gelmini**», D.P.R. 87, 88 e 89 del 15-3-2010, come metodo da introdurre nella didattica curriculare.

Il rapporto scuola-lavoro comprende una pluralità di **opportunità educative** che valorizzano la componente formativa dell'esperienza pratica, integrando lo studio prevalentemente teorico con **esperienze di apprendimento**, quali:

- **visite aziendali**, che rappresentano un mezzo efficace per avvicinare gli studenti alle professioni osservate nei loro contesti operativi reali. Interagendo con i professionisti sui luoghi di lavoro, i giovani possono assumere informazioni dirette e approfondire interessi e motivazioni personali;

— **stage** progettati e realizzati soprattutto nell'ambito dell'area di professionalizzazione dei corsi dell'istruzione professionale e nell'area di progetto dell'istruzione tecnica. Le scuole, nell'esercizio della propria autonomia didattica e organizzativa, possono programmarli nel corso dell'anno scolastico;
— **tirocini**, intesi sia come **tirocini orientativi**, il cui obiettivo principale è quello di supportare il tirocinante nelle proprie scelte professionali, sia come **tirocini formativi**, che consentono al tirocinante un diretto coinvolgimento nelle attività concrete dell'azienda, finalizzato all'acquisizione di pratiche lavorative. Le modalità di svolgimento dei tirocini sono varie e spesso non c'è una netta distinzione fra le due tipologie, che in molti casi, infatti, sviluppano entrambi gli aspetti;
— **tirocini estivi**, promossi appunto durante le vacanze estive. Anche queste esperienze agevolano gli studenti nelle scelte professionali, permettendo loro di orientarsi e di acquisire competenze spendibili nel mondo del lavoro. Hanno una durata non superiore a tre mesi e si svolgono nel periodo compreso tra la fine dell'anno scolastico e l'inizio di quello successivo;
— **imprese formative simulate**. In questo caso le istituzioni scolastiche, sostenute dal Ministero, costituiscono, con il supporto di un'impresa reale e di un tutor aziendale, un'*azienda-laboratorio* in cui è possibile rappresentare e vivere le funzioni proprie dell'azienda. Le imprese simulate comunicano tra loro e realizzano transazioni in una rete telematica, rispettando la normativa come le aziende reali.

Il **D.Lgs. 81/2015**, cd. *jobs act* prevede, inoltre, la possibilità di assumere con contratto di **apprendistato** gli studenti iscritti negli istituti professionali, negli istituti tecnici e nei licei dal secondo anno del corso di studi, nonché gli studenti iscritti a percorsi di istruzione per gli adulti di secondo livello. Ricordiamo che le imprese che assumono apprendisti godono di numerosi benefici retributivi e contributivi.

La materia dell'alternanza scuola-lavoro trova spazio in più punti della **L. 107/2015**; il suo incremento, infatti, è uno degli obiettivi prioritari della Riforma.

Ai sensi del comma 41, L. 107/2015, è istituito presso le *Camere di commercio*, il **Registro nazionale per l'alternanza scuola-lavoro** che contiene l'elenco delle imprese e degli enti pubblici e privati disponibili a svolgere i percorsi di alternanza scuola-lavoro tra i quali il Dirigente scolastico può individuare quelli con cui stipulare convenzioni.

L'alternanza si realizza con attività sia dentro la scuola (orientamento, incontri con consulenti esterni etc.) sia fuori dalla scuola (anche all'estero purché durante la sospensione delle attività didattiche). Al termine del percorso vengono rilasciati attestati di frequenza, certificati di competenze e crediti scolastici/formativi.

È stata definita anche la «*Carta dei diritti e dei doveri delle studentesse e degli studenti in alternanza*» (sentite le organizzazioni studentesche) (D.I. 195/2017).

La Carta garantisce agli studenti il diritto dell'informazione chiara, trasparente e puntuale sulle attività che andranno a svolgere o quello al riconoscimento degli apprendimenti conseguiti nelle fasi formative teoriche e pratiche; definisce anche i loro doveri, tra i quali il rispetto del Patto formativo e delle regole di comportamento.

Nella *legge di bilancio 2019* (**L. 145/2018**), si prevede, a decorrere dall'anno scolastico 2018/2019, la riduzione delle ore di ASL, che resta **obbligatoria** in base alla Buona scuola, ma viene denominata «**percorsi per le competenze trasversali e l'orientamento**», per una durata complessiva: non inferiore a **210 ore** nel triennio terminale del percorso di studi degli istituti professionali; non inferiore a **150 ore** nel secondo biennio e nell'ultimo anno del percorso di studi degli istituti tecnici; non inferiore a **90 ore** nel secondo biennio e nel quinto anno dei licei.

Tra i soggetti menzionati nella Buona Scuola, presso i quali è possibile effettuare i percorsi, vengono inseriti gli **ordini professionali e i musei e gli altri istituti pubblici e privati** operanti nei settori del **patrimonio e delle attività culturali, artistiche e musicali**, nonché con enti che svolgono attività afferenti al **patrimonio ambientale**.

13.1 Le Linee guida PCTO 2019

In base alle disposizioni della L. 145/2018 che ne disponeva l'attuazione, e nel rispetto del quadro generale determinato dalla normativa in vigore, nel 2019 sono state emanate le **Linee guida per le competenze trasversali e l'orientamento.**

In un contesto scolastico e formativo in continua evoluzione, esse pongono in evidenza l'importanza delle "competenze trasversali o personali, comunemente indicate nella scuola e nel mondo del lavoro come *soft skill*", come **traguardo formativo dei percorsi** e inquadrandole nell'ambito europeo, in riferimento ai principali documenti relativi all'orientamento permanente, ribadendo la dimensione orientativa della formazione.

Specificamente, tra le otto "competenze chiave per l'apprendimento permanente", delineate nella Raccomandazione del Consiglio europeo del 2018, di pari importanza per lo sviluppo personale del cittadino, si individuano le seguenti competenze trasversali:

— competenza personale, sociale e capacità di imparare a imparare;
— competenza in materia di cittadinanza;
— competenza imprenditoriale;
— competenza in materia di consapevolezza ed espressione culturali.

Il momento pregnante dell'attenzione alle competenze da parte della scuola è la **progettazione dei percorsi**: essa richiede un'analisi preliminare diretta all'individuazione delle competenze padroneggiate dallo studente e l'individuazione delle competenze da sviluppare. In base al risultato sarà possibile "elaborare un progetto educativo, nel quale l'attività didattica, integrata o meno con l'esperienza presso strutture ospitanti, secondo gradi di complessità crescente, deve condurre alla realizzazione di un compito reale che vede la partecipazione attiva dello studente".

I percorsi, una volta progettati, devono essere gestiti in base alle esigenze territoriali dell'istituto, delle scelte generali della scuole, inserite nel PTOF come esperienze *pluriennali*, e alla tipologia di indirizzo. I percorsi hanno infatti l'obiettivo di far conseguire allo studente un potenziamento delle competenze caratterizzanti l'indirizzo, insieme ad un consapevole orientamento al mondo del lavoro o degli studi.

A tal fine possono coesistere più scelte organizzative relative ai percorsi, sulla base delle deliberazioni del *Consiglio di classe* e del *Collegio dei docenti*. E' importante infatti la personalizzazione dei percorsi che comporta l'adozione di scelte organizzative che contempli una certa flessibilità.

Per ciò che concerne la durata, fermo restando il vincolo del monte ore minimo di 90 ore nel triennio finale per i licei, 150 per gli istituti tecnici e 210 per gli istituti professionali, *l'istituzione scolastica nella sua autonomia può realizzare i PCTO anche per un periodo superiore.*

Configurandosi i percorsi come "*percorsi curriculari integrati*" si evince che essi si possono realizzare nel periodo di svolgimento delle lezioni, ma anche nei periodi di sospensione delle attività didattiche e in contesti operativi anche differenti dalla scuola, specificamente caratterizzati da una forte valenza formativa.

Sono previsti docenti **tutor**, come già stabilito nelle *Linee guida sull'alternanza scuola-lavoro 2015*: un *docente tutor interno* designato dall'istituzione scolastica, tra coloro che possiedono titoli documentabili e, nel caso di esperienze condotte dagli studenti presso strutture ospitanti, del *tutor formativo esterno*, che collaborano e interagiscono tra loro.

Nell'**operatività** delle scuole, i **risultati** delle esperienze dei percorsi vengono accertati con modalità diverse, coerentemente con le indicazioni contenute nella normativa sul Sistema nazionale di certificazione delle competenze (D.Lgs. 13/2013).

Le fasi per la valutazione delle competenze sono correlate alle modalità di progettazione e risultano normalmente così declinate:

- identificazione delle competenze attese al termine del percorso e dei relativi livelli di possesso;
- accertamento delle competenze in ingresso;
- comunicazione efficace agli interessati sugli obiettivi di apprendimento da raggiungere;
- programmazione degli strumenti e azioni di osservazione;
- verifica dei risultati conseguiti nelle fasi intermedie;
- accertamento delle competenze in uscita.

In sintesi

- La disciplina dei **licei** è contenuta, oltre che nel D.Lgs. 226/2005, nel regolamento D.P.R. 15 marzo 2010, n. 89. I percorsi liceali hanno durata quinquennale. Si sviluppano in due bienni e in un quinto anno.
  Il sistema dei licei comprende le seguenti tipologie di liceo: liceo artistico; liceo classico; liceo linguistico; liceo musicale e coreutico; liceo scientifico; liceo delle scienze umane.
- Gli **istituti professionali** previsti dalla riforma Gelmini (D.P.R. 87/2010) sono stati revisionati con il decreto attuativo D.Lgs. 61/2017. Adesso sono suddivisi in 11 indirizzi, fortemente caratterizzati a livello laboratoriale e dell'alternanza scuola-lavoro per il raccordo con il sistema dell'istruzione e formazione professionale.
- Il sistema dell'**istruzione e formazione professionale**, di competenza delle Regioni, vale per il conseguimento di una qualifica triennale e di un diploma quadriennale riconosciuti a livello nazionale.
- Il D.P.R. 15-3-2010, n. 88 configura gli **istituti tecnici** quali percorsi quinquennali di articolazione del secondo ciclo del sistema di istruzione e formazione. Essi operano in due settori che comprendono, in totale, 11 indirizzi. Si articolano in due bienni e un quinto anno; tirocini, stage e alternanza scuola-lavoro sono strumenti didattici per la realizzazione dei percorsi di studio tecnici che si concludono con un esame di Stato, al superamento del quale viene rilasciato il diploma di istruzione tecnica.
- La **valutazione** degli apprendimenti degli studenti del secondo ciclo è disciplinata dal **D.Lgs. 62/2017**. L'esame di Stato consiste in due prove scritte e un colloquio.
- È possibile svolgere «percorsi per le competenze trasversali e l'**orientamento**» (**PCTO**) negli ultimi tre anni del percorso di studi; essi sono organizzati dalla scuola.

7
Le norme comuni

1 L'iscrizione a scuola

Il momento dell'**iscrizione a scuola** rappresenta, oltre che la prima fase del procedimento di avvio dell'anno scolastico, un momento essenziale per il *rapporto scuola-famiglia*. Infatti, esso presuppone un'attività di informazione da parte delle famiglie sull'istituto e le sue attività, al fine di operare una scelta il più possibile consapevole. Risponde a tale esigenza la pratica sempre più diffusa dei cd. *open day*. Inoltre, la scuola all'inizio del nuovo anno avvia eventuali altri incontri con le famiglie interessate all'iscrizione, diretti a fornire informazioni sulla scuola e a presentare il Piano dell'offerta formativa .

L'iscrizione alle classi iniziali dei percorsi scolastici presso le scuole di ogni grado, fatta eccezione per le scuole dell'infanzia per le quali è prevista la modalità cartacea, avviene esclusivamente **online** (art. 7, comma 28, D.L. 95/2012, conv. in L. 135/2012), ciò per venire incontro alle esigenze di *dematerializzazione della Pubblica amministrazione*.

Per le scuole paritarie si può scegliere tra iscrizione on line, se l'istituto ne ha predisposto la possibilità, o iscrizione cartacea.

Il periodo e la procedura di iscrizione vengono definiti con *circolare ministeriale ogni anno*; in genere si procede all'iscrizione tra la metà di gennaio e gli inizi di febbraio dell'anno solare precedente a quello scolastico di riferimento.

Avendo generalmente entrambi la **responsabilità genitoriale** sui figli minori (art. 316 c.c.), la richiesta di iscrizione deve ricevere il consenso di **tutti e due i genitori**, anche se separati o divorziati.

Le iscrizioni di **alunni con disabilità** effettuate nella modalità on line devono essere perfezionate con la presentazione alla scuola prescelta, da parte dei genitori, della *certificazione rilasciata dalla ASL di competenza*, comprensiva della *diagnosi funzionale*, in seguito agli appositi accertamenti collegiali previsti dal D.P.C.M. 23-2-2006, n. 185.

Anche per gli alunni con **cittadinanza non italiana**, sprovvisti di codice fiscale, è consentito effettuare la *domanda di iscrizione on line*.

In passato, la scelta della scuola in cui iscrivere i figli, dipendeva dal luogo di residenza: chi abitava all'interno di un certo bacino di utenza aveva diritto ad iscriversi alla scuola ad esso collegato, ma trovava grandi difficoltà qualora avesse voluto iscriversi in un'altra scuola (era necessario, infatti, chiedere un nulla osta).

Oggi vale il **principio della libertà di scelta della scuola** da parte delle famiglie anche se rimane la suddivisione delle scuole primarie e secondarie di primo grado per **bacini di utenza**, soprattutto per permettere a Comuni e Province di organizzare i servizi di trasporto scolastico e in generale di programmare i vari servizi di supporto alle scuole.

Le iscrizioni a scuole diverse da quelle di competenza, in genere, sono *accettate con riserva*, compatibilmente con le risorse e i posti disponibili.

1.1 L'obbligo delle vaccinazioni

Al discorso dell'iscrizione ad una scuola si collega quello delle vaccinazioni obbligatorie con le quali i bambini devono essere in regola.

Il **D.L. 73/2017 conv. con L. 119/2017** ha reso obbligatorie (e gratuite) alcune vaccinazioni per i minori da 0 a 16, compresi i minori stranieri non accompagnati.

I **vaccini obbligatori** sono: *anti-poliomielitica; anti-difterica; anti-tetanica; anti-epatite B; anti-pertosse; anti-Haemophilus influenzae tipo b; anti-morbillo; anti-rosolia; anti-parotite; anti-varicella.*

Sono esonerati dall'obbligo vaccinale i bambini che hanno contratto naturalmente la malattia: l'avvenuta immunizzazione a seguito di malattia naturale deve essere comprovata dal medico curante, ovvero dagli esiti dell'analisi sierologica. Sono esonerati anche i minori che presentino patologie tali per le quali è sconsigliata la vaccinazione.

In caso di mancata osservanza dell'obbligo vaccinale, i genitori esercenti la responsabilità genitoriale, i tutori o i soggetti affidatari sono convocati dall'ASL territorialmente competente per un colloquio, al fine di fornire ulteriori informazioni sulle vaccinazioni e sollecitarne l'effettuazione.

Nel caso in cui i genitori o il tutore persistano a rifiutare di effettuare le vaccinazioni obbligatorie, è comminata la **sanzione amministrativa pecuniaria** da euro 100 a euro 500.

Per i **nidi e le scuole dell'infanzia**, ivi incluse quelle private non paritarie, adempiere all'obbligo vaccinale costituisce, ai sensi della legge, **requisito di accesso**.

Al momento dell'iscrizione la documentazione poteva essere sostituita da un'**autocertificazione** la per poi presentarla completa entro il 10 luglio.

Con l'introduzione dell'**Anagrafe vaccinale** (L. 119/2017), l'obbligo di presentazione del certificato non c'è più, grazie all'automatismo del sistema che consente alle ASL di individuare i genitori che devono regolarizzare la situazione di comunicare i nominativi alle scuole che richiedereanola documentazione necessaria alla famiglia.

Per quanto riguarda gli altri gradi di istruzione (scuola primaria, scuola secondaria di I e II grado fino a 16 anni), l'effettuazione delle vaccinazioni obbligatorie **non costituisce requisito di accesso** alla scuola né determina decadenza dall'iscrizione a scuola, ma è prevista solo la sanzione pecuniaria per i genitori, qualora non adempiano all'obbligo di vaccinare i figli.

La contestazione ai genitori circa la mancata vaccinazione dei figli spetta all'**ASL** che deve prima convocare i genitori cercando di fornire loro una corretta informazione sui vaccini, sull'obiettivo individuale e collettivo della pratica vaccinale e sui rischi derivanti dalla mancata prevenzione; successivamente in caso di loro rifiuto, dovrà contestare l'inadempienza all'obbligo vaccinale e somministrare la sanzione pecuniaria.

La legge sui vaccini interviene anche sulla **formazione delle classi** (→ anche *infra*) il Dirigente scolastico deve, infatti, inserire gli alunni, che non possono vaccinarsi per il loro particolare stato clinico (nei casi, quindi, di omissione o differimento dell'obbligo vaccinale), "di norma" (così testualmente l'art. 4) in classi di soli minori vaccinati o immunizzati. Il DS, entro il 31 ottobre di ogni anno, deve anche comunicare all'ASL le classi in cui sono presenti più di due alunni non vaccinati.

Anche il **personale della scuola** (DS, personale docente, personale ATA) è tenuto a vaccinarsi.

2 La formazione delle classi

Abbiamo già accennato alla formazione delle classi nei capitoli precedenti quando abbiamo trattato degli ordinamenti didattici delle scuole dei vari ordini e gradi. Qui facciamo un **breve riepilogo** di quanto detto approfondendo alcuni aspetti.

2.1 La costituzione delle classi iniziali di ciclo

Le classi iniziali di ciclo delle scuole ed istituti di ogni ordine e grado e le sezioni di scuola dell'infanzia sono costituite in base al **numero complessivo degli alunni iscritti** (art. 3 D.P.R. 81/2009).

Una volta determinato il numero delle sezioni, il Dirigente procede all'**assegnazione degli alunni alle varie sezioni**, tenendo conto delle scelte effettuate dalle famiglie e sulla base:

- dell'offerta formativa della scuola;
- del limite delle risorse assegnate;
- dalla presenza di minori non vaccinati (→ *retro*).

Nei vari ordini di scuola, ai sensi del D.P.R. 81/2009, il **numero degli alunni per classe** deve, come abbiamo visto, risultare compreso:

- per le scuole dell'infanzia, tra 18 e 26 alunni;
- per le scuole primarie, tra 15 e 26;
- per le scuole secondarie di primo grado, tra 18 e 27, fino a 28 se ci sono resti o fino a 30 se si crea una sola classe;
- per le scuole secondarie di secondo grado, tra 27 e 30.

Al fine di dare stabilità alla formazione della classi, riducendo al massimo gli scostamenti tra il numero delle classi previsto ai fini della determinazione dell'organico di diritto e quello delle classi effettivamente costituite all'inizio di ogni anno scolastico, **è consentito derogare, in misura non superiore al 10%**, al numero minimo e massimo di alunni per classe previsto per ogni ordine e grado di scuola.

Il Dirigente scolastico, come si legge nell'**art. 1**, **comma 84, L. 107/2015**, può anche **ridurre il numero degli alunni** per classe rispetto a quanto previsto dal D.P.R. 81/2009, allo scopo di migliorare la qualità didattica anche in relazione alle esigenze degli alunni con disabilità (vedi *infra*). In realtà, come si legge nella relazione illustrativa, si tratta di spostamenti di alunni da una classe all'altra per equilibrarne la distribuzione, innalzando in misura corrispondente il limite della dotazione organica della classe di destinazione, al fine di evitare il fenomeno delle cd. *classi pollaio.*

Il rapporto alunni/classe sopra riportato va però coordinato con la *normativa in materia di sicurezza* che pone il limite di 25 alunni per classe.

L'assegnazione dei docenti alle classi vede coinvolti il *Consiglio d'istituto* come organo che detta i criteri generali, il *Collegio dei docenti* che formula le sue proposte al DS con il *Piano annuale delle attività*, e il Dirigente scolastico, il quale infine adotta le decisioni definitive (art. 10 D.Lgs. 297/1994).

La formulazione dell'*orario delle lezioni* compete al *Dirigente scolastico* su proposta del Collegio dei docenti.

2.2 La formazione delle classi con alunni disabili e l'assegnazione del docente di sostegno

Le classi iniziali delle scuole di ogni ordine e grado con presenza di alunni con disabilità, devono essere costituite con **non più di 20 alunni** (art. 5, co. 2, D.P.R. 81/2009). Si tenga presente l'aumento del 10% previsto dall'art. 4, co. 1, D.P.R. 81/2009, al fine di dare stabilità alle classi. Il numero massimo sarebbe dunque **22 alunni** (T.A.R. Toscana, sent. 1173/2018).

L'**assegnazione dei docenti di sostegno** alle classi è di competenza del *Dirigente scolastico* che attribuisce le ore ai docenti e questi ultimi alle classi con alunni disabili, sulla base del monte ore complessivo (che si traduce in posti di sostegno) attribuito dall'ambito territoriale, in seguito alla richiesta della scuola, che viene destinato non ai singoli alunni ma *alla scuola*.

L'assegnazione delle ore e dei docenti di sostegno agli alunni disabili, o meglio alla classe con alunni disabili, è adottata dal Dirigente scolastico, come per gli insegnanti curricolari, *sulla base dei criteri stabiliti dal Consiglio d'istituto e delle proposte del Collegio dei docenti* (D.Lgs. 297/1994, D.Lgs. 165/2001 e D.M. 37/2009). Se il Dirigente scolastico non ne tiene conto, deve motivare le sue scelte.

Ad essi si aggiungono generalmente i *criteri stabiliti dal GLH* (*Gruppo di lavoro per gli handicap*) *d'istituto* (ora sostituito dal GLI → Parte II, Cap. 2, par. 3).

3 L'insegnamento della religione cattolica

3.1 L'insegnamento curricolare della religione cattolica (IRC)

L'insegnamento della religione cattolica **(IRC)** è sottoposto ad alcuni vincoli, pur rientrando nell'attività didattica delle scuole, oggetto quindi di flessibilità. Tali vincoli sono diretti, infatti, a garantire il rispetto dei fondamentali principi giuridici indicati dal Concordato tra lo Stato Italiano e la Santa Sede (si vedano L. 121/1985 e D.P.R. 175/2012).

L'IRC è **disciplina curricolare** e non può essere trasformata in disciplina complementare o extracurricolare; essa appartiene alla quota nazionale obbligatoria del curricolo nelle scuole di ogni ordine e grado, non facendo parte degli insegnamenti opzionali, facoltativi o aggiuntivi.

La materia è **facoltativa per gli alunni**, che possono anche scegliere una materia alternativa, ma **non è facoltativa per lo Stato** che si è impegnato ad assicurarla con la revisione del Concordato (L. 121/1985). Infatti, l'IRC deve essere assicurato in tutte le scuole e la sua facoltatività attiene solo alla facoltà di scelta di alunni e genitori, ma non la sua appartenenza strutturale all'ordinamento scolastico.

Al fine anche di non attuare trattamenti discriminatori a carico degli alunni non avvalentisi dell'insegnamento della religione cattolica, **la collocazione oraria** dell'IRC deve essere quella ordinariamente **prevista per tutte le altre discipline** (C.M. 9/1991, D.P.R. 175/2012).

Il regolamento di esecuzione dell'Intesa espressamente prevede che la collocazione dell'IRC nell'orario delle lezioni «è effettuata dal *dirigente scolastico* sulla base delle proposte del Collegio dei docenti, secondo il normale criterio di equilibrata distribuzione delle diverse discipline nella giornata e nella settimana, nell'ambito della scuola e per ciascuna classe» (D.P.R. 175/2012).

Per ciò che concerne i **docenti di religione cattolica**, essi fanno parte, con i medesimi diritti e doveri degli altri insegnanti, del Consiglio di classe. Ad esempio, partecipano a pieno titolo alla **valutazione finale** degli alunni avvalentisi, alla determinazione del **credito scolastico** nel percorso per l'ammissione agli esami di Stato.

Inoltre, partecipano a pieno titolo alle deliberazioni del Consiglio di classe relative all'attribuzione del credito scolastico i **docenti delle attività didattiche e formative alternative** all'insegnamento della religione cattolica. Detti docenti si esprimono sull'*interesse manifestato e sul profitto* raggiunto limitatamente agli alunni che abbiano seguito tali attività.

L'insegnamento della religione cattolica può anche essere affidato allo **stesso insegnante in più sezioni o classi** in cui si trovi ad essere titolare di altri insegnamenti o attività educative, secondo la nota Miur del 15-11-2013, n. 2487.

3.2 La facoltatività e le attività alternative

La facoltà di avvalersi o non avvalersi dell'insegnamento della religione cattolica viene esercitata dai genitori (o dagli studenti negli istituti di istruzione secondaria superiore), al **momento dell'iscrizione** ad uno dei corsi di studi delle istituzioni scolastiche, mediante la compilazione dell'apposita *sezione on line* (C.M. 18-12-2014, n. 51).

La scelta ha effetto per l'intero anno scolastico di prima iscrizione, ha valore per l'intero corso di studi e, comunque, in tutti i casi in cui sia prevista l'iscrizione d'ufficio. In ogni caso è fatto salvo il diritto di modificare tale scelta iniziale per l'anno scolastico successivo, esclusivamente su iniziativa degli interessati, tramite un'espressa dichiarazione che deve pervenire alla scuola entro il termine delle iscrizioni.

In un primo tempo coloro che decidevano di non avvalersi di tale insegnamento erano tenuti comunque a fruire di un eguale tempo scuola dedicato ad attività didattiche alternative.

La **Corte costituzionale** ha, però, precisato che l'insegnamento obbligatorio della religione cattolica violerebbe il principio della libertà di coscienza (sentenza n. 203 del 1989) e che l'alternativa per coloro che non intendano fruirne deve consistere in uno ***status* di «non obbligo»**.

Successivamente, con alcune circolari, il Ministro dell'istruzione aveva precisato che i non avvalentisi dell'insegnamento potevano scegliere se frequentare attività didattiche e di formazione, svolgere individualmente attività di studio con personale scolastico oppure non dedicarsi ad alcuna attività, senza, tuttavia, potersi allontanare da scuola.

La Corte costituzionale ha, tuttavia, chiarito che l'eventuale minore impegno scolastico dei non avvalentisi non può essere considerato una causa di disincentivo per quanti si avvalgono dell'insegnamento, in quanto tale scelta è motivata da profonde convinzioni morali e religiose. Pertanto, la libertà di coloro che rifiutano tale insegnamento può anche offrire la possibilità dell'allontanamento da scuola (sentenza n. 13 del 1991).

Nei confronti di alunni e studenti che non si avvalgono dell'insegnamento della religione cattolica, devono essere posti in essere tutti gli adempimenti necessari per garantire il diritto di frequentare **attività alternative**. L'organizzazione delle attività alternative alla religione cattolica è disciplinata dalle indicazioni contenute nella C.M. 28-10-1987, n. 316.

La scelta specifica di attività alternative è operata, all'interno di ciascuna scuola, utilizzando un apposito modello (C.M. 10-1-2014, n. 28) e trova concreta attuazione nell'opzione di diverse possibili attività:

— attività didattiche e formative;

- attività di studio e/o di ricerca individuali con assistenza di personale docente;
- libera attività di studio e/o di ricerca individuale senza assistenza di personale docente (per studenti delle istituzioni scolastiche di istruzione secondaria di secondo grado);
- non frequenza della scuola nelle ore di insegnamento della religione cattolica.

Dalla **programmazione delle attività alternative** all'IRC sono escluse le attività curricolari comuni a tutti gli alunni ed è compito del Collegio dei docenti e dei Consigli di interclasse per la primaria, assolvere tale adempimento all'inizio di ogni anno scolastico e comunque entro il primo mese dall'inizio delle lezioni (C.M. 129/1986).

I contenuti delle attività alternative non devono risultare discriminanti tra avvalentisi e non avvalentisi e, fermo restando il carattere di libera programmazione, il Ministero ha fornito alcuni orientamenti per queste attività.

Per il primo ciclo di istruzione, tali attività sono dirette «all'approfondimento di quelle parti dei programmi più strettamente attinenti ai valori della vita e della convivenza civile» (C.M. 129/1986) e «all'approfondimento di quelle parti dei programmi di storia e di educazione civica più strettamente attinenti alle tematiche relative ai valori fondamentali della vita e della convivenza civile» (C.M. 130/1986). Nelle scuole secondarie di secondo grado, si aggiunge «il ricorso ai documenti del pensiero e della esperienza umana relativa ai valori fondamentali della vita e della esperienza umana» (C.M. 131/1986). Inoltre, compete al **Collegio dei docenti** la formulazione di precisi programmi e la predisposizione di un modello di attività didattica sul tema dei *diritti dell'uomo.*

Le *personali scelte didattiche* dei docenti incaricati delle attività alternative non potranno costituire motivo di discriminazione.

La **valutazione** delle attività alternative non trova una specifica disciplina per le sue modalità fatta eccezione per la Nota MIUR 9-2-2012, n. 695, in base alla quale i docenti di attività alternativa «partecipano a pieno titolo ai Consigli di classe per gli scrutini periodici e finali».

È poi previsto che i risultati conseguiti nello studio individuale possano essere considerati ai fini del *credito scolastico*, se la scuola ha previsto specifiche modalità di valutazione e certificazione.

La Nota MEF 7-3-2011, n. 26482 disciplina **l'individuazione dei docenti** chiamati a svolgere l'insegnamento sulle attività alternative e i relativi aspetti retributivi.

Gli alunni che scelgono di frequentare le attività alternative possono essere accorpati sia per classi parallele sia verticali (C.M. 302/1986). La scuola è comunque **obbligata** ad assicurare la possibilità di scegliere attività alternative.

Nel caso in cui un alunno o studente scelga di non si avvalersi dell'IRC, deve comunque essere mantenuta l'**unità della classe** cui appartiene l'alunno.

4 L'adozione dei libri di testo

L'adozione dei libri di testo rappresenta un momento particolarmente significativo dell'attività della scuola. Essa rientra nei compiti attribuiti al Collegio dei docenti, dopo aver sentito il parere dei Consigli di interclasse (scuola primaria) o di classe (scuola secondaria di primo e di secondo grado) (art. 7 del D.Lgs. 297/1994) (sui quali → Cap. 10).

La prima fase prevede una **valutazione** dei testi e costituisce un momento di confronto poiché prevede la partecipazione dei genitori alle attività scolastiche e la loro collaborazione con i docenti.

I docenti di disciplina operano una *scelta* confrontandosi e coordinandosi prima tra loro per l'individuazione dei nuovi testi da adottare; in seguito, i proporranno al Consiglio del mese di maggio i testi che intendono adottare, valutandone l'adeguatezza rispetto ai traguardi di competenza.

Gli elenchi aggiornati dei libri di testo (di nuova adozione o di conferma) vanno compilati e presentati il giorno dei Consigli ed in questa sede si **approverà** la proposta alla presenza dei genitori rappresentanti, i quali insieme ai docenti controfirmeranno il prospetto generale.

L'adozione dei libri di testo è **deliberata dal Collegio dei docenti** nella *seconda decade di maggio*, su *proposta formale* di delibera dei Consigli di classe. Non è consentito modificare nel corso dell'anno scolastico le scelte adozionali deliberate nel mese di maggio (Nota 3503/2016).

La segreteria dell'istituzione scolastica provvede poi ad inviare, per via telematica, gli elenchi dei libri, deliberati dal Collegio dei docenti, all'AIE (Associazione Italiana Editori). In seguito, l'elenco dei libri di testo definitivi viene pubblicato sul sito Internet dell'istituto e sul portale ministeriale "Scuola in chiaro", dividendo i libri tra obbligatori e consigliati, questi ultimi senza vincolo di acquisto da parte delle famiglie.

La **scelta dei testi scolastici** è disciplinata dall'**art. 6 comma 1, L. 128/2013**, in base al quale, il Collegio dei docenti può adottare, con formale delibera, libri di testo oppure strumenti alternativi, in coerenza con il PTOF, con gli ordinamenti scolastici e con il limite di spesa stabilito per ciascuna classe di corso.

Tra gli strumenti alternativi, è previsto che le scuole possano **elaborare direttamente** materiale didattico digitale: l'elaborazione di ogni prodotto è affidata ad un docente supervisore che garantisce, anche avvalendosi di altri docenti, la qualità dell'opera sotto il profilo scientifico e didattico. Le linee guida per l'elaborazione di questi materiali non sono state ancora adottate dal Ministero dell'istruzione

Il **vincolo pluriennale di adozione** è stato **abolito** (**art. 11, L. 221/2012**), nello specifico, il **vincolo temporale** (introdotto dall'art. 5 D.L. 137/2008, conv. in L. 169/2008) di sei anni di adozione dei testi scolastici, così come il **vincolo** quinquennale di immodificabilità dei contenuti dei testi sono **abrogati**.

Pertanto, le scuole **possono confermare** i testi già in uso, anche nella prospettiva di limitare, per quanto possibile, i costi a carico delle famiglie, oppure **provvedere all'adozione di nuovi testi**:

- per le classi prime e quarte della scuola primaria,
- per le classi prime della scuola secondaria di primo grado,
- per le classi prime e terze della scuola secondaria di secondo grado.

In caso di nuove adozioni, il Collegio dei docenti adotta libri nelle **versioni digitali o miste**, previste nel **D.M. 781/2013**.

I libri di testo *adottati* si distinguono dai testi consigliati. I **testi consigliati** (**art. 6, comma 2, L. 128/2013**), infatti, possono essere indicati dal Collegio dei docenti *solo* nel caso in cui rivestano *carattere monografico* o di *approfondimento* delle discipline di riferimento.

Rientra, invece, tra i testi consigliati l'eventuale adozione di singoli contenuti digitali integrativi ovvero la loro adozione in forma disgiunta del libro di testo.

Il **Dirigente scolastico** deve esercitare la necessaria **vigilanza** affinché le adozioni siano deliberate nel rispetto dei vincoli di legge, assicurando in ogni caso che le scelte siano espressione della libertà di insegnamento e dell'autonomia professionale.

Inoltre, la delibera del Collegio dei docenti relativa all'adozione della dotazione libraria è soggetta, limitatamente alla **verifica del rispetto del tetto di spesa**, al controllo successivo di regolarità amministrativa e contabile, ai sensi dell'art. 11 D.Lgs. 123/2011.

Come è noto, i docenti sono tenuti a mantenere il costo dell'intera dotazione libraria di ciascuna classe entro determinati "**tetti di spesa**" indicati con decreto del Ministero dell'istruzione.

In attesa di possibili nuove e ulteriori precisazioni da parte del Ministero, i **tetti di spesa** per l'adozione dei libri di testo sono ancora quelli individuati per le adozioni dell'anno scolastico 2012/2013 (**D.M. 43/2012**), con gli opportuni accorgimenti apportati con il **D.M. 781/2013**, che ha disposto la **riduzione del tetto di spesa** in percentuale nel caso di nuove adozioni di libri misti (riduzione del 10%) o interamente digitali (riduzione del 30%) al posto di quelli cartacei tradizionali.

Ad esempio, per la scuola secondaria di primo grado, i tetti di spesa sono:

	se tra i libri in adozione (con prima adozione anteriore all'a.s. 2014-2015) vi sono ancora testi in versione interamente cartacea	se i libri in adozione sono tutti in versione mista: riduzione del 10%	se i libri in adozione sono tutti in versione interamente digitale: riduzione del 30%
Classi prime	€ 294,00	€ 264,60	€ 205,80
Classi seconde	€ 117,00	€ 105,30	€ 81,90
Classi terze	€ 132,00	€ 118,80	€ 92,40

Gli eventuali **sforamenti** degli importi relativi ai tetti di spesa della dotazione libraria obbligatoria delle classi debbono essere contenuti entro il **limite massimo del 10%**.

In tal caso, le delibere di adozione devono essere adeguatamente **motivate** da parte del Collegio dei docenti (i coordinatori di classe devono preventivamente portare la motivazione al Collegio) e approvata dal Consiglio di Istituto. Oltre questo limite, gli Uffici Scolastici Regionali sono chiamati ad adottare provvedimenti nei confronti della scuola che sfora.

5 I fascicoli scolastici

Le istituzioni scolastiche provvedono a tutti gli adempimenti relativi al rapporto di lavoro dei dipendenti ma anche alla carriera scolastica degli alunni, disciplinando, nel rispetto della legislazione vigente, le iscrizioni, le frequenze, le certificazioni, la documentazione, la valutazione, il riconoscimento degli studi compiuti in Italia e all'estero ai fini della prosecuzione degli studi medesimi, la valutazione dei crediti e debiti formativi, la partecipazione a progetti territoriali e internazionali, la realizzazione di scambi educativi internazionali (art. 14 D.P.R. 275/1999).

Da tale norma si evince l'ulteriore e delicato compito attribuito alle scuole: quello di **acquisire, conservare e gestire, sotto la propria responsabilità, la documentazione delle proprie attività**.

La documentazione ha in genere *valenza probatoria* in ordine allo svolgimento delle attività poste in essere, e può dunque essere a sua volta distinta in:

— documentazione concernente il rapporto di lavoro con i dipendenti;
— documentazione riguardante la carriera scolastica degli alunni.

5.1 Il fascicolo personale dei dipendenti

Tra i *documenti relativi al personale* della scuola, il più importante è il **fascicolo personale**, che riporta la storia lavorativa di ogni dipendente.

La disciplina del fascicolo personale è contenuta nell'art. 55 D.P.R. 3/1957 (Testo Unico impiegati civili dello Stato) ai sensi del quale viene sancito che per ogni impiegato pubblico devono essere tenuti **due fascicoli, quello personale e quello matricolare**, e in quello personale vanno inseriti tutti i documenti che possono interessare la carriera.

La gestione giuridica del personale scolastico (e, in particolare, le funzioni relative a contratti a tempo determinato e indeterminato, trasformazione del rapporto di lavoro a tempo parziale, cessazioni dal servizio, assenze, posizioni di stato e variazioni di stato giuridico, perfezionamento dell'assunzione in servizio; stato matricolare e altre funzioni) è di competenza delle scuole (Circolare ministeriale n. 34 del 19 febbraio 2001).

5.2 Il fascicolo personale dell'allievo

Il **fascicolo personale dell'allievo**, invece, rappresenta una raccolta di documenti, che contiene:

— i **dati di tipo amministrativo** (anagrafici, sanitari, scolastici, il foglio notizie, iscrizioni etc.);
— i **documenti di valutazione** intermedie e finali (le *pagelle* di ciascun anno scolastico e il *certificato delle competenze*);
— la documentazione specifica per gli alunni portatori di handicap (diagnosi funzionale, progetto educativo personalizzato etc.);
— comunicazioni alle famiglie;
— provvedimenti disciplinari;
— attività extracurricolari, viaggi di istruzione, documentazione crediti;
— ogni altro elemento significativo di conoscenza dell'alunno e di documentazione della sua esperienza scolastica, acquisito anche in collaborazione con la famiglia.

Tutti i suddetti fascicoli possono contenere un **fascicolo riservato** con i dati sensibili, relativi a malattie, certificazioni di disabilità, procedimenti disciplinari, censure etc.

6 I registri scolastici, cartacei ed elettronici

6.1 I registri obbligatori

Formalmente le norme che disciplinano gli archivi delle istituzioni scolastiche sono ancora quelle del **R.D. 30-4-1924, n. 965** e successive modificazioni.

In base all'art. 85 di questo decreto, **in ogni segreteria** debbono tenersi in ordine, **a cura del DSGA** e **sotto la responsabilità del Dirigente scolastico**, i seguenti registri annuali:

— *Registro dello stato personale dei professori e di tutti gli addetti all'istituto*, con l'indicazione e la data dei titoli, delle nomine, degli altri uffici che ebbero e delle pubblicazioni;

- *Registro delle assenze* dei professori e di tutti gli addetti all'istituto;
- *Registro degli alunni* iscritti, divisi per classi, con le notizie in merito a: genitori, data e luogo di nascita, scuola da cui provengono; voti bimestrali e scrutinio finale; assenze, infrazioni e sanzioni disciplinari; voti delle prove d'esame sostenute nell'istituto;
- *Registro degli esami di idoneità e dell'esame di Stato* per le classi di scuola secondaria di primo grado;
- *Registro dei candidati agli esami di Stato* conclusivi del secondo ciclo di istruzione, nonché gli esami di qualifica professionale;
- *Registro delle tasse pagate, delle esenzioni e dei contributi*, insieme agli altri **registri contabili** (contratti, inventari, conto corrente, verbali del collegio dei revisori dei conti etc.);
- *Registro di protocollo generale* per tutti gli atti di ufficio, dove vengono progressivamente registrati tutti i documenti della scuola e gli atti in entrata e in uscita. La registrazione nel protocollo ha validità probatoria in caso di contenzioso, circa la data e i contenuti dell'atto. Recentemente molte scuole si sono dotate di software per la *gestione informatizzata del protocollo* (*ex* art. 50 D.P.R. 445/2000) che facilita anche il diritto di accesso degli utenti *(vedi infra);*
- *Registro del protocollo riservato*, in cui vengono *registrati tutti i documenti che hanno carattere di riservatezza*;
- *Registri dei verbali degli organi collegiali*. Ai sensi dell'art. 35 R.D. 965/1924, il processo verbale di ogni adunanza degli organi collegiali deve essere trascritto in un libro da conservarsi in archivio, le cui pagine *vanno numerate e firmate dal Dirigente scolastico*.

6.2 I registri dei docenti

Accanto ai suddetti registri vanno menzionati anche i **registri affidati alla responsabilità degli insegnanti**.

Tra i registri che gli insegnanti devono tenere sotto la propria responsabilità ricordiamo, in primo luogo, il **registro di classe**. Questo ha *natura giuridica di atto pubblico*, in quanto posto in essere dal docente nell'esercizio della sua pubblica funzione (come ripetutamente affermato anche dalla giurisprudenza della Corte di Cassazione) e chi ne ha titolo può fare richiesta di visione e di estrazione di copia, ai sensi della L. 241/1990 (diritto di accesso). Nel registro di classe vengono annotati i compiti e il programma svolto dagli insegnanti in ogni singola giornata, nonché le assenze, i ritardi e le giustificazioni, i provvedimenti disciplinari, le comunicazioni della presidenza.

Vi è poi il **registro personale del docente** (detto anche *giornale*) la cui *ratio* è quella di documentare il lavoro svolto dalla classe e dal docente stesso. Questa attività fa parte dei doveri dell'insegnante e la mancata ottemperanza può costituire *fattispecie di responsabilità disciplinare*.

A questo si aggiunge il **registro per l'insegnante di sostegno** in cui sono registrati il P.E.I. e le attività didattiche personalizzate per ogni alunno con disabilità.

Tutti i registri scolastici devono essere periodicamente **vistati dal Dirigente** che deve verificare la veridicità e la congruenza dei contenuti, anche confrontandoli con quanto registrato negli altri registri e fascicoli.

6.3 Il registro elettronico

Il registro elettronico del docente, o registro *on line* che consente di utilizzare le funzionalità del registro di classe e del registro del professore, nonché delle assenze quotidiane, dà la possibilità ad ogni docente dotato di PC, tablet e connessione ad Internet, di inserirvi i voti delle interrogazioni, delle prove scritte, le assenze, i ritardi e le uscite anticipate, le giustificazioni. Con le credenziali fornite dalla segreteria, il docente può accedere esclusivamente ai dati riguardanti le sue classi e le sue materie, direttamente in aula. I dati sono registrati nell'archivio di istituto.

Il registro elettronico è ancora in molte scuole in fase «sperimentale»: l'adozione del registro elettronico è, infatti, ancora facoltativa dipende dalla singola scuola (connettività etc.).

È, invece, in vigore dall'anno scolastico 2012-2013 la **pagella online**.

Ai sensi dell'art. 7 L. 135/2012 «A decorrere dall'anno scolastico 2012-2013 le istituzioni scolastiche ed educative redigono la *pagella degli alunni in formato elettronico*».

La pagella elettronica ha la medesima validità legale del documento cartaceo ed è resa disponibile per le famiglie sul web o tramite posta elettronica o altra modalità digitale. Resta comunque fermo il diritto dell'interessato di ottenere su richiesta gratuitamente copia cartacea del documento redatto in formato elettronico.

La valenza dei suddetti documenti scolastici quali «**atti pubblici**» fa ritenere pienamente loro applicabile il disposto di cui all'**art. 2700 c.c.**, in virtù del quale l'atto pubblico fa piena prova, *fino a querela di falso* della provenienza del documento dal pubblico ufficiale che lo ha formato, nonché delle dichiarazioni delle parti e degli altri fatti che il pubblico ufficiale attesta avvenuti in sua presenza o da lui compiuti.

Ormai diffuso nella maggioranza delle scuole è poi il **registro elettronico**, che sostituisce il *registro di classe* e il *registro del docente*, e che dà la possibilità ad ogni docente dotato di PC, tablet e connessione ad Internet, di inserirvi in tempo reale i voti delle interrogazioni, delle prove scritte, le assenze, i ritardi e le uscite anticipate, le giustificazioni etc. Con le credenziali fornite dalla segreteria, il docente può accedere esclusivamente ai dati riguardanti le sue classi e le sue materie, direttamente in aula. I dati sono registrati nell'archivio di istituto.

Il registro elettronico è ormai diffuso in tutte le scuole. Con **delibera** del collegio dei docenti la scuola può adottare il registro elettronico personale e di classe *come unico sistema*: in questo caso diventa atto pubblico in quanto **obbligatorio il suo utilizzo in tempo reale**, cioè la sua compilazione in classe.

È poi in vigore dall'anno scolastico 2012-2013 la **pagella online** (art. 7 L. n. 135/2012).

La pagella elettronica ha la medesima validità legale del documento cartaceo ed è resa disponibile per le famiglie sul web o tramite posta elettronica o altra modalità digitale. Resta comunque fermo il diritto dell'interessato di ottenere su richiesta gratuitamente copia cartacea del documento redatto in formato elettronico.

In sintesi

- Ci sono delle norme che riguardano, in maniera differente, le scuole di ogni ordine e grado e che ne disciplinano aspetti condivisi.
- L'**iscrizione** alle prime classi di ogni ordine e grado avviene con domanda on line (L. 135/2012).
  Le **vaccinazioni** obbligatorie (L. 119/2017) vanno eseguite; per i nidi e le scuole dell'infanzia l'adempimento rappresenta **requisito d'accesso**.
- Le **classi iniziali** di ciclo sono costituite in base al numero complessivo degli alunni iscritti. C'è sempre un numero minimo e massimo dal quale la scuola si può discostare in misura non superiore al 10%. Se ci sono **disabili**, la classe non può avere più di **20 alunni**.
- Per raccogliere la vasta e articolata documentazione della scuola, esistono diverse tipologie di fascicoli (dell'allievo e del dipendente) e di registri (registro di classe, personale del docente e **registro elettronico** o on line).

8
La scuola italiana nell'ambito del contesto europeo

1 L'autonomia scolastica in Europa

L'Italia fa parte dell'Unione europea e quindi è soggetta alle indicazioni che l'Unione dà in materia di istruzione e formazione. I settori dell'istruzione e della formazione non sono di competenza dell'Unione europea ma questa **fissa alcuni obiettivi comuni** a tutti gli Stati membri, al fine di garantire un livello di ricerca e di istruzione uniforme per tutti. Gli Stati, quindi, rimangono sovrani in materia e l'Unione svolge prevalentemente un *ruolo di sostegno delle politiche nazionali*.

Qui non ci soffermeremo sull'organizzazione dell'UE né tanto meno sulle sue istituzioni e il loro funzionamento, ma cercheremo di dare un quadro complessivo dei principali provvedimenti e delle principali azioni comunitarie che incidono sulle politiche italiane in materia di istruzione.

Partendo dall'**autonomia scolastica** che caratterizza il nostro sistema di istruzione, a livello europeo essa riflette un processo che, avviato alla fine degli anni Ottanta, ha poi ricevuto un forte impulso dalla sottoscrizione del Trattato di Maastricht (1992), col quale venne stabilito che la Comunità Europea contribuisse all'incremento di **un'istruzione di qualità** nel pieno rispetto delle diversità culturali degli Stati membri.

L'art. 126 del TUE (Trattato sull'Unione europea) stabilisce infatti che: "*la Comunità contribuisce allo sviluppo di un'istruzione di qualità incentivando la cooperazione tra Stati membri e, se necessario, sostenendo ed integrando la loro azione nel pieno rispetto della responsabilità degli Stati membri per quanto riguarda il contenuto dell'insegnamento e l'organizzazione del sistema di istruzione, nonché delle loro diversità culturali e linguistiche*".

Il miglioramento del livello formativo generale è stato successivamente ribadito in diversi orientamenti dell'Unione, fino al **Vertice di Lisbona del 2000** (cd. **Strategia di Lisbona**), incentrato sul perseguimento degli obiettivi da raggiungere entro il 2010, tra i quali figuravano:

- l'aumento della qualità e dell'offerta dei sistemi di istruzione e formazione;
- la facilitazione dell'accesso ai sistemi di istruzione e formazione;
- l'apertura dei sistemi di istruzione e formazione al mondo esterno, in particolare agli adulti (*lifelong learning*).

Giunta al termine la Strategia di Lisbona, nel 2010 la Commissione europea ha adottato una nuova strategia denominata **Europa 2020** destinata a trovare soluzioni per far uscire dalla crisi economica gli Stati UE e per garantire una crescita sostenibile nel futuro.

Nell'ambito di questa strategia (per quanto rileva ai fini della nostra trattazione) la Commissione spinge molto sulla cd. *crescita intelligente*, promuovendo la conoscenza, l'innovazione, l'istruzione e la società digitale, tanto che uno dei traguardi fissati dalla Commissione da raggiungere entro il 2020 è stato quello di portare il tasso di abbandono scolastico prima del raggiungimento di un diploma, ad un livello inferiore al 10% (in Italia è poco sotto il 15%) e di portare almeno il 40% dei giovani UE al conseguimento di una laurea (in Italia, penultima tra tutti i Paesi UE, nel 2016 la percentuale di laureati è stata del 26,2%).

Nei sistemi scolastici europei, con l'eccezione di qualche Paese, l'**autonomia scolastica** rappresenta poi un modello organizzativo recente. Infatti solo il Belgio e i Paesi Bassi vantano una tradizione di autonomia scolastica sviluppata a partire già dagli anni Sessanta del Novecento, con sistemi educativi tradizionalmente gestiti da poteri organizzatori che beneficiano di un'ampia libertà.

Solamente a partire dagli anni Ottanta il movimento cominciò, invece, a svilupparsi nel resto d'Europa, il più delle volte inteso come trasferimento limitato di competenze. In **Spagna**, ad esempio, nel corso di questi ultimi anni l'istruzione ha conosciuto tre grandi riforme: quella amministrativa, con il decentramento dello Stato; quella dell'istruzione, con l'ampliamento del diritto all'educazione; quella strutturale del sistema accademico.

In **Francia** si ebbe una nuova regolamentazione scolastica nel 1985, inserita nell'ambito delle leggi sulla decentralizzazione. Nel **Regno Unito** (Inghilterra e Scozia) la legge di riforma dell'istruzione del 1988 aumentò l'autonomia delle scuole trasferendo loro nuove competenze nella gestione finanziaria e delle risorse umane.

In altri casi la generalizzazione delle politiche di autonomia scolastica è avvenuta soprattutto negli anni Novanta. In quel periodo, infatti, il novero degli Stati nordici adottò un'organizzazione operante nel campo della decentralizzazione politica e dell'autonomia scolastica, mentre lo smantellamento del blocco egemonizzato dall'ex Unione Sovietica fornì l'occasione per adottare un'analoga modalità organizzativa anche in Ungheria, Polonia, Repubblica Ceca, Slovacchia, nonché negli Stati baltici: Lettonia, Estonia e Lituania.

Altri Paesi, invece, hanno intrapreso una riflessione sul tema dell'autonomia solamente in tempi molto più recenti: è il caso, ad esempio, della **Germania**, che ha iniziato sperimentazioni di autonomia scolastica in diversi *Länder* a partire dal 2004.

Riguardo all'organizzazione interna dei sistemi di istruzione degli Stati membri, attualmente prevale la propensione al **decentramento delle attività**. In genere *lo Stato si limita a fornire gli standard legislativi e curricolari* per la corrispondenza nazionale del sistema e l'equipollenza delle certificazioni, affidando alle *Regioni* o ad altri enti territoriali l'*organizzazione e la pianificazione formativa*.

2 Istruzione, cultura e formazione professionale in Europa

L'azione dell'Unione europea nel settore dell'istruzione e della cultura va ricollegata al preciso obiettivo di **valorizzare il patrimonio culturale europeo**, contribuendo alla sua conoscenza. L'intento primario in tale ambito consiste nella realizzazione di **un'unione culturale europea** che affianchi e impregni di sé sia l'unione economica e monetaria, sia la prospettiva dell'unione politica. In tal senso, l'Unione opera su diversi fronti:

- nell'ambito dell'**istruzione**, incentiva la cooperazione fra istituti di insegnamento, favorisce la *mobilità degli studenti e degli insegnanti*, incoraggia lo scambio di informazioni ed esperienze e promuove l'apprendimento di altre lingue europee;
- nell'ambito della **cultura**, favorisce la conoscenza e la diffusione tra i cittadini del patrimonio culturale europeo, attraverso diverse azioni (restauro architettonico, promozione dei libri e della lettura, incentivi alla diffusione di opere d'arte);
- nel settore delle **telecomunicazioni** e dell'**audiovisivo**, incentiva una maggiore apertura e favorisce la cooperazione tra diversi operatori europei.

2.1 La politica di formazione professionale

La politica di formazione professionale è diretta a **migliorare, nell'ambito degli Stati membri, la qualità di quelle forme di insegnamento che preparano all'esercizio di una determinata professione**.

L'intervento dell'Unione in tale settore si svolge mediante l'impiego dei fondi strutturali e, in particolare, del *Fondo sociale europeo*, cui vanno ad affiancarsi numerosi programmi specifici di incentivazione e sostegno.

L'**art. 166 TFUE** (Trattato sul funzionamento dell'Unione europea) prevede che la materia sia oggetto di una serie di iniziative dell'Unione tese al completamento dell'azione degli Stati membri, nel pieno rispetto delle responsabilità nazionali in merito al contenuto e all'organizzazione della formazione professionale.

L'impegno dell'Unione è essenzialmente volto al perseguimento dei seguenti **obiettivi**:

— facilitare l'adeguamento alle trasformazioni industriali, in particolare attraverso la formazione e la riconversione professionale;
— migliorare la formazione professionale iniziale e la formazione permanente, per agevolare l'inserimento e il reinserimento professionale sul mercato del lavoro;
— facilitare l'accesso alla formazione professionale e favorire la mobilità degli istruttori e delle persone in formazione, in particolare dei giovani;
— stimolare la cooperazione in materia di formazione tra istituti di insegnamento o di formazione professionale e imprese;
— sviluppare lo scambio di informazioni e di esperienze sui problemi comuni dei sistemi di formazione degli Stati membri.

Il Trattato esclude esplicitamente qualsiasi misura volta ad armonizzare le disposizioni legislative e regolamentari adottate in materia a livello nazionale.

3 L'istruzione nell'ambito dell'Unione europea

La politica dell'istruzione ha trovato una specifica base giuridica solo con il Trattato di Maastricht; in precedenza la sua disciplina era dettata dalle disposizioni relative alla formazione professionale, e l'istruzione era considerata solo in ragione della sua incidenza sul mercato; essa, cioè, assumeva rilevanza per il diritto comunitario, in quanto comportava l'acquisizione di competenze che agevolavano l'accesso dei giovani nel mondo del lavoro.

Attualmente, la **promozione dell'istruzione** in ambito europeo trova il suo fondamento giuridico nell'**art. 165 TFUE**. Lo stesso, in considerazione del ruolo determinante che assume lo studio nella valorizzazione del patrimonio culturale e nell'affermazione di un'economia basata sulla conoscenza, prevede che l'Unione contribuisca allo **sviluppo di un'istruzione di qualità nel pieno rispetto delle diversità linguistiche e culturali degli Stati membri**, al di là della prospettiva di un'attività lavorativa.

Tale intervento mira al perseguimento dei seguenti **obiettivi**:

— *sviluppare la dimensione europea dell'istruzione*, con particolare riguardo all'apprendimento e alla diffusione delle lingue degli Stati membri;
— *incoraggiare la mobilità degli studenti e degli insegnanti*, anche attraverso la promozione del riconoscimento accademico delle lauree e dei diplomi;

— *favorire la cooperazione fra gli istituti di insegnamento;*
— *agevolare lo scambio di informazioni e di esperienze fra gli Stati membri sui problemi inerenti i sistemi di insegnamento;*
— *sostenere lo sviluppo dell'istruzione a distanza;*
— *sviluppare la dimensione europea dello sport, promuovendo l'equità e l'apertura nelle competizioni sportive e la cooperazione tra gli organismi responsabili dello sport e proteggendo l'integrità fisica e morale degli sportivi, in particolare dei più giovani tra di essi.*

4 I finanziamenti UE per le istituzioni scolastiche

Le istituzioni scolastiche possono contare sul trasferimento di risorse dalla UE per svolgere le proprie funzioni; tali risorse sono rappresentate principalmente dai *fondi strutturali.*

I **fondi strutturali** (o fondi indiretti) sono i principali **strumenti finanziari** utilizzati dall'Unione europea per promuovere lo sviluppo armonioso dell'insieme degli Stati che fanno parte dell'Unione.

Attualmente, i fondi strutturali che operano in ambito UE per il rafforzamento della coesione economica sono il *Fondo europeo di sviluppo regionale* (*FESR*) e il *Fondo sociale europeo* (*FSE*), cui può essere affiancato il *Fondo di coesione.* Tali fondi insieme al *Fondo europeo agricolo per lo sviluppo rurale* (FEASR) e al *Fondo europeo per gli affari marittimi e la pesca* (*FEAMP*) costituiscono i **Fondi strutturali e di investimento europei** (cd. *Fondi SIE*) disciplinati da un unico regolamento generale (Reg. UE 1303/2013).

I fondi strutturali, le cui linee guida e le priorità sono definite dalla Commissione europea, sono stati oggetto di numerose riforme. Alla base di ciascuna riforma vi è un quadro normativo pluriennale connesso ad un accordo su una programmazione, egualmente pluriennale, delle risorse di bilancio; l'ultimo riguarda la **programmazione 2014-2020**.

I fondi non vengono ovviamente distribuiti a pioggia ma secondo una articolata procedura di programmazione degli interventi, in cui prima si quantificano le risorse finanziarie e poi si stabiliscono le norme che regoleranno la distribuzione dei fondi e gli interventi da finanziare (per il periodo 2014-2020 il regolamento di riferimento è il reg. UE n. 1303/2013).

Sulla base della programmazione della Commissione europea, gli Stati membri presentano i **programmi operativi (PO)**; ciascuno dei quali definisce una strategia per contribuire alla realizzazione della Strategia «Europa 2020», e indica le priorità individuate, gli obiettivi specifici, le modalità per garantire l'attuazione efficace, efficiente e coordinata dei Fondi, le dotazioni finanziarie del sostegno di tali Fondi e il corrispondente cofinanziamento nazionale.

La Commissione dovrà approvare i programmi di ciascuno Stato.

I programmi operativi possono essere nazionali (**PON**) — in capo a un'amministrazione centrale riguardano l'intero territorio delineato dall'obiettivo — o regionali (**POR**) — in capo a un'amministrazione locale (Regione o Provincia autonoma) riguardano solo il territorio di riferimento.

A partire da dicembre 2014, la Commissione europea ha adottato i **programmi operativi** presentati dall'Italia **a livello nazionale e regionale** e dal **1° gennaio 2016** la programmazione dei Fondi per il periodo 2014-2020 è diventata pienamente operativa.

Tra i vari programmi operativi vi è il **Programma operativo nazionale «per la scuola»** (*Competenze e ambienti per l'apprendimento*), che «verte sulle esigenze connesse al settore dell'istruzione, nell'intento di migliorare l'intero sistema ed elevare la qualità dell'insegnamento e la dotazione di capitale umano intervenendo sui livelli di istruzione prescolare, primaria e secondaria. Esso contiene le priorità strategiche di tale settore e ha una durata di sette anni (dal 2014 al 2020) ed offre l'opportunità di accedere a risorse comunitarie aggiuntive rispetto a quelle già stabilite dalla Buona scuola». Il Programma è diretto a finanziare, attraverso il Fondo Europeo di Sviluppo Regionale (FESR), interventi di natura materiale, e azioni immateriali, tramite il Fondo Sociale Europeo (FSE).

I due principali temi del nuovo programma della scuola 2014-2020 sono la **qualità degli apprendimenti** e l'**inclusività della formazione**; essi mirano a rafforzare l'innovazione della scuola attraverso una serie di attività. Tra queste segnaliamo:

- l'*ampliamento degli orari di apertura* e delle *tipologie di attività* offerte dalle scuole;
- la promozione di una scuola come *centro di aggregazione* dove incoraggiare azioni di *prevenzione del disagio giovanile* e *di contrasto alla dispersione scolastica*;
- il *potenziamento della scuola dell'infanzia* con l'incremento del tempo scuola e l'ampliamento delle offerte per tutta la fascia dei piccoli;
- la messa in opera di *spazi didattici tecnologici* rispondenti a nuovi standard qualitativi e architettonici;
- lo *sviluppo di un'edilizia scolastica innovativa*, con moderne dotazioni tecnologiche;
- prestare particolare attenzione a quelle aree territoriali più compromesse e a maggiore *rischio di evasione dall'obbligo scolastico*;
- l'*integrazione degli studenti con svantaggi* e/o *deficit socio-culturali* e *linguistici* attraverso l'organizzazione di percorsi specifici;
- la promozione di *processi di internazionalizzazione della scuola*;
- favorire il massimo *sviluppo delle potenzialità e delle attitudini degli studenti*, *valorizzare il merito* e *annullare gli effetti delle disuguaglianze sociali*;
- un'adeguata *valorizzazione del personale scolastico*, in particolare dei docenti, con nuove prospettive di carriera e di adeguata formazione e aggiornamento delle competenze.

Per valutare la qualità della progettazione e l'esecuzione dei programmi, i finanziamenti europei sono sottoposti a numerosi controlli, sia *ex ante*, sia durante il periodo di programmazione. I controlli sono effettuati sia dalla Commissione europea che dagli organi degli Stati membri cui sia stato dato il compito di gestire e attuare il programma, nonché da comitati di sorveglianza all'uopo costituiti.

Infine, un compito importante è svolto dai **revisori dei conti** presso le istituzioni scolastiche (art. 1, comma 616bis, L. 296/2006). Essi, più specificamente, svolgono un tipo di controllo di secondo livello, ovvero la verifica del rispetto o delle procedure definite e della regolarità e conformità della spesa attraverso controlli specifici su singole operazioni.

5 I programmi di scambi/mobilità di docenti e studenti: Erasmus+

Sebbene nella versione dei Trattati istitutivi precedente al Trattato di Maastricht mancassero specifiche disposizioni relative all'istruzione, già nel 1976 erano stati istituiti i primi strumenti di azione in questo settore: *Eurydice* e *Arion*, cui hanno fatto seguito anche altri programmi.

Dal 2014 i suddetti programmi sono stati riuniti nel nuovo «**Erasmus +**», *il programma dell'Unione per l'istruzione, la formazione, la gioventù e lo sport (2014-2020)*, adottato con il reg. (UE) 1288/2013 dell'11 dicembre 2013, che ha posto fine alla frammentazione dei programmi di cooperazione internazionale nell'ambito dell'istruzione superiore. A tale scopo è stato, infatti, emanato il nuovo programma, incentrato sull'accessibilità dei finanziamenti e sulla trasparenza delle procedure amministrative e finanziarie. Lo snellimento e la semplificazione a livello organizzativo e gestionale nonché una costante attenzione alla riduzione delle spese amministrative sono anch'essi elementi essenziali.

Secondo l'UE i settori dell'istruzione, della formazione, della gioventù e dello sport possono fornire un prezioso contributo per aiutare ad affrontare i cambiamenti socio-economici, ovvero le sfide chiave di cui l'Europa si sta già occupando e che la attendono nel prossimo decennio e per sostenere l'attuazione dell'Agenda politica europea per la crescita, l'occupazione, l'equità e l'inclusione sociale. *Combattere i crescenti livelli di disoccupazione*, specialmente tra i giovani, è diventato uno degli obiettivi più urgenti per i governi europei.

Troppi giovani abbandonano la scuola prematuramente e corrono il rischio di rimanere disoccupati e socialmente emarginati. Lo stesso rischio minaccia l'elevato numero di adulti poco qualificati. Le tecnologie cambiano rapidamente il modo di operare della società e occorre garantire che siano utilizzate nel migliore dei modi. Le imprese dell'Unione europea devono quindi diventare più competitive attraverso il talento e l'innovazione.

Inoltre, esiste la necessità di offrire **opportunità di formazione e cooperazione alle organizzazioni e agli operatori** della scuola, al fine di sviluppare la loro professionalità e la dimensione europea dell'animazione socioeducativa.

Il Programma Erasmus+ è stato rinnovato per il settennio **2021-2027**. La nuova programmazione prevede, tra l'altro, la creazione entro il 2025 di uno **Spazio europeo dell'istruzione**.

Grazie all'adesione a questo programma le scuole, di ogni ordine e grado possono ottenere **finanziamenti** per partecipare ad attività di respiro internazionale che coinvolgono *studenti, tirocinanti, apprendisti, alunni, discenti adulti, giovani, volontari o professori, insegnanti, formatori, animatori giovanili, professionisti* nel settore dell'istruzione, della formazione, della gioventù e dello sport etc.

Ogni anno le organizzazioni scolastiche di tutta Europa presentano migliaia di progetti per ricevere un sostegno finanziario e portare avanti attività quali:

- la **mobilità del personale** che consente ai docenti (compresi i tirocinanti) e ad altro personale scolastico di *partecipare ad attività di formazione in un altro paese o di tenere lezioni presso una scuola all'estero*;
- i **partenariati strategici** che consentono alle scuole di collaborare con altri istituti e organizzazioni al fine di migliorare l'insegnamento e la didattica, nonché la qualità e la rilevanza dell'istruzione e della formazione, ciò al fine di favorire la cooperazione per innovare i sistemi di istruzione;
- **eTwinning**, una *comunità online dedicata alle scuole*. Grazie a questa piattaforma, il personale scolastico e gli alunni possono collaborare a livello transnazionale, sia nell'ambito di altre iniziative legate a Erasmus+ sia indipendentemente da esse.

Tabella 1: Panoramica delle opportunità offerte da Erasmus+

Ambiti di intervento Erasmus+	Collaborazione con altre scuole	Collaborazione con organizzazioni di altro tipo
Azione Chiave 1: **Mobilità del personale**	• Il personale può organizzare o frequentare attività formative presso altre scuole. • Al personale possono essere conferiti incarichi di insegnamento presso altre scuole, facilitando così la circolazione o condivisione delle prassi tra gli istituti. • La scuola può sviluppare rapporti a lungo termine con gli istituti partner con cui collabora per progetti di mobilità, che possono sfociare in altri progetti europei.	• Il personale scolastico può partecipare ad attività di formazione presso qualsiasi organizzazione pertinente (ad esempio, ONG, centri di formazione, università, centri di orientamento professionale, servizi di consulenza, etc.). • Le scuole possono dare seguito alle iniziative a favore della mobilità del personale con collaborazioni di respiro più ampio (si rimanda alla sezione sui partenariati strategici).
Azione Chiave 2: **Partenariati strategici**	• Le scuole possono condividere con altre scuole linee programmatiche innovative, prassi di insegnamento, materiali didattici e strumenti o tecnologie.	• I partenariati strategici possono coinvolgere organizzazioni pubbliche, private o non-profit di qualsiasi tipo, compresi gli enti locali e regionali (ad esempio, rivolgendosi ad aziende o uffici di collocamento per migliorare l'orientamento professionale).
eTwinning	• Le scuole possono creare Progetti, Sale insegnanti, Gruppi o Learning Event oppure iscriversi a quelli già esistenti. Per partecipare, non è necessario presentare una domanda formale.	• Nella ricerca di partner per progetti di mobilità del personale o partenariati strategici, le scuole possono trovare altri istituti con forti legami con organizzazioni di altro tipo (aziende, enti locali, istruzione di grado superiore, etc.).

Opportunità per personale e alunni in altri paesi	Avvio e rafforzamento della collaborazione tramite eTwinning
• Il personale docente e non docente può usufruire di opportunità di sviluppo professionale all'estero. • Gli alunni possono beneficiare di prassi didattiche nuove e migliori offerte dai docenti ospitati dalla scuola o di ritorno da un'esperienza all'estero.	• Le scuole possono trovare istituti partner per i progetti di mobilità. • Il personale della scuola e gli alunni possono comunicare prima, durante e dopo un'iniziativa di mobilità attraverso eTwinning. • Le scuole possono arricchire l'esperienza della mobilità del personale tramite attività correlate su eTwinning. • Lo staff può integrare le attività di formazione con una componente online.

• Il personale o gli alunni possono partecipare ad attività di apprendimento/insegnamento/ formazione in un'organizzazione partner.	• eTwinning è lo strumento ideale per la ricerca di scuole partner per attività di partenariato strategico. • Le scuole possono pubblicare e condividere moduli formativi, programmi e altro materiale realizzato nell'ambito del partenariato. • I partner possono comunicare e svolgere attività collaborative online prima di avviare un partenariato strategico, durante lo stesso o al suo termine tramite eTwinning.
• Grazie alla mobilità virtuale, personale e alunni della scuola possono comunicare da un angolo all'altro dell'Europa. • Alunni e personale possono partecipare all'ideazione di progetti eTwinning. • Le Sale insegnanti, i Gruppi e i Learning Event favoriscono la collaborazione professionale e le opportunità di networking per il personale della scuola.	• Le scuole possono dare seguito al lavoro svolto su eTwinning con iniziative finanziate nell'ambito di Erasmus+. • I partner possono instaurare e mantenere relazioni durature grazie a eTwinning. • Le scuole possono accedere a un'ampia gamma di strumenti da affiancare a tutti i progetti Erasmus+.
Fonte: *Guida pratica per i dirigenti scolastici - Erasmus+*	

6 Il Quadro Europeo delle Qualifiche (EQF) per l'apprendimento permanente (Racc. 23 aprile 2008 e Racc. 22 maggio 2017)

L'Unione Europea comprende 28 Stati (anche se è in corso l'uscita della Gran Bretagna, cd. *Brexit*) e quindi esiste sul territorio comunitario una grande varietà di sistemi di istruzione e formazione spesso molto diversi tra loro: ad esempio, il "baccalaureato generale" francese o il "certificato generale di istruzione secondaria" in vigore in Inghilterra, Galles e Irlanda del Nord possono considerarsi equipollenti al diploma professionale in Germania e Austria o al nostro diploma rilasciato in seguito all'esame di maturità?

Per garantire un raffronto in qualche modo uniforme dei livelli di istruzione e formazione di tutti i cittadini comunitari, l'Unione europea ha approvato il 23 aprile 2008 una raccomandazione del Parlamento europeo e del Consiglio, concernente l'istituzione di un **Quadro europeo delle qualifiche per l'apprendimento permanente** (**European Qualification Framework EQF**) con l'obiettivo primario di promuovere la mobilità geografica e lavorativa nonché l'apprendimento permanente. In particolare, i sistemi di istruzione e formazione in Europa differiscono al punto che è necessario spostare l'attenzione sui **risultati dell'apprendimento** (piuttosto che sugli *input*, quali la durata del periodo di studi) perché sia possibile effettuare raffronti e dare vita a una cooperazione fra Paesi.

Con **Raccomandazione 22 maggio 2017** si è proceduto alla revisione dell'EQF, alla luce della quale è stato emanato nel nostro ordinamento il **D.M. 8 gennaio 2018** per l'*Istituzione del Quadro nazionale delle qualificazioni rilasciate nell'ambito del Sistema nazionale di certificazione delle competenze di cui al D.Lgs. 13/2013*. È una sorta di approfondimento dell'EQF al fine di migliorare la trasparenza, la comparabilità e la trasferibilità delle qualifiche dei cittadini.

L'EQF collega i quadri e i sistemi nazionali di qualificazione di vari paesi basandosi su un riferimento comune europeo: **otto livelli**, confermati nella Racc. 2017, che prendono in considerazione l'intera gamma di qualifiche previste, da un livello di base (Livello 1, ad esempio uscita dall'istruzione primaria) ai livelli più avanzati (Livello 8, ad esempio i dottorati).

La nuova Raccomandazione 2017 introduce concetti e istituti nuovi come la "**qualifica internazionale**" rilasciata da un Organismo internazionale, utilizzabile in più Paesi, che comprenda i risultati dell'apprendimento.

In qualità di strumento per la promozione dell'*apprendimento permanente*, l'EQF include tutti i livelli delle qualifiche acquisite nell'ambito dell'istruzione generale, professionale e accademica nonché della formazione professionale, occupandosi inoltre delle qualifiche acquisite nell'ambito dell'istruzione e della formazione iniziale e continua. L'adozione di un quadro di riferimento comune basato sui risultati dell'apprendimento agevola, dunque, il raffronto e il (potenziale) collegamento fra le qualifiche tradizionali rilasciate dalle autorità nazionali e le qualifiche rilasciate da altri soggetti.

Espansione web:
I livelli delle qualifiche EQF (D.I. 8-1-2018)

Il nucleo del quadro consiste, come detto, in **8 livelli di qualifiche** descritti in base ai risultati dell'apprendimento (*conoscenze, abilità, responsabilità e autonomia*) (**Racc. 2017**), che coprono tutti i titoli, da quelli dell'istruzione obbligatoria scolastica, a quelli professionali, e a quelli dei livelli più alti di istruzione (laurea, dottorato di ricerca etc.). Quei Paesi che hanno deciso di adeguarsi all'EQF (si tratta di un processo volontario), lo hanno fatto in due fasi: nella prima, completata entro il 2010, i livelli nazionali delle qualifiche sono stati rapportati all'EQF; nella seconda, completata entro il 2012, in tutti i nuovi certificati di qualifica viene introdotto un riferimento all'EQF, rafforzando gli attuali strumenti per la mobilità europea, quali Europass, Erasmus ed ECTS.

L'EQF, una volta entrato a regime, promuove una **mobilità più elevata di studenti e lavoratori**, consentendo loro di descrivere con maggiore facilità il proprio ampio livello di competenze ai potenziali datori di lavoro di altri Paesi. Ciò aiuta i datori di lavoro a interpretare le qualifiche dei candidati, sostenendo quindi la mobilità del mercato del lavoro in Europa.

7 Le competenze chiave per l'apprendimento permanente (Racc. 18 dicembre 2006 e Racc. 22 maggio 2018)

Il Consiglio Europeo ha approvato, come detto, nel 2000 la *Strategia di Lisbona* che si poneva come obiettivo quello di rendere entro il 2010 il sistema economico europeo, basato sulla conoscenza, *competitivo* e *dinamico*. Per garantire a tutti l'accesso alle competenze base (ossia la combinazione di conoscenze, abilità e attitudini) e favorire l'apprendimento continuo sono state definite le **competenze chiave che ogni alunno deve raggiungere al termine del periodo obbligatorio di istruzione** o di formazione, e che sono necessarie per la realizzazione e lo sviluppo della personalità, la cittadinanza attiva, l'inclusione sociale e l'occupazione.

Con la **Raccomandazione del Parlamento e del Consiglio 18 dicembre 2006** relativa alle competenze chiave per l'apprendimento permanente, l'Unione europea ha così invitato gli Stati membri a sviluppare, nell'ambito delle loro politiche educative, strategie per assicurare che:

— l'istruzione e la formazione iniziali offrano a tutti i giovani gli strumenti per sviluppare le competenze chiave a un livello tale che li preparino alla vita adulta e costituiscano la base per ulteriori occasioni di apprendimento, come pure per la vita lavorativa;
— si tenga debitamente conto di quei giovani che, a causa di svantaggi educativi determinati da circostanze personali, sociali, culturali o economiche, hanno bisogno di un sostegno particolare per realizzare le loro potenzialità;
— gli adulti siano in grado di sviluppare e aggiornare le loro competenze chiave in tutto il corso della vita, con un'attenzione particolare per i gruppi di destinatari riconosciuti prioritari nel contesto nazionale, regionale e/o locale.

Le **competenze chiave** indicate dalla Raccomandazione sono 8:

1) Comunicazione nella madrelingua.
2) Comunicazione nelle lingue straniere.
3) Competenza matematica e competenze di base in scienza e tecnologia.
4) Competenza digitale.
5) Competenze sociali e civiche.
6) Imparare ad imparare.
7) Spirito di iniziativa e imprenditorialità.
8) Consapevolezza ed espressione culturale.

Espansione Web
Le 8 competenze chiave della Racc. 2006

7.1 Apprendimento permanente nell'ordinamento italiano (D.Lgs. 13/2013)

Con il **D.Lgs. 16-1-2013, n. 13**, in attuazione della *Raccomandazione del Consiglio dell'Unione europea del 20-12-2012 di convalida dell'apprendimento non formale e informale* che ha invitato gli Stati membri ad adeguarsi istituendo entro il 2018 **modalità** per la convalida dell'apprendimento, sono state definite le norme generali e i livelli essenziali delle prestazioni per individuare e convalidare l'apprendimento non formale e informale e gli standard minimi di servizio del *Sistema nazionale di certificazione delle competenze*.

Il decreto ribadisce, inoltre, che l'**apprendimento permanente** non è una prestazione ulteriore cui il lavoratore è tenuto, ma un **diritto della persona**, all'interno del quale si colloca la *formazione continua*. Esso fa riferimento anche ai criteri di referenziazione ai codici statistici ADECO delle categorie economiche, alle unità professionali CP ISTAT, al quadro europeo delle qualificazioni EQF.

Nello specifico:

— sono stati definiti in maniera condivisa gli *standard* minimi di riferimento per la regolamentazione e l'erogazione dei servizi di validazione e *certificazione delle competenze*;
— è stato istituito il *repertorio nazionale* dei titoli di istruzione e formazione e delle qualificazioni professionali (accessibile anche per via telematica);
— sono stati anche definiti gli *standard* degli attestati e dei certificati spendibili a livello europeo;
— è stato introdotto un sistema di *monitoraggio* e valutazione dell'attuazione di quanto previsto nel decreto legislativo.

In buona sostanza, si tratta di riconoscere le competenze in ogni modo acquisite e di darvi il giusto valore.

7.2 La Raccomandazione UE del 2018

Il **22 maggio del 2018** il Consiglio dell'Unione Europea ha adottato una **nuova Raccomandazione sulle competenze per l'apprendimento permanente**. Essa rinnova e **sostituisce** la precedente Raccomandazione del 2006.

Tenendo conto delle profonde trasformazioni economiche, sociali e culturali degli ultimi anni nonché delle gravi difficoltà nello sviluppo delle competenze di base dei più giovani, il documento fa emergere una *crescente necessità di maggiori competenze* e differenti rispetto alla dimensione statica dell'apprendimento, *ma anche di abilità quali il pensiero critico, lo spirito di iniziativa, la resilienza*. Parallelamente viene sottolineata l'importanza del sostegno al lavoro degli insegnanti, da realizzare attraverso canali diversi.

In ogni caso, il nuovo concetto di competenza viene esplicitato come **un insieme di: conoscenze, abilità e atteggiamenti**, dove l'atteggiamento viene definito come quella «disposizione/ mentalità per agire o reagire a idee, persone, situazioni».

Il documento del 2018 va ad incidere in maniera sostanziale sulle otto competenze chiave del 2006 che modifica; infatti, esse diventano:

— *competenza alfabetica funzionale;*
— *competenza multilinguistica;*
— *competenza matematica e competenza in scienze, tecnologie e ingegneria;*
— *competenza digitale;*
— *competenza personale, sociale e capacità di imparare ad imparare;*
— *competenza in materia di cittadinanza;*
— *competenza imprenditoriale;*
— *competenza in materia di consapevolezza ed espressione culturali.*

Si nota subito che la competenza di cittadinanza occupa un posto a sé stante.

Per le restanti, appare immediato, in base alle associazioni tra di esse, che il filo conduttore è rappresentato dalla dimensione della *interrelazione* tra le stesse, sfociando l'una nell'altra, presupponendosi e a volte sovrapponendosi.

Complessivamente, si sottolinea l'importanza della *cultura* intesa, più che come obiettivo, come strumento, infatti alla competenza di imparare ad imparare viene affiancata la competenza personale e sociale, emerge quindi l'importanza di una *evoluzione personale* che si pone come base per l'apprendimento, senza tralasciare l'attenzione alla creatività e alle esperienze laboratoriali che sono strumenti per la conoscenza.

Il sistema scolastico italiano è in costante adeguamento alle indicazioni delle Raccomandazioni europee nei diversi documenti curricolari, come nelle **Indicazioni nazionali e Linee guida** attualmente vigenti per tutti gli ordini e gradi di scuola.

8 Tavola di comparazione dei Sistemi di istruzione dei Paesi UE (*)

Paese	Istruzione obbligatoria (età)	Maestro unico	Modello organizzativo istruzione obbligatoria	Valutazione esterna delle scuole
Austria	6-15 anni	Sì (tranne Religione e Arte)	Curricolo comune di base (Istruzione primaria + secondaria integrata)	Sì
Belgio	6-15 anni a tempo pieno / 6-18 anni a tempo parziale	Sì (tranne Ed. fisica - Religione- Inglese)	Percorso differenziato	Sì
Bulgaria	7-16 anni	–	Struttura unica	No
Cipro	5 anni e 8 mesi - 15 anni	–	Percorso differenziato	Sì
Croazia	6-14 anni	–	Struttura unica	No
Danimarca	7-16 anni	No	Struttura unica	Sì
Estonia	7-17 anni	Sì	Struttura unica	Sì
Finlandia	7-16 anni	Sì	Struttura unica	No
Francia	3-16 anni	Sì	Percorso differenziato	Sì
Germania	6-15 anni	Sì	Curriculo comune di base	Sì
Grecia	5-15 anni	Sì (ad eccezione Ed. fisica - Lingue - Musica)	Percorso differenziato	No
Irlanda	6-16 anni	Sì	Percorso differenziato	Sì
Italia	6-16 anni	Sì (tranne Lingua straniera e Religione)	Percorso differenziato (I e II ciclo)	Sì
Lettonia	5-16 anni	Sì (ad eccesione di attività specifiche)	Struttura unica	Sì
Lituania	6-16 anni	Sì (ad eccezione Lingua straniera e Sport)	Curriculo comune di base	Sì
Lussemburgo	4-15 anni	–	Percorso differenziato	Sì
Malta	5-16 anni	Sì (annuale ad eccezione per attività specifiche)	Percorso differenziato	No
Paesi Bassi	5-18 anni	Sì	Curriculo comune di base	Sì
Polonia	5-16 anni	Solo i primi tre anni	Percorso differenziato	Sì
Portogallo	6-15 anni	Sì	Percorso differenziato	Sì
Regno Unito	5-16 anni	Sì	Percorso differenziato	Sì
Repubblica Ceca	6-12 anni	Sì	Struttura unica	Sì
Romania	6-16 anni	Sì (tranne Religione - Lingua - Ed. fisica)	Percorso differenziato	Sì
Slovacchia	6-16 anni	Sì (tranne Musica - Ed. fisica)	Struttura unica	Sì
Slovenia	6-17 anni	Sì (tranne Ed-. Fisica - Musica - Lingua)	Struttura unica	Sì
Spagna	6-16 anni	Sì (Tranne Ed. fisica - Musica - Sport)	Percorso differenziato	Sì
Svezia	7-16 anni	Sì	Struttura unica	Sì
Ungheria	6-18 anni	Sì	Struttura unica	–

(*) I «sistemi educativi dei Paesi dell'UE» sono una materia molto complessa e articolata e che meriterebbe interi libri per essere realmente esaminata. In questa sede ci limitiamo a presentare due tavole sinottiche comparative su alcuni caratteri dei sistemi di istruzione e sul ruolo del DS nei paesi dell'UE.

9 Le scuole italiane all'estero (D.Lgs. 64/2017)

Nell'ambito del contesto europeo, e più in generale internazionale, operano anche molte **scuole italiane all'estero**, di ogni ordine e grado, statali e paritarie.

Il **D.Lgs. 13-4-2017, n. 64**, attuativo dei commi 180, 181, lettera h) della L. 107/2015, ha riordinato la normativa in materia di istituzioni e iniziative scolastiche italiane all'estero anche in funzione della **promozione della lingua e della cultura italiana**. L'intenzione è quella di estendere anche alle scuole all'estero le novità introdotte dalla Buona scuola.

Viene così disciplinato il **sistema della formazione italiana nel mondo**.

In particolare, lo Stato italiano assume la piena responsabilità gestionale delle **scuole statali all'estero**, che viene conferita ad un Dirigente scolastico inviato dall'Italia. Esse si conformano all'ordinamento italiano, pur potendo essere autorizzate variazioni (ad esempio, i licei italiani all'estero hanno durata quadriennale).

Per le **scuole italiane all'estero non gestite dallo Stato**, si punta in particolare sull'inserimento dei corsi di italiano nei percorsi scolastici; si confermano fattispecie già previste (scuole paritarie e non paritarie), sono disciplinate le *sezioni italiane all'interno di scuole pubbliche o private straniere*, sono introdotte forme di **partenariato pubblico-privato** e *sezioni ad ordinamento misto o locale*.

Nel decreto n. 64 si disciplina anche il **profilo professionale del personale da mandare all'estero** e la sua formazione; si introduce il **sistema di valutazione delle attività** svolte nel sistema formazione Italia nel mondo, nonché norme per la trasparenza.

In sintesi

- Il fondamento giuridico della politica dell'istruzione in ambito europeo è rappresentato dall'**art. 165 TFUE**.
- L'azione europea per la valorizzazione del patrimonio culturale europeo intende realizzare **un'unione culturale europea.** A tal fine l'UE opera su diversi fronti: istruzione, cultura, telecomunicazioni.
- Le principali strategie europee sono la Strategia di Lisbona, conclusasi nel 2010 e attualmente "**Europa 2020"**che ne rappresenta la prosecuzione.
- Tra i programmi di scambio di studenti e docenti spicca **Erasmus+** che è il programma per l'istruzione, la formazione, la gioventù e lo sport con il quale si offrono opportunità di formazione e cooperazione agli operatori della scuola. Annualmente le scuole presentano progetti per ricevere un sostegno finanziario per portare avanti progetti che coinvolgano studenti e docenti, tirocinanti e apprendisti, volontari e animatori.
- Il **Quadro europeo delle qualifiche per l'apprendimento permanente (EQF)** collega i quadri ed i sistemi nazionali di qualificazione di vari paesi sulla base di un riferimento comune europeo costituito da otto livelli di qualifiche in base ai risultati dell'apprendimento (conoscenze, abilità e competenze) che coprono tutti i titoli. Esso ha lo scopo di indicare in quale modo i risultati dell'apprendimento devono combinarsi partendo da contesti differenti.
- Con la **Raccomandazione del Parlamento** e del Consiglio del 18 dicembre 2006 sulle competenze chiave per l'apprendimento permanente, cioè quelle competenze *che ciascun alunno deve possedere al termine del percorso obbligatorio di istruzione*, l'UE ha invitato gli Stati membri a sviluppare strategie per assicurare che i giovani abbiano le competenze basilari per prepararsi alla vita adulta.
- Le **competenze chiave** nella Raccomandazione UE 2018 sono 8: competenza alfabetica funzionale; multilinguistica; matematica e in scienze, tecnologie e ingegneria; digitale; personale, sociale e capacità di imparare ad imparare; in materia di cittadinanza; imprenditoriale; in materia di consapevolezza ed espressione culturali.
- L'intervento dell'Unione europea nella politica di formazione professionale si attua attraverso Fondi strutturali, in particolare, il Fondo sociale europeo.

9
Valutazione e autovalutazione delle scuole

1 La valutazione nel sistema scuola

Il tema della valutazione, all'interno del sistema scolastico italiano, è molto articolato e riguarda numerosi aspetti, anche molto eterogenei. Occorre quindi delinearne gli ambiti di intervento a partire dalla valutazione come *sistema*.

Possiamo, infatti, rintracciare i diversi profili di: una **valutazione strettamente didattica**, che deve apprezzare i processi e gli esiti dell'apprendimento; una **valutazione di istituto**, finalizzata a rilevare le caratteristiche del *servizio scolastico* erogato; una **valutazione del sistema scuola**, orientata a cogliere le tendenze, il rapporto costi/qualità ed i macro-indicatori di riferimento.

Un approccio sistemico alla valutazione deve dunque riguardare le dinamiche dei processi di insegnamento e le variabili interne, di classe e di istituto, in ottemperanza alle richieste provenienti dal sistema scuola.

Le scuole dell'autonomia sono, poi, tenute a dotarsi di strumenti e procedure per verificare i risultati ottenuti in riferimento agli standard nazionali. Vi è dunque una *valutazione interna*, che coinvolge i soggetti stessi che compiono un'attività e che sono chiamati ad «autovalutarsi» ed una *valutazione di sistema*, condotta da soggetti esterni, finalizzata a testare il raggiungimento di obiettivi definiti per il sistema scuola.

Poiché l'obiettivo ultimo è agire per il miglioramento, è opportuno che i due momenti siano in costante interazione, dal momento che gli esiti dell'apprendimento si intrecciano inevitabilmente con il tema delle competenze, quali standard nazionali di livelli accettabili di prestazione.

In questo Capitolo si tratterà proprio del **Sistema Nazionale di valutazione** istituito in Italia dal 2004, dei suoi attori e delle sue azioni e delle procedure di valutazione e di autovalutazione delle istituzioni scolastiche.

2 Il Sistema nazionale per la valutazione del sistema educativo (D.P.R. n. 80/2013)

Con l'entrata in vigore dell'autonomia, al tradizionale sistema unico di vigilanza scolastica, a livello centrale, è subentrato un *duplice sistema di controllo* della qualità delle prestazioni e del funzionamento del sistema scolastico in rapporto agli standard nazionali. La **valutazione esterna** svolta da organismi nazionali si combina con **l'autovalutazione di istituto** (→ *infra* par. 5) tesa a determinare il grado di raggiungimento degli obiettivi che essa stessa si è prefissata.

Ai fini del progressivo miglioramento e dell'armonizzazione del sistema educativo, al suo interno è stato istituito un articolato *Servizio nazionale di valutazione (SNV)* del sistema educativo di istruzione e di formazione, con il D.Lgs. 286/2004.

Obiettivo di tale Servizio è stato quello di valutare l'efficienza e l'efficacia del complessivo sistema di istruzione e formazione, inquadrandone la valutazione nel contesto internazionale, soprattutto europeo.

Per l'istruzione e la formazione professionale tale valutazione concerne esclusivamente i livelli essenziali di prestazione ed è effettuata tenuto conto degli altri soggetti istituzionali che già operano a livello nazionale nel settore della valutazione delle politiche nazionali finalizzate allo sviluppo delle risorse umane.

Il **Sistema nazionale di valutazione (SNV)**, regolato oggi dal **D.P.R. 28-3-2013, n. 80,** è articolato su 3 livelli rappresentati da:

— **INVALSI**;
— **INDIRE**;
— **contingente ispettivo**.

Alla base del SNV non sussiste nessuna volontà sanzionatoria ma vi è esclusivamente l'intento di attivare processi di automiglioramento della qualità dell'apprendimento, della didattica e dei comportamenti professionali degli insegnanti.

Gli organi che compongono il SNV hanno ruoli e compiti definiti precisamente dal Regolamento n. 80/2013.

In particolare, all'**INVALSI** risultano affidati compiti e prerogative molto più ampie rispetto al passato, diventando più importante del MIUR per la definizione dei contenuti della formazione e dei curricola (*competenze* e relativa *certificazione*).

L'art. 3 del regolamento affida infatti all'INVALSI i poteri di proporre i protocolli di valutazione e i programmi delle visite alle istituzioni scolastiche da parte degli ispettori esterni (cd. nuclei di valutazione), di definire gli indicatori di efficacia e di efficienza per identificare le scuole in crisi e gli indicatori per la valutazione dei Dirigenti e di redigere un rapporto periodico sul sistema scolastico e formativo.

Inoltre, anche l'autovalutazione delle scuole deve seguire il quadro di riferimento predisposto dall'INVALSI, anche se in tal modo, si corre il rischio che valutazione esterna ed interna si contaminino uniformandosi, annullando ogni possibilità di confronto tra situazioni diverse.

L'**INDIRE** ha, invece, il compito di fornire sostegno ai processi di miglioramento e innovazione educativa, di *formazione* in servizio del personale della scuola e di *documentazione* e *ricerca* didattica.

Infine il **corpo ispettivo**, caratterizzato da autonomia e indipendenza, ha la funzione di valutare le scuole e i loro Dirigenti. Tale corpo è coadiuvato nella funzione ispettiva dalla conferenza per il coordinamento funzionale dell'SNV e dai nuclei di valutazione esterna.

3 L'INVALSI

Un ruolo predominante nel SNV è, come abbiamo visto, assegnato all'**Istituto nazionale per la valutazione del sistema educativo di istruzione e di formazione** (**INVALSI**) che opera insieme alle istituzioni scolastiche e formative, nonché le Regioni, le Province ed i Comuni in relazione ai rispettivi ambiti di competenza: tali soggetti attivano le opportune procedure atte a favorire l'interoperabilità tra i loro sistemi informativi al fine di poter scambiare dati ed informazioni riguardanti i sistemi di istruzione.

L'INVALSI, che è soggetto alla vigilanza del MIUR, oltre a svolgere un ruolo di coordinamento funzionale del SNV, è un **ente di ricerca** che si occupa di:

- effettuare **verifiche periodiche** e sistematiche sulle conoscenze e abilità degli studenti e sulla qualità complessiva dell'offerta formativa delle istituzioni scolastiche di istruzione e formazione professionale (cd. *prove Invalsi*);
- svolgere attività di **ricerca** nell'ambito delle sue finalità istituzionali;
- studiare le **cause** dell'insuccesso e **della dispersione scolastica** con riferimento al contesto sociale ed alle tipologie dell'offerta formativa;
- assumere iniziative rivolte ad assicurare la partecipazione italiana a **progetti di ricerca europea** e internazionale in campo valutativo;
- svolgere attività di **supporto** e **assistenza tecnica all'amministrazione scolastica**, alle regioni, agli enti territoriali e alle singole istituzioni scolastiche e formative per la realizzazione di autonome iniziative di monitoraggio, valutazione e autovalutazione;

- svolgere attività di **formazione del personale docente e dirigente** della scuola, connessa ai processi di valutazione e di **autovalutazione** delle istituzioni scolastiche;
- **formulare** al Ministro dell'Istruzione **proposte** per la piena attuazione del sistema di valutazione dei dirigenti scolastici;
- realizzare il **monitoraggio** sullo sviluppo e sugli esiti del **sistema di valutazione**;
- studiare e predisporre **strumenti** e modalità oggettive **di valutazione** degli apprendimenti e la cura dell'elaborazione e della diffusione dei risultati della valutazione;
- promuovere **periodiche rilevazioni nazionali** sugli apprendimenti che interessano le istituzioni scolastiche e di istruzione e formazione professionale, il supporto e l'assistenza tecnica alle istituzioni scolastiche e formative anche attraverso la messa a disposizione di prove oggettive per la valutazione degli apprendimenti finalizzate anche alla realizzazione di autonome iniziative di valutazione e autovalutazione;
- studiare modelli e **metodologie per la valutazione** delle istituzioni scolastiche e di istruzione e formazione professionale e i fattori che influenzano gli apprendimenti;
- **predisporre prove a carattere nazionale per gli esami di Stato**;
- svolgere attività di ricerca e collaborazione alle attività di valutazione del sistema scolastico al fine di realizzare **iniziative di valorizzazione del merito** anche in collaborazione con il sistema universitario;
- svolgere attività di **supporto e assistenza tecnica alle Regioni e agli enti territoriali** per la realizzazione di autonome iniziative di monitoraggio, valutazione e autovalutazione.

L'INVALSI partecipa anche alle **indagini internazionali** in materia di valutazione (ad es. OCSE-PISA) in rappresentanza dell'Italia e in generale ha funzioni di valutazione dell'intero sistema scolastico italiano, evidenziando le aree critiche anche in comparazione con gli altri Paesi soprattutto europei.

3.1 Le prove INVALSI

L'INVALSI elabora le cd. **prove INVALSI**, attraverso le quali le istituzioni scolastiche sono obbligate a **periodiche rilevazioni nazionali** sugli apprendimenti e sulle competenze degli studenti.

Introdotte con la L. 176/2007 (per la prima volta nell'esame di Stato 2007-2008), le prove INVALSI sono ora **obbligatorie** e consistono in test standardizzati, ovvero uguali per tutti gli studenti delle scuole italiane. Scopo dei test è, come sappiamo, quello di tracciare un quadro di riferimento statistico sui livelli di apprendimento in Italia, nelle aree disciplinari dell'**italiano** e della **matematica** (Direttiva n. 85/2012) e nella lingua **inglese** (art. 4 D.Lgs. 62/2017). A tal fine, i test INVALSI sono **anonimi**: ogni alunno è identificato da un codice alfanumerico; solo i professori coinvolti e incaricati di seguire i test conoscono a quale nominativo corrisponde il codice. Anche gli esiti dei test sono restituiti alle singole scuole in forma privata e anonima: il Dirigente scolastico e il referente per la valutazione possono accedere, però, alla visualizzazione completa dei dati.

Ciascuna scuola ha la possibilità di analizzare i risultati al suo interno, confrontandoli anche con quelli di altre scuole. In questo senso, è possibile per il Dirigente scolastico verificare l'efficacia educativa e metodologica-didattica del suo istituto.

Le prove INVALSI sono costituite da batterie di domande chiuse (a scelta multipla), domande aperte, nonché da esercizi di matematica e linguistici. Le prove sono svolte in un tempo che va dai 45 ai 90 minuti.

I test INVALSI vengono somministrati nelle **classi II e V** della scuola primaria, nella **classe III** della secondaria di primo grado e nella **classe II e V** della scuola secondaria di secondo grado.

Accanto ai test di italiano e matematica, per la V primaria e la II delle secondarie di secondo grado è previsto anche il **Questionario dello studente**. La sua compilazione serve a raccogliere, sempre in forma anonima, informazioni sul contesto e il percorso dell'alunno.

Dall'anno 2017-2018 sono entrate in vigore alcune **novità introdotte dal D.Lgs. n. 62/2017** di attuazione della L. n. 107/2015:

— i test sono *computer based*;
— *nell'ultimo anno delle scuole secondarie di primo grado il test non fa più parte dell'esame di Stato* (come avvieniva in precedenza) e non inciderà sul voto finale. È, inoltre, anticipato al mese di aprile;
— nelle scuole è introdotta una prova per verificare l'apprendimento della lingua **inglese** (abilità di comprensione e uso della lingua) in aggiunta alle prove di italiano e matematica (art. 4 e 7) ed è prevista la restituzione individuale alle famiglie, attraverso un giudizio in forma descrittiva, del livello di apprendimento raggiunto in italiano, matematica e inglese (art. 9).

Dal 2019/2020, poi, per quanto riguarda le secondarie di secondo grado e **i test eseguiti dalle quinte** classi, gli studenti verranno sottoposti a quiz in italiano, matematica e inglese ma gli esiti non confluiranno nel voto finale dell'esame di Stato conclusivo.

La partecipazione alle prove, sia alle medie che alle superiori, è **obbligatoria**, pena la non ammissione agli esami conclusivi (→ Cap. 6).

Altra novità consiste nel calcolo, da parte dell'INVALSI, del «Valore aggiunto», cioè il miglioramento o peggioramento di uno studente da un test all'altro nell'arco del suo percorso scolastico.

Norme particolari sono previste per le **prove INVALSI sostenute da alunni con bisogni educativi speciali**. Nello specifico, è previsto che le prove eventualmente svolte dagli allievi con disabilità non siano incluse nei dati di classe e di scuola, ad eccezione di quelle svolte dagli **allievi con disabilità sensoriale**. Queste ultime potranno essere incluse a condizione che le misure compensative e/o dispensative siano concretamente idonee al superamento della specifica disabilità.

Anche le prove sostenute dagli allievi con DSA o con altri BES potranno essere incluse nei dati di classe e di scuola a condizione che **le misure compensative e/o dispensative** siano concretamente idonee al superamento dello specifico disturbo.

Per gli alunni con svantaggio linguistico, al momento, non è previsto alcuno strumento compensativo o altre misure.

Per gli allievi ipovedenti o non vedenti, la partecipazione avviene alle stesse condizioni degli altri, ma essi possono utilizzare la prova in formato elettronico o in Braille.

Nota INVALSI 20-3-2017 sullo svolgimento delle prove INVALSI per gli allievi con bisogni educativi speciali

			Svolgimento prove INVALSI	Inclusione dei risultati nei dati di classe e di scuola	Strumenti compensativi o altre misure	Documento di riferimento
BES	**Disabilità certificata ai sensi dell'art. 3 c. 1 e c. 3 nella legge 104/1992**	Disabilità intellettiva	Decide la scuola	No	Tempi più lunghi e strumenti tecnologici (art. 16, c. 3 L. 104/92) Decide la scuola	PEI
		Disabilità sensoriale e motoria	Sì	Sì [c]	Decide la scuola	PEI
	Disturbi evoluti specifici (con certificazione o diagnosi)	DSA certificati ai sensi della legge 170/2010 [d]	Decide la scuola	Sì [a]	Decide la scuola	PDP
		Diagnosi di ADHD – Borderline cognitivi – Altri Disturbi evolutivi specifici	Sì	Sì [a]	Decide la scuola	PDP
	Svantaggio socio-economico, linguistico e culturale		Sì	Sì	NO	–

(a) A condizione che le misure compensative o dispensative siano concretamente idonee al superamento della specifica disabilità o dello specifico disturbo.

(b) Salvo diversa richiesta della scuola.

(c) A condizione che i dispositivi e gli strumenti di mediazione o trasduzione sensoriale (ad esempio, sintesi vocale) siano concretamente idonei al superamento della specifica disabilità sensoriale.

(d) Sono ricompresi anche gli alunni e gli studenti **con diagnosi** di DSA in attesa di certificazione.

4 L'INDIRE

Anche l'**INDIRE** (**Istituto nazionale di documentazione, innovazione e ricerca educativa**) è un ente di ricerca (il più antico del Ministero dell'istruzione). L'INDIRE è articolato in 3 nuclei territoriali interregionali con sedi a Torino, Roma e Napoli e si raccorda con le Regioni.

L'istituto, quale soggetto promotore di ricerca educativa e di innovazione didattica nell'ambito del sistema scolastico, ha competenze in materia di:

— **formazione del personale docente** in direzione del sostegno dei processi di riforma e della innovazione dei comportamenti professionali nella pratica educativa;

— **formazione del personale non docente e dei Dirigenti scolastici** per sviluppare ambienti di formazione, tenendo conto delle specificità delle diverse figure professionali e dell'evoluzione della normativa che ha impatto sulle funzioni svolte da detto personale;

— **utilizzo delle nuove tecnologie per l'innovazione della didattica**, sostenendone i processi di apprendimento degli studenti e sviluppando specifiche attività di ricerca per l'innovazione degli ambienti di apprendimento;

- **sviluppo della dimensione di collaborazione internazionale delle istituzioni scolastiche ed universitarie**, sostenendo, anche attraverso la gestione dei programmi comunitari, la crescita della dimensione europea del sistema di istruzione e formazione nazionale, dando a docenti e studenti l'opportunità di collaborare con realtà analoghe di altri paesi;
- **monitoraggio** dei principali fenomeni del sistema scolastico italiano e documentazione dei processi e delle esperienze di innovazione qualitativa e quantitativa dei sistemi d'istruzione di primo e secondo grado, post-secondario e della formazione integrata;
- **aggiornamento continuo alle scuole ed agli insegnanti, dirigenti e personale ATA**, sulle iniziative di cambiamento e innovazione del sistema scuola.

Le funzioni dell'**INDIRE** sono, quindi, diverse e articolate: l'Istituto interviene soprattutto a supporto dei **piani di miglioramento**, adottati autonomamente dalle singole scuole (→ par. 7).

L'Istituto ha il compito di definire e attuare i piani di miglioramento della qualità dell'offerta formativa e dei risultati degli apprendimenti degli studenti che le istituzioni scolastiche hanno autonomamente adottato, dopo aver applicato indicazioni nazionali e modalità di verifica emanate dall'INVALSI.

5 Il processo di valutazione e autovalutazione delle scuole

Il contrappeso dell'autonomia scolastica è il sistema di controlli e valutazioni che sono imposti alle istituzioni scolastiche, per verificare che la loro azione sia efficiente ed efficace. Così, se da una parte, è stato attivato un sistema di controlli esterni, dall'altra parte, in attuazione della piena autonomia didattica, si è sentita forte l'esigenza di permettere alla scuola di **autovalutare** l'efficacia del proprio intervento formativo, in funzione degli obiettivi, dei curricoli e degli standard che la legge le permette di fissare in autonomia.

Il **processo di valutazione delle scuole** è articolato in quattro fasi che sintetizziamo nella tabella seguente.

FASE 1	**Autovalutazione**	Essa prevede l'analisi e la verifica del proprio servizio sulla base dei dati resi disponibili dal sistema informativo del Ministero, delle rilevazioni sugli apprendimenti oltre ulteriori elementi significativi integrati dalla stessa scuola. Le scuole devono elaborare anche un **Rapporto di autovalutazione (RAV)** *in formato elettronico* secondo un quadro di riferimento predisposto dall'INVALSI, e formulare un **piano di miglioramento**. La gestione del processo di autovalutazione interna è affidata al Dirigente scolastico (→ par. 6)	Tutte le scuole
FASE 2	**Valutazione esterna**	Prevede l'individuazione delle situazioni da sottoporre a verifica, ovvero quali e quante siano le scuole in difficoltà, sulla base di indicatori di efficienza ed efficacia definiti dall'INVALSI e le conseguenti **visite dei nuclei di valutazione** che portano alla *ridefinizione* dei piani di miglioramento in base agli esiti delle analisi effettuate dagli stessi (→ par. 8)	10% delle scuole ogni anno
FASE 3	**Azioni di miglioramento**	Si realizzano mediante la definizione e attuazione degli interventi migliorativi, anche con il supporto dell'INDIRE e degli altri istituti nazionali, o attraverso la collaborazione con università, enti di ricerca, istituzioni professionali e culturali (→ par. 7)	Tutte le scuole
FASE 4	**Rendicontazione sociale**	Si realizza attraverso la *pubblicazione* dei risultati raggiunti, attraverso indicatori e dati comparabili, sia in una dimensione di trasparenza che di condivisione con la comunità di appartenenza	Tutte le scuole

6 L'autovalutazione delle scuole: il RAV

Il primo passo del processo di valutazione delle istituzioni scolastiche è l'autovalutazione che si effettua attraverso la compilazione del **Rapporto di autovalutazione (RAV)**. Esso ha lo scopo di fornire una descrizione della scuola e del suo funzionamento ed è il punto di partenza per l'individuazione delle priorità di sviluppo su cui fondare il Piano di miglioramento (→ *infra*).

Il RAV *deve* essere compilato da tutte le istituzioni scolastiche, sia statali che paritarie. Esso è curato dal *Dirigente scolastico*, responsabile della gestione del processo di miglioramento.

Il RAV è costruito come una versione semplificata del modello INVALSI **CIPP** (*Contesto-Input-Processi-Prodotti*), di questo prevede le tre differenti aree di analisi: esiti, contesto e processi.

Il RAV, alla cui elaborazione sovrintende il Dirigente scolastico con la collaborazione del *Nucleo interno di valutazione*, costituito dal DS, dal docente referente della valutazione e da uno o più docenti della scuola individuati dal Collegio docenti (Nota metodologica - maggio 2019, si compone di **5 sezioni**:

— **Contesto e risorse**, in cui la scuola esamina il contesto socio-economico in cui opera, le opportunità che esso offre e i punti di debolezza; qui vengono evidenziati la popolazione scolastica, il territorio e il capitale sociale, le risorse economiche e materiali e le risorse professionali.,
— **Esiti degli studenti**, in cui sono analizzati i risultati scolastici degli alunni, con particolare attenzione a quelli concernenti le prove standardizzate, il raggiungimento delle Competenze-chiave europee e di cittadinanza, i risultati a distanza di tempo (ovvero analisi dei risultati conseguiti dagli alunni successivamente all'uscita dalla scuola, ad esempio rendimento universitario, inserimento nel mondo del lavoro etc).
— **Processi messi in atto dalla scuola**, in cui si analizzano le *pratiche educative e didattiche attuate* nella scuola (se si è rilevato efficace il Curricolo elaborato, la progettazione didattica, gli strumenti di valutazione scelti etc.), lo stato degli ambienti di apprendimento (classi, laboratori etc.), eventuali metodologie innovative (classi aperte, sperimentazioni attuate), le metodologie relazionali (livello dei conflitti interpersonali nella scuola, comportamento degli alunni), i processi di inclusione e differenziazione, quelli di continuità e orientamento, nonché le *pratiche gestionali e organizzative* della scuola.

Ricordiamo che quando si parla di **esiti** ci si riferisce alla valutazione dei risultati raggiunti dagli studenti, i **processi**, invece, possono essere definiti come le attività e gli interventi effettuati dalla scuola per realizzare un progetto o perseguire degli obiettivi.

Contesto	**Esiti**	**Processi**	
		Pratiche educative e didattiche	**Pratiche gestionali e organizzative**
Popolazione scolastica	Risultati scolastici	Curricolo, progettazione e valutazione	Orientamento strategico e organizzazione della scuola
Territorio e capitale sociale	Risultati nelle prove standardizzate nazionali	Ambiente di apprendimento	Sviluppo e valorizzazione delle risorse umane
Risorse economiche e materiali	Competenze chiave e di cittadinanza	Inclusione e differenziazione	Integrazione con il territorio e rapporti con le famiglie
Risorse professionali	Risultati a distanza	Continuità e orientamento	

- **Processo di autovalutazione**, cioè i metodi utilizzati per effettuare l'autovalutazione e le persone coinvolte (da chi è composto il Nucleo di autovalutazione, se i soggetti coinvolti hanno precedenti esperienze di valutazione etc.).
- **Individuazione delle priorità**, ovvero individuazione dei traguardi che si intendono raggiungere (priorità orientate agli esiti degli studenti) e obiettivi di processo (modalità attraverso cui si intendono raggiungere tali traguardi) con elaborazione del **Piano di miglioramento**. Tali priorità andranno individuate su piano di intervento triennale poiché, come vedremo in seguito, il Piano di miglioramento entra a far parte del Piano triennale dell'offerta formativa (PTOF).

Al fine di standardizzare il processo di autovalutazione, il Ministero ha messo a disposizione delle scuole un *modello per l'autovalutazione* con individuazione di *indicatori* e *scala di valutazione* analitica. Viene però lasciato alle scuole anche uno spazio aperto, ove poter completare il giudizio di sintesi con più ampie specificazioni e motivazioni sulle autovalutazioni fatte.

6.1 Come compilare il RAV

Ogni area inizia con delle **domande** che servono da **guida** alla riflessione sui risultati raggiunti dalla scuola in quella area, i dati forniti devono essere analizzati, si devono indicare i risultati raggiunti ed evidenziare punti di forza e criticità. Al termine di queste operazioni si potrà giungere ad un giudizio complessivo sull'area e all'assegnazione di un livello (si tenga presente che i livelli autoattribuiti sono poi la base per l'assegnazione alla scuola degli obiettivi da raggiungere).

Le sezioni contengono degli indicatori che servono a collocare la scuola in un contesto nazionale, regionale e provinciale; essi sono utili per avere un confronto con dei riferimenti esterni e formulare il giudizio sull'area. Chiaramente il giudizio non deve essere basato solo ed esclusivamente sui dati numerici: questi devono essere interpretati e la riflessione che ne consegue deve essere congruamente motivata.

La **rubrica di valutazione** è uno strumento utilizzato per esprimere un giudizio di qualità su un prodotto o un servizio; essa contiene dei descrittori analitici all'interno dei quali la scuola deve posizionarsi. I **descrittori** sono elementi variabili che descrivono il contenuto di un'etichetta, anche questi non devono essere considerati tassativi, ma fungere da guida per la ottimale collocazione della propria scuola nella scala di valori.

Per ciascuna area degli Esiti e dei Processi la scuola dovrà esprimere un giudizio complessivo, utilizzando una scala che va da 1 a 7. Le situazioni descritte analiticamente sono la 1 (Molto critica), 3 (Con qualche criticità), 5 (Positiva) e 7 (Eccellente); le altre (2, 4 e 6) non sono descritte, ci si posizionerà in una di queste situazioni intermedie quando si ritiene che la propria scuola corrisponda solo in parte ad una delle descrizioni analitiche.

Molto importante è la formulazione di una corretta **motivazione**, questa serve per argomentare il giudizio che si è assegnato alla scuola, la motivazione deve essere completa, accurata e approfondita; l'analisi dei dati, a tal fine, non deve limitarsi a elencare dati o descrivere azioni ma deve essere redatta tenendo conto il contesto, i punti di forza e le criticità; soprattutto la motivazione deve essere congruente con quanto emerge dall'analisi dei dati.

Esaurita questa fase si giunge all'individuazione delle **priorità** e dei **traguardi**.

Le **priorità** rappresentano gli obiettivi generali del programma di miglioramento, esse devono poter essere realizzate nel breve-medio periodo; i **traguardi** sono i risultati attesi nel lungo periodo.

Ai fini dell'autovalutazione occorrerà indicare quale delle quattro aree degli esiti si intende affrontare tra risultati scolastici (risultati nelle prove standardizzate nazionali, competenze chiave europee, risultati a distanza) e poi individuare la priorità (es. miglioramento percentuale nelle prove standardizzate, competenze sociali degli alunni).

Per ottimizzare il lavoro dovrebbero indicarsi al massimo due priorità, ogni priorità poi deve prevedere un traguardo nel lungo periodo (es. innalzamento dei risultati nelle prove standardizzate del 3%). Il raggiungimento dei traguardi di lungo periodo passa attraverso l'individuazione degli obiettivi di processo, ossia quello che la scuola intende realizzare nell'anno scolastico (ad es. in relazione al miglioramento nelle prove standardizzate: nomina del referente INVALSI).

Per una corretta compilazione del RAV occorrerà che i livelli assegnati siano coerenti con le motivazioni espresse, queste devono indicare i punti di forza e di debolezza che non potranno prescindere dall'analisi dei dati forniti. Le priorità individuate dovranno corrispondere effettivamente alle criticità emerse e la scelta dovrà essere congruamente motivata; le azioni intraprese dovranno essere esplicitate.

6.2 Il RAV infanzia

Per le scuole dell'infanzia, che non fanno parte di istituzioni scolastiche comprendenti altri ordini e gradi di scuola, o come strumento integrativo per le scuole dell'infanzia statali comprese in istituti comprensivi o in circoli didattici, è possibile elaborare un **Rapporto di autovalutazione** (**RAV**). Il RAV infanzia è facoltativo e ha carattere sperimentale (per il 2016 fu avviato con la **Nota n. 829** e per il 2018-2019, con la Nota 5837): su di esso è stata avviata una consultazione online riservata alle istituzioni scolastiche e una sperimentazione sul campo da parte di un ristretto gruppo di scuole.

L'obiettivo del **RAV infanzia** consiste nel dar vita ad un dibattito, fuori e dentro le scuole, sugli strumenti più idonei per una corretta autovalutazione della scuola dell'infanzia sia per rendere espliciti i fattori di qualità che caratterizzano i migliori istituti sia per incoraggiare e sostenere il miglioramento di questo importante segmento della scuola.

Il RAV va **pubblicato** nella sezione del portale «Scuola in chiaro» dedicata alla valutazione.

7 L'autovalutazione delle scuole: il Piano di miglioramento (PDM)

Una volta chiuso e pubblicato il RAV, la fase successiva prevede la formulazione e l'attuazione del **Piano di miglioramento** (**PDM**) (art. 6 comma 2 D.P.R. 80/2013), che indica il percorso che la scuola intende affrontare per raggiungere i traguardi relativi alle priorità indicate nel RAV. Il PDM è curato, come il RAV, dal Dirigente scolastico supportato dal NIV costituito per la compilazione del RAV.

Fondamentale per l'attuazione del PDM è il coinvolgimento di tutta la comunità scolastica, che deve essere resa partecipe degli obiettivi e dei traguardi che la scuola si è prefissata.

È compito del NIV stabilire le modalità di tale coinvolgimento attraverso delle strategie di condivisione che devono essere esplicitate nel documento.

L'INDIRE fornisce un modello di PDM basato su due tipi di interventi: le **pratiche educative e didattiche** e le **pratiche gestionali ed organizzative**.

Esso è suddiviso in *quattro sezioni*:

1) scelta degli obiettivi di processo più utili alle priorità individuate nel RAV (opzionale);
2) individuazione delle azioni da mettere in atto per raggiungere gli obiettivi prefissati (opzionale);
3) pianificazione degli obiettivi di processo (obbligatoria);
4) valutazione condivisione e diffusione del lavoro svolto dal NIV (obbligatoria).

Come per la compilazione del RAV anche quella del PDM è facilitata dalla presenza di domande guida.

Attualmente si deve ritenere, in linea con la previsione dell'offerta formativa **triennale**, che anche il Piano di miglioramento, obbligatorio dall'anno scolastico 2015-2016, debba essere sviluppato in questo lasso temporale; per la sua compilazione non è prevista però alcuna scadenza ed esso è sempre modificabile.

7.1 Un Piano di miglioramento efficace

Ma come costruire un piano di miglioramento efficace? Il punto di partenza deve essere sempre quanto emerso dal Rapporto di autovalutazione: da questo occorre valutare le condizioni della scuola, le priorità strategiche che emergono, operare una revisione specifica di quanto emerso dalle analisi (revisione che può rendersi necessaria per adattare le scelte operative al contesto scuola in cui si opera concretamente) e poi sviluppare il PDM.

Naturalmente il PDM deve essere attuabile, per cui partendo dalla **situazione esistente**, come emersa dal RAV, si individua l'obiettivo ossia la **situazione desiderata** e solo a questo punto si può sviluppare un piano operativo che abbia come obiettivo un **miglioramento "sostenibile"**, per cui la situazione desiderata deve essere calata nella realtà dell'istituzione scolastica.

Una possibile scaletta operativa, quindi, potrebbe essere la seguente:

— **priorità strategica** (es. innalzare gli esiti nelle prove standardizzate);
— **obiettivo di miglioramento** (es. innalzare gli esiti nelle prove di matematica, diminuire la varianza tra classi nelle prove di italiano);
— **traguardo di lungo periodo** (es. aumentare del 3% gli esiti in matematica, mantenere i livelli in italiano e diminuire del 2% la varianza tra classi).

In sintesi un corretto Piano di miglioramento dovrà evidenziare le relazioni tra *obiettivi di processo* come emergono dal RAV, le *azioni* e i *risultati attesi*; le *risorse* e i *tempi* dovranno essere *adeguati* agli obiettivi.

7.2 Rapporti tra PDM e PTOF

Il PTOF (→ *amplius* Cap. 10) rappresenta, come è noto, il documento fondamentale della scuola, in esso vi è indicata la **progettazione** curricolare, extracurricolare, educativa e organizzativa adottata dalla scuola dell'autonomia; esso, in quanto tale, non può prescindere dal Piano di miglioramento e deve essere con esso integrato Anche nel PTOF dovranno, quindi, essere indicati **priorità**, **traguardi** e **obiettivi** di processo, come individuati nel RAV e nel PDM. Nel PTOF devono essere esplicitate e pianificate le **azioni** finalizzate al raggiungimento dei traguardi previsti.

La **legge 107/2015** individua alcuni obiettivi che le istituzioni scolastiche dell'autonomia possono inserire nel Piano triennale, potendo avvalersi a tal fine anche dell'organico potenziato (ora *organico dell'autonomia*).

L'art. 1, comma 7 della legge 107 elenca alcuni dei possibili obiettivi da inserire nel PTOF (indicati dalla legge come *prioritari*):

a) valorizzazione e *potenziamento delle competenze linguistiche*, con particolare riferimento all'italiano nonché alla lingua inglese e ad altre lingue dell'Unione europea, anche mediante l'utilizzo della metodologia CLIL;
b) *potenziamento delle competenze matematico-logiche e scientifiche*;
c) *potenziamento delle competenze* nella pratica e nella cultura *musicali, nell'arte e nella storia dell'arte, nel cinema*, nelle tecniche e nei media di produzione e di diffusione delle immagini e dei suoni, anche mediante il coinvolgimento dei musei e degli altri istituti pubblici e privati operanti in tali settori;
d) sviluppo delle *competenze in materia di cittadinanza attiva e democratica* attraverso la valorizzazione dell'educazione interculturale e alla pace, il rispetto delle differenze e il dialogo tra le culture, il sostegno dell'assunzione di responsabilità nonché della solidarietà e della cura dei beni comuni e della consapevolezza dei diritti e dei doveri;
e) *potenziamento delle conoscenze in materia giuridica ed economico-finanziaria* e di educazione all'autoimprenditorialità;
f) sviluppo di comportamenti responsabili ispirati alla conoscenza e al *rispetto della legalità*, della sostenibilità ambientale, dei beni paesaggistici, del patrimonio e delle attività culturali;
g) *alfabetizzazione all'arte*, alle tecniche e ai media di produzione e diffusione delle immagini;
h) *potenziamento delle discipline motorie* e sviluppo di comportamenti ispirati a uno stile di vita sano, con particolare riferimento all'alimentazione, all'educazione fisica e allo sport, e attenzione alla tutela del diritto allo studio degli studenti praticanti attività sportiva agonistica;
i) *sviluppo delle competenze digitali* degli studenti, con particolare riguardo al pensiero computazionale, all'utilizzo critico e consapevole dei social network e dei media nonché alla produzione e ai legami con il mondo del lavoro;
l) *potenziamento delle metodologie laboratoriali* e delle attività di laboratorio;
m) *prevenzione e contrasto della dispersione scolastica*, di ogni forma di discriminazione e *del bullismo*, anche informatico; *potenziamento dell'inclusione scolastica* e del diritto allo studio degli alunni con bisogni educativi speciali attraverso percorsi individualizzati e personalizzati anche con il supporto e la collaborazione dei servizi socio-sanitari ed educativi del territorio e delle associazioni di settore e l'applicazione delle linee di indirizzo per favorire il diritto allo studio degli alunni adottati, emanate dal Ministero dell'istruzione, dell'università e della ricerca il 18 dicembre 2014;
n) valorizzazione della scuola intesa come comunità attiva, aperta al territorio e in grado di sviluppare e aumentare l'interazione con le famiglie e con la comunità locale, comprese le organizzazioni del terzo settore e le imprese;
o) *apertura pomeridiana delle scuole* e riduzione del numero di alunni e di studenti per classe o per articolazioni di gruppi di classi, anche con potenziamento del tempo scolastico o rimodulazione del monte orario rispetto a quanto indicato dal regolamento di cui al decreto del Presidente della Repubblica 20 marzo 2009, n. 89;

p) *incremento dell'alternanza scuola-lavoro* nel secondo ciclo di istruzione;
q) valorizzazione di percorsi formativi individualizzati e coinvolgimento degli alunni e degli studenti;
r) individuazione di percorsi e di sistemi funzionali alla premialità e alla valorizzazione del merito degli alunni e degli studenti;
s) alfabetizzazione e perfezionamento dell'italiano come lingua seconda attraverso corsi e laboratori per studenti di cittadinanza o di lingua non italiana, da organizzare anche in collaborazione con gli enti locali e il terzo settore, con l'apporto delle comunità di origine, delle famiglie e dei mediatori culturali;
t) definizione di un *sistema di orientamento*.

Dal Piano triennale dell'offerta formativa deve, dunque, emergere il modo in cui la scuola intende favorire il suo **processo innovativo**, in particolare attraverso la digitalizzazione, le nuove modalità di apprendimento, una nuova organizzazione del tempo scuola.

Con Nota 11-12-2015, n. 2805 il Ministero ha fornito alcune indicazioni operative e orientamenti per la redazione del PTOF, sempre nel rispetto dell'autonomia delle scuole, affinché lo stesso sia *coerente con il procedimento di valutazione*.

Il PTOF deve essere coerente, innanzitutto, con l'autovalutazione, quindi contenere le stesse priorità, gli stessi obiettivi e gli stessi traguardi di processo, da realizzarsi anche attraverso forme di flessibilità didattica e organizzativa. Flessibilità che si manifesta nel curricolo di scuola, nel potenziamento del tempo scolastico, nella possibilità di lavorare su classi aperte e gruppi di livello per l'attuazione di una didattica sempre più individualizzata, nell'inserimento di insegnamenti opzionali etc.

L'amministrazione centrale ha messo a disposizione delle scuole la disponibilità di un modello di PTOF precompilato, non vincolante, in quanto il PTOF è rimesso all'autonomia delle singole scuole, sul portale "scuola in chiaro" del Ministero per il triennio **2019-2022**, rinviando al gennaio 2019 il termine per la predisposizione del documento.

8 La valutazione esterna

L'organizzazione della **valutazione esterna** delle scuole è affidata alla *Conferenza per il coordinamento funzionale del Sistema nazionale di valutazione*, organismo di coordinamento tra i tre enti che concorrono al processo valutativo (INVALSI, INDIRE e corpo ispettivo) che ha la funzione di adottare i protocolli di valutazione e il programma delle visite delle scuole, formulare proposte in merito all'individuazione delle priorità strategiche della valutazione.

La valutazione esterna delle scuole è finalizzata:

— al **miglioramento della qualità dell'offerta formativa e degli apprendimenti**;
— alla **riduzione della dispersione** e delle **differenze tra scuole e aree geografiche**;
— al **rafforzamento delle competenze di base** degli alunni;
— alla **valorizzazione degli esiti** a distanza.

La valutazione esterna è affidata ai **Nuclei di valutazione esterna (NEV)** costituiti da **ispettori** (*dirigenti tecnici*) che ne assumono il coordinamento e da esperti in materia di valutazione esterna dei sistemi scolastici e/o delle organizzazioni complesse (iscritti in appositi albi). Gli esiti di essa dovrebbero fare da stimolo per attivare una riflessione all'interno della scuola e individuare le priorità sulle quali orientare il miglioramento.

La valutazione esterna ha come punto di partenza il **processo di autovalutazione** effettuato dalla scuola, quindi, come il Piano di miglioramento, anch'essa trova il suo punto di partenza nel RAV. Inoltre, essa deve avvenire in un clima di reciproca fiducia e collaborazione.

Essa è articolata in un procedimento che prevede **tre fasi**:

— lettura e analisi dei documenti da parte del NEV;
— *visita*, con raccolta di ulteriori dati anche attraverso interviste e osservazione diretta;
— formulazione del giudizio.

La **visita** ha una durata di tre giorni e normalmente dovrebbe così svolgersi:

— incontro iniziale con il Dirigente scolastico, lo staff di dirigenza e il nucleo interno di valutazione (NIV);
— raccolta delle evidenze attraverso interviste individuali e di gruppo e esame della documentazione della scuola;
— visita e osservazione degli spazi della scuola;
— incontro conclusivo con il dirigente scolastico, lo staff di dirigenza e il nucleo interno di valutazione e breve comunicazione informale sugli esiti della visita.

Molto importanti sono le interviste, che possono essere sia individuali che di gruppo e servono per far emergere i diversi punti di vista della comunità scolastica.

La *visita degli spazi della scuola* è svolta al fine di osservare non solo le strutture e le dotazioni disponibili, ma anche il loro utilizzo. In particolare si osservano le aule, i laboratori, la palestra, la biblioteca, gli spazi per attività comuni (aula magna, teatro, cortile/giardino etc.).

L'incontro conclusivo ha lo scopo di fornire un primo sommario resoconto delle evidenze emerse durante la visita.

Sulla base delle evidenze emerse durante la visita, il NEV formula un **giudizio collegiale** per ciascun ambito oggetto di valutazione, che consiste nell'attribuzione del livello che descrive meglio la situazione della scuola, scelto tra i sette previsti dalla scala di valutazione, da 1 («situazione molto critica») a 7 («situazione eccellente»). Il NEV si esprime anche sulla coerenza tra il RAV compilato e le priorità e i traguardi indicati, anche in base alle risorse e al contesto della scuola.

Dopo la visita, il NEV predispone un **Rapporto di valutazione esterna (RVE)** e lo invia alla scuola, che dovrà tenerne conto ai fini della compilazione del Piano di miglioramento.

In sintesi

- Il Servizio nazionale di valutazione è stato istituito con **D.Lgs. 286/2004**, il cui obiettivo è di valutare l'efficienza del sistema di istruzione e formazione inquadrandolo nel contesto europeo.
- Il Sistema nazionale di valutazione (SNV) è regolamentato dal **D.P.R. 80/2013** ed è articolato su tre livelli: INVALSI, INDIRE e contingente ispettivo. Esso sovrintende ad un duplice sistema di controllo della qualità delle prestazioni e del funzionamento del sistema scolastico in relazione agli standard nazionali: la valutazione esterna delle scuole e l'autovalutazione delle stesse.
- L'**INVALSI**, che ha il coordinamento del sistema, ha il compito di accelerare processi di automiglioramento della qualità degli apprendimenti, della didattica e dei comportamenti degli insegnanti. Si occupa inoltre delle rilevazioni periodiche nazionali sugli apprendimenti.
- L'**INDIRE** è un ente di ricerca che promuove l'innovazione didattica e ha competenze in materia di formazione del personale e nuove tecnologie.
- La **valutazione** delle scuole si compone di quattro fasi: autovalutazione, valutazione esterna, azioni di miglioramento, rendicontazione sociale.
- L'**autovalutazione** delle scuole si esprime attraverso due documenti: il **Rapporto di autovalutazione** (RAV) e il **Piano di miglioramento;** il **Dirigente scolastico** elabora il RAV e il PdM, coadiuvato dal nucleo interno di valutazione, ed è responsabile della gestione del processo di miglioramento della scuola. Il Piano di miglioramento va a confluire nel PTOF.
- La **valutazione esterna** delle scuole è operata da nuclei di valutazione costituiti da ispettori (dirigenti tecnici) i quali restituiscono le rilevazioni all'INVALSI che ne tiene conto al fine di creare una base per l'avvio di processi di miglioramento per tutte le scuole.

10
La governance delle istituzioni scolastiche

A monte di tutte le istituzioni scolastiche l'**ente di governo centrale** è il Ministero dell'Istruzione che è coadiuvato da altri organismi collegati all'amministrazione centrale. A livello periferico la governance della scuola è invece affidata agli **Uffici scolastici regionali (USR)** che sostituiscono i precedenti Provveditorati agli studi.

Gli enti locali e le Regioni hanno delle competenze amministrative in virtù del decentramento.

Il governo dei singoli istituti è, invece, demandato agli **organi collegiali** e ovviamente al **Dirigente scolastico**.

1 L'organizzazione degli uffici pubblici

1.1 Concetto di organo e ufficio

Come tutte le persone giuridiche, anche lo Stato e gli enti pubblici hanno una propria organizzazione interna, composta di beni e di persone fisiche, che agiscono per conto dell'ente.

Nell'organizzazione di ogni ente pubblico possiamo distinguere gli *organi* e gli *uffici.*

Esaminiamo ambedue le figure.

L'**organo** è la persona fisica che «fa agire» l'ente nei rapporti con l'esterno, di modo che gli effetti dell'attività compiuta ricadano direttamente sulla persona giuridica; esso, dunque, è abilitato ad esprimere all'esterno la volontà dell'ente.

Elementi essenziali dell'**organo** sono:

- il *titolare dell'organo* stesso (cd. *funzionario)* il quale è di regola una persona fisica, legata all'ente da un particolare rapporto giuridico, che è il cd. *rapporto di servizio;*
- l'*esercizio di una pubblica potestà* da parte del titolare stesso, per cui organo in senso tecnico è solo colui che esercita una pubblica funzione, non anche il funzionario il quale svolge attività meramente esecutiva o materiale. La misura dei poteri e delle funzioni che ciascun organo può esercitare si definisce *competenza.*

Così, delineato il concetto di organo, ne deriva che **ufficio** è il complesso organizzato di sfere di competenza, persone fisiche, beni materiali e mezzi rivolto all'espletamento di un'attività strumentale, cioè tale da consentire all'organo di porre in essere i provvedimenti per la realizzazione dei fini istituzionali dell'ente.

Gli uffici si caratterizzano per la presenza di **due elementi**:

a) *un elemento funzionale* in quanto ad essi sono attribuite funzioni proprie della persona giuridica di cui fanno parte;
b) un *elemento strutturale,* cioè sono incorporati stabilmente nella struttura dell'ente di cui fanno parte.

1.2 Classificazione degli organi e degli uffici

Si possono fare varie **classificazioni** degli organi e degli uffici. Le più importanti sono le seguenti:

- a seconda che l'ufficio abbia o meno *rilevanza esterna*, si distinguono *organi* (con rilevanza esterna) *da uffici in senso stretto* (senza rilevanza esterna);
- in base alla **struttura** si distinguono organi e uffici *complessi* se articolati in più uffici (es. Ministeri) da organi (o uffici) *semplici* (es. Presidente della Repubblica);
- in base alla **composizione** si distinguono organi (o uffici) *individuali,* ove l'esercizio delle funzioni è demandato ad una sola persona, e organi (o uffici) *collegiali* ove l'esercizio della funzione è demandato a più persone costituenti un Collegio, dotate di pari potere (Consigli, Giunte, Commissioni, Comitati) che operano in seduta comune attraverso deliberazioni adottate secondo regole comuni;
- in base alla **responsabilità degli agenti**, si distinguono organi (o uffici) *rappresentativi* se responsabili verso la collettività, ed organi (o uffici) *non rappresentativi.* La scelta degli organi rappresentativi può aversi o meno mediante democratiche elezioni (si distinguono così uffici elettivi e uffici non elettivi);
- in base alla **funzione** si distinguono organi (o uffici) di *amministrazione attiva* se destinati a formare e portare ad esecuzione la volontà dell'ente; organi (o uffici) *consultivi,* se destinati a formulare pareri ed organi (uffici) *di controllo* se destinati a sindacare l'operato di organi attivi;
- in base all'**ambito spaziale** d'azione si distinguono organi (o uffici) *territoriali* (che operano solo in un dato territorio) e *non territoriali;*
- in base alla **normalità** della loro esistenza si distinguono organi (o uffici) *ordinari* ed organi (o uffici *straordinari*);
- in base alla **durata** si distinguono organi (o uffici) *permanenti* e organi (o uffici) *temporanei;*
- in base all'**imputazione del loro operato** si distinguono organi (o uffici) di *un solo ente e organi (o uffici) di più enti* (così il Sindaco è capo del Comune ed allo stesso tempo ufficiale di governo). In quest'ultimo caso si parla di *unione reale di uffici* (*o di organi*).

2 Le origini del Ministero dell'istruzione

Il **Ministero della Pubblica Istruzione** è stato istituito nel 1847 da Carlo Alberto e, per un breve periodo di tempo, dal 1929 (R.D. 1661/1929) al 1944 (R.D. 142/1944) è stato denominato *Ministero dell'educazione nazionale* in quanto investito di competenze non limitate esclusivamente all'ambito dell'*istruzione pubblica*, ma relative altresì ad una più ampia *diffusione della cultura* (antichità, belle arti, accademie, biblioteche, istituti di cultura etc.). Tali attività sono state trasferite in capo al Ministero per i beni culturali e ambientali per effetto della L. 29-1-1975, n. 5.

Con l'emanazione del decreto di riordino dei Ministeri, D.Lgs. 30-7-1999, n. 300, in attuazione della delega contenuta nella cd. *legge Bassanini 1* (L. 59/1997), il Ministero della Pubblica Istruzione perde la sua originaria fisionomia a seguito dell'accorpamento con il Ministero dell'Università e della Ricerca scientifica ed entrambi vannno a costituire il **Ministero dell'Istruzione, dell'Università e della Ricerca** durato nei Governi successivi fino al 2020, quando è tornato operativo il **Ministero dell'istruzione**. Con il **D.L. 1/120**, infatti, è stato scorporato dal Dicastero dell'Università e ricerca scientifica. In tal modo, il Ministero dell'istruzione ha competenze sull'istruzione scolstica e tecnica superiore e il Ministero dell'Università e ricerca ha compiti in materia di istruzione universitaria, ricerca scientifica e tecnologica e alta formazione artistica e musicale.

La *ratio* dell'accorpamento, oltre alla connessione sostanziale delle materie, è stata quella della omogeneità delle funzioni esercitabili dallo Stato in questi due settori. Tali funzioni consistono, principalmente, nella regolazione, nel supporto e nella valorizzazione di sistemi di autonomie: quella scolastica, quella universitaria, quella degli enti di ricerca.

Ciò che, d'altro canto, ha giocato un ruolo importante per la fusione è stata la considerazione, unita alle generali esigenze di snellimento dell'organizzazione dei Ministeri, della contemporanea diminuzione anche delle funzioni rimaste in capo al Ministero della Pubblica istruzione, dopo la realizzazione dell'autonomia delle istituzioni scolastiche ed il trasferimento dallo Stato agli enti locali di molteplici funzioni in materia di istruzione, ai sensi dell'art. 138 D.Lgs. 112/1998.

L'art. 49 D.Lgs. 300/1999, nel definire i **compiti** del Ministero, ha fatto salve:

- le funzioni in materia di istruzione e ricerca attribuite dalla normativa vigente o dal D.Lgs. 300/1999 ad altri Ministeri o agenzie;
- le funzioni conferite alle Regioni ed agli enti locali in attuazione delle disposizioni di cui alla legge 59/1997;
- l'autonomia delle istituzioni scolastiche, delle istituzioni universitarie e degli enti di ricerca.

3 Il Ministro dell'istruzione

3.1 Le competenze del Ministro

Il Testo Unico istruzione stabilisce, all'**art. 605**, che «il Ministro della pubblica istruzione provvede, mediante i suoi uffici centrali e periferici, ai servizi relativi all'istruzione materna, elementare, media, secondaria superiore e artistica».

Il Ministro ha il fondamentale compito di promuovere l'**istruzione sociale e pubblica** e di sovrintendere al corretto andamento dell'intero sistema scolastico.

Il Ministro è **l'organo di direzione politica del Ministero**, ed esercita le funzioni di indirizzo politico-amministrativo, ai sensi degli artt. 4, comma 1, e 14, comma 1, D.Lgs. 30-3-2001, n. 165.

Il D.Lgs. 165/2001, ha affermato il principio della **piena separazione tra politica e amministrazione**.

Secondo quanto dispone l'art. 4 D.Lgs. 165/2001, al Ministro spettano:

- le decisioni in materia di atti normativi e l'adozione dei relativi atti di indirizzo interpretativo e applicativo;
- la definizione di obiettivi, priorità, piani, programmi e direttive generali per l'azione amministrativa e per la gestione;
- l'individuazione delle risorse umane, materiali ed economico-finanziarie da destinare alle diverse finalità e la loro ripartizione tra gli uffici di livello dirigenziale generale. In particolare, assegna tali risorse ai dirigenti preposti ai centri di responsabilità delle rispettive amministrazioni e provvede alle variazioni delle assegnazioni;

- la definizione dei criteri generali in materia di ausili finanziari a terzi e di determinazione di tariffe, canoni e analoghi oneri a carico di terzi;
- le nomine, designazioni ed atti analoghi ad essi attribuiti da specifiche disposizioni;
- le richieste di pareri alle autorità amministrative indipendenti e al Consiglio di Stato;
- gli altri atti indicati dallo stesso decreto (si pensi, ad esempio, alla proposta di attribuzione degli incarichi di direzione degli uffici di livello dirigenziale generale, prevista dall'art. 19, comma 4).

Ai **dirigenti** spetta invece l'adozione degli atti e provvedimenti amministrativi, compresi tutti gli atti che impegnano l'amministrazione verso l'esterno, nonché la **gestione finanziaria, tecnica e amministrativa** mediante autonomi poteri di spesa, di organizzazione delle risorse umane, strumentali e di controllo. Essi *sono responsabili in via esclusiva dell'attività amministrativa, della gestione e dei relativi risultati.*

3.2 I poteri del Ministro nei confronti dei dirigenti

Il Ministro **non può revocare**, riformare, riservare o avocare a sé o altrimenti adottare provvedimenti o **atti di competenza dei dirigenti**. In caso di **inerzia** o ritardo il Ministro può fissare un termine perentorio entro il quale il dirigente deve adottare gli atti o i provvedimenti. Qualora l'inerzia permanga, o in caso di grave inosservanza delle direttive generali da parte del dirigente competente, che determinino pregiudizio per l'interesse pubblico, il Ministro può nominare, salvi i casi di urgenza previa contestazione, un **commissario *ad acta***, dando comunicazione al Presidente del Consiglio dei Ministri del relativo provvedimento. Resta il potere di annullamento ministeriale per motivi di legittimità (art. 14 D.Lgs. 165/2001).

L'art. 16, comma 4 prevede, infine, che gli atti e i provvedimenti amministrativi adottati dai dirigenti di uffici dirigenziali generali non sono suscettibili di ricorso gerarchico.

3.3 Le competenze del Ministro nel D.Lgs. 112/1998

Il D.Lgs. 112/1998, attuando la delega disposta con L. 59/1997 relativa alla pubblica istruzione, ha riservato al Ministro dell'Istruzione le seguenti competenze (art. 137):

- la **definizione dei criteri** ed i parametri **per l'organizzazione** della rete scolastica, previo parere della Conferenza unificata;
- la **valutazione del sistema scolastico**;
- la determinazione e l'assegnazione delle **risorse finanziarie** a carico del bilancio dello Stato e del personale delle istituzioni scolastiche;
- le **funzioni relative ai conservatori** di musica, alle accademie di belle arti, agli istituti superiori per le industrie artistiche, all'accademia nazionale d'arte drammatica, all'accademia nazionale di danza, alle istituzioni culturali straniere in Italia.

Restano altresì riservati i compiti e le funzioni amministrative relativi:

- alle scuole militari;
- ai corsi scolastici organizzati con il patrocinio dello Stato nell'ambito delle attività attinenti alla difesa e alla sicurezza pubblica;
- i provvedimenti relativi alle scuole ed organismi scolastici istituiti da cittadini ed enti appartenenti a paesi extracomunitari (D.P.R. 389/1994).

Gli uffici di diretta collaborazione

Per lo svolgimento delle proprie funzioni di indirizzo politico-amministrativo, il Ministro si avvale degli uffici di diretta collaborazione.

Gli uffici di diretta collaborazione esercitano i **compiti di supporto** all'organo di direzione politica e **di raccordo** tra questo e le strutture dell'amministrazione, ai sensi degli articoli 4 e 14, comma 2, D.Lgs. 30-3-2001, n. 165.

Sono uffici di diretta collaborazione:

— l'ufficio di gabinetto;
— la segreteria del Ministro;
— l'ufficio legislativo;
— l'ufficio stampa;
— le segreterie del Vice Ministro e dei Sottosegretari di Stato;
— il servizio di controllo interno;
— la segreteria tecnica.

Il **Vice Ministro e i Sottosegretari di Stato** svolgono, in particolare, i compiti e le funzioni espressamente a loro delegati dal Ministro con proprio decreto. L'**ufficio di gabinetto** si avvale di un Capo che viene coadiuvato dai Consiglieri ministeriali, addetti all'**Ufficio legislativo** e al **Servizio di controllo interno**, per svolgere più che altro, rapporti amministrativi e non, coordinando gli uffici centrali e periferici e i loro rapporti con il Ministro.

Alle **segreterie** invece spetta lo svolgimento di pratiche e *corrispondenza ordinaria* del Ministro e dei **Sottosegretari**, nei limiti delle attività loro delegate dal Ministro medesimo con decreto. Nelle segreterie sono impiegati *funzionari* con mansioni e responsabilità prestabilite.

3.4 Il Consiglio di amministrazione del Ministero

Il Consiglio di amministrazione del Ministero dell'istruzione è composto dai direttori generali e dai direttori di un servizio centrale, dagli ispettori centrali e dal Ministro che lo presiede o da un sottosegretario delegato dal Ministro.

Esso ha **funzioni consultive**, oltre che **di amministrazione attiva**: può essere consultato per esprimere *pareri facoltativi* sul funzionamento dei servizi dell'amministrazione. I *pareri obbligatori* sono invece rilasciati dal Consiglio per ciò che riguarda le proposte annuali relative allo stato di previsione della spesa, sui comandi e sui trasferimenti del personale presso altre amministrazioni, in materia di contenzioso disciplinare e dimissioni del dipendente.

Ha potere decisionale sui *ricorsi* dell'impiegato della carriera direttiva relativi al giudizio complessivo espresso dall'organo competente; inoltre può decidere in merito ai ricorsi in materia di trasferimenti degli impiegati.

Le *riunioni* del Consiglio vedono la partecipazione del *Direttore dell'ufficio centrale del bilancio* quando il Consiglio deve esprimere pareri circa su proposte riguardanti gli stati di previsione della spesa.

4 Il Consiglio Superiore della Pubblica Istruzione (CSPI)

Il CSPI è l'organo di garanzia di unitarietà del sistema di istruzione.

Secondo la previsione dell'art. 1, L. 59/1997, infatti, il **Consiglio superiore della pubblica istruzione** è **organo di garanzia dell'unitarietà del sistema nazionale dell'istruzione**

e di supporto tecnico-scientifico per l'esercizio delle funzioni di Governo nelle seguenti materie: ordinamenti scolastici, programmi scolastici, organizzazione generale dell'istruzione scolastica e stato giuridico del personale.

Esso è un organo collegiale nazionale di partecipazione democratica, composto da 36 membri:

- 15 rappresentanti del personale delle scuole statali di ogni ordine e grado, eletti dal corrispondente personale in servizio nelle predette scuole;
- 3 rappresentanti, rispettivamente uno per le scuole di lingua tedesca, uno per le scuole di lingua slovena ed uno per le scuole della Valle d'Aosta;
- 15 rappresentanti, nominati dal Ministro come esponenti significativi del mondo della cultura, dell'arte, della scuola, delle professioni e dell'industria;
- 3 rappresentanti delle scuole paritarie, nominati dal Ministro, tra quelli designati dalle rispettive associazioni.

In particolare, il Consiglio formula proposte ed esprime **pareri obbligatori**:

- sugli *indirizzi* in materia di definizione delle politiche del personale della scuola;
- sulle *direttive* del Ministro dell'Istruzione in materia di valutazione del sistema dell'istruzione;
- sugli *obiettivi*, indirizzi e *standard* del sistema di istruzione definiti a livello nazionale nonché sulla quota nazionale dei curricoli dei diversi tipi e indirizzi di studio;
- sull'organizzazione generale dell'istruzione.

A seguito della **sentenza del Consiglio di Stato n. 824 del 18 febbraio 2015,** il Consiglio superiore della Pubblica istruzione (previsto dall'art. 2 D.Lgs. 233/1999) si è regolarmente **costituito**, con elezione dei suoi membri e nomina dei componenti di competenza ministeriale, facendo **decadere dalle sue funzioni il precedente Consiglio nazionale della pubblica istruzione**. Il CSPI si è costituito in luogo del Consiglio nazionale della pubblica istruzione del quale eredita e conserva il titolo ad emanare pareri in maniera autonoma in materia di istruzione.

5 L'Anagrafe nazionale degli studenti

L'Anagrafe nazionale degli studenti (ANS) è stata istituita con il D.Lgs. 76/2005 (art. 3), per il primo e secondo ciclo di istruzione, del *diritto-dovere all'istruzione e alla formazione* (vedi Parte I, Cap. 1, §6).

La sua prima attuazione risale al D.M. 74/2010 che è stato seguito da diversi altri provvedimenti introduttivi di innovazioni all'Anagrafe.

La sua istituzione risponde all'esigenza di predisporre un **patrimonio informativo** che può rivelarsi utile per l'assolvimento dei compiti istituzionali del Ministero e per la valutazione del sistema scolastico.

Le istituzioni scolastiche sono tenute ad inserire e aggiornare i dati dei loro studenti sul portale SIDI, precisamente nell'Area Alunni. Ogni scuola può raggiungere quest'Area in modo da gestire in maniera unitaria le informazioni degli alunni di propria competenza, nel rispetto dei principi dell'autonomia scolastica e della tutela della privacy.

La comunicazione dei dati avviene in diversi momenti dell'anno scolastico, a seconda del periodo, ad esempio, a settembre, vengono comunicati i frequentanti dell'anno scolastico in corso; a gennaio-febbraio si acquisiscono nuove iscrizioni attraverso la procedura di Iscrizioni online; a giugno-settembre si comunicano i dati sugli esiti degli esami finali.

I provvedimenti normativi che sono intervenuti sull'Anagrafe degli studenti, in particolare, sono: l'inserimento in Anagrafe dei dati degli alunni delle **scuole dell'infanzia** appartenenti al Sistema nazionale di istruzione (D.M. 24/2016; D.M. 595/2016); il trattamento, in una *partizione separata, di dati sensibili idonei a rilevare lo stato di disabilità* degli alunni in Anagrafe (D.M. 162/2016); la conservazione dei dati sugli esiti finali della scuola secondaria di secondo grado per un *periodo non inferiore a un cinquantennio* dalla conclusione di ogni ciclo (D.M. 862/2016); l'inserimento in Anagrafe dei **Centri provinciali per l'istruzione degli adulti (CPIA)**, disciplinati con D.P.R. 29 ottobre 2012, n. 263.

Il D.M. 692/2017 ha riordinato e riorganizzato in un *unico provvedimento* la normativa secondaria adottata nel tempo per la gestione dell'Anagrafe.

6 L'Osservatorio per l'edilizia scolastica

La L. 23/1996, recante norme per l'edilizia scolastica ha istituito l'Osservatorio per l'edilizia scolastica.

Gli ultimi anni hanno visto il susseguirsi di interventi legislativi diretti all'implementazione dell'**edilizia scolastica pubblica** in termini di *sicurezza* e di *riqualificazione*, con stanziamenti di fondi destinati specificamente alle scuole e previsioni di procedure semplificate per i lavori, tanto che si può parlare di un vero e proprio «piano» per l'edilizia scolastica. Specifici provvedimenti legislativi, hanno previsto, ad esempio, incentivi per i Comuni che realizzano interventi di riqualificazione e messa in sicurezza degli edifici scolastici.

L'edilizia scolastica deve tenere conto delle **Linee Guida per le architetture interne delle scuole** emanate nel **2013**, cioè i nuovi criteri per la costruzione degli edifici scolastici e per l'organizzazione degli spazi educativi e di apprendimento, in linea con le innovazioni determinate dalle *tecnologie digitali* e dalle evoluzioni della didattica. Esse superano i criteri per la progettazione degli spazi risalenti al 1975, con una logica **prestazionale**, ovvero rendendo i criteri di progettazione più adattabili alle esigenze didattiche e organizzative di una scuola concepita non più soltanto in base alla lezione frontale, in quanto modello non più prevalente dell'organizzazione didattica. Sono proposti quindi *spazi modulari* in grado di rispondere a contesti educativi sempre diversi, funzionali ai sistemi di insegnamento e apprendimento più avanzati: si pensi alla cd. *classe 2.0* che ha l'obiettivo di guidare i giovani all'uso consapevole degli strumenti e dei **linguaggi digitali** e alla *scuola 2.0* nella quale gli ambienti formativi sono tecnologici e centrati sull'autonomia dell'alunno e sulla cooperazione tra gli utenti che ne usufruiscono.

Nel **febbraio 2014** è stato siglato in Conferenza Unificata l'Accordo per la costituzione del Sistema nazionale delle **Anagrafi dell'edilizia scolastica (Snaes)**, già previsto nel 2009 e che presenta modalità e procedure più snelle per la raccolta dei dati relativi all'edilizia scolastica. L'accordo ha stabilito anche i termini per il funzionamento dell'**Osservatorio per l'edilizia scolastica**, pensato per garantire una programmazione efficiente degli interventi di riqualificazione degli edifici scolastici.

L'attività di **monitoraggio** delle scuole italiane è funzionale alla programmazione degli interventi di manutenzione e ristrutturazione. Infatti, ogni Regione ha l'obbligo di restituire al nodo centrale la *fotografia aggiornata* della propria edilizia scolastica, al fine di avere un quadro completo che consenta di individuare le priorità di intervento e di direzionare al meglio i fondi disponibili.

L'**Osservatorio per l'edilizia scolastica** ha il compito di verificare la funzionalità del sistema e la conformità alle regole tecniche, oltre a compiti di promozione, indirizzo e attività di studio nell'ambito dell'edilizia scolastica, di supporto per i soggetti programmatori e attuatori degli interventi operativi.

Le norme in materia di sicurezza degli edifici scolastici risultano, però, piuttosto frammentarie. Numerosi sono stati nel corso degli anni gli interventi e gli stanziamenti di risorse finanziarie. Anche, la legge di riforma «**Buona scuola**» ha previsto numerose norme che disciplinano dettagliatamente il programma di innovazione e messa in sicurezza degli edifici scolastici già precedentemente messo a punto dal Governo (*programmi «Scuole Sicure», «Scuole Nuove», «Scuole Belle»*), con previsione delle risorse da assegnare agli interventi. Nella stesura definitiva del provvedimento sono state recuperate ulteriori risorse per nuove costruzioni e interventi di manutenzione. All'Osservatorio per l'edilizia scolastica è stata attribuita la programmazione del fabbisogno nazionale per il triennio 2015/2017, in modo da ripartire le risorse del **Fondo unico per l'edilizia**. L'obiettivo della norma, che si rivolge più agli amministratori locali e ai Ministeri, che alle singole scuole, è rendere più razionali i vari interventi e avere un monitoraggio più preciso di quanto c'è ancora da fare sui lavori incompleti e quanto dovrà farsi per la messa in sicurezza degli edifici scolastici.

Nella Programmazione unica nazionale per il triennio **2018-2020** (D.M. 615/2018), sono stati dettati i criteri per gli interventi di edilizia e le priorità per la definizione dei piani regionali.

7 L'organizzazione a livello locale periferico

«Sotto il profilo amministrativo-gestionale, l'attuale sistema formativo nazionale nasce come risultato di una opera riformatrice che, provvedendo a redistribuire le competenze fra gli organi dell'amministrazione diretta dello Stato e le Regioni e gli enti locali, definisce quali siano gli attori di esso in ambito regionale:

— gli istituti scolastici autonomi;
— le Regioni;
— i Comuni e le Province;
— le Direzioni generali regionali del Ministero.

Si configura un sistema complesso nel quale le istituzioni scolastiche acquisiscono una posizione di «centralità» e ciascuno degli attori, pur destinatario di una sfera di competenze esclusive, agisce su aree che hanno significativi punti di contatto funzionale che richiedono l'individuazione di momenti di raccordo idonei a realizzare le necessarie sinergie ed evitare sovrapposizioni, dispersioni e diseconomie.

L'ottimale perseguimento degli obiettivi da parte di tutti gli organi della pubblica amministrazione che, nel loro insieme, costituiscono un sistema allargato di erogazione del servizio formativo, richiede un'efficace interazione tra i diversi attori basata sulla collaborazione e sull'integrazione dei rispettivi ambiti di competenza» [*].

---

[*] Tratto dalle «*Linee-guida per i provvedimenti di articolazione degli uffici scolastici regionali*» emanate dalla Conferenza unificata sulla base dell'accordo del 19 aprile 2001 fra il Ministro dell'Istruzione, le Regioni, le Province, i Comuni e le Comunità montane.

L'ordinamento dell'amministrazione periferica del sistema di istruzione ha subito un'importante trasformazione: con il **D.Lgs. 300/1999** di riorganizzazione del Ministero sono **venute meno** le **Sovrintendenze scolastiche regionali** e i **Provveditorati agli studi**.

Da ciò è derivata la riorganizzazione degli uffici periferici in **Uffici scolastici regionali** (USR) articolati in **Ambiti territoriali (AT)**.

8 L'articolazione periferica: gli Uffici scolastici regionali

Il Ministero dell'istruzione è organizzato, a livello periferico, in *Uffici scolastici regionali (USR)* che sono **uffici di livello dirigenziale generale** o, in relazione alla popolazione studentesca della relativa Regione, di livello non generale, cui sono assegnate determinate funzioni.

Il numero complessivo degli Uffici scolastici regionali è di 18, di cui 15 di livello dirigenziale generale (**D.P.C.M. 140/2019, art. 8**).

L'USR svolge compiti di **supporto alle scuole**, **amministrativi** e di monitoraggio in coordinamento *con le direzioni generali competenti*. Tali uffici svolgono, in particolare, le funzioni:

- relative all'*assistenza, alla consulenza e al supporto* agli istituti scolastici autonomi per le procedure amministrative e amministrativo-contabili in coordinamento con la direzione generale per le risorse umane e finanziarie;
- alla gestione delle graduatorie e alla gestione dell'organico del personale docente, educativo e Ata ai fini dell'assegnazione delle risorse umane ai singoli istituti scolastici autonomi;
- al supporto e alla consulenza agli istituti scolastici per la progettazione e innovazione della offerta formativa e alla integrazione con gli altri attori locali;
- al supporto e allo sviluppo delle *reti di scuole*;
- al *monitoraggio dell'edilizia scolastica* e della *sicurezza degli edifici*;
- allo stato di integrazione degli alunni immigrati;
- all'*utilizzo da parte delle scuole dei fondi europei* in coordinamento con le direzioni generali competenti;
- al raccordo ed interazione con le autonomie locali per la migliore realizzazione dell'integrazione scolastica dei diversamente abili, alla promozione ed incentivazione della partecipazione studentesca;
- al raccordo con i Comuni per la verifica dell'osservanza dell'obbligo scolastico;
- alla cura delle relazioni con le RSU e con le organizzazioni sindacali territoriali.

Presso ciascun ufficio scolastico regionale è presente l'**organo collegiale a composizione mista**, composto da rappresentanti dello Stato, della Regione e delle autonomie territoriali interessate, cui compete il coordinamento delle attività gestionali di tutti i soggetti interessati e la valutazione della realizzazione degli obiettivi programmati (art. 75, comma 3, D.Lgs. 300/1999).

L'USR, inoltre, cui è preposto un **Direttore generale**:

- vigila sul rispetto delle norme generali sull'istruzione e dei *livelli essenziali delle prestazioni*, sull'attuazione degli ordinamenti scolastici, sui livelli di efficacia dell'azione formativa e sull'osservanza degli standard programmati;

— stipula i **contratti individuali di lavoro** e adotta gli atti di incarico;
— **attiva la politica scolastica nazionale sul territorio** supportando la flessibilità organizzativa, didattica e di ricerca delle istituzioni scolastiche; *integra la sua azione con quella dei Comuni, delle Province e della Regione* nell'esercizio delle competenze loro attribuite dalla legge;
— cura i rapporti con l'amministrazione regionale e con gli enti locali, per quanto di competenza statale, per *l'offerta formativa integrata, l'educazione degli adulti, nonché l'istruzione e formazione tecnica superiore e i rapporti scuola-lavoro*;
— svolge attività di **verifica e di vigilanza** al fine di rilevare l'efficienza dell'attività delle istituzioni scolastiche; valuta il grado di realizzazione del piano per l'offerta formativa;
— **assegna alle istituzioni scolastiche ed educative le risorse di personale** ed *esercita tutte le competenze, ivi comprese le relazioni sindacali, non attribuite alle istituzioni scolastiche o non riservate all'Amministrazione centrale*;
— esercita le attribuzioni, assumendo legittimazione passiva nei relativi giudizi, in materia di **contenzioso del personale della scuola**, nonché del personale amministrativo in servizio;
— supporta le istituzioni scolastiche ed educative statali, in raccordo con la direzione generale delle risorse umane e finanziarie, in merito all'assegnazione dei **fondi** alle medesime istituzioni.

L'Ufficio scolastico regionale si articola **per funzioni** e sul territorio per **Ambiti territoriali**; in **uffici** ai quali sono preposti **Dirigenti** di seconda fascia.

Essi rappresentano **strutture organizzative complesse**, responsabili del perseguimento di un sistema di obiettivi integrato e coerente con una delle missioni principali assegnate alla Direzione regionale.

Gli uffici esercitano competenze funzionali, in riferimento all'intero territorio regionale, e sono alle dirette dipendenze del **Direttore generale dell'USR**.

Ogni ufficio della Direzione regionale si articola in **unità operative**, le quali sono **strutture organizzative non complesse** che contribuiscono al perseguimento degli obiettivi di un ufficio attraverso il presidio unitario di un processo di lavoro e/o la erogazione di un servizio.

Una unità operativa può essere destinata a gestire integralmente un processo di lavoro di natura amministrativa afferente all'intero territorio regionale (per es. reclutamento, gestione dirigenti scolastici, contabilità, economato etc.), oppure può essere destinata a fornire competenze specialistiche o di supporto per il funzionamento interno dell'organizzazione regionale (per es. comunicazione, formazione).

Presso ciascun USR poi sono istituiti gli **Uffici degli Ambiti territoriali**, articolazioni degli USR.

Essi svolgono funzioni di consulenza e di supporto per l'assolvimento di compiti e funzioni trasferite alle scuole autonome e tutte le funzioni loro delegate dagli Uffici scolastici regionali.

Ma in cosa si identificano gli **Ambiti territoriali**? Sono **aree territoriali** la cui ampiezza risulta adeguata per la prestazione di un determinato servizio alla collettività. I primi ATO (Ambiti territoriali ottimali) si sono avuti in ambito sanitario. Gli Ambiti territoriali nel settore istruzione, sono stati individuati dall'USR, su indicazione del Ministero dell'istruzione, dopo aver sentito le Regioni e gli enti locali. La loro ampiezza è inferiore alla *Provincia* o alla

Città metropolitana e sono individuati avendo in considerazione, oltre che la popolazione scolastica, la prossimità delle scuole e le caratteristiche del territorio *anche la specificità* delle aree interne e montane e delle piccole isole, della presenza di scuole negli istituti penitenziari e di altre situazioni territoriali già in essere.

Essi svolgono, fra le altre, tutte le funzioni delegate dal direttore generale dell'USR ed inoltre, le funzioni di assistenza, consulenza e supporto agli istituti scolastici per le procedure amministrative e amministrativo-contabili, per la progettazione e innovazione dell'offerta formativa e svolgono attività di monitoraggio dell'edilizia scolastica e della struttura degli edifici si occupano anche dello stato di integrazione degli alunni immigrati, e diversamente abili e di verificare l'osservanza dell'obbligo scolastico.

9 Le competenze amministrative delle autonomie territoriali

9.1 Il processo di decentramento

Il quadro normativo di riferimento è rappresentato dal **D.Lgs. 31-3-1998, n. 112**, recante il *Conferimento di funzioni e compiti amministrativi dello Stato alle Regioni e agli enti locali,* che dispone la ripartizione materia per materia, delle competenze riservate allo Stato e di quelle attribuite a Regioni, Province e Comuni, ponendo come *regola* l'**esercizio di compiti e funzioni amministrativi a livello locale**, e configurando l'intervento dello Stato in via meramente *residuale*.

Il conferimento di funzioni e compiti amministrativi dello Stato alle Regioni e agli enti locali è fondato evidentemente sul **principio di sussidiarietà** principio costituzionale contenuto nell'art. 118 Cost. Secondo il principio di *sussidiarietà verticale*, le competenze generali devono essere affidate all'autorità più vicina ai cittadini (in questo caso, il Comune), in quanto maggiormente in grado di soddisfare le aspettative. È *orizzontale* quando la distribuzione delle competenze avviene tra le pubbliche amministrazioni e i cittadini. Il nuovo assetto di ripartizione delle competenze fra Stato ed enti locali si è riverberato anche sul settore dell'istruzione scolastica, sia pure limitandone l'oggetto alla *programmazione ed alla gestione amministrativa del servizio scolastico* (art. 135, D.Lgs. 112/1998).

Il nuovo assetto di ripartizione si è riverberato anche sull'istruzione scolastica, limitando l'oggetto della programmazione e sezione amministrativa del servizio (art. 135).

L'**art. 136 D.Lgs. 112/1998** chiarisce cosa debba intendersi per programmazione e gestione amministrativa del servizio scolastico e cioè l'*insieme delle funzioni e dei compiti volti a consentire la concreta e continua erogazione del servizio di istruzione*.

Nell'ambito di tali funzioni e compiti sono richiamati in particolare:

- la programmazione della rete scolastica;
- la provvista delle risorse finanziarie e di personale;
- l'autorizzazione, il controllo e la vigilanza sugli organismi pubblici e privati, operanti nel settore;
- la rilevazione di disfunzioni e bisogni e le correlate iniziative di segnalazione e proposta;
- le misure organizzative per il migliore andamento del servizio.

9.2 Le competenze amministrative delle Regioni

L'**art. 138** D.Lgs. 112/1998 delega **alle Regioni**, le seguenti funzioni amministrative:

— la programmazione dell'offerta formativa integrata fra istruzione e formazione professionale;
— la programmazione, sul piano regionale, nei limiti delle disponibilità di risorse umane e finanziarie, della rete scolastica, sulla base dei piani provinciali, assicurando il coordinamento con la programmazione di cui al punto precedente. ;
— la suddivisione, sulla base anche delle proposte degli enti locali interessati, del territorio regionale in ambiti funzionali al miglioramento dell'offerta formativa;
— la determinazione del calendario scolastico;
— i contributi alle scuole non statali;
— le iniziative e le attività di promozione relative all'ambito delle funzioni conferite.

9.3 Le competenze amministrative dei Comuni e delle Province

«L'attribuzione delle competenze a Comuni e Province è in qualche misura la pre-condizione per l'instaurarsi di quelle relazioni che possono condurre a collocare pienamente la scuola nel territorio» (POGGI).

Sono attribuite alle **Province, per l'istruzione secondaria di secondo grado** e ai **Comuni**, per gli altri gradi inferiori di scuola (**scuole dell'infanzia e primaria**), in base all'**art. 139 D.Lgs. 112/1998**, i seguenti compiti e **funzioni**:

— l'istituzione, l'aggregazione, la fusione e la soppressione di scuole in attuazione degli strumenti di programmazione;
— la redazione dei piani di organizzazione della rete delle istituzioni scolastiche;
— i servizi di supporto organizzativo del servizio di istruzione per gli alunni con handicap o in situazione di svantaggio;
— il piano di utilizzazione degli edifici e di uso delle attrezzature, d'intesa con le istituzioni scolastiche;
— la sospensione delle lezioni in casi gravi e urgenti;
— le iniziative e le attività di promozione relative all'ambito delle funzioni conferite;
— la costituzione, i controlli e la vigilanza, ivi compreso lo scioglimento, sugli organi collegiali scolastici a livello territoriale.

La *manutenzione* degli edifici scolastici, sia ordinaria che straordinaria, nonché le spese relative ad *arredamento, impianti, utenze* completano, nella ripartizione prevista dal D.Lgs. 112/1998, ai Comuni e alle Province, in base alla **L. 23/1996**.

I **Comuni**, *anche in collaborazione con le Comunità montane e le Province*, esercitano d'intesa con le istituzioni scolastiche, iniziative relative alle seguenti attività previste dall'**art. 139, comma 2**:

— educazione degli adulti;
— interventi integrati di orientamento scolastico e professionale;
— azioni tese a realizzare le pari opportunità di istruzione;
— azioni di supporto tese a promuovere e sostenere la coerenza e la continuità in verticale e orizzontale tra i diversi gradi e ordini di scuola;

— interventi perequativi;
— interventi integrati di prevenzione della dispersione scolastica e di educazione alla salute.

A completamento di siffatto quadro di attribuzioni, va citato anche l'art. 13 D.Lgs. 267/2000 (T.U. enti locali) secondo il quale «spettano al Comune tutte le funzioni amministrative che riguardino la popolazione ed il territorio comunale precipuamente nei settori organici dei *servizi sociali, dell'assetto e dell'utilizzazione del territorio e dello sviluppo economico*».

Nel settore dei «*servizi sociali*» rientrano le funzioni spettanti al Comune in materia di **assistenza scolastica**.

Per ciò che riguarda le Province è opportuno menzionare la **L. 7-4-2014, n. 56** (cd. *legge Delrio*), che ha dettato *Disposizioni sulle Città metropolitane, sulle Province, sulle Unioni e fusioni di Comuni,* che nell'operare un riordino del ruolo degli enti locali, ha confermato i loro compiti in materia di scuola, come ad esempio, nel settore dell'edilizia.

10 Le competenze delle istituzioni scolastiche

A completare il quadro delle competenze amministrative in materia di istruzione, troviamo le scuole autonome che si relazionano con i diversi uffici territoriali attraverso le **segreterie scolastiche**, in modo particolare con il loro responsabile, il Direttore dei servizi generali e amministrativi (DSGA) coadiuvato dagli assistenti amministrativi.

A decorrere dal 1° settembre 2000, con l'affermazione dell'autonomia scolastica, alle scuole sono state attribuite le funzioni già di competenza dell'amministrazione centrale e periferica relative **alla carriera scolastica e al rapporto con gli alunni**, **all'amministrazione e alla gestione del patrimonio e delle risorse e allo stato giuridico ed economico del personale** non riservate all'amministrazione centrale e periferica. A tali funzioni si aggiungono quelle già rientranti nella competenza delle istituzioni scolastiche in virtù di previgenti disposizioni.

Quanto alle competenze in merito alla **carriera scolastica degli alunni**, le istituzioni scolastiche provvedono a tutti gli adempimenti ad essa relativi e disciplinano, nel rispetto della legislazione vigente, le iscrizioni, le frequenze, le certificazioni, la documentazione, la valutazione, il riconoscimento degli studi compiuti in Italia e all'estero ai fini della prosecuzione degli studi medesimi, la valutazione dei crediti e debiti formativi, la partecipazione a progetti territoriali e internazionali, la realizzazione di scambi educativi internazionali. Rientra in tale competenza anche l'adozione del regolamento di disciplina degli alunni ai sensi dell'art. 4 dello Statuto delle studentesse e degli studenti (D.P.R. 249/1998).

Per quanto attiene all'**amministrazione, alla gestione del bilancio e dei beni e alle modalità di definizione e di stipula dei contratti di prestazione d'opera**, le istituzioni scolastiche provvedono in conformità a quanto stabilito dal D.I. 44/2001, regolamento di contabilità nel rispetto dei principi di universalità, unicità e veridicità della gestione e dell'equilibrio finanziario.

Quanto alle competenze relative allo **stato giuridico ed economico del personale**, vale ricordare a titolo esemplificativo la circolare 9-5-2001, n. 86 con la quale si trasferiscono alle Istituzioni scolastiche tutte le attività gestionali relative ai procedimenti amministrativi di ricostruzione della carriera del personale docente:

- assenze;
- posizioni di stato (es: incarichi);
- perfezionamento dell'assunzione in servizio;
- funzioni di varia natura (integrazione dello stato matricolare, rettifica dati di ruolo, interrogazioni etc.).

Le istituzioni scolastiche riorganizzano i servizi amministrativi e contabili tenendo conto della complessità dei compiti ad esse affidati, per garantire all'utenza un efficace servizio e concorrono, anche con iniziative autonome, alla specifica formazione e aggiornamento, culturale e professionale del relativo personale per corrispondere alle esigenze derivanti dal nuovo riparto di competenze.

I **provvedimenti** adottati dalle istituzioni scolastiche, negli ambiti di propria competenza, divengono **definitivi il quindicesimo giorno dalla data della loro pubblicazione nell'albo della scuola** (oggi sostituita con la pubblicazione sul sito web della scuola). Entro tale termine, chiunque abbia interesse può proporre *reclamo* all'organo che ha adottato l'atto, che deve pronunciarsi sul reclamo stesso nel termine di trenta giorni, decorso il quale l'atto diviene definitivo. Gli atti divengono altresì definitivi a seguito della decisione sul reclamo.

Sono, invece, escluse dall'attribuzione alle istituzioni scolastiche le seguenti funzioni in materia di personale, il cui **esercizio** è **legato ad un ambito territoriale più ampio** di quello di competenza della singola istituzione, ovvero richiede garanzie particolari in relazione alla tutela della libertà di insegnamento:

- **formazione delle graduatorie permanenti** riferite ad ambiti territoriali più vasti di quelli della singola istituzione scolastica;
- **reclutamento del personale docente**, amministrativo, tecnico e ausiliario con rapporto di lavoro a tempo indeterminato;
- **mobilità** esterna alle istituzioni scolastiche e utilizzazione del personale eccedente l'organico funzionale di istituto;
- autorizzazioni per utilizzazioni ed esoneri per i quali sia previsto un contingente nazionale; **comandi**, **utilizzazioni** e **collocamenti fuori ruolo**;
- riconoscimento di **titoli di studio esteri**.

L'**art. 16 D.P.R. 275/1999** configura, in relazione alle competenze amministrative attribuite alla scuola dell'autonomia, un quadro riassuntivo degli ambiti di operatività di ciascuno degli attori e i ruoli di ciascuno.

In particolare:

- gli **organi collegiali** della scuola garantiscono l'efficacia dell'autonomia delle istituzioni scolastiche nel quadro delle norme che ne definiscono competenze e composizione;
- il **Dirigente scolastico** (DS) esercita le funzioni conferitegli dalla legge, connesse alla riconosciuta qualifica dirigenziale, nel rispetto delle competenze degli organi collegiali;
- i **docenti** hanno il compito e la responsabilità della progettazione e dell'attuazione del processo di insegnamento e di apprendimento;

— il **Direttore dei servizi generali e amministrativi** (DSGA), una volta definito «responsabile amministrativo», assume funzioni di *direzione dei servizi di segreteria* nel quadro dell'unità di conduzione affidata al dirigente scolastico;
— il **personale della scuola**, i **genitori** e gli **studenti** partecipano al processo di attuazione dell'autonomia assumendo le relative responsabilità.

11 Comunità scolastica e organi collegiali

Come sancito dall'art. 3 del T.U. 297/1994, l'istituzione in ambito scolastico degli **organi collegiali** soprattutto territoriali risponde all'intento di favorirne *la gestione sociale*, o meglio di non relegare in uno sterile isolamento l'istituzione scolastica e coloro che in essa vi operano, nel delicato compito di trasmissione della cultura e di elaborazione di essa e nel processo quotidiano di sviluppo della personalità dell'alunno.

È parso, dunque, più che mai necessario il *coinvolgimento nella gestione della scuola di tutte le componenti della società* (famiglie, rappresentanti degli enti locali, organizzazioni sindacali), al fine di consentirne l'adeguamento continuo alle mutevoli e contingenti esigenze sociali.

In particolare sull'onda delle istanze politiche e partecipative sollecitate dai movimenti studenteschi alla fine degli anni Sessanta nacque l'esigenza di dar vita ad organismi rappresentativi degli interessi non solo pedagogici, ma anche più squisitamente politici e sociali di cui si fa portatrice una collettività locale organizzata.

Con la legge n. 477/1973 si sovvertì l'assetto piramidale originariamente strutturato in *Ministero* a livello nazionale, *provveditorati agli studi* a livello provinciale e *presidi* a livello scolastico, fino ad allora esistente e in cui i genitori e studenti non avevano alcun ruolo istituzionale. Furono così istituiti il *Consiglio nazionale della Pubblica istruzione* (C.N.P.I.) destinato ad affiancare il Ministro; il *Consiglio scolastico provinciale* (C.S.P.) che affiancava il provveditorato agli studi, il *consiglio di circolo o di istituto* che si affiancava, in ogni scuola, al direttore didattico o al preside.

Successivamente anche il D.Lgs. 297/1994 si fece carico di siffatte istanze, provvedendo a suddividere il territorio regionale in comprensori, detti **distretti scolastici** (con estensione non superiore a quella provinciale), nell'ambito dei quali doveva essere assicurata la compresenza di ogni ordine e grado di scuola (escluse le università, i conservatori di musica e le accademie di belle arti). Organo di governo del distretto scolastico era il **Consiglio scolastico distrettuale.**

Qualche anno dopo in attuazione della delega di cui alla legge 59/1997, venne emanato il **D.Lgs. n. 233 del 30 giugno 1999** per la *Riforma degli organi collegiali territoriali della scuola*, che ne rinnovò appunto l'articolazione territoriale, prevedendo che la rappresentanza e la partecipazione alla vita scolastica avvenissero, oltre che a livello di singola istituzione, anche a livello centrale, regionale e locale.

Gli **organi collegiali territoriali** previsti dal D.Lgs. 233/1999 sono:
— a livello centrale, il **Consiglio superiore della pubblica istruzione**, che fu completamente riformato per tutto quanto concerneva il quadro delle competenze, il funzionamento, la struttura e la composizione;
— a livello regionale, i **Consigli regionali dell'istruzione**;
— a livello locale, i **Consigli scolastici locali**.

Il decreto di riforma è rimasto però solo un "progetto" in quanto non ha avuto ancora attuazione pratica. Ad eccezione del CSPI, nessuno degli organi sopra citati è stato istituito.

La **costituzione del CSPI**, avvenuta nell'aprile 2015, è solo un primo passo verso la completa riforma degli organi collegiali territoriali della scuola, auspicata ma ancora di là da venire.

Intanto, il termine del 31 dicembre 2002 per la costituzione dei nuovi organi collegiali territoriali fissato dal D.Lgs. 233/1999 è stato completamente disatteso. I preesistenti Consigli scolastici distrettuali sono stati **di fatto aboliti** con la legge finanziaria del 2003 (L. 289/2002) e i Consigli scolastici provinciali, come visto, **formalmente abrogati** con il decreto del 1999.

A seguito di una riforma peraltro incompiuta, non c'è stata alcuna ricaduta sostanziale. Dei Consigli scolastici distrettuali e provinciali restano in piedi solo **alcune Commissioni** con alcune competenze.

12 Organi collegiali a livello di circolo e di istituto

La base della struttura partecipativa della scuola prima disegnata dal D.P.R. 416/1974, poi fatta propria dal Testo unico istruzione (D.Lgs. 297/1994), è rappresentata dagli **organi collegiali che operano a livello di circolo e di istituto**.

A norma degli artt. 5 e ss. del T.U. essi sono:
- il **Consiglio di intersezione nella scuola dell'infanzia**;
- il **Consiglio di interclasse nella scuola primaria**;
- il **Consiglio di classe negli istituti di istruzione secondaria**;
- il **Collegio dei docenti**;
- il **Consiglio di circolo o d'istituto e la Giunta esecutiva**;
- il **Comitato per la valutazione del servizio dei docenti**;
- le **assemblee studentesche e dei genitori**.

In caso di *aggregazione di istituti di istruzione secondaria superiore*, anche di diverso ordine e tipo, l'istituzione scolastica unitaria che ne deriva dispone di:
- un unico Collegio dei docenti, articolato in tante sezioni quante sono le scuole aggregate;
- un unico Consiglio di istituto, nel quale è riservato un seggio ad ognuna delle componenti (docenti, genitori, alunni) di ciascuna delle scuole aggregate;
- un unico Comitato per la valutazione del servizio, nel quale è assicurata la rappresentanza dei docenti appartenenti alle diverse tipologie scolastiche dell'aggregazione.

La disciplina degli organi collegiali della scuola è contenuta nel T.U. in materia di istruzione (D.Lgs. n. 297/1994 al Capo I del Titolo I; le modalità di funzionamento al Capo VI).

12.1 Il funzionamento degli organi collegiali. Elezioni

Nelle elezioni degli organi collegiali l'**elettorato attivo** (diritto di voto) e **passivo** (diritto di candidarsi) spetta ai componenti delle rispettive categorie rappresentate e partecipanti a tali organismi.

Le **elezioni** delle componenti rappresentative nei Consigli di circolo o di istituto avvengono sulla base del *sistema proporzionale* in relazione a liste di candidati per ciascuna componente. Le liste dei candidati sono contrassegnate da un numero progressivo riflettente l'ordine di presentazione.

Il numero delle preferenze che l'elettore può esprimere è proporzionale al numero dei seggi da attribuire alla categoria: così si avrà un voto di preferenza su tre seggi; due voti su cinque seggi e in ogni caso un numero di voti non superiore ad un terzo del numero complessivo dei seggi da attribuire.

Il voto è *personale*, *libero* e *segreto*.

12.2 Costituzione degli organi e validità delle deliberazioni

Sono previsti *due* momenti della vita degli organi collegiali: il primo riguarda la **validità della costituzione**, il secondo la **validità delle adunanze**.

Nel primo caso il legislatore ha disposto che l'organo collegiale sia **validamente costituito** anche nel caso in cui non tutte le componenti abbiano espresso la propria rappresentanza (art. 37, comma 1, D.Lgs. 297/1994). Come evidente, è prevista una *deroga* rispetto alla disciplina generale di organi composti da più membri, che si considerano costituiti quando tutti i componenti abbiano ricevuto l'investitura secondo le procedure stabilite in materia.

Nel caso in esame invece il diritto di partecipazione è concesso nell'interesse delle varie categorie chiamate alla costituzione dell'organo e il mancato esercizio di tale diritto automaticamente è considerato come rinuncia ad avvalersene.

Per quanto riguarda invece la **validità delle adunanze** del Collegio dei docenti, del Consiglio di circolo e di istituto è richiesta la presenza almeno della metà più uno dei componenti in carica (art. 37, comma 2).

Le deliberazioni sono adottate a maggioranza assoluta dei voti validamente espressi non computandosi il numero dei voti nulli e gli astenuti. In caso di parità prevale il voto del presidente; la votazione è segreta quando si faccia questione di persone.

12.3 Decadenza dei componenti

I membri eletti o designati che non intervengono, senza giustificati motivi, a *tre* sedute consecutive dell'organo di cui fanno parte, decadono dalla carica e vengono surrogati con le modalità previste dall'**art. 35 D.Lgs. 297/1994**.

Per la sostituzione dei membri elettivi venuti a cessare per qualsiasi causa si procede alla nomina di coloro che risultino i primi fra i non eletti delle rispettive liste.

È il caso di precisare che i membri di diritto, derivando la loro investitura direttamente dalla carica o dalla funzione che esercitano, non incorrono nella decadenza dal diritto di comporre l'organo cui appartengono, se non per scadenza o per intervenuta cessazione dalla carica che rivestono; gli altri membri invece vengono dichiarati decaduti se non partecipano alle sedute.

12.4 Pubblicità degli atti degli organi collegiali

L'**art. 43** D.Lgs. 297/1994 disciplina **la pubblicità riguardante gli atti degli organi collegiali della scuola**, cioè i pareri e le deliberazioni. In particolare l'art. 43 prevede che:

- gli atti del Consiglio di circolo e d'istituto siano pubblicati in apposito albo della scuola;
- i pareri e le deliberazioni del Consiglio scolastico distrettuale siano pubblicati nell'apposito albo presso la sede del Distretto e negli albi del Comune o dei Comuni e delle scuole compresi nel Distretto;
- i pareri e le deliberazioni del Consiglio scolastico provinciale siano pubblicati nell'albo dell'ex Provveditorato agli studi e negli albi dei Distretti e delle scuole della Provincia;
- i pareri e le deliberazioni del Consiglio nazionale della Pubblica Istruzione siano pubblicati nel bollettino ufficiale del Ministero dell'Istruzione, dell'Università e della Ricerca.

Non devono essere, invece, pubblicati, salvo contraria richiesta dell'interessato, gli atti concernenti singole persone per i quali trovano applicazione le disposizioni della L. 241/1990 in tema di **accesso ai documenti amministrativi**.

Per quanto riguarda la *pubblicità delle sedute* va detto che essa è consentita con riferimento ai lavori di taluni organi collegiali (Consiglio di circolo o di istituto). Qualora, però, il comportamento del pubblico non consenta l'ordinato svolgimento dei lavori o la libertà di discussione e di deliberazione, il presidente dispone la sospensione della seduta e la sua prosecuzione in forma non pubblica.

13 Il Consiglio di intersezione, di interclasse e di classe

Il **Consiglio di intersezione**, proprio della **scuola dell'infanzia**, è composto dagli insegnanti delle sezioni dello stesso plesso e dai docenti di sostegno, se presenti, nonché da un rappresentante eletto dai genitori degli alunni iscritti; è presieduto dal Dirigente scolastico (o da un docente da lui delegato).

Il **Consiglio di interclasse**, proprio della **scuola primaria**, è composto dai docenti dei gruppi di classi parallele o dello stesso ciclo o dello stesso plesso. Ne fanno inoltre parte un rappresentante eletto dai genitori degli alunni iscritti per ciascuna delle classi interessate, e i docenti di sostegno. È presieduto dal DS.

Il **Consiglio di classe**, proprio della **scuola secondaria**, è composto dai docenti di ogni singola classe (ivi compresi i docenti di sostegno): *si occupa dell'andamento generale della classe*. È presieduto dal Dirigente scolastico.

Siedono nel Consiglio di *classe* pure gli *insegnanti teorico-pratici*, anche nel caso in cui il loro insegnamento si svolga in compresenza. Essi ne fanno parte a pieno titolo e con pienezza di voto deliberativo.

Invece fanno parte del Consiglio di classe *solo a titolo consultivo* gli assistenti addetti alle esercitazioni di laboratorio. Fanno inoltre parte del Consiglio: per la scuola secondaria di primo grado, quattro rappresentanti dei genitori; per la scuola secondaria superiore e artistica, due rappresentanti dei genitori e due rappresentanti degli studenti.

I Consigli di intersezione, di interclasse e di classe hanno il **compito** di *formulare al Collegio dei docenti proposte in ordine all'azione educativa e didattica e ad iniziative di sperimentazione, e di agevolare ed estendere i rapporti reciproci tra docenti, genitori e alunni.*

Le competenze riguardanti il coordinamento didattico, i rapporti interdisciplinari e, nella scuola secondaria e artistica, la valutazione periodica e finale degli alunni spettano ai Consigli in parola con la sola presenza dei docenti (per alcune competenze di carattere strettamente didattico viene dunque esclusa la partecipazione dei genitori e degli alunni). Si tratta, in sostanza, di *organi a composizione differenziata*, in relazione alle varie attribuzioni conferite dalla legge.

Spettano al Consiglio di classe anche **altre competenze** quali:

— le deliberazioni sull'accoglimento delle domande degli alunni che chiedono di trasferirsi all'istituto nel corso dell'anno scolastico;
— le deliberazioni sulla possibilità di iscrizione nell'istituto degli alunni provenienti da scuole italiane all'estero o da scuole estere;

— la formulazione del giudizio analitico sul profitto conseguito dallo studente in ciascuna delle materie studiate nell'ultimo anno di corso; il Consiglio delibera, infatti, a maggioranza l'ammissione agli esami di maturità;
— nella scuola secondaria il Consiglio di classe è competente anche a disporre le **sanzioni disciplinari** agli studenti (fino alla sospensione non superiore ai 15 giorni).

Le altre attribuzioni che possono rientrare fra i compiti di studio e di collaborazione devono ricondursi all'attività tipicamente consultiva, ragion per cui non hanno autonomia e rilevanza esterna.

La durata degli organi in oggetto è di **un anno**, sicché le componenti elettive vanno rinnovate all'inizio di ogni anno scolastico.

14 Il Collegio dei docenti

Il **Collegio dei docenti** (art. 7 D.P.R. n. 297/1994) è un **organo collegiale** composto esclusivamente dal personale insegnante, con esclusione di soggetti estranei. La sua formazione è automatica, poiché per rivestire la qualità di membro non è necessario alcun provvedimento di nomina, ma è sufficiente la *qualifica di insegnante di ruolo e non di ruolo in servizio nel circolo o nell'istituto*. Fanno parte del Collegio anche gli assistenti dei licei e degli istituti tecnici, gli insegnanti di arte applicata e gli assistenti dei licei artistici che svolgono attività d'insegnamento nelle classi funzionanti nell'istituto, nonché i docenti di sostegno che *assumono la contitolarità delle classi del circolo o istituto*.

L'organo è *presieduto dal Dirigente scolastico*: il suo voto prevale in caso di parità tra favorevoli e contrari a una deliberazione.

Il Collegio **si insedia all'inizio di ogni anno scolastico** e si riunisce ogni qualvolta che il DS ne ravvisi la necessità, oppure quando un terzo dei componenti ne faccia richiesta, comunque almeno una volta ogni trimestre o quadrimestre. Le riunioni hanno luogo durante l'orario di servizio, in ore non coincidenti con l'orario delle lezioni e compatibilmente con gli impegni di lavoro dei componenti.

Il Collegio esercita:

— **poteri deliberanti**, nel senso che *delibera su tutto quello che riguarda il funzionamento didattico del circolo o dell'istituto*. In particolare, per quanto concerne la programmazione dell'azione educativa, la sua funzione più importante è l'**elaborazione del PTOF** (che viene poi deliberato dal Consiglio di Istituto). Il Collegio dei docenti cura l'adeguamento dei programmi di insegnamento alle specifiche esigenze ambientali, l'*adozione dei libri di testo* e la scelta dei sussidi didattici tenendo conto del parere espresso dal Consiglio di interclasse o di classe, come pure delibera ai fini della valutazione degli alunni e, unitamente per tutte le classi, la suddivisione dell'anno scolastico in due o tre periodi;
— **poteri di proposta**, nei confronti del dirigente per la formazione e la composizione delle classi e l'assegnazione ad esse dei docenti, per la formulazione dell'orario delle lezioni e per lo svolgimento delle altre attività scolastiche, tenuto conto dei criteri generali indicati dal Consiglio di circolo o d'istituto;
— **poteri propulsivi**, in forza dei quali promuove iniziative di innovazione e di aggiornamento dei docenti. Il Collegio *programma e attua le iniziative per il sostegno* degli alunni disabili e, nelle scuole dell'obbligo che accolgono alunni figli di lavoratori stranieri

residenti in Italia e di lavoratori italiani emigrati, adotta le misure idonee a garantire una valida formazione scolastica;

— **poteri di valutazione**, per mezzo dei quali valuta periodicamente l'andamento complessivo dell'azione didattica, proponendo, ove necessario, opportune misure per il miglioramento dell'attività scolastica;

— **poteri di indagine**, in virtù dei quali esamina gli eventuali casi di scarso profitto o di comportamento irregolare degli alunni segnalati dai docenti di classe, sulla base del parere espresso dagli specialisti che operano nella scuola con compiti medico-socio-psicopedagogici e di orientamento;

— **poteri consultivi**, nel senso che formula pareri al Dirigente in ordine alla sospensione dal servizio e alla sospensione cautelare del personale docente quando ricorrono ragioni di particolare urgenza e si esprime in ordine alle iniziative dirette all'educazione, alla salute e alla prevenzione delle tossicodipendenze.

Al Collegio dei docenti, che rimane comunque sottordinato al Consiglio di istituto, spettano, dunque, **poteri in ambito esclusivamente tecnico-didattico**.

15 Il Consiglio di circolo o d'istituto

Ai sensi dell'art. 10 del *T.U. in materia di istruzione* il **Consiglio di circolo** (nella scuola primaria) o **d'istituto** (nella scuola secondaria) è l'organo cui è affidato il **governo economico-finanziario della scuola.**

L'organo è composto da **14 membri** negli istituti con popolazione scolastica fino a 500 alunni e da **19 membri** negli istituti con popolazione scolastica superiore a 500 alunni. Di esso fanno parte i rappresentanti del personale docente e quelli del personale non docente, i rappresentanti dei genitori degli alunni, i rappresentanti degli studenti (negli istituti di istruzione secondaria superiore e artistica), nonché il Dirigente. Possono essere chiamati a partecipare alle riunioni del Consiglio anche gli specialisti che operano in modo continuativo nella scuola con compiti medico-psico-pedagogici e di orientamento, i quali, però, partecipano soltanto a titolo consultivo.

Il Consiglio è presieduto da uno dei suoi membri eletto tra i rappresentanti dei genitori degli alunni, a maggioranza assoluta nella prima votazione e a maggioranza relativa nelle successive; le funzioni di segretario sono affidate dal presidente a un membro del Consiglio stesso. L'organo **dura in carica tre anni scolastici**, nel corso dei quali i membri che perdono i requisiti dell'eleggibilità vengono sostituiti dai primi non eletti nelle rispettive liste; i rappresentanti degli studenti vengono eletti anno per anno.

Il Consiglio di istituto svolge fondamentali funzioni deliberative o di amministrazione attiva e consultiva, **deliberando** sull'organizzazione e la programmazione della vita e dell'attività della scuola. Svolge un **ruolo fondamentale nell'*individuazione degli obiettivi* che la scuola si propone di raggiungere**. In particolare il Consiglio di istituto:

— **approva il Piano triennale dell'offerta formativa (PTOF)** elaborato dal Collegio dei docenti, sulla base degli indirizzi definiti dal Dirigente scolastico per le attività didattiche e organizzative della scuola;

— **approva il bilancio preventivo e il conto consuntivo** disponendo, altresì, in ordine all'impiego dei mezzi finanziari per quanto concerne il funzionamento amministrativo e didattico del circolo o dell'istituto;

- **adotta il Regolamento di istituto**, che disciplina il complesso delle attività della scuola, l'uso delle attrezzature e delle risorse umane (funzionamento biblioteche, attrezzature didattiche culturali e sportive, vigilanza alunni, visite e viaggi di istruzione, formazione delle classi etc. (→ *infra*);
- delibera sull'acquisto, il rinnovo e la conservazione di attrezzature tecnico-scientifiche, sussidi didattici, dotazioni librarie e materiale occorrente per le esercitazioni;
- **adatta il calendario scolastico** alle specifiche esigenze ambientali;
- determina i criteri per la programmazione o l'attuazione delle attività para, extra e interscolastiche (attività di recupero, di sostegno, viaggi di istruzione, visite guidate etc.), nonché in merito alla partecipazione ad attività culturali, sportive e ricreative di particolare interesse educativo;
- promuove i contatti con altre scuole al fine di realizzare scambi di informazioni e di esperienze e di intraprendere eventuali iniziative di collaborazione;
- adotta le iniziative dirette all'educazione della salute e alla prevenzione delle tossicodipendenze.

Il potere deliberante del Consiglio viene da esso esercitato nel rispetto delle competenze proprie degli altri organi collegiali operanti a livello di circolo o d'istituto. Gli **atti deliberativi** dell'organo, come di tutti gli organi collegiali della scuola, sono atti definitivi impugnabili, non per via gerarchica, ma con ricorso al TAR o con ricorso straordinario al Capo dello Stato.

Per quanto concerne l'**attività consultiva**, il Consiglio esprime *pareri* circa l'andamento generale, didattico e amministrativo del circolo o istituto. Inoltre indica i criteri generali relativi al coordinamento organizzativo dei Consigli di intersezione, di interclasse o di classe, stabilisce i criteri per l'espletamento dei servizi amministrativi ed esercita le competenze in materia di uso delle attrezzature e degli edifici scolastici.

Il Consiglio si riunisce in orario non coincidente con quello delle lezioni e comunque compatibilmente con gli impegni di lavoro dei suoi componenti.

I Consigli di circolo o d'istituto eleggono al proprio interno una **Giunta esecutiva**, della quale fanno parte di diritto il Dirigente che la presiede ed ha la rappresentanza del circolo o dell'istituto, nonché il capo dei servizi di segreteria (DSGA) della scuola che svolge pure le funzioni di segretario della Giunta. Di essa fanno parte anche un docente, un non docente e due genitori, con la precisazione che negli istituti di istruzione secondaria ed artistica la rappresentanza dei genitori si riduce ad un solo membro, con un rappresentante degli studenti chiamato a ricoprire il posto vacante.

La Giunta **resta in carica tre anni** e nei suoi confronti si applicano le disposizioni esaminate per il Consiglio in materia di surroga dei membri cessati per perdita dei requisiti e per il rinnovamento annuale dei rappresentanti degli studenti. Essa svolge compiti preparatori ed esecutivi nei riguardi del Consiglio, predispone il bilancio consuntivo e il conto preventivo, appronta i lavori del Consiglio e cura l'esecuzione delle relative delibere.

15.1 Regolamento di istituto e Regolamento di disciplina

Il Regolamento d'istituto è il documento **emanato dal Consiglio di istituto** che disciplina le attività quotidiane della scuola. Il riferimento normativo è costituito dall'art. 10 D.Lgs. 297/1994. Inoltre, con l'entrata in vigore dello *Statuto delle studentesse e degli studenti* (D.P.R. 249/1998) ogni scuola ha dovuto tenerne conto e modificarlo anche alla sua luce.

Il Regolamento comprende, in particolare, le norme riguardanti:

— la vigilanza sugli alunni;
— il comportamento degli alunni e la regolamentazione di ritardi, uscite, assenze, giustificazioni;
— l'uso degli spazi, dei laboratori e della biblioteca;
— la conservazione delle strutture e delle dotazioni;
— il **regolamento di disciplina** che contiene i **doveri degli studenti** relativi a frequenza regolare dei corsi ed assolvimento assiduo agli impegni di studio; comportamento corretto durante le lezioni; rispetto di tutto il personale della scuola e dei compagni, anche a livello formale; rispetto ed utilizzo in modo corretto delle strutture, del materiale, delle attrezzature e dei sussidi; osservanza delle disposizioni organizzative e di sicurezza dell'istituto, nonché le eventuali sanzioni disciplinari.

Nel Regolamento di istituto sono altresì definite in modo specifico:

— le *modalità di comunicazione* con studenti e genitori con riferimento ad incontri con i docenti, di mattina e di pomeriggio (prefissati e/o per appuntamento);
— le *modalità di convocazione e di svolgimento delle assemblee di classe*, organizzate dalla scuola o richieste da studenti e genitori, del Comitato degli studenti e dei genitori, dei Consigli di intersezione, di interclasse o di classe e del Consiglio di circolo o d'istituto;
— il *calendario di massima* delle riunioni e la pubblicizzazione degli atti;
— le regole relative al *funzionamento degli organi collegiali*.

16 Il Comitato per la valutazione degli insegnanti

La **L. 107/2015**, con il comma 129, ha sostituito interamente l'art. 11 D.Lgs. 297/1994, in merito al **Comitato per la valutazione dei docenti** che coadiuva il DS nell'assegnazione del «bonus» per il merito ai docenti (→ Cap. 11).

In base al nuovo art. 11, il Comitato è *costituito presso ogni istituzione scolastica*, ha durata triennale ed è presieduto dal **Dirigente scolastico**. Il Comitato è composto da:

— **tre docenti**, due scelti dal Collegio docenti e uno dal Consiglio di istituto;
— **due rappresentanti dei genitori** nella scuola dell'infanzia e nel primo ciclo di istruzione; un rappresentante degli studenti e uno dei genitori per il secondo ciclo, scelti dal Consiglio di istituto;
— **un componente esterno** scelto dall'Ufficio scolastico regionale.

Il Comitato (nella composizione prevista al comma 2, lett. a), cioè limitata a tre docenti dei quali due scelti dal Collegio docenti e uno dal Consiglio d'istituto, integrato con il docente che svolge funzioni di tutor) è poi chiamato ad esprimere il proprio parere sul superamento del periodo di formazione e di prova del personale docente ed educativo.

COMPOSIZIONE E FUNZIONI DEGLI ORGANI COLLEGIALI (1)

ORGANO COLLEGIALE	COMPOSIZIONE	DURATA	PRESIDENTE	FUNZIONI
CONSIGLIO DI ISTITUTO	Nelle scuole con popolazione scolastica superiore a 500 alunni è composto da 19 membri eletti ogni 3 anni: — docenti, — genitori, — ATA, — il Dirigente Scolastico. Negli istituti di istruzione secondaria superiore i rappresentanti dei genitori sono 4 e sono chiamati a far parte del Consiglio 4 studenti.	triennale	Un genitore	Il Consiglio di Circolo/Istituto svolge una funzione politica, rappresentando interessi interni ed esterni alla scuola; fissa gli indirizzi generali in materia di gestione e di amministrazione tenendo conto di due fattori: la competenza generale per quanto concerne l'organizzazione della vita e delle attività della scuola e il diritto di iniziativa nelle materie di sua competenza.
GIUNTA ESECUTIVA	È composta da : — un docente, — un ATA, — due genitori (negli istituti di istruzione secondaria la rappresentanza è di un genitore e uno studente). Della Giunta fanno parte di diritto — il Dirigente scolastico e il DSGA che svolge funzioni di segretario.	triennale	Il Dirigente Scolastico	La Giunta prepara i lavori del Consiglio d'Istituto e cura l'esecuzione delle relative delibere.
COLLEGIO DEI DOCENTI	È composto da tutti gli insegnanti di ruolo e non di ruolo in servizio nella scuola.	annuale	Il Dirigente Scolastico	Il Collegio dei docenti è definito "organo tecnico" in quanto ha esclusiva competenza per quanto attiene agli aspetti pedagogico-formativi e all'organizzazione curricolare; delibera autonomamente in merito all'attività di progettazione e di programmazione educativa e didattica. Elabora il PTOF sulla base degli indirizzi formulati dal Dirigente Scolastico.

(1) A cura del dirigente tecnico Annamaria Di Nocera

ORGANO COLLEGIALE	COMPOSIZIONE	DURATA	PRESIDENTE	FUNZIONI
COMITATO PER LA VALUTAZIONE DEI DOCENTI	È composto da: —2 docenti scelti dal Collegio dei docenti —1 docente scelto dal Consiglio d'Istituto —2 genitori (nelle secondarie di II grado 1 genitore e 1 studente) scelti dal Consiglio d'Istituto —1 esterno (D.S./D.T./ DOCENTE (individuato da U.S.R.)	triennale	Il Dirigente Scolastico	Formula i criteri per la valutazione dei docenti, ai fini dell'attribuzione del bonus premiale. Esprime il parere sul superamento del periodo di prova e formazione dei docenti neoassunti. Valuta, su richiesta dell'interessato, il servizio prestato dal personale docente ed esercita le competenze per la riabilitazione del personale docente
CONSIGLIO DI INTERSEZIONE / INTERCLASSE/ CLASSE	*Scuola dell'infanzia - Consiglio di intersezione*, composto da tutti i docenti e da un rappresentante dei genitori per ciascuna delle sezioni dell'istituzione scolastica. *Scuola primaria - Consiglio di interclasse,* composto da tutti i docenti e un rappresentante dei genitori per ciascuna delle classi parallele. *Scuola secondaria di I grado - Consiglio di classe*, composto da tutti i docenti della classe e da quattro rappresentanti dei genitori. *Scuola secondaria di II grado - Consiglio di classe,* composto da tutti i docenti della classe, da due rappresentanti dei genitori e da due rappresentanti degli studenti.	annuale	Il Dirigente Scolastico	Il Consiglio di Classe ha fra le sue funzioni l'analisi delle condizioni di partenza della classe, la programmazione didattica ed educativa, la valutazione degli apprendimenti e del comportamento. Inoltre esprime parere, non vincolante, sull'adozione di libri di testo e strumenti didattici.

17 Assemblee degli studenti e dei genitori

L'art. 12 T.U. dispone che «*gli studenti della scuola secondaria superiore e i genitori degli alunni delle scuole di ogni ordine e grado hanno* ***diritto di riunirsi in assemblea nei locali della scuola***».

L'importanza del riconoscimento operato dal predetto articolo si comprende appieno nell'ottica della cd. *istituzionalizzazione dei rapporti tra scuola e famiglia* che segna un ribaltamento nel tradizionale ruolo rivestito dai genitori degli alunni: da meri spettatori dell'azione educativa e titolari di diritti di partecipazione marginale alla vita della scuola (giustificazione delle assenze, colloqui periodici con i professori, presa di visione delle pagelle) ad attori e promotori di un processo formativo più completo, coinvolgente tematiche più complesse e frutto di cooperazione.

17.1 Assemblee degli studenti nella scuola secondaria superiore

Le assemblee studentesche possono essere **di classe e d'istituto**.

A norma dell'art. 13 D.Lgs. 297/1994 tali assemblee, quali momenti di partecipazione democratica, consentono l'approfondimento dei problemi della scuola e della società, in funzione della formazione culturale e civile degli studenti.

È possibile convocare non più di **una assemblea d'istituto e una di classe al mese**, nel limite, la prima, delle ore di lezione di una giornata e la seconda di due ore. Inoltre, nel mese conclusivo delle lezioni, esse non possono aver luogo, né l'assemblea di classe può essere tenuta sempre nello stesso giorno della settimana durante l'anno scolastico.

Organismo di rappresentanza degli studenti è **il Comitato studentesco d'istituto** che è espresso dai rappresentanti degli studenti nei Consigli di classe. Tale comitato può esprimere pareri o formulare proposte direttamente al Consiglio di istituto.

L'assemblea di istituto è convocata su richiesta della **maggioranza del comitato studentesco o su richiesta almeno del 10% degli studenti**, previa comunicazione al Preside della data di convocazione e dell'ordine del giorno.

Alle assemblee di classe e d'istituto possono assistere il Dirigente scolastico o un suo delegato e gli insegnanti che lo desiderino. Il Dirigente scolastico può intervenire in caso di violazione del regolamento dell'assemblea di istituto o qualora constati l'impossibilità di un ordinato svolgimento della stessa.

Alle assemblee d'istituto svolte durante l'orario scolastico possono partecipare a richiesta degli alunni, previa autorizzazione del Consiglio d'istituto, esperti di problemi sociali, culturali, artistici e scientifici.

17.2 Assemblee dei genitori

Come le assemblee degli studenti, le assemblee dei genitori possono essere *di sezione*, *di classe* e *di istituto*. Alle assemblee di classe partecipano i genitori degli alunni iscritti alla classe; a quelle d'istituto i genitori degli alunni iscritti alla scuola. Entrambe dovranno svolgersi al di fuori dell'orario delle lezioni.

Nelle scuole secondarie è prevista, in relazione al numero dei partecipanti o alla disponibilità dei locali, l'assemblea dei genitori degli alunni di classi parallele.

Le assemblee possono svolgersi **fuori o dentro i locali del circolo o dell'istituto**, anche se qualora siano tenute all'interno è necessario che venga acquisita l'autorizzazione del Dirigente scolastico.

L'assemblea di sezione o di classe è **convocata su richiesta dei genitori eletti** nei Consigli di intersezione, di interclasse o di classe.

L'assemblea d'istituto è convocata:

- su richiesta del Presidente dell'assemblea, ove sia stato eletto;
- dalla maggioranza del Comitato dei genitori, qualora i rappresentanti dei genitori nei Consigli di intersezione, di interclasse e di classe abbiano costituito tale organo;
- da almeno cento, duecento o trecento genitori a seconda che le popolazioni scolastiche siano composte da un numero di alunni fino a 500, a 1000 o oltre 1000.

La convocazione dell'assemblea è **autorizzata dal Dirigente scolastico**, sentita la Giunta esecutiva del Consiglio di circolo o d'istituto e viene portata a conoscenza di tutti i genitori, mediante affissione all'albo (pubblicazione sul sito).

All'assemblea di classe o d'istituto possono partecipare, con diritto di parola, il Dirigente scolastico e gli insegnanti rispettivamente di sezione, di classe e d'istituto.

18 Il Dirigente scolastico

Nell'ambito della governance della scuola finora attribuita prevalentemente agli organi collegiali di cui abbiamo trattato nei precedenti paragrafi, assume soprattutto con la Riforma della Buona scuola, un ruolo determinante il Dirigente scolastico.

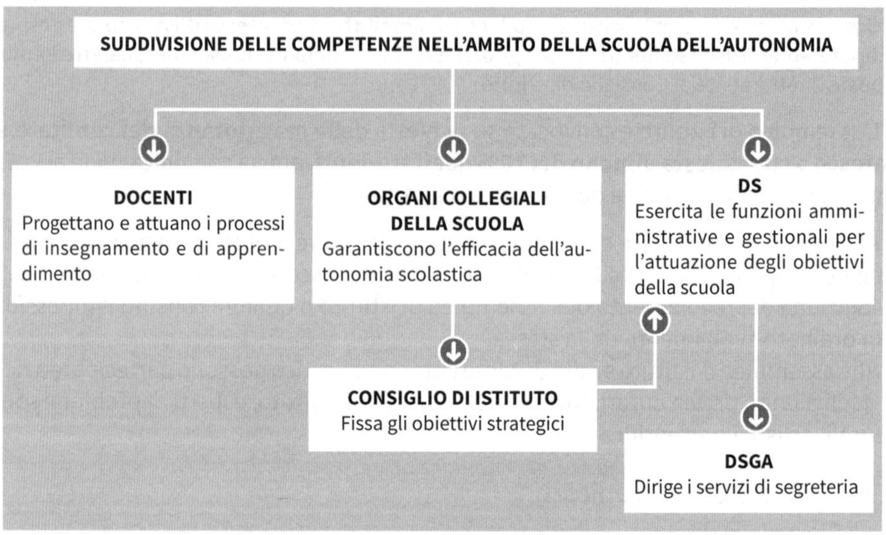

L'art. 25 D.Lgs. 165/2001 (Testo Unico sul pubblico impiego) dispone che il Dirigente scolastico assicura la gestione unitaria dell'istituzione (di cui ha la rappresentanza), è responsabile della gestione delle risorse umane, finanziarie e strumentali, organizza l'attività scolastica ed è titolare delle relazioni sindacali.

Il Dirigente scolastico è un **vero e proprio datore di lavoro pubblico**, responsabile della gestione delle risorse umane e della qualità/quantità delle prestazioni poste in essere dai dipendenti. Il Capo di istituto è chiamato ad una **gestione imprenditoriale** delle proprie funzioni, ovvero alla conduzione di una vera e propria azienda: l'**azienda-scuola**.

Ai Dirigenti scolastici compete:

- la **gestione unitaria dell'istituzione scolastica**, finalizzata all'obiettivo della qualità dei processi formativi, mediante la predisposizione degli strumenti attuativi del piano dell'offerta formativa;
- la **rappresentanza legale del circolo** o **dell'istituto**. Spetta tra l'altro al Capo di istituto la difesa dell'istituzione scolastica nei giudizi di primo grado;
- la **presidenza** del Collegio dei docenti, del Consiglio di intersezione, interclasse o di classe, del Comitato per la valutazione del servizio e da ultimo della Giunta esecutiva del Consiglio di circolo o di istituto;
- l'attività di **esecuzione delle delibere** degli organi collegiali predetti;
- il *coordinamento del calendario delle assemblee* nel circolo o istituto;
- il *mantenimento dei rapporti con l'Amministrazione scolastica centrale e periferica*, con gli enti locali che hanno competenze relative al circolo e all'istituto, nonché dei rapporti con gli specialisti che operano sul piano medico-psico-pedagogico;
- la **formazione delle classi**, l'**assegnazione alle stesse dei docenti**, la **formulazione dell'orario** sulla base dei criteri generali stabiliti dal Consiglio di circolo o d'istituto e delle proposte del Collegio dei docenti;
- la **gestione delle risorse umane**: in tal senso l'attribuzione al Capo di istituto della competenza ad adottare i provvedimenti relativi al personale docente, educativo, amministrativo, tecnico ed ausiliario aventi effetto sul trattamento economico, è stata ampliata dall'art. 25 D.Lgs. 165/2001, che conferisce al dirigente scolastico autonomi poteri di direzione, di coordinamento e di valorizzazione del personale nonché la *gestione delle relazioni sindacali*;
- l'adozione dei **provvedimenti disciplinari** necessari per le inadempienze del personale docente e non docente;
- la **gestione delle risorse finanziarie e strumentali** con connesse responsabilità in relazione ai risultati. A tal fine assume le decisioni ed attua le scelte per la promozione e realizzazione del progetto di istituto non solo sotto il profilo didattico-pedagogico, ma anche organizzativo-finanziario.

Nello svolgimento delle proprie funzioni, il dirigente **può avvalersi di docenti da lui individuati**, ai quali possono esser delegati *specifici compiti*; inoltre, egli è coadiuvato dal Direttore dei servizi generali e amministrativi (DSGA) (→ *infra*).

La L. 107/2015 prevede anche un sistema di **valutazione dei Dirigenti scolastici**, sottoposti a verifica da parte del *Nucleo per la valutazione*. L'operato dei Dirigenti è valutato in base al *miglioramento formativo e scolastico degli studenti*, in base alla *capacità gestione della scuola*, a quelle *organizzative* e alla *valorizzazione dei meriti del personale della scuola*.

19 I docenti collaboratori e il collaboratore vicario

Il Dirigente scolastico ha sempre l'esigenza di farsi affiancare nella gestione dell'istituto da alcuni assistenti; nello svolgimento delle sue funzioni organizzative e amministrative, infatti, può avvalersi di **docenti da lui individuati**, ai quali **delegare compiti specifici** (art. 25, comma 5, D.Lgs. 165/2001).

Tali collaborazioni (le mansioni sono molteplici, dal controllo del regolare svolgimento delle attività didattiche, al coordinamento di insegnanti), in base alla contrattazione collettiva, sono in genere riferibili a **due unità** di personale docente, *retribuibili* in sede di *contrattazione di istituto*, con i *finanziamenti a carico del fondo per le attività aggiuntive (FIS)* previste per le collaborazioni con il DS (cfr. l'art. 34 CCNL 2006-2009), oggi *Fondo per il miglioramento dell'offerta formativa*, in base all'**art. 40 CCNL 2016-2018** comparto *Istruzione e ricerca*.

Il Dirigente scolastico può poi scegliere tra i propri collaboratori un docente che esplichi le funzioni vicarie, detto **collaboratore vicario** o anche solo **collaboratore** (il vecchio *vicepreside*), che possa cioè sostituirlo in *caso di assenza o di impedimento per brevi periodi*. L'esercizio della mansione direttiva da parte di quest'ultimo comporta l'assunzione delle *funzioni del Dirigente scolastico* (ivi compresa la presidenza degli organi collegiali): ciò avviene **di diritto** qualora il Dirigente in servizio si *assenti* per ferie, congedo, aspettativa o altri motivi, oppure nel caso in cui venga a trovarsi in una *condizione di impedimento*, ma può avere luogo anche **su delega**.

Il docente che sostituisce il Dirigente scolastico assente, impedito o delegante, benché la sua attività abbia rilevanza esterna, non è titolare di una propria competenza, ovvero non ha altra competenza se non semplicemente quella di esercitare in tutto o in parte i poteri dell'organo primario impossibilitato ad agire. In altri termini, mentre il Dirigente scolastico in carica rappresenta l'ufficio o addirittura si immedesima con l'ufficio stesso, il **docente con funzioni vicarie** è un semplice **preposto all'ufficio** e, pur svolgendo a tutti gli effetti la funzione dirigenziale, non ne diventa titolare. In buona sostanza, **rientra tra i collaboratori del Dirigente**.

19.1 Segue: Lo staff di dirigenza

Il citato art. 25, comma 5, del D.Lgs. 165/2001, disponendo che, nello svolgimento delle proprie funzioni organizzative e amministrative, il Dirigente scolastico può anche avvalersi di *docenti collaboratori da lui individuati*, ai quali possono essere delegati specifici compiti, ha decretato, in sostanza, la nascita di uno **staff di dirigenza o di presidenza**, a cui partecipano, a pieno titolo, diverse figure professionali, nell'ottica della sinergia e della interazione.

Lo staff di dirigenza può definirsi come un'**unità funzionale ma informale**, consolidatasi nell'esperienza concreta dei singoli istituti autonomi, per coadiuvare l'azione del dirigente e garantirgli consulenza e supporto in merito alle decisioni più importanti da adottare.

Le sue mansioni, in realtà, sono analoghe a quelle che un tempo spettavano al *Consiglio di presidenza*, che affiancava il capo d'istituto nella gestione della vita scolastica, nella identificazione delle necessità emergenti nell'ambito dell'istituto e nello sviluppo di idee e proposte per il miglioramento della qualità del sistema scolastico ed educativo.

Su tale profilo è intervenuta la legge sulla Buona scuola, L. 107/2015 che, al comma 83, ha previsto che il DS possa individuare discrezionalmente, nell'ambito dell'organico dell'autonomia, fino al **10% dei docenti** che **lo coadiuvano** in attività di *supporto organizzativo* e *didattico* dell'istituzione scolastica.

19.2 I docenti incaricati delle funzioni strumentali al PTOF

Le funzioni strumentali corrispondono a quelle che una volta erano le *funzioni obiettivo*: queste ultime erano ben definite a livello nazionale (all'Area 1 corrispondeva la gestione del POF, all'Area 2 il sostegno ai docenti etc.). Le funzioni strumentali, con l'autonomia, sono invece molto più ampie e non più definite a livello nazionale.

Le **funzioni strumentali**, secondo il dettato dell'**art. 33** (**CCNL 2006-2009**), vengono «*identificate con delibera del Collegio dei docenti in coerenza con il Piano dell'offerta formativa che, contestualmente, ne definisce criteri di attribuzione, numero e destinatari*».

19.3 Il Direttore dei Servizi Generali e Amministrativi (DSGA)

Il DSGA «sovrintende, con autonomia operativa e *nell'ambito delle direttive di massima impartite* e degli obiettivi assegnati, ai servizi amministrativi e ai servizi generali della scuola, coordinandone il personale» (art. 25, co. 5, D.Lgs. 165/2001).

Si tratta di un organo che non si trova in posizione di sotto-ordinazione rispetto al nucleo operativo, ma lo supporta attraverso procedure tecniche e di analisi: il DSGA, infatti, **ha alle sue dipendenze il personale ATA**.

I suoi **compiti** sono indicati nel contratto per il quadriennio 1998-2001 che ha introdotto tale figura, nel quadro dell'unità di conduzione affidata al Dirigente scolastico, poi confermato dal **CCNL 2006-2009**.

La sua area di competenza si suddivide in:

- **servizi generali**, organizzando il lavoro del personale non docente (collaboratori scolastici, assistenti tecnici) per l'erogazione dei servizi necessari alla quotidianità della vita scolastica;
- **servizi amministrativo-contabili**, erogati dalla segreteria, suddivisi per settori: didattica, contabilità, personale, beni etc.

Egli sovrintende, con autonomia operativa, ai servizi generali amministrativo-contabili e ne cura l'organizzazione, espletando funzioni di coordinamento, promozione delle attività e verifica dei risultati conseguiti rispetto agli obiettivi assegnati e agli indirizzi di massima impartiti. Soprattutto, però, il DSGA *controlla il personale ATA posto alle sue dirette dipendenze*, del quale regola autonomamente l'operato nell'*ambito delle disposizioni del Dirigente scolastico*. All'interno del piano delle attività concordato, attribuisce al medesimo personale mansioni di natura organizzativa e le eventuali prestazioni eccedenti l'orario obbligatorio.

In sintesi, i **principali elementi** riguardanti il profilo del DSGA sono:

- la **rilevanza esterna degli atti di certificazione**;
- la **funzione di consegnatario dei beni mobili**;
- **organizzazione autonoma**, ma sempre in base agli orientamenti suggeriti dal Dirigente scolastico, **delle attività del personale ATA**.

All'inizio di ogni anno scolastico, il DSGA deve infatti predisporre il **piano delle attività del personale ATA**, al fine di ottimizzare l'organizzazione dei servizi in generale, con particolare riferimento a quelli di segreteria. A tale proposito egli, *tenuto conto delle direttive del Dirigente scolastico*, degli obiettivi del PTOF e degli standard di efficienza ed efficacia della *Carta dei servizi* dell'istituzione scolastica di appartenenza, **si occupa dell'organizzazione interna dell'ufficio di segreteria**, avendo cura di individuare le aree tematiche dello stesso (personale, didattica etc.), nonché le persone che saranno impegnate nei vari settori.

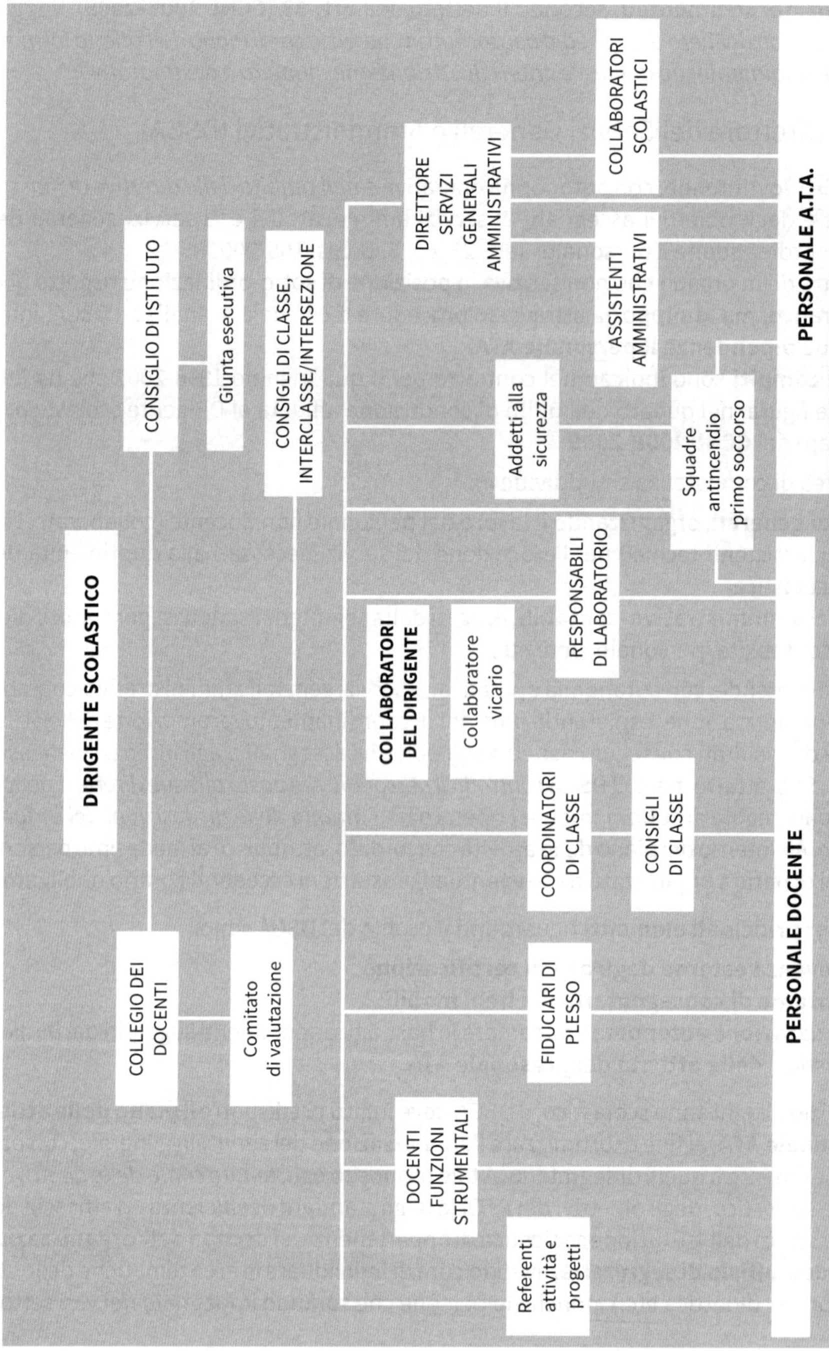

Fonte: www.istitutocomprensivospinea1.gov.it/web/images/img/organigramma.jpg

In sintesi

- Il **Ministero dell'istruzione** è l'amministrazione centrale in materia di istruzione. Il suo organo di direzione politica è il Ministro cui spettano le decisioni circa gli obiettivi (i criteri generali dell'organizzazione scolastica, la determinazione delle risorse); ai dirigenti compete invece l'adozione di atti amministrativi.
- Il **Consiglio superiore della pubblica istruzione (CSPI)** è organo di garanzia dell'unitarietà del sistema e formula proposte e pareri sugli indirizzi, sulle direttive, sugli obiettivi e sull'organizzazione generale dell'istruzione.
- Gli **Uffici scolastici regionali (USR)** sono uffici di livello dirigenziale che svolgono funzioni di gestione delle graduatorie e dell'organico dei docenti e ATA, assistenza e consulenza per le procedure amministrativo-contabili delle istituzioni scolastiche, utilizzo dei fondi europei, alunni immigrati, raccordo con autonomie locali; vigilanza sul rispetto dei livelli essenziali delle prestazioni, assegna alle scuole le risorse di personale e si occupa del contenzioso.
- Il **D.Lgs. 112/1998** ha ripartito le competenze amministrative in materia di programmazione e gestione del servizio scolastico; alle **Regioni** sono attribuite le funzioni di: programmazione dell'offerta formativa, la programmazione sul piano regionale delle risorse di personale, la determinazione del calendario scolastico.
- Alle **Province** competono funzioni per il secondo grado di istruzione e ai **Comuni** per il primo grado e per l'infanzia; in particolare, rispettivamente sono attribuite alle Province le funzioni di istituzione, aggregazione e fusione di istituti, piani di utilizzazione degli edifici, sospensione delle lezioni per casi urgenti; ai Comuni, interventi integrati di orientamento, azioni di supporto alla continuità verticale, prevenzione della dispersione scolastica.
- Gli **ambiti territoriali** sono regionali; essi hanno un'ampiezza inferiore alla Provincia o alla Città metropolitana. Sono funzionali all'inserimento dei docenti;
- Alle **istituzioni scolastiche** autonome competono molte funzioni, in coerenza con la loro riconosciuta autonomia: carriera scolastica, gestione del patrimonio, stato giuridico del personale (assenze, incarichi, perfezionamento dell'assunzione in servizio, formazione).
- Gli organi collegiali principali operanti a livello di singolo istituto sono: il Consiglio di interclasse/classe, il Collegio dei docenti ed il Consiglio d'istituto.
- Il **Consiglio di interclasse** (per le primarie) **e di classe** (per le scuole secondarie) è composto rispettivamente dai docenti dei gruppi di classe parallele e di ogni singola classe, è presieduto dal dirigente scolastico e si occupa di formulare proposte al Collegio dei docenti in merito alla didattica e ad iniziative di sperimentazione e di agevolare i rapporti tra docenti, genitori e alunni. Durano in carica un anno.
- Il **Collegio dei docenti** è composto esclusivamente da docenti, si forma automaticamente, è presieduto dal dirigente scolastico, si insedia all'inizio dell'anno scolastico, esercita poteri deliberanti (**elabora il PTOF,** delibera il piano annuale delle attività dei docenti) di proposta, propulsivi (approva gli accordi di rete), di valutazione, di indagine, consultivi, elettivi.

- Al **Consiglio d'istituto** è affidato il governo economico-finanziario della scuola. Vi prendono parte: i rappresentanti dei docenti e del personale non docente, dei genitori e, nelle scuole secondarie di secondo grado, degli studenti nonché il dirigente scolastico. Delibera sull'attività della scuola in materia di: approvazione del PTOF, bilancio preventivo e conto consuntivo; adozione del Regolamento d'istituto; deliberazione del calendario scolastico; determinazione dei criteri per la programmazione di attività scolastiche e para/extrascolastiche. Dura in carica tre anni ed elegge al suo interno una Giunta esecutiva che dura tre anni.
- Il **Comitato per la valutazione degli insegnanti** (art. 11, D.Lgs. 297/1994, modificato ex L. 107/2015, art. 1, comma 129) si costituisce presso ogni scuola, dura tre anni e ha il compito di valutare i docenti sulla base di criteri quali qualità dell'insegnamento, risultati ottenuti, responsabilità assunte.
- L'**assemblea degli studenti** (art. 13, D.Lgs. 297/1994) può essere di classe o di istituto e se ne può convocare una al mese della durata rispettivamente di: due ore o una giornata. L'assemblea d'istituto è convocata su richiesta della maggioranza del comitato studentesco o su richiesta del 10% degli studenti; vi può assistere il dirigente e gli insegnanti che lo ritengano opportuno.
- Le **assemblee dei genitori** possono essere di classe, di sezione e di istituto: si possono svolgere dentro o fuori i locali della scuola, ma sempre fuori dell'orario delle lezioni e devono essere autorizzate dal dirigente scolastico.

11
Lo stato giuridico del docente

Lo «stato giuridico» del docente racchiude la posizione di questa figura nell'ambito del **rapporto di lavoro** e nell'ambito del rapporto con gli alunni durante lo **svolgimento** della **funzione didattica**: per quanto riguarda il rapporto di lavoro, si fa riferimento alle **norme giuridiche** che disciplinano le modalità di reclutamento degli insegnanti, la formazione degli stessi (sia a quella "in ingresso", durante il periodo di prova, sia a quella "in servizio") e, in generale, l'intera vita del contratto di lavoro (fino al termine dello stesso); per quanto riguarda, invece, lo svolgimento concreto della funzione docente, ci si riferisce ai **diritti** conferiti agli insegnanti nello svolgimento della funzione medesima (es. libertà d'insegnamento *ex* art. 33 Cost.) nonchè ai **doveri** su di essi incombenti sia come dipendenti della P. A. "datore di lavoro", sia nei confronti degli alunni.

1 Il personale docente

Lo stato giuridico del personale della scuola si instaura in virtù di un **contratto di lavoro**, che è disciplinato sia da *fonti pubbliche* che *pattizie*.

Lo stato giuridico del corpo docente, in particolare, è regolato dal **T.U. Istruzione, D.Lgs. n. 297/1994**, da alcuni provvedimenti normativi e dai **contratti collettivi (CCNL)** del comparto Scuola e del nuovo comparto Istruzione e ricerca.

La **funzione docente** si fonda sull'**autonomia culturale e professionale** dei docenti (libertà d'insegnamento) e si esplica in **attività individuali** e **attività collegiali** e nella partecipazione alle attività di aggiornamento e formazione in servizio (art. 26 CCNL 2006/2009).

Secono la classificazione tradizionale, nelle **attività del docente** rientrano:

- *attività di insegnamento in senso stretto*;
- *attività funzionali all'insegnamento*, come ad esempio la preparazione delle lezioni e delle esercitazioni; la correzione degli elaborati; la gestione dei rapporti individuali con le famiglie; la partecipazione alle riunioni del Collegio dei docenti; attività nei Consigli di classe;
- *attività aggiuntive*, deliberate dal Collegio dei docenti nell'ambito delle risorse disponibili. Sono quelle prestate in aggiunta all'orario di lavoro obbligatorio, per realizzare attività previste dal PTOF. Queste ultime sono sempre *volontarie* e vengono retribuite con le risorse del Fondo di istituto (secondo le Tabelle 5 - 6 - 7 e 8 CCNL).

La legge prevede alcune **situazioni d'incompatibilità tra la funzione docente e altre attività**:

- **divieto di impartire lezioni private ad alunni della propria scuola** o istituto o a quanti intendono sostenere esami nell'istituto in cui i docenti prestano la loro attività o dove prevedono di recarsi come esaminatori; inoltre nessun alunno può essere giudicato dal docente dal quale abbia ricevuto lezioni private, dunque, sono nulli gli scrutini e le prove d'esame svoltisi in violazione a tale divieto (art. 508 D.Lgs. 297/1994);
- **cumulo di impieghi**, che si verifica quando il secondo impiego sia assunto senza rinunciare al primo. Dunque, l'*ufficio di docente non è cumulabile con altro rapporto di impiego pubblico* (art.

508 D.Lgs. 297/1994). Quindi, il personale della scuola che assuma altro impiego **è tenuto a darne notizia** all'Amministrazione e l'assunzione del nuovo impiego implica la *cessazione di diritto* dell'impiego precedente.

1.1 Il contratto collettivo 2016-2018 per il comparto Istruzione e ricerca

In conseguenza della nuova definizione dei comparti di contrattazione collettiva del 13 luglio 2016, le organizzazioni sindacali e l'ARAN, il 19 febbraio 2018, hanno firmato il primo contratto collettivo nazionale di lavoro relativo al personale del nuovo comparto "Istruzione e ricerca" valido per il **triennio 2016-2018**, sia per la parte economica che giuridica.

Il testo si applica a tutto il personale con rapporto di lavoro a tempo indeterminato e a tempo determinato delle istituzioni scolastiche ed educative (scuole statali dell'infanzia, primarie e secondarie, istituzioni educative etc.).

Espansione Web
"Raccolta CCNL Scuola"

Il contratto rinnova il precedente CCNL del 2006-2009, non attraverso la sua riscrittura, ma integrandolo con parti nuove; ciò comporta che molte norme sono ancora valide.

Il CCNL è strutturato in Parti: una parte comune a tutti i settori e poi singole Sezioni per ogni settore.

Per la Sezione Scuola, in particolare per il personale docente e gli organi collegiali, il nuovo contratto viene confermata la normativa contenuta nel CCNL del 2007, circa le attività di insegnamento e funzionali all'insegnamento, al ruolo degli organi collegiali, al diritto alla malattia, alle ferie e ai permessi. Anche la formazione dei docenti resta concepita come un diritto e non un obbligo.

Emerge però il concetto di scuola come «***comunità educante*** *di dialogo, di ricerca, di esperienza sociale, informata ai valori democratici e volta alla crescita della persona in tutte le sue dimensioni*» (art. 24), il cui valore è determinato anche dal lavoro degli **organi collegiali**, cui il contratto restituisce importanza e funzioni. Infatti, il Collegio dei docenti si conferma sovrano dell'ambito della progettazione educativa e didattica, che viene definita con il Piano dell'offerta formativa che elabora nel rispetto della libertà di insegnamento, ma anche del Piano annuale delle attività e di formazione, come previsto dal vecchio contratto.

2 Il reclutamento del personale docente

Come per tutti gli impieghi pubblici, il **concorso** costituisce l'ordinario metodo di reclutamento dei docenti (art. 97 Cost.).

In passato, non sempre per insegnare era richiesto il superamento di un concorso. Con il **solo possesso del titolo di studio** si poteva chiedere di essere inclusi nelle **graduatorie d'istituto di III fascia**, che vengono tuttora utilizzate dalle scuole per l'assunzione dei supplenti in sostituzione dei docenti assenti.

Attualmente, i **percorsi formativi per diventare insegnanti** sono due:

- **per la scuola dell'infanzia e per la scuola primaria**, è richiesto un corso di laurea magistrale quinquennale a ciclo unico in Scienze della formazione primaria (o il diploma magistrale o di Liceo socio-psico-pedagogico conseguito entro il 2001-2002) e il superamento del **concorso** che consente l'accesso al **ruolo**.

Per infanzia e primaria valgono sempre i titoli di cui alla **legge n. 341/90**: possono partecipare ai concorsi a cattedra (che hanno cadenza triennale) i laureati in Scienze della Formazione (la laurea in Scienze della Formazione primaria è abilitante sia per la scuola dell'Infanzia che per la Primaria). Possono partecipare anche i diplomati degli Istituti Magistrali e Scuole Magistrali entro il 2001/2002 (in questo caso la partecipazione ai concorsi permette anche l'acquisizione dell'abilitazione);

— **per la scuola secondaria di primo e secondo grado**, è previsto un corso di **laurea** (integrato da **24 CFU** da acquisire in discipline antropo-psico-pedagogiche ed in metodologie e tecnologie didattiche) e il superamento di un successivo **concorso**. Il sistema di reclutamento dei docenti delle secondarie è stato radicalmente, riformato dal **D.Lgs. n. 59/2017** di attuazione della *Buona scuola* sul quale ha inciso la *legge di bilancio 2019* (**L. 145/2018**).

Il citato **D.Lgs. 13 aprile 2017, n. 59**, contenente le nuove regole del sistema di formazione iniziale e di accesso nei ruoli di docente nella scuola secondaria, ha abrogato la precedente disciplina che prevedeva dopo la laurea, il superamento di un tirocinio formativo attivo abilitante (**TFA**) e il superamento poi di un successivo concorso a cattedre.

In base al decreto, che ha discplinato anche la *fase transitoria*, il percorso per diventare docenti di ruolo nella scuola secondaria di I e II grado prevede:

— il **conseguimento della laurea nelle discipline specifiche** (il corso di laurea, come detto, deve essere integrato da **24 CFU** il cui conseguimento è disciplinato dal D.M. 10 agosto 2017, n. 616);
— **concorso pubblico nazionale**, indetto su base regionale o interregionale. Il superamento del concorso permette (secondo il decreto n. 59) l'accesso a un successivo **percorso di formazione iniziale e prova** della durata di **un anno**;
— **accesso ai ruoli a tempo indeterminato**, dopo il superamento delle valutazioni intermedie e finali del periodo annuale di prova.

Le **prove concorsuali** consistono in due prove scritte e una orale.

La **prima prova scritta** è diretta a valutare le conoscenze e le competenze relative alle discipline afferenti alla classe di concorso; nel caso delle lingue straniere si svolge nella lingua prescelta.

La **seconda prova scritta**, invece, è finalizzata alla valutazione di conoscenze e competenze sulle discipline *antropo-psico-pedagogiche e sulle metodologie e tecnologie didattiche*.

La **prova orale** è diretta a verificare conoscenze e competenze nelle discipline facenti parte della classe di concorso, la conoscenza di una lingua straniera europea almeno al livello B2 del quadro comune europeo e il possesso di adeguate competenze didattiche nelle tecnologie dell'informazione e della comunicazione.

Le **graduatorie di merito**, al termine dello svolgimento delle prove, sono compilate sulla base dei *punteggi* delle prove e dei titoli.

Coloro che risultano **vincitori**, vengono immessi in ruolo in base alla graduatoria di merito. Essi, in ordine di punteggio e secondo i posti disponibili, *scelgono la scuola* nella Regione per la quale hanno concorso, tra quelle che presentano posti vacanti e disponibili, cui essere assegnati per svolgere il periodo di prova.

Il candidato valutato positivamente al termine del **percorso di formazione iniziale e prova** è confermato **in ruolo** presso la scuola nella quale ha svolto il periodo di prova.

3 Il contratto di lavoro e il periodo di formazione e prova

Il rapporto di lavoro del docente è regolato contrattualmente, come ormai tutti i contratti di lavoro nell'ambito della P.A.: l'instaurazione del rapporto di lavoro del personale docente avviene, dunque, con la stipula, in **forma scritta**, di un **contratto individuale di lavoro**, a tempo pieno o a tempo parziale, nel quale sono indicati:

— tipologia del rapporto di lavoro;
— data d'inizio;
— data di cessazione del rapporto di lavoro per il personale a tempo determinato, salvo risoluzione automatica del rapporto, senza preavviso, in caso di rientro anticipato del titolare;
— qualifica di inquadramento professionale e livello retributivo iniziale;
— compiti e mansioni corrispondenti alla qualifica di assunzione;
— durata del periodo di prova, per il personale a tempo indeterminato;
— sede di prima destinazione, ancorché provvisoria, dell'attività lavorativa;
— condizioni risolutive del rapporto di lavoro.

Sul presupposto che «*l'assunzione nelle amministrazioni pubbliche avviene con contratto individuale di lavoro*» (art. 35, comma 1, D.Lgs. 165/2001) il Dirigente scolastico provvede alla **stipula** e alla **sottoscrizione dei contratti per l'assunzione di personale di ruolo e non di ruolo** (sul periodo di prova, vedi *infra*).

Si può dunque affermare, in estrema sintesi, che **il Dirigente scolastico è datore di lavoro nella gestione del personale**, nelle fasi che vanno dalla costituzione fino alla risoluzione del rapporto lavorativo.

Prima di stipulare un contratto di lavoro che preveda lo svolgimento di attività professionali a stretto contatto con i minori, il datore di lavoro è tenuto obbligatoriamente a richiedere un **certificato anti pedofilia**. Si tratta di un certificato penale, diretto ad accertare che il soggetto da impiegare non sia stato in precedenza condannato per reati contro i minori.

La normativa di riferimento è contenuta nel **D.Lgs. 39/2014**, emanato in attuazione della *Direttiva UE 2011/93/UE* relativa alla lotta contro l'abuso e lo sfruttamento sessuale dei minori e la pornografia minorile.

Tale prescrizione trova applicazione anche per le assunzioni del personale della scuola, sia docente che ATA.

Traslando questo adempimento alla dimensione scolastica, pertanto, sarà obbligatorio presentare **tale certificato** al momento dell'assunzione.

3.1 Il periodo di formazione e prova

Ogni pubblico dipendente, quindi anche il personale della scuola, è sottoposto ad un periodo di prova e di formazione iniziali.

Per i docenti, la disciplina sulla formazione è stata profondamente innovata dalla legge sulla Buona scuola, L. 107/2015, che ha previsto uno specifico *iter* sia di *formazione in ingresso* sia di *formazione in servizio*.

Per quanto concerne la formazione in ingresso, il personale docente ed educativo si intende **confermato in servizio** ed **immesso in ruolo** solo all'esito del superamento del periodo di formazione e prova, subordinato allo svolgimento del servizio effettivamente prestato per un periodo di almeno **180 giorni**, di cui **120** in attività didattiche (commi 115 e ss. L. 107/2015 e D.M. 850/2015).

Il Dirigente scolastico affida ogni neo-assunto ad un altro docente al quale sono attribuite funzioni di "*tutor*" (art. 1, comma 117, L. 107/2015) nell'attività di formazione.

Il **docente *tutor***, ai sensi del D.M. 27-10-2015, n. 850 di attuazione del co. 118 della Buona scuola, è designato dal Dirigente scolastico. Il suo ruolo emerge al termine del periodo di prova, quando esprime il suo parere sul docente al Dirigente, ma la sua azione è rilevante soprattutto nel dispiegarsi dell'anno scolastico durante il quale la sua funzione è la supervisione e il tutoraggio del docente affidatogli. Lo scopo del periodo di prova è quello di verificare la padronanza degli standard professionali e delle competenze culturali e relazionali dei neo-assunti.

Il *tutor* lavora preferibilmente nello stesso plesso del docente e *non* può avere *più di tre docenti* affidatigli.

La programmazione didattica e metodologica del docente viene da lui *condivisa* con il tutor che preferibilmente *appartiene alla stessa classe di concorso del docente.*

Al termine dell'anno di formazione e prova, nel periodo intercorrente tra la fine delle attività didattiche e la conclusione dell'anno scolastico, il Dirigente scolastico, sentito il parere del *Comitato di valutazione* (obbligatorio ma non vincolante), esprime la valutazione, positiva o negativa, sul periodo di formazione e prova:

a) in caso di **valutazione positiva**, il DS emette provvedimento motivato di conferma in ruolo;
b) in caso di **valutazione negativa**, il personale docente ed educativo è sottoposto ad **un secondo periodo di formazione e di prova**, che però non è rinnovabile (art. 1, co. 119, L. 107/2015) individua, inoltre, i criteri per valutare i docenti in prova.

4 La mobilità

La mobilità è la procedura tramite la quale, superato il periodo di formazione e prova, il neo-docente è assegnato all'organico di un'istituzione scolastica.

Esaminiamo le due discipline.

Nella contrattazione collettiva relativa al comparto scuola, si distinguono (art. 10 CCNL 2006-2009):

— **mobilità territoriale** (che può essere a domanda o d'ufficio): è tesa a realizzare l'equilibrio tra le esigenze familiari del personale e la necessità di conferire stabilità al servizio e continuità all'offerta formativa, distribuendo le risorse umane sul territorio;
— **mobilità professionale**: è finalizzata a promuovere il reimpiego e la valorizzazione delle professionalità esistenti e a favorire il **riassorbimento delle eccedenze** di personale attraverso specifici percorsi formativi di *riqualificazione e riconversione professionale* mirati all'assegnazione di posti di lavoro vacanti e l'incentivazione al conseguimento di titoli di studio ed alla integrazione dei percorsi universitari, utili ai fini del reimpiego;
— **mobilità intercompartimentale**: ricorre quando vi sono accordi promossi dal Ministero dell'Istruzione con altre amministrazioni ed enti che segnalino vacanze di posti in profili o qualifiche corrispondenti a quelle esistenti nella scuola. *Tale forma di mobilità è rivolta a tutto il personale in servizio con contratto di lavoro a tempo indeterminato* ma, in via prioritaria, al personale scolastico appartenente a classi di concorso, ruoli o profili in esubero. Il provvedimento che attiva la mobilità intercompartimentale è graduato in

base ai titoli di servizio, di studio e alle esigenze di famiglia; il trasferimento può avvenire al termine dell'anno scolastico.

Con l'entrata in vigore della **L. 107/2015**, i ruoli del personale docente sono diventati regionali, articolati in **ambiti territoriali**, suddivisi in sezioni separate per gradi d'istruzione, classi di concorso, tipologie di posti (art. 1, commi 66 e ss., L. 107/2015).

A seguito del **CCNL mobilità**, a partire dall'**a.s. 2019-2020**, i docenti con incarico triennale saranno **titolari su scuola**, non più su ambito territoriale.

5 La formazione in servizio

Nell'ottica dei programmi di *lifelong learning*, anche per i docenti è previsto l'obbligo della *formazione continua* (cd. formazione in servizio).

La **formazione in servizio** consiste nel **dovere** dell'insegnante di sviluppare e migliorare la propria professionalità e rientra, come accennato, nelle attività funzionali all'insegnamento.

L'art. 282 T.U. Istruzione sancisce che «l'aggiornamento è un **diritto-dovere** del personale ispettivo, direttivo e docente». La doverosità dell'aggiornamento professionale è ribadita in generale dall'art. 7 T.U. pubblico impiego (D.Lgs. 165/2001) valido per tutti i dipendenti pubblici. Il CCNL Scuola vede, invece, nell'aggiornamento professionale del personale scolastico solo un «*diritto*».

La formazione del docente ha rappresentato nella Buona scuola un passaggio importante, in quanto strettamente legato alla qualità dell'insegnamento e, di conseguenza, al merito del docente.

In primo luogo, per il comma 124 dell'art. 1 della L. 107/2015, questo tipo di formazione è **obbligatoria, permanente e strutturale**; inoltre, a differenza della formazione in ingresso, si svolge *fuori dall'orario d'insegnamento*. Tuttavia, il personale docente può usufruire di 5 giorni per anno scolastico per la partecipazione ad iniziative di aggiornamento riconosciute dall'amministrazione.

Ogni scuola a tal fine deve dotarsi di un **Piano di aggiornamento e formazione**.

In secondo luogo, l'art. 1, co. 121, della legge 107 ha previsto l'istituzione della **Carta elettronica per l'aggiornamento e la formazione del docente**, del valore nominale di 500 euro all'anno, che può essere utilizzata per l'acquisto di libri e testi, anche digitali e di supporti informatici, e per corsi di aggiornamento e per iniziative coerenti con il Piano triennale dell'offerta formativa, nel rispetto del **Piano per la formazione del personale docente**, previsto dal co. 124 L. 107/2015 e approvato dal MIUR per il triennio 2016/2019.

Il Piano intende rendere strutturale la formazione e lo sviluppo professionale del docente, in sintonia anche con gli obiettivi europei di Lisbona 2020.

Nel Piano, che manca ancora delle disposizioni attuative, si prevede l'istituzione di un servizio online nel quale ogni docente a tempo indeterminato (sono esclusi dal PNF i precari) potrà documentare la propria storia formativa e professionale e costruire il proprio **Portfolio professionale**. Sulla base di un'analisi dei propri bisogni formativi, è prevista poi la realizzazione di un **Piano individuale di sviluppo professionale** che ciascun docente aggiornerà periodicamente e in cui indicherà esigenze e proposte di crescita professionale in riferimento alle Aree di sviluppo su cui si basa il Piano (Area didattica, professionale, organizzativa etc.).

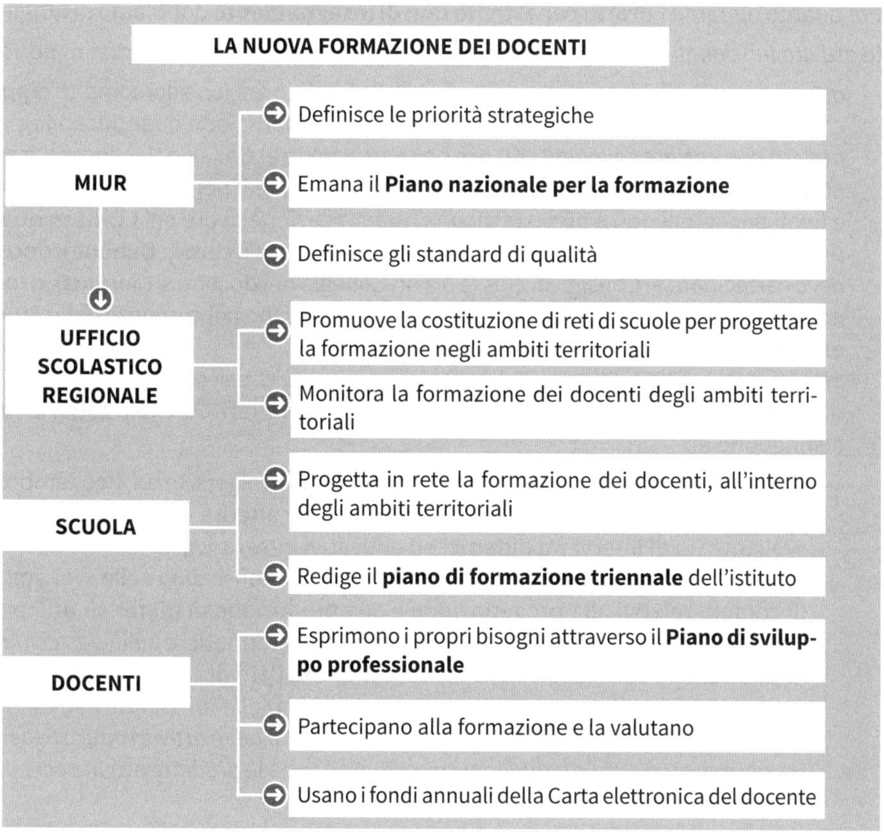

6 L'orario lavorativo dei docenti

L'orario di lavoro nel pubblico impiego è di *36 ore* settimanali; nell'ambito della scuola, tuttavia, sussiste una *differenza tra orario per attività d'insegnamento* e *orario per attività non d'insegnamento*.

Per quanto riguarda l'**orario per attività di insegnamento** (lezioni), l'art. 28 CCNL, confermato nella disciplina dal **CCNL 2016-2018**, stabilisce, fatta eccezione per i casi di riduzione per *cause di forza maggiore*:

— **25 ore settimanali** per la scuola dell'infanzia;
— **22 ore settimanali** per la scuola primaria (e 2 ore aggiuntive per la programmazione didattica);
— **18 ore settimanali** per le scuole e per gli istituti d'istruzione secondaria e artistica.

Si fa riferimento a lezioni della durata di 60 minuti. La formulazione dell'orario delle lezioni è di competenza del Dirigente scolastico che deve tenere conto dei criteri deliberati dal Consiglio di istituto (art. 396, co. 2, lett. d), art. 10, co. 4, T.U. istruzione e C.M. 243/1979).

Per quanto riguarda l'**orario per attività non di insegnamento** dobbiamo distinguere:

- le *attività funzionali all'insegnamento* (art. 29 CCNL) che a loro volta si distinguono in:
  - *adempimenti individuali* (preparazione delle lezioni, correzione dei compiti, rapporti con le famiglie) il cui orario non è quantificato (in quanto non quantificabile);
  - *attività di carattere collegiale*: **40 ore** per partecipare al Collegio dei docenti e **altre 40 ore** per partecipare ai Consigli di classe (esclusi quelli per gli scrutini intermedi e finali per i quali non è prevista alcuna quantificazione di ore nel CCNL, in quanto possono variare a seconda che un docente abbia una o più classi). Dunque il docente *deve* partecipare ai Consigli di classe o a un Collegio dei docenti straordinario (ossia non previsto nel Piano delle attività) in quanto rientrano nel computo delle **40 + 40 ore obbligatorie**;
  - *attività aggiuntive deliberate dal Collegio dei docenti*, che ai sensi dell'art. 30 CCNL, rimagono disciplinate dal vecchio contratto collettivo (art. 25 CCNL 1999) e che si distinguono in:
    - *attività aggiuntive di insegnamento*, che possono svolgersi in un arco temporale di 6 ore settimanali supplementari all'orario di cattedra e sono destinate allo svolgimento di interventi didattici ed educativi integrativi;
    - *attività aggiuntive funzionali all'insegnamento*, che consistono nello svolgimento di compiti relativi alla progettazione e alla produzione di materiali utili per la didattica, con particolare riferimento ai prodotti informatici e nella *partecipazione alle riunioni del Collegio dei docenti*, compresa l'attività di *programmazione e verifica di inizio e fine anno* e l'*informazione alle famiglie sui risultati degli scrutini trimestrali, quadrimestrali e finali e sull'andamento delle attività educative* nelle scuole materne e nelle istituzioni educative quando le predette attività eccedano le 40 ore annue.

7 I diritti sindacali. Il diritto di sciopero

Il docente ha il diritto di partecipare, durante l'orario lavorativo (e senza perdere la retribuzione), alle **assemblee sindacali**, concordate con il datore di lavoro: in un anno scolastico, per ciascun docente, il numero totale è di **10 ore** (2 ore per ogni assemblea).

Assemblee e permessi sindacali sono disciplinati dalla contrattazione integrativa di istituto e dall'art. 8 CCNL.

Il docente medesimo, inoltre, ha il **diritto di sciopero** (art. 40 Cost.) fatti salvi i **servizi pubblici essenziali** (L. 146/1990, modif. dalla L. 83/2000) che devono essere sempre assicurati.

In particolare, in ambito scolastico, è necessario che sia assicurata la **continuità** di alcune prestazioni indispensabili come, ad esempio, le attività relative alla *refezione scolastica*, le attività attinenti a scrutini ed esami, soprattutto *finali*; le attività riguardanti il *pagamento degli stipendi* oppure quelle attinenti alla *vigilanza sul funzionamento di apparecchiature*, in mancanza della quale sia possibile il verificarsi di danni a persone ecc.

Non sono possibili scioperi a tempo interminato; in ogni caso, gli scioperi medesimi, con particolare riferimento alle attività d'insegnamento e a quelle relative al funzionamento in generale della scuola, non possono avere una durata superiore a:

— 8 giorni per ciascun anno scolastico (40 ore individuali): nelle scuole materne ed elementari;
— 12 giorni di anno scolastico (60 ore individuali) nelle altre scuole o negli altri istituti d'istruzione;
— due giorni consecutivi.

La regolamentazione dello sciopero nella scuola è contenuta nell'appendice «*Attuazione della legge n. 146/90*» del CCNL del 1998-2001 (art. 3 Appendice).

8 La cessazione del rapporto d'impiego

Il rapporto d'impiego del personale docente della scuola cessa a seguito di:

— **collocamento a riposo per limiti di età**: il servizio da considerare ai fini del computo dell'anzianità massima o minima è, in primo luogo, il *servizio di ruolo agli effetti giuridici*. A questo si aggiunge: il servizio militare; il periodo degli studi universitari per il personale direttivo e docente di scuola secondaria, per il quale sia stato emesso provvedimento di riscatto o computo registrato alla Corte dei conti; i servizi non di ruolo da computare senza oneri, se sono coperti da contribuzioni; da riscattare negli altri casi; i servizi resi alle dipendenze di enti pubblici e quelli comunque prestati con iscrizione ad istituti di previdenza dei quali l'interessato abbia chiesto la ricongiunzione; servizi coperti da contribuzioni resi alle dipendenze di privati mediante ricongiunzione; servizi prestati nelle scuole legalmente riconosciute o parificate per i periodi in cui i servizi siano stati retribuiti e per i quali sia stato emesso provvedimento di riscatto;
— **risoluzione consensuale**: la risoluzione consensuale avviene con la presentazione delle *dimissioni*, che decorrono normalmente dal primo settembre successivo a quello in cui sono state presentate;
— **decadenza**: può essere disposta nei casi di *mancata cessazione della situazione di incompatibilità* trascorsi 15 giorni dalla diffida; *mancata assunzione o riassunzione in servizio*, senza giustificato motivo nel termine prefissato; *assenze ingiustificate* dal servizio per un periodo non inferiore a 15 giorni; conseguimento dell'impiego mediante *produzione di documenti falsi o viziati* da invalidità non sanabile; *perdita della cittadinanza italiana*; *accettazione di incarichi* o missione all'estero *senza autorizzazione*;
— **dispensa dal servizio**, che può essere pronunciata per inidoneità fisica, incapacità persistente, insufficiente rendimento.

Si tenga presente, tuttavia, che il personale cessato dal servizio per dimissioni, per collocamento a riposo o per decadenza dall'impiego, può essere **riammesso in servizio** con provvedimento del dirigente scolastico regionale: la riammissione è subordinata alla disponibilità del posto o della cattedra e ha decorrenza dall'anno scolastico successivo a quello in cui viene emesso il relativo provvedimento; non può avere luogo se la cessazione dal servizio sia avvenuta in applicazione di disposizioni di carattere transitorio o speciale.

Il personale riammesso in servizio assume nel ruolo la *stessa posizione giuridica* ed economica che vi occupava all'atto della cessazione del rapporto di servizio.

9 Le supplenze del personale docente

Nel caso in cui non sia possibile assegnare alle cattedre e ai posti disponibili personale di ruolo, le istituzioni scolastiche provvedono ad individuare i docenti per le classi ricorrendo all'istituto delle **supplenze**.

La disciplina delle supplenze è dettata da un apposito Regolamento (**D.M. 131/2007**) che indica quali posti coprire con le supplenze che durano fino al 31 agosto (cd. **supplenze annuali**) e quali con le **supplenze fino al 30 giugno**, cioè fino al termine delle attività didattiche.

Le **supplenze annuali** coprono il periodo che va dal 1° settembre al 31 agosto e sono utilizzate per la copertura delle cattedre e dei posti vacanti, cioè privi di titolare, che rimangono, ad esempio, dai trasferimenti.

I **contratti fino al 30 giugno** vengono utilizzati **per la copertura delle cattedre e dei posti non vacanti**, cioè coperti da titolari in servizio altrove (ad esempio, in comando, assegnazione provvisoria, utilizzazione o in aspettativa per mandato parlamentare, amministrativo, esonero sindacale, per coniuge all'estero, dottorato di ricerca etc.) ma comunque per tutta la durata dell'anno scolastico, fino al 30 giugno, cioè fino alla fine delle attività didattiche, nonché per la copertura delle cattedre e dei posti costituitisi per aumento del numero delle classi e degli alunni.

La **differenza** tra una **supplenza annuale** ed un **contratto fino al 30 giugno** è in primo luogo di tipo economico; un'altra differenza è data dalla monetizzazione delle ferie (le ferie dei supplenti con contratto fino al 30 giugno sono monetizzabili nella misura data dai giorni maturati detratti quelli di sospensione delle lezioni comprese nel contratto).

Con il contratto fino al termine delle attività didattiche, inoltre, si riceve entro i 6 mesi successivi alla cessazione del contratto, il trattamento di fine rapporto (TFR); con una supplenza annuale, se decorre un nuovo contratto dal successivo primo settembre, il TFR verrà accantonato e liquidato a fine carriera.

Per l'attribuzione delle **supplenze annuali**, si utilizzano le **graduatorie ad esaurimento** (gli elenchi provinciali di docenti abilitati che si sono formati nel corso degli anni, ancora valide fino al loro definitivo esaurimento).

Gli incarichi su tutti i posti vacanti o di fatto disponibili entro la data del 31 dicembre e fino al termine dell'anno scolastico (supplenze annuali e fino al 30 giugno), sono conferiti dall'**Ufficio Scolastico Territoriale** competente (Ambito territoriale provinciale - ATP o scuole polo, se individuate dall'Ufficio scolastico regionale) utilizzando le graduatorie ad esaurimento di cui all'art. 2 del D.M. 131/2007.

Ribadiamo, si tratta di sole supplenze su posti vacanti e disponibili, ovvero quelli sui quali è possibile autorizzare le immissioni in ruolo in quanto privi di titolare.

Tuttavia, può accadere che i posti non siano coperti dall'Ufficio Scolastico Territoriale a causa dell'esaurimento delle corrispondenti graduatorie.

In questo caso, cioè, se scorrendo la graduatoria ad esaurimento la cattedra continua ad essere scoperta, si può ricorrere alle **graduatorie di istituto**: qui la competenza passa ai **Dirigenti scolastici** i quali per la copertura di tali posti dovranno utilizzare le graduatorie di istituto (a partire dalla prima fascia) della scuola ove si verifica la disponibilità.

La scadenza della supplenza rimane comunque immutata (31-8 o 30-6).

Le **graduatorie di istituto** sono elenchi costituiti presso ogni istituto scolastico e hanno **validità triennale** (l'aggiornamento avviene su domanda dei docenti e l'ultimo è stato previsto per il triennio 2017-2020 con il D.M. 374/2017). Le graduatorie di istituto sono articolate in **tre fasce**:

— la **prima fascia** comprende i docenti iscritti nelle graduatorie ad esaurimento per il medesimo posto o classe di concorso cui si riferisce la graduatoria di istituto;

- la **seconda fascia** comprende i docenti in possesso di abilitazione ma non iscritti nelle graduatorie ad esaurimento;
- la **terza fascia** comprende gli aspiranti docenti di scuola secondaria di primo e secondo grado non abilitati, in possesso del titolo di studio valido per l'accesso all'insegnamento.

Il Dirigente scolastico quindi può attingere dalle graduatorie di istituto per le **supplenze annuali** e **per le supplenze fino al termine delle attività didattiche** per posti che non sia stato possibile coprire con il personale incluso nelle graduatorie ad esaurimento.

È importante sottolineare che è possibile stipulare contratti di supplenza su tali posti **solo per 36 mesi**, anche non continuativi, a decorrere dal 1° settembre 2016 (**art. 1, comma 131, L. 107/2015**).

Oltre tale limite, il docente non potrà più avere incarichi su questa tipologia di supplenza.

Inoltre, dalle graduatorie di istituto vengono assegnate anche le **supplenze brevi** per far fronte alla sostituzione del titolare assente ad esempio, per malattia, per maternità e così via, oppure per posti che si sono resi disponibili dopo il 31 dicembre (ad esempio, per sostituzione del titolare assente per aspettativa, dottorato di ricerca, decesso etc.).

L'art. 7 comma 3 del D.M. 131/2007, infatti, dispone che per la sostituzione dei docenti temporaneamente assenti, il Dirigente scolastico provvede al conferimento delle relative supplenze esclusivamente per il periodo di permanenza delle "esigenze di servizio", cioè l'effettiva esigenza che la scuola ha di tenere in servizio il supplente in sostituzione del titolare assente.

Il Dirigente scolastico ha la possibilità di sostituire il titolare assente per brevi periodi con la nomina di un supplente nominato dalle graduatorie di istituto, a partire dal secondo giorno di assenza (comma 333, L. 23/2014, che ha stabilito il divieto per il primo giorno di assenza).

Ma il Dirigente scolastico ha anche un'altra possibilità: con il comma 85, art. 1, della L. 107/2015, si è previsto che il Dirigente scolastico possa effettuare sostituzioni di docenti assenti per la copertura di supplenze temporanee *fino a dieci giorni* con personale dell'**organico dell'autonomia** che, ove impiegato in gradi di istruzione inferiore, conserva il trattamento stipendiale del grado di istruzione di appartenenza.

La sostituzione tramite un docente dell'organico dell'autonomia di un collega temporaneamente assente, però, incontra il limite temporale dei dieci giorni: a partire dall'undicesimo giorno si deve fare ricorso alla supplenza.

10 Retribuzione e *bonus* docenti

La **retribuzione** è la corresponsione dello stipendio come controprestazione della prestazione di lavoro effettuata. Essa è composta da un **trattamento fondamentale** (lo stipendio tabellare fissato dai CCNL integrato da eventuali assegni *ad personam* (es. assegni familiari) e da un **trattamento accessorio** (come compensi e indennità retribuiti con il fondo d'istituto, *bonus* di merito etc.).

I Dirigenti scolastici, in quanto *datori di lavoro*, **operano un'attività di valutazione sul personale docente**: in questa prospettiva, la Buona scuola introduce l'assegnazione del **bonus ai docenti** da parte del Dirigente scolastico.

Si tratta di una forma di **retribuzione accessoria** (dunque sottoposta alla corrispondente tassazione) *mirata a valorizzare il merito dei docenti di ruolo* delle scuole di ogni ordine e grado, da attingere dall'apposito fondo predisposto dalla L. n. 107 medesima.

Per la valorizzazione del merito del personale docente, la legge 107/2015 prevede l'istituzione, presso il MIUR, di un apposito fondo (circa 24.000 euro per ogni scuola) dal quale il singolo Dirigente scolastico potrà attingere annualmente al fine di erogare "premi" ai docenti sulla base dei criteri di valutazione individuati dal Comitato.

Il Dirigente scolastico, sulla base dei criteri individuati dal **Comitato per la valutazione dei docenti** (→ Cap. 10), assegna annualmente al personale docente una somma (bonus) del fondo destinato alla valorizzazione del merito del personale docente istituito presso il Ministero dell'istruzione (comma 127, L. 107/2015).

Il Comitato individua i **criteri** facendo riferimento a:

— qualità dell'insegnamento e del miglioramento apportato alla scuola, anche in base al successo formativo degli studenti;
— risultati ottenuti dai docenti in relazione al potenziamento delle competenze degli alunni e dell'innovazione didattica e della collaborazione alla ricerca;
— responsabilità assunte nel coordinamento organizzativo.

In base ai suddetti criteri e con *motivata valutazione* il Dirigente scolastico individuerà *discrezionalmente* i docenti cui attribuire il premio.

Con la *legge di bilancio 2020* (**L. 160/2019**), il *bonus* docenti viene sottoposto alla contrattazione integrativa d'istituto ed è riferito al «personale della scuola», quindi va concordato con le rappresentanze sindacali e può essere attribuito anche al personale ATA.

In sintesi

- **Il personale della scuola** si suddivide in *due macro-aree*: quella **dirigenziale**, ossia l'Area V, nella quale trova la sua disciplina la figura del Dirigente scolastico (DS); quella di **comparto, che comprende il personale non dirigente**.
- Il comparto scuola, a sua volta, si articola nelle seguenti aree professionali:
  — **area della funzione docente**;
  — **area dei servizi generali, tecnici e amministrativi (personale ATA).**
- Il **personale docente** comprende: i docenti della scuola dell'infanzia; i docenti della scuola primaria; i docenti della scuola secondaria di 1° grado; i docenti diplomati e laureati della scuola secondaria di 2° grado; il personale educativo dei convitti e degli educandati femminili.
- Il profilo professionale docente è molto complesso, in quanto costituito da **competenze disciplinari, psico-pedagogiche, metodologico-didattiche, organizzativo-relazionali e di ricerca**, tra loro correlate e interagenti, che si sviluppano con il maturare dell'esperienza didattica e con l'attività di studio e di sistematizzazione della pratica didattica.
- Il personale supplente è chiamato **all'insegnamento o ad altra funzione nella scuola** in sostituzione di dipendenti assenti o per coprire annualmente posti vacanti.

12
La responsabilità del docente e della scuola

1 La responsabilità del personale scolastico

Per **responsabilità**, in generale, si intende l'assoggettabilità ad una sanzione che consegue alla realizzazione di **comportamenti antigiuridici**. In particolare, per i **pubblici dipendenti**, l'**art. 28 Cost.** recita: «*I funzionari e i dipendenti dello Stato e degli enti pubblici sono direttamente responsabili, secondo le leggi penali, civili e amministrative degli atti compiuti in violazione dei diritti*».

In altre parole, l'azione (o omissione) causa di danno all'Amministrazione posta in essere dal dipendente, compreso quello che opera nelle istituzioni scolastiche, può dar luogo, a:

— *responsabilità civile verso terzi*
— *responsabilità penale*
— *responsabilità amministrativa e contabile*
— *responsabilità disciplinare.*

2 La responsabilità civile dei docenti

Prima di addentrarci nelle problematiche relative alla **responsabilità civile del personale scolastico**, è opportuno fare una breve premessa sulle nozioni di «responsabilità civile» e «risarcimento del danno».

Il nostro ordinamento prevede **due forme di responsabilità civile**, a seconda che il soggetto violi un obbligo contenuto in un contratto (cd. *responsabilità contrattuale*) oppure non rispetti il dovere generale, che incombe su chiunque, di non arrecare danno ad altri (cd. *responsabilità extracontrattuale*). Ad esempio, è contrattuale la responsabilità di chi acquista una casa e poi non paga il prezzo. È, invece, extracontrattuale la responsabilità dell'automobilista che investe un pedone.

Entrambe le forme di responsabilità comportano l'obbligo del **risarcimento del danno.** Generalmente *l'obbligo di risarcire il danno incombe su chi ha commesso il fatto illecito.*

Per rafforzare la tutela del danneggiato, tuttavia, in alcuni casi, è prevista, oltre alla responsabilità dell'autore del fatto, quella di un altro soggetto: si tratta delle ipotesi di **responsabilità indiretta** o **per fatto altrui**, tra le quali rientra anche la responsabilità degli insegnanti per i fatti illeciti commessi dagli alunni (**art. 2048 c.c.**). In tali casi, *la responsabilità è esclusa se gli interessati provano di non aver potuto impedire il fatto.*

In particolare, **il personale docente e non docente ha un obbligo giuridico di sorveglianza e di vigilanza nei confronti degli alunni**, affinché gli stessi non subiscano lesioni o non incorrano in pericoli durante la loro permanenza all'interno della struttura scolastica o, comunque, *durante il periodo in cui sono affidati alla scuola*. Pertanto, la mancata osservanza di tale obbligo (*culpa in vigilando*) fa sorgere una *responsabilità per omissione* (ad esempio, viola il dovere di vigilanza il docente che si allontana dall'aula durante l'orario di lezione).

2.1 La responsabilità per *culpa in vigilando* sugli alunni

Ai sensi dell'art. **2048, co. 2, c.c.**, del fatto illecito del minore rispondono i *precettori* nonché i maestri d'arte o di mestieri. Si tratta di una terminologia desueta, che va riferita agli insegnanti in generale. In particolare, va qualificato «**precettore**» il soggetto al quale l'allievo è affidato per ragioni di educazione e istruzione nell'ambito di una struttura scolastica: è tale quindi *l'insegnante di qualsiasi ruolo e rango, pubblico e privato*.

Come abbiamo detto, i docenti e in generale il personale scolastico sono responsabili per i **danni cagionati dagli allievi**.

Presupposto della **responsabilità per *culpa in vigilando*** è l'accertamento che il danno sia conseguenza del *comportamento omissivo del sorvegliante* nei confronti degli alunni. Secondo la giurisprudenza prevalente, il responsabile può liberarsi da responsabilità (cd. **prova liberatoria**) solo se riesce a dimostrare che, pur essendo presente e avendo esercitato una vigilanza adeguata e preso preventivamente tutte le misure idonee ad evitare la situazione di pericolo, non ha comunque potuto evitare l'evento perché verificatosi in modo imprevedibile, repentino e improvviso.

Il **dovere di vigilanza** deve essere commisurato all'età e al grado di maturazione psichica e fisica degli alunni (ad esempio, la sorveglianza deve essere di massimo grado per i bambini della scuola dell'infanzia o per gli alunni con disabilità) e presuppone, in ogni caso, la minore età degli allievi (art. 2048 c.c.).

Altro fattore da considerare è il **contesto ambientale** nel quale la scuola si trova ad operare (l'ubicazione dell'edificio, il traffico nella zona ecc.).

L'**obbligo di vigilanza si estende all'attività scolastica in genere**, dal momento dell'ingresso degli allievi nei locali della scuola a quello della loro uscita (cfr. Cass. 5-9-1986, n. 5424), compresi il periodo destinato alla ricreazione (cfr. Cass. 28-7-1972, n. 2590; Cass. 7-6-1977, n. 2342), le uscite didattiche, i viaggi di istruzione e ogni altra attività che si svolga nei locali scolastici o in quelli di pertinenza.

2.2 L'uscita da scuola media in autonomia

In base alla normativa, il dovere di sorveglianza della scuola sugli studenti minori si estende a tutto il periodo in cui le sono affidati, quindi fino al momento del subentro della vigilanza dei genitori o di un adulto delegato. Ma cosa accade ad esempio nel caso dell'uscita in autonomia di minori da scuola?

Di chi è la responsabilità nel caso di incidente fuori dal perimetro scolastico?

Nel caso del coinvolgimento in un incidente stradale in cui incorse un ragazzo, minore di 14 anni, la Cassazione si era espressa nel senso di far gravare la responsabilità sulla scuola e gli insegnanti per mancato dovere di diligenza, come previsto nella contrattazione.

La legge, d'altro canto, prevede che il minore di 14 anni non sia imputabile in quanto vi è una presunzione assoluta della sua *incapacità*; pertanto, secondo il codice penale si configura abbandono di minore nel caso degli studenti minori di 14 anni che tornano a casa da soli (art. 591 c.p.).

Il legislatore è intervenuto a disciplinare la situazione dal punto di vista normativo con la L. 172/2017 di conversione del D.L. 148/2017. L'art. 19bis del provvedimento ha previsto la possibilità che i genitori, i tutori e i soggetti affidatari di minori di 14 anni, ne autorizzino l'uscita autonoma da scuola al termine delle lezioni, sollevando il personale scolastico dalla responsabilità legata all'obbligo di vigilanza. Ciò deve avvenire in considerazione dell'età di questi ultimi, del loro grado di autonomia e dello specifico contesto, nell'ambito di un processo volto alla loro *autoresponsabilizzazione.*

L'autorizzazione può essere rilasciata anche agli enti locali gestori del servizio di trasporto scolastico, i quali sono esonerati da responsabilità nelle fasi di salita dal mezzo, discesa dal mezzo, sosta alla fermata.

2.3 La culpa in educando delle famiglie

Ai sensi dell'art. **2048 co. 1 c.c.** «Il padre e la madre, o il tutore sono responsabili del danno cagionato dal fatto illecito dei figli minori non emancipati o delle persone soggette alla tutela, che abitano con essi».

Ai genitori è imposto peraltro non solo un **dovere di vigilanza** e mantenimento dei figli, ma anche un **dovere di educazione**: lo sanciscono l'art. 30 della Costituzione e gli artt. 147 e 315bis del Codice civile.

I genitori devono, quindi, operare non solo una corretta vigilanza sul comportamento dei figli ma devono svolgere *un'adeguata attività formativa*, impartendo ai figli l'educazione al rispetto delle regole della civile convivenza, nei rapporti con il prossimo e nello svolgimento delle attività extrafamiliari comprese quelle scolastiche, nonché al rispetto dell'autorità degli adulti e delle persone, oltre che delle cose di proprietà altrui.

La **responsabilità del genitore** (*ex* art. 2048, co. 1, c.c.) e la **responsabilità del docente** (*ex* art. 2048, co. 2, c.c.) per il fatto commesso da un minore **non sono tra loro alternative**: la responsabilità del docente per gli illeciti commessi dal minore a scuola non esclude cioè quella dei genitori, poiché l'affidamento del minore alla custodia di terzi solleva il genitore dalla presunzione di *culpa in vigilando* ma non da quella di *culpa in educando*: in questo caso, per liberarsi da responsabilità per il fatto compiuto dal minore in un momento in cui lo stesso si trovava soggetto alla vigilanza di terzi, i *genitori sono tenuti a dimostrare di avere impartito al minore un'educazione adeguata a prevenirne comportamenti illeciti* (Cass. 21-9-2000, n. 12501; nel caso specifico la Corte ha sancito la responsabilità solidale del docente e del genitore per aver un alunno causato una lesione all'occhio di un compagno, lanciandogli violentemente una gomma da cancellare).

L'inadeguatezza del grado di educazione del figlio minore può desumersi dalle stesse **modalità del fatto illecito**. Pertanto, è dato ravvisare *culpa in educando* non solo quando i genitori non dimostrino di aver impartito al minore l'educazione e l'istruzione consone alle proprie condizioni sociali e familiari, ma anche quando dalle stesse modalità del fatto si evinca un'educazione di per sé carente (Cass. 20-3-2012, n. 4395): ad esempio, se il minore violenta una ragazza a scuola, i genitori rispondono a titolo di *culpa in educando* dei danni subiti dalla vittima, qualora non dimostrino di aver fornito ai figli, oltre alla fondamentale educazione circa il rispetto delle regole, le indicazioni da cui trarre gli strumenti indispensabili da utilizzare nelle relazioni interpersonali, anche di sentimento e di sesso (Trib. Milano 22-12-2009).

Da quanto detto, nel procedimento di responsabilità civile promosso per il risarcimento dei danni cagionati dall'allievo minorenne ad un compagno nel corso di una lezione, possono coesistere le due responsabilità per *culpa in vigilando* e *culpa in educando*: possono cioè essere convenuti in giudizio sia i genitori dell'autore del danno *ex* art. 2048 co. 1 c.c., sia il Ministero dell'istruzione per il fatto dannoso del docente responsabile a titolo di *culpa in vigilando* (Cass. n. 12501/2000).

2.4 Il Patto educativo di corresponsabilità

Ribadisce implicitamente la responsabilità *in educando* dei genitori, la disciplina istitutiva del patto educativo di corresponsabilità. L'art. 5bis D.P.R. 249/1998 stabilisce, infatti, che contestualmente all'iscrizione dell'alunno a scuola è richiesta l'adesione, da parte dei genitori e degli studenti, al **patto educativo di corresponsabilità**, finalizzato a definire in maniera dettagliata e condivisa diritti e doveri nel rapporto tra istituzione scolastica autonoma, studenti e famiglie.

Il regolamento di istituto disciplina le procedure di sottoscrizione nonché di elaborazione e revisione condivisa del patto.

L'obiettivo del patto educativo, in sostanza, è quello di **impegnare le famiglie, fin dal momento dell'iscrizione, a condividere con la scuola i nuclei fondanti dell'azione educativa**.

La scuola dell'autonomia può svolgere, infatti, efficacemente la sua funzione educativa soltanto se è in grado di instaurare una sinergia virtuosa, oltre che con il territorio, tra i soggetti che compongono la comunità scolastica: il Dirigente scolastico, il personale della scuola, i docenti, gli studenti ed i genitori. L'introduzione del patto di corresponsabilità è orientata a porre in evidenza il **ruolo strategico che può essere svolto dalle famiglie** nell'ambito di un'alleanza educativa che coinvolga la scuola, gli studenti ed i loro genitori, ciascuno secondo i rispettivi ruoli e responsabilità. Il «patto» vuole essere, dunque, uno strumento innovativo attraverso il quale declinare i reciproci rapporti, i diritti e i doveri che intercorrono tra l'istituzione scolastica e le famiglie (Nota ministeriale n. 3602/P0/2008).

Il patto educativo di corresponsabilità **non va confuso con il** Regolamento d'istituto (→ Cap. 10). Il primo è un patto condiviso tra scuola e famiglia sulle priorità educative ed è *vincolante con la sua sottoscrizione*; il secondo è, invece, un atto unilaterale della scuola verso i propri studenti teso a fornire la specificazione dei comportamenti ad essi consentiti o vietati, *vincolante con la sua adozione e pubblicazione*.

Nato all'interno dello statuto delle studentesse e degli studenti della scuola secondaria (art. 5 D.P.R. 249/1998), il patto educativo di corresponsabilità è stato **esteso alla scuola primaria** (**art. 7 L. 92/2019**) «al fine di valorizzare l'insegnamento trasversale dell'educazione civica e di sensibilizzare gli studenti alla cittadinanza responsabile».

2.5 Gli infortuni causati dagli allievi

La quasi totalità degli alunni a scuola è minorenne; la legge presuppone, quindi, la loro totale **incapacità di agire** (art. 2 c.c.) oltre che di essere consapevole delle proprie azioni, a prescindere dall'età.

Rispondono, dunque, degli **atti illeciti compiuti dai minori**, coloro che hanno su di loro un obbligo di vigilanza, ossia in generale i genitori (o il tutore) e la scuola nel periodo in cui i minori si trovano a frequentarla. **Le istituzioni scolastiche rispondono**, infatti, come abbiamo visto, **dei danni causati dai propri alunni**.

Una parte della dottrina ha ritenuto che la responsabilità dei precettori ai sensi dell'art. 2048 c.c. per i danni cagionati dagli allievi valga anche per gli **allievi maggiorenni**. La giurisprudenza respinge però questa tesi: Cass. n. 7387/2001 ha sancito che la presunzione di cui all'art. 2048 c.c. non è applicabile nel caso in cui l'allievo è maggiorenne. Di fatto però è sempre richiesto il dovere di vigilanza nel caso di particolari posizioni protette in modo specifico dalla legge (es. disposizioni in materia di sicurezza).

Occorre ora soffermarsi più da vicino sulle due principali fattispecie che si possono verificare nel rapporto tra personale scolastico e alunni:

- il **danno causato dall'alunno a se stesso**, cd. **danno da autolesione** (ad esempio quando durante l'ora di lezione, un alunno cade a terra dalla sedia e si rompe i denti). Qui si tratta di un'ipotesi di **responsabilità contrattuale ai sensi dell'art. 1218 c.c.**, poiché la scuola, **con l'iscrizione dell'alunno** presso la propria struttura, assume l'obbligo di vigilare e sorvegliare su di esso (Cass. 18-11-2005, n. 24456). In virtù di quest'obbligo contrattuale tra famiglia e scuola, nell'ambito delle obbligazioni assunte dall'istituto deve ritenersi sicuramente compresa quella di vigilare anche sulla sicurezza e sull'incolumità dell'allievo, nel tempo in cui fruisce della prestazione scolastica, al fine di evitare che possa procurare un danno a se stesso.
- il **danno causato dall'alunno a un terzo** (ad esempio un alunno viene colpito da un compagno durante un litigio). In questo caso di tratta di responsabilità extracontrattuale: l'**adeguata vigilanza**, prevista dall'articolo 2048 c.c., presuppone l'adozione preventiva di misure organizzative e disciplinari idonee a evitare situazioni di pericolo. Inoltre, per escludere la responsabilità in capo al docente è necessario che l'evento sia stato imprevedibile e repentino, tanto da non consentire all'insegnante di intervenire (cfr. in tal senso Cass. 12-10-2015, n. 20475) .

3 La responsabilità penale dei docenti

L'analisi sulla responsabilità penale dei docenti non può che partire dall'**art. 27 Cost.** che sancisce il principio in base al quale **la responsabilità penale è personale**, poiché solo colui che ha materialmente commesso il fatto può essere sottoposto a sanzione penale. Dunque, nel caso di illecito penale, non vi può essere responsabilità della scuola ma solo della persona considerata responsabile del reato. L'Amministrazione scolastica sarà eventualmente *responsabile dal punto di vista amministrativo per il comportamento illecito del suo dipendente*.

I profili di responsabilità penale degli operatori scolastici sono inquadrabili in due grandi categorie:

- **reati contro la pubblica amministrazione**: sono i reati commessi da un pubblico dipendente in quanto tale, connotati da un abuso o comunque da un uso distorto della pubblica funzione che diventa oggetto di scambio (come nel caso della corruzione) o di vessazione per estorcere utilità al cittadino (come nel caso della concussione). In quanto pubblico ufficiale il docente può così incorrere:

— nel reato di rifiuto o omissione di atti d'ufficio (art. 328 c.p.) se, per esempio, a fronte di ripetute richieste da parte dei colleghi o del DS, ometta di consegnare i compiti svolti in aula dagli alunni delle sue classi;
— nel reato di peculato (art. 314 c.p.) se si appropria del denaro raccolto per una gita degli alunni;
— nel reato di concussione (art. 317 c.p.) se, abusando della sua qualità, costringe delle studentesse maggiorenni a promettergli prestazioni sessuali, in cambio di un buon voto nelle interrogazioni;
— nel reato di corruzione se, in cambio di particolari favori, accetta da parte dei genitori un regalo molto costoso e sicuramente difforme dalle tradizionali piccole regalie d'uso che, invece, sono generalmente ammesse.

Integra, invece, ai sensi dell'art. 479 c.p. il **reato di falso** in atto pubblico l'errata attestazione delle assenze degli alunni nel registro del docente (Cass. pen. 714/2010), in quanto **il registro personale del docente** sul quale devono essere annotati la materia spiegata, gli esercizi assegnati e corretti, le assenze degli alunni, i voti, è **atto pubblico**, in quanto attesta attività compiute dal pubblico ufficiale che lo redige, con riferimento a fatti avvenuti alla sua presenza o da lui percepiti. Ovviamente, è considerata *falso ideologico* anche la *falsa attestazione della presenza* di un alunno sul registro di classe (Cass. pen. n. 9155/2017).

— **reati contro l'integrità fisica, morale e/o sessuale dei minori affidati alle cure scolastiche**: il profilarsi di reati di questa natura determina il sorgere a carico dell'amministrazione scolastica di adempimenti vari, fra cui la tempestiva segnalazione alla Procura della Repubblica ai fini dell'esercizio dell'azione penale.

I reati che si verificano più frequentemente in ambito scolastico e che vedono come soggetti passivi i minori, si caratterizzano per il fatto che questi, affidati alla *cura*, all'*educazione* e alla *vigilanza* dell'istituto scolastico — inteso in senso lato e, quindi, *comprensivo degli insegnanti, del Dirigente scolastico e, sotto alcuni profili, degli ausiliari*, come ad esempio i collaboratori scolastici o gli assistenti — devono poter contare sulla tutela di questi soggetti *durante le ore scolastiche*. Dunque, in quest'ambito, non rilevano solo i reati commissivi eventualmente posti in essere dai docenti (es.: abuso dei mezzi di correzione di cui all'art. 571 c.p., maltrattamenti, percosse, lesioni personali ecc.) ma, in presenza dei presupposti di legge, sono considerate penalmente rilevanti anche **condotte omissive**, in particolar modo quelle consistenti nell'*omissione degli obblighi incombenti sui docenti*, tra i quali rileva, come visto, l'obbligo di vigilanza e di controllo sugli alunni.

4 La responsabilità patrimoniale del dipendente della scuola

Per i pubblici dipendenti la responsabilità collegata agli effetti del proprio operato si estende oltre i limiti che le leggi civili e penali determinano per il comune cittadino. Gli impiegati pubblici, infatti, rispondono del loro operato non soltanto sul piano *civile, penale (e disciplinare)*, ma anche su quello «*patrimoniale*», essendo tenuti a **risarcire i danni da essi causati all'amministrazione**. Dunque, tutti i dipendenti pubblici, civili e militari, che cagionino danno allo Stato **nell'esercizio delle loro funzioni**, sono tenuti a risarcirlo.

Tale forma di responsabilità è oggi definita **responsabilità patrimoniale o responsabilità erariale (ossia per danni all'Erario).**

In generale possiamo dire che la **responsabilità patrimoniale per danni all'erario**, ossia alle finanze dello Stato, sorge in tutti i casi in cui quest'ultimo o un altro ente pubblico subisce una *deminutio patrimonii* a causa del comportamento di un pubblico agente nell'esercizio delle proprie funzioni o per la violazione degli obblighi di servizio. In questi casi il soggetto che ha causato il danno erariale è tenuto a risarcirlo. Il **danno erariale** è, dunque, il danno sofferto dallo Stato o da un altro ente pubblico a causa dell'azione o dell'omissione di un dipendente pubblico. Esso può comprendere non solo il risarcimento del danno effettivamente subito ma anche, ad esempio, il **danno all'immagine della P.A.**

Si pensi al caso in cui l'amministrazione scolastica abbia dovuto risarcire il danno per un infortunio ad un allievo causato da una grave forma di negligenza o sconsideratezza del docente: in questo caso la P.A. potrà ottenere dal docente responsabile di culpa in vigilando, quanto ha pagato a titolo di risarcimento del danno al ragazzo, ma anche il risarcimento del danno causato all'immagine della scuola, per la pubblicità negativa derivante dai fatti avvenuti (danno all'immagine della P.A.).

5 La responsabilità disciplinare

Il dipendente pubblico ha l'obbligo di osservare le norme comportamentali che regolano il suo rapporto di lavoro: la responsabilità disciplinare attiene, infatti, alla **violazione dei doveri d'ufficio** e può sussistere anche in assenza di rilevanza penale o di uno specifico danno alla P.A.

Per quanto riguarda la responsabilità disciplinare dei docenti questa è disciplinata dal **T.U. istruzione** (D.Lgs. 297/1994) che rappresenta la **fonte principale** per le sanzioni disciplinari irrogabili al **personale docente,** dal **Contratto collettivo di lavoro** e dalle norme di legge.

Al personale della scuola, in quanto, rientrante nella categoria dei dipendenti pubblici si applicano, infatti, regole procedimentali contenute nell'art. 55bis T.U. Pubblico impiego (D.Lgs. 165/2002), con le modifiche apportate dalla riforma Brunetta nel 2009 e riforma Madìa nel 2017 (Cass. Lav. ord. 28111/2019).

Titolare del potere disciplinare nei confronti dei docenti è il **DS**, per le infrazioni di minore gravità, e l'**UPD**, incardinato presso le Direzioni Regionali, per le sanzioni più gravi.

Le sanzioni disciplinari per il personale docente sono individuate, come anticipato, dal T.U. istruzione, D.Lgs. 297/1994, agli artt. 492 ss. Esse sono:

- **censura**: è una *dichiarazione di biasimo scritta e motivata*, che viene inflitta per mancanze non gravi riguardanti i doveri inerenti alla funzione docente o i doveri di ufficio (art. 493);
- **sospensione dall'insegnamento o dall'ufficio**: consiste *nel divieto di esercitare la funzione docente*, con la perdita del trattamento economico ordinario.

La sospensione dall'insegnamento o dall'ufficio **fino a un mese** viene inflitta (art. 494):

- per atti non conformi alle responsabilità, ai doveri e alla correttezza inerenti alla funzione o per gravi negligenze in servizio;
- per violazione del segreto d'ufficio inerente ad atti o attività non soggetti a pubblicità;
- per avere omesso di compiere gli atti dovuti in relazione ai doveri di vigilanza.

La sospensione dall'insegnamento o dall'ufficio **da oltre un mese a sei mesi** è inflitta (art. 495):

- nei casi previsti dall'articolo 494 qualora le infrazioni abbiano carattere di particolare gravità;
- per uso dell'impiego ai fini di interesse personale;

  - per atti in violazione dei propri doveri che pregiudichino il regolare funzionamento della scuola e per concorso negli stessi atti;
  - per abuso di autorità;
- **sospensione dall'insegnamento o dall'ufficio per un periodo di sei mesi** e utilizzazione, dopo che sia trascorso il tempo di sospensione, nello *svolgimento di compiti diversi* da quelli inerenti alla funzione docente (art. 496).

  Tale sanzione viene inflitta per il *compimento di uno o più atti di particolare gravità* integranti reati puniti con pena detentiva non inferiore nel massimo a tre anni, per i quali sia stata pronunciata sentenza irrevocabile di condanna ovvero sentenza di condanna nel giudizio di primo grado confermata in grado di appello, e in ogni altro caso in cui sia stata inflitta la pena accessoria dell'*interdizione temporanea dai pubblici uffici* o della sospensione dall'esercizio della potestà dei genitori. In ogni caso gli atti per i quali è inflitta la sanzione devono essere non conformi ai doveri specifici inerenti alla funzione e denotare l'incompatibilità del soggetto a svolgere i compiti del proprio ufficio nell'esplicazione del rapporto educativo;
- **destituzione**: *comporta la cessazione dal rapporto d'impiego* (art. 498).

  Essa è inflitta: per atti che siano in grave contrasto con i doveri inerenti alla funzione; per attività dolosa che abbia portato grave pregiudizio alla scuola, alla pubblica amministrazione, agli alunni, alle famiglie; per illecito uso o distrazione dei beni della scuola o di somme amministrate o tenute in deposito, o per concorso negli stessi fatti o per tolleranza di tali atti commessi da altri operatori della medesima scuola o ufficio, sui quali, in relazione alla funzione, si abbiano compiti di vigilanza; per gravi atti di inottemperanza a disposizioni legittime commessi pubblicamente nell'esercizio delle funzioni, o per concorso negli stessi; per richieste o accettazione di compensi o benefici in relazione ad affari trattati per ragioni di servizio; per gravi abusi di autorità.

Ad esse vanno aggiunte le sanzini previste nel T.U. pubblico impiego (**D.Lgs. 165/2001**) e dalla riforma Madìa (**D.Lgs. 75/2017**).

Nello specifico, viene inflitta:

- la **sospensione da 3 giorni a 3 mesi in proporzione all'entità del risarcimento (fino a dieci giorni l'irrogazione è competenza del dirigente scolastico**, fino a 3 mesi dell'UDP), in caso di violazione di obblighi concernenti la prestazione lavorativa, che abbia determinato la condanna dell'amministrazione al risarcimento del danno, comporta nei confronti del dipendente responsabile, l'applicazione della sospensione dal servizio con privazione della retribuzione in proporzione all'entità del risarcimento, salvo che ricorrano i presupposti per l'applicazione di una più grave sanzione disciplinare (art. 17 D.Lgs. 75/2017).

  Il potere del Dirigente scolastico di **sospensione dal servizio fino a 10 giorni** resta solo per il personale della scuola, nell'ambito del pubblico impiego. Infatti, in tutte le altre amministrazioni la competenza del responsabile della struttura presso cui il dipendente svolge la sua prestazione è limitata al rimprovero verbale;
- la **sospensione fino al massimo di 15 giorni (fino a dieci giorni l'irrogazione è competenza del dirigente scolastico**, fino a 3 mesi dell'UDP), per avere rifiutato, essendo a conoscenza per ragioni di ufficio o di servizio di informazioni rilevanti per un procedimento disciplinare in corso, senza giustificato motivo, la collaborazione richiesta dall'autorità

disciplinare procedente ovvero rendere dichiarazioni false o reticenti (art. 55 bis, comma 7, D.Lgs. 165/2001).

È una sanzione che presenta difficoltà applicative rilevanti poichè per le medesime infrazioni sono previsti provvedimenti disciplinari che possono essere irrogati, a seconda della loro entità, dal Dirigente scolastico o dall'Ufficio per i Procedimenti Disciplinari. In caso di incertezza, gli atti devono essere trasmessi all'UPD.

Le fattispecie di illecito di entità più grave, vengono sanzionate con il **licenziamento disciplinare**, sul quale la disciplina riformata del pubblico impiego ha inciso in maniera importante, ferma restando la disciplina generale per i licenziamenti per giusta causa, giustificato motivo e di quelli di cui alla contrattazione collettiva.

È disposto il licenziamento **senza preavviso** nei seguenti casi:

— assenza priva di valida giustificazione superiore a tre giorni nell'arco di un biennio o comunque per più di sette giorni nel corso degli ultimi dieci anni;
— mancata ripresa del servizio, in caso di assenza ingiustificata, entro il termine fissato dall'amministrazione;
— ingiustificato rifiuto del trasferimento disposto dall'amministrazione per motivate esigenze di servizio (art. 55quater D.Lgs. 165/2001);

È disposto il licenziamento **con preavviso** nei seguenti casi:

— falsa attestazione della presenza in servizio;
— falsità documentali o dichiarative commesse ai fini o in occasione dell'instaurazione del rapporto di lavoro ovvero di progressioni di carriera;
— reiterazione nell'ambiente di lavoro di gravi condotte aggressive o moleste o minacciose o ingiuriose o comunque lesive dell'onore e della dignità personale altrui;
— condanna penale definitiva, in relazione alla quale è prevista l'interdizione perpetua dai pubblici uffici ovvero l'estinzione, comunque denominata, del rapporto di lavoro (art. 55quater D.Lgs. 165/2001)
— gravi o reiterate violazioni dei codici di comportamento (ai sensi dell'art. 54, comma 3, D.Lgs. 165/2001);
— commissione dolosa, o gravemente colposa, dell'infrazione (di cui all'art. 55sexies, comma 3, D.Lgs. 165/2001);
— reiterata violazione di obblighi concernenti la prestazione lavorativa, che abbia determinato l'applicazione, in sede disciplinare, della sospensione dal servizio per un periodo complessivo superiore a un anno nell'arco di un biennio;
— insufficiente rendimento, dovuto alla reiterata violazione degli obblighi concernenti la prestazione lavorativa, stabiliti da norme legislative o regolamentari, dal contratto collettivo o individuale, da atti e provvedimenti dell'amministrazione di appartenenza, e rilevato dalla costante valutazione negativa della performance del dipendente per ciascun anno dell'ultimo triennio.

In questo tipo di procedure la competenza è dell'**Ufficio Scolastico Regionale** e dell'Ufficio Procedimenti Disciplinari, il che consente ai docenti la possibilità di difendersi, cui segue un'istruttoria che si conclude col provvedimento che irroga la sanzione.

5.1 Il Codice di comportamento del pubblico impiego

Il D.P.R. 62/2013 è il **Codice di comportamento generale nel pubblico impiego**, che definisce i **doveri minimi di diligenza, lealtà, imparzialità e buona condotta** che *tutti i dipendenti* sono tenuti ad osservare. Le sue previsioni sono poi integrate e specificate dai codici di comportamento adottati dalle singole amministrazioni.

Con **il D.M. 30 giugno 2014, n. 525** è stato, infatti, approvato il **Codice di comportamento dei dipendenti del MIUR**, che, in ottemperanza a quanto previsto dal T.U. pubblico impiego, provvede ad integrare e specificare il Codice di comportamento 2013.

Le norme contenute nel decreto si applicano a tutto il personale dipendente ed in servizio presso il MIUR (Amministrazione centrale e periferica), ivi compreso quello con qualifica dirigenziale, con rapporto di lavoro a tempo indeterminato e determinato, a tempo pieno e a tempo parziale, nonché il personale comandato.

Le pubbliche amministrazioni sono, inoltre, tenute ad estendere, per quanto compatibili, gli obblighi di condotta previsti dal codice a tutti i *collaboratori o consulenti*, con qualsiasi tipologia di contratto o incarico e a qualsiasi titolo, ai *titolari di organi e di incarichi negli uffici di diretta collaborazione delle autorità politiche*, nonché nei confronti dei *collaboratori a qualsiasi titolo di imprese fornitrici di beni o servizi* e che realizzano opere in favore dell'amministrazione. Proprio per questo motivo, negli atti di incarico o nei contratti di acquisizioni delle collaborazioni, delle consulenze o dei servizi, le amministrazioni inseriscono apposite disposizioni o clausole di risoluzione o decadenza del rapporto in caso di violazione degli obblighi derivanti dal codice.

5.2 Principi generali

Il Codice di comportamento (cfr. l'art. 3), ricalcando la disciplina dei contratti collettivi, dispone che il dipendente, in primo luogo, deve **osservare la Costituzione, servendo la Nazione** con disciplina ed onore e conformando la propria condotta ai principi di buon andamento e imparzialità dell'azione amministrativa.

Egli è tenuto, ancora:

- a svolgere i propri compiti nel rispetto della legge, perseguendo l'interesse pubblico **senza abusare** della posizione o dei poteri di cui è titolare;
- a rispettare i principi di integrità, correttezza, buona fede, proporzionalità, obiettività, trasparenza, equità e ragionevolezza, agendo in posizione di indipendenza e imparzialità, astenendosi in caso di conflitto di interessi;
- a non usare a fini privati le informazioni di cui dispone per ragioni di ufficio, evitando situazioni e comportamenti che possano ostacolare il corretto adempimento dei compiti o nuocere agli interessi o all'immagine della pubblica amministrazione, dal momento che prerogative e poteri pubblici sono esercitati unicamente per le finalità di interesse generale per le quali sono stati conferiti;
- a esercitare i propri compiti orientando l'azione amministrativa alla *massima economicità, efficienza ed efficacia*. La gestione di risorse pubbliche ai fini dello svolgimento delle attività amministrative deve, infatti, seguire una logica di contenimento dei costi, che non pregiudichi la qualità dei risultati.

Il Codice di comportamento ha poi introdotto una disciplina specifica in tema di **regali, compensi e altre utilità**. Il dipendente, infatti:

- *non può chiedere, né sollecitare*, per sé o per altri, regali o altre utilità;

- *non può accettare*, per sé o per altri, regali o altre utilità, salvo quelli *d'uso di modico valore* effettuati occasionalmente nell'ambito delle normali relazioni di cortesia e nell'ambito delle consuetudini internazionali. Per **regali o altre utilità di modico valore** si intendono, in via orientativa, quelli di valore **non superiore a 150 euro**, anche sotto forma di sconto. I codici di comportamento adottati dalle singole amministrazioni possono prevedere limiti inferiori, anche fino all'esclusione della possibilità di riceverli, in relazione alle caratteristiche dell'ente e alla tipologia delle mansioni;
- in ogni caso, indipendentemente dalla circostanza che il fatto costituisca reato, il dipendente *non deve chiedere*, per sé o per altri, regali o altre utilità, neanche di modico valore a titolo di corrispettivo per compiere un atto del proprio ufficio, da soggetti che possano trarre benefici da decisioni o attività inerenti all'ufficio;
- *non può accettare*, per sé o per altri, da un proprio subordinato regali o altre utilità, salvo quelli d'uso di modico valore;
- *non può offrire*, regali o altre utilità a un proprio sovraordinato, salvo quelli d'uso di modico valore.

I regali e le altre utilità comunque ricevuti, fuori dai casi consentiti, devono essere immediatamente messi a disposizione dell'amministrazione per la *restituzione* o per essere devoluti a fini istituzionali, a cura dello stesso dipendente cui siano pervenuti.

5.3 I provvedimenti disciplinari a carico degli studenti

Le regole di comportamento degli studenti, le sanzioni relative alle violazioni delle stesse, gli organi competenti ad irrogarle e il procedimento disciplinare che ne consegue sono individuati nel **Regolamento** che il Consiglio di istituto ha il compito di adottare, in riferimento anche al D.P.R. 249/1998 (cd. *Statuto delle studentesse e degli studenti*) modificato in seguito con il D.P.R. 235/2007, per quanto concerne la scuola di secondo grado. Infatti, il Regolamento di istituto deve contenere un'apposita sezione denominata **Regolamento di disciplina** ma non può in nessun caso contenere regole difformi da quelle riportate nello Statuto.

In caso di sussistenza di elementi concreti e precisi dai quali si possa evincere una responsabilità disciplinare dello studente, verificata dall'istituzione scolastica, allora si potrà procedere all'irrogazione di una sanzione. Tuttavia, la **particolarità del regime disciplinare per gli studenti** è che per questi ultimi i provvedimenti disciplinari hanno una **finalità educativa**, tendendo al rafforzamento del senso di responsabilità ed al ripristino dei rapporti nella comunità scolastica.

Le sanzioni infatti devono ispirarsi al principio della *responsabilizzazione personale* e della *riparazione del danno* e vanno disposti dopo aver invitato l'alunno ad esporre le proprie ragioni (*giustificazioni*).

Come accade per il personale scolastico, anche qui esistono **sanzioni graduate a seconda della gravità del comportamento**: si passa dall'ammonizione privata o in classe, all'allontanamento dalla lezione fino a quelle più gravi come la sospensione per un periodo prolungato, l'esclusione dallo scrutinio finale o la non ammissione agli esami di Stato (si veda anche Circ. MIUR n. 3602/PO/2008).

La competenza per le sanzioni agli studenti è così suddivisa:

- per quelle di minore gravità o per quelle «non tipizzate», essa appartiene in prima istanza al **docente**, che deve lasciarne traccia sul Registro personale poiché l'eventuale recidiva deve risultare dagli atti;

– per le sanzioni di maggiore entità, come l'allontanamento dalla scuola per un periodo di 15 giorni, appartiene invece al **Consiglio di classe** (D.P.R. 249/1998). Quando esercita il potere disciplinare, il Consiglio di classe si compone di tutte le rappresentanze della comunità scolastica, compresi genitori e studenti. I provvedimenti di sospensione dalle lezioni per periodi inferiori ai 15 giorni possono essere convertiti, a scelta dello studente, in *attività in favore della comunità scolastica*. Se il Consiglio ritiene opportuna una *sanzione superiore a 15 giorni*, deve deliberare la proposta e, per il tramite del Dirigente scolastico, trasmette gli atti al **Consiglio d'istituto** che decide a porte chiuse (cfr. art. 1, comma 6 e 9bis, D.P.R. 249/1998).

Il procedimento in caso di sanzioni gravi, dall'allontanamento in su, prevede uno svolgimento simile a quello previsto per i dipendenti pubblici, quali: la contestazione scritta, l'audizione dello studente e la motivazione della sanzione.

Il **Dirigente scolastico** emana il **decreto di irrogazione della sanzione** o di **archiviazione** del procedimento, *sulla base della delibera dell'organo collegiale competente* accertandosi della presenza di tutte le fasi: dall'istruttoria, ai presupposti, alle motivazioni che hanno portato alla decisione, ai termini per l'impugnazione.

Il provvedimento va immediatamente notificato all'interessato o ai genitori, se minorenne.

La sanzione può essere dichiarata immediatamente esecutiva dopo la notifica anche prima della scadenza dei termini per l'impugnazione.

Avverso le sanzioni disciplinari è ammesso **ricorso**, da parte di chiunque vi abbia interesse, entro 15 giorni dalla comunicazione della loro irrogazione, ad un apposito **organo di garanzia interno alla scuola**, disciplinato dalle *singole istituzioni scolastiche*. L'organo di garanzia è **composto** da un docente designato dal Consiglio d'istituto e, nella scuola secondaria superiore, da un rappresentante eletto dagli studenti e uno eletto dai genitori (nella scuola secondaria di primo grado da due rappresentanti dei genitori) ed è **presieduto dal DS**.

Tale organo di garanzia, inoltre, decide anche in merito ai conflitti che sorgono circa l'applicazione dello Statuto.

In sintesi

- Ai sensi dell'**art. 28 Cost.** i pubblici dipendenti sono responsabili civilmente, penalmente e amministrativamente per i danni causati nell'esercizio delle loro funzioni.
- Si ha **responsabilità civile** in tutti i casi in cui un soggetto *causa un danno a persone o a cose*: la conseguenza è *l'obbligo di risarcire il danno arrecato*.
- I docenti sono anche responsabili per **i danni cagionati dai propri allievi**. In entrambi i casi siamo nell'ambito della *responsabilità extracontrattuale* prevista dall'art. 2043 c.c.
- **Il personale docente e non docente ha un obbligo giuridico di sorveglianza e di vigilanza nei confronti degli alunni**, affinché gli stessi non subiscano lesioni o non incorrano in pericoli durante la loro permanenza all'interno della struttura scolastica o, comunque, *durante il periodo in cui sono affidati alla scuola*. Pertanto, la mancata osservanza di tale obbligo (***culpa in vigilando***) fa sorgere una *responsabilità per omissione*.
- Nel caso di **danno causato dall'alunno a se stesso** (cd. **danno da autolesione**) si configura una responsabilità contrattuale ex art. 1218 c.c., poiché la scuola con l'iscrizione dell'alunno, assume l'obbligo di vigilare e sorvegliare sull'alunno.
  Si ha invece responsabilità extracontrattuale ex art. 2048 c.c., nel caso di **danno causato dall'alunno a un terzo** (ad es. un compagno).
- Nel procedimento di responsabilità civile promosso per il risarcimento dei danni cagionati dall'allievo minorenne a scuola, possono coesistere le due responsabilità per *culpa in vigilando* del personale scolastico e ***culpa in educando* dei genitori** *ex* art. 2048 co. 1 c.c.
- Contestualmente all'iscrizione dell'alunno a scuola è richiesta (art. 5bis D.P.R. 249/1998) l'adesione, da parte dei genitori e degli studenti, al **patto educativo di corresponsabilità**, finalizzato a definire in maniera dettagliata e condivisa diritti e doveri nel rapporto tra istituzione scolastica autonoma, studenti e famiglie.
- I profili di responsabilità penale degli operatori scolastici sono inquadrabili in tre grandi categorie: **reati contro la P.A.; reati di falso; reati contro l'integrità fisica, morale e/o sessuale dei minori.**
  I **reati contro la pubblica amministrazione** sono quei reati commessi da un pubblico dipendente in quanto tale, connotati da un abuso o comunque da un uso distorto della pubblica funzione che diventa oggetto di scambio o di vessazione per estorcere utilità al cittadino. Sono tali l'*abuso di ufficio*, il *rifiuto o l'omissione di atti di ufficio*, il *peculato*, la *concussione*, la *corruzione*.
  I **delitti di falso** rientrano nella categoria dei reati contro la fede pubblica. Si distingue tra **falso materiale** (il documento è contraffatto o alterato, cioè non proviene da colui che sembra esserne l'autore) e **falso ideologico** (il documento è genuino ma contiene attestazioni false).
  I **reati contro l'integrità fisica, morale e/o sessuale dei minori affidati alle cure scolastiche**: determinano il sorgere a carico dell'amministrazione scolastica di adempimenti vari (come l'obbligo di **denunciare la notizia di reato**), nonché l'eventuale attivazione del procedimento disciplinare a carico dei dipendenti coinvolti.

- Tutti i dipendenti pubblici, civili e militari, che cagionino danno allo Stato **nell'esercizio delle loro funzioni**, sono tenuti a risarcirlo (**responsabilità patrimoniale**).
  La **responsabilità amministrativa** è quella in cui incorre il funzionario o l'impiegato che, per **inosservanza dolosa o colposa dei suoi obblighi** di servizio, abbia cagionato un **pregiudizio alla P.A**.
  Tutti coloro che maneggiano denaro o valori della P.A. sono tenuti, in quanto **agenti contabili**, al cd. *obbligo di rendiconto.* Per **responsabilità contabile** si intende la responsabilità di quei soggetti che avendo avuto a vario titolo in consegna denaro, beni o altri valori pubblici non adempiano all'obbligo di restituzione e rendiconto che a loro incombe.
- Il T.U. istruzione è la fonte principale per la **responsabilità disciplinare** dei docenti, sanzioni comprese.
  Gli illeciti disciplinari introdotti dalla riforma Brunetta e dalla riforma Madia, sono applicabili anche al personale docente.

II La disciplina della didattica e dell'insegnamento

Sommario Parte II

1
La gestione dell'offerta formativa

1 Il Piano triennale dell'offerta formativa (PTOF)

L'**autonomia didattica** delle scuole si estrinseca attraverso la realizzazione delle propria offerta formativa e, quindi, con l'approvazione del relativo atto di pianificazione.

Originariamente previsto dall'art. 3 del D.P.R. 275/1999, il **Piano dell'offerta formativa (POF)** è un documento fondamentale delle istituzioni scolastiche: il POF prende, infatti, sostanzialmente il posto dei vecchi programmi ministeriali, attribuendo a ciascuna scuola il compito di definire, nel rispetto delle indicazioni nazionali e delle Linee guida, la propria identità culturale e progettuale. Il cuore del POF in questo senso è il *curriculo della scuola* (→ *infra*).

Con la L. 107/2015 il POF è stato sostituito dal **Piano triennale dell'offerta formativa (PTOF)**: la principale novità rispetto al POF consiste nel fatto che la progettazione formativa contenuta nel Piano deve guardare ad un **triennio**, anche per le risorse finanziarie, ma esso resta uno **strumento di programmazione e gestione interna** atto a rilevare la situazione di partenza della scuola, evidenziare le linee di sviluppo e individuare possibili scostamenti dagli obiettivi. In particolare, contiene in dettaglio *la programmazione curricolare ed extracurricolare*, nonché *la programmazione educativa, didattica e organizzativa*. Pertanto deve essere *coerente con gli obiettivi generali determinati a livello nazionale* e deve riflettere le esigenze del territorio e quindi del contesto culturale, sociale ed economico in cui opera l'istituto scolastico.

Obiettivi principali del PTOF, mediante il quale viene stipulato una sorta di **contratto formativo tra la scuola e l'utente**, sono:

— orientare percorsi formativi offerti dalla scuola ai bisogni dell'utenza, nonché alle risorse interne ed esterne;
— innalzare i livelli di istruzione e le competenze degli studenti, nel rispetto dei tempi e degli stili di apprendimento;
— orientare le risorse fisiche e materiali della scuola a progetti prefissati;
— promuovere l'informazione e la comunicazione fra tutti i diretti interessati;
— contrastare le disuguaglianze socio-culturali del territorio;
— prevenire e recuperare i fenomeni dell'abbandono e la dispersione scolastica;
— garantire il diritto allo studio a tutti i cittadini.

In definitiva **il PTOF** contraddistingue ciascuna realtà scolastica: **è la carta d'identità**, *la presentazione della scuola nei confronti sia dell'utenza, sia delle altre realtà socio-territoriali*, *in primis* la famiglia, ma anche le imprese, le istituzioni, il mondo del lavoro. Attraverso il PTOF la scuola presenta le proprie attività e i propri obiettivi, *mettendosi in concorrenza con le altre scuole* esattamente come un'impresa che opera sul mercato, ma con l'unico obiettivo di innescare processi di miglioramento che mirino a potenziare i processi formativi degli studenti e a offrire al cittadino servizi rispondenti ai bisogni e alle aspettative.

In base al Regolamento per l'autonomia, come visto in precedenza, al fine di realizzare, suoi obiettivi, la scuola può anche apportare **modifiche al calendario scolastico**, che devono essere proposte dal Collegio dei docenti e deliberate dal Consiglio d'istituto, in relazione alle esigenze derivanti dal PTOF, nel rispetto del limite delle indicazioni regionali (art. 138, comma 1, lett. d, D.Lgs. 112/1998) e della garanzia dei 200 giorni di lezione.

Il Piano deve essere poi **adeguatamente pubblicizzato**, in nome di quella trasparenza che ormai connota sempre più i rapporti tra i diversi attori del sistema scolastico (per esempio, il PTOF viene pubblicato sul Portale Unico dei dati e reso disponibile sul sito della scuola). Un'adeguata pubblicità consente di conoscere la realtà delle diverse scuole e di operare, da parte di studenti e famiglie, scelte oculate e ragionate, sulla base di risposte effettive ai bisogni individuali dell'utenza.

Tutte le scelte dell'istituzione scolastica autonoma, dalla scelta dei libri di testo all'adozione di metodologie e strumenti didattici devono essere coerenti con il PTOF e attuati con criteri di trasparenza e tempestività (art. 4, D.P.R. 275/1999).

1.1 Il vecchio Progetto educativo di istituto (PEI)

Nel **D.P.C.M. 7 giugno 1995** viene altresì precisato che fra i documenti di cui la scuola si deve dotare figura anche il cosiddetto **Progetto educativo d'istituto (P.E.I.)**, il quale contiene le scelte educative e organizzative delle risorse, e «*costituisce un impegno per l'intera comunità scolastica*».

Siamo ai prodromi del Piano dell'offerta formativa (divenuto poi triennale con la Buona scuola) al quale il P.E.I. ha aperto la strada. Le indicazioni normative sono da considerarsi ancora attuali anche se superate dal Piano dell'offerta formativa in cui il P.E.I. può dirsi confluito.

2 Elaborazione e struttura del PTOF

Tutte le scuole devono predisporre (**Nota 17832/2018**), entro il mese di ottobre dell'anno scolastico precedente al triennio di riferimento, il Piano triennale dell'offerta formativa (per il triennio 2019-2022 è stato fissato il termine del 31 gennaio 2019 per procedere alla redazione del PTOF sulla piattaforma online SIDI).

Il Piano è **elaborato dal Collegio dei docenti**, *sulla base degli indirizzi e delle scelte di gestione e amministrazione definiti dal* **Dirigente scolastico** che a tal fine tiene conto, tra l'altro, delle proposte formulate dalle associazioni dei genitori e, per le scuole secondarie superiori, degli studenti. Il piano è **approvato dal Consiglio di circolo o di istituto** e, come detto, è pubblicato sul sito della scuola.

ITER DI DEFINIZIONE DEL PTOF

Indirizzi del Dirigente scolastico

↓

Elaborazione del Piano da parte del **Collegio dei docenti**

↓

Approvazione del Piano da parte del **Consiglio d'istituto**

L'Ufficio scolastico regionale verifica, poi, la proposta di piano presentata dal Dirigente scolastico, nonché le eventuali revisioni annuali, in termini di compatibilità economico-finanziaria e di risorse disponibili e trasmette al Ministero gli esiti della verifica.

Gli **ambiti di intervento del Piano triennale dell'offerta formativa**, in ottemperanza agli obiettivi formativi previsti dalla legge di riforma della Buona scuola, possono riguardare, oggi come in passato, aspetti fondamentali della vita dell'istituzione scolastica, e declinarsi, sulla scorta dei primi indirizzi forniti dal Dirigente, in attività quali, ad esempio:

— **revisione degli obiettivi educativi e formativi** generali in coerenza con i nuovi dettami della L. 107/2015, di cui al comma 1, in cui il legislatore espressamente afferma la volontà di dare piena attuazione all'autonomia delle istituzioni scolastiche;
— **predisposizione del curricolo** verticale, linguistico, matematico, tecnologico e digitale, musicale, sportivo o altra priorità della scuola, che *deve essere ampliato* secondo le nuove prospettive della legge, che chiama le scuole a *pianificare* interventi di educazione e di formazione in un'ottica di *razionalizzazione* e cioè nel rispetto dei principi di efficienza ed efficacia della pubblica amministrazione;
— **progettazione di attività didattiche** curricolari ed extracurricolari in coerenza con i risultati di apprendimento degli alunni, con i contenuti e i traguardi fissati nelle Indicazioni nazionali del primo ciclo di istruzione, nelle Indicazioni nazionali per i licei, nelle Linee guida degli istituti tecnici e professionali.
Questa progettualità delle istituzioni scolastiche ed espressa nel PTOF, si realizza mediante percorsi curricolari, anche in verticale, in alternanza scuola-lavoro o con specifiche iniziative extrascolastiche, e può essere programmata in rete con altre scuole e attuata con la collaborazione di istituti e luoghi della cultura, nonché di enti locali e di altri soggetti pubblici e privati, ivi inclusi i soggetti del terzo settore operanti in ambito artistico e musicale (art. 2);
— individuazione dei criteri per il **riconoscimento dei crediti** (formativi e scolastici) e per il **recupero dei debiti scolastici**;
— individuazione del **fabbisogno dei posti comuni e di sostegno** dell'organico dell'autonomia (in base al monte orario, ai curricoli e alla flessibilità), dei posti per il potenziamento dell'offerta formativa; dei posti del personale ATA, nonché del fabbisogno di infrastrutture e di attrezzature materiali dell'istituzione scolastica;

- **promozione di iniziative** volte a contrastare le disuguaglianze socio-culturali e territoriali, l'abbandono e la dispersione scolastica al fine di determinare una scuola inclusiva;
- **pianificazione di attività** che comportino concretamente lo sviluppo delle **otto competenze chiave** di cittadinanza così come indicate dalla Raccomandazione del 18 dicembre del 2006 del Consiglio e del Parlamento europeo;
- definizione per gli studenti di **percorsi di continuità e di orientamento**, con riferimento anche a quelli volti ad incrementare le opportunità di lavoro e le capacità di orientamento degli studenti;
- **valorizzazione del merito** scolastico e dei talenti (comma 29 L. 107/2015);
- attuazione dei **principi di pari opportunità** sulla base di determinate iniziative educative programmate dall'istituzione scolastica, allo scopo di promuovere la parità tra i sessi, la prevenzione della violenza di genere e tutte le discriminazioni (comma 16 L. 107/2015).

Quanto alla **struttura**, il Piano dell'offerta formativa può articolarsi in cinque sezioni (**Nota 17832/2018**):

- la scuola e il suo contesto;
- le scelte strategiche;
- l'offerta formativa;
- l'organizzazione;
- il monitoraggio, la verifica e la rendicontazione.

La compilazione del PTOF è rimessa all'autonomia della singole istituzioni scolastiche.

Con la Nota n. 17832 del 2018 il Ministero ha messo a disposizione delle scuole un modello di PTOF di riferimento su una piattaforma del Portale SIDI, liberamente adottabile per l'elaborazione del Piano per il triennio 2019-2022.

Tale modello però non è vincolante, infatti, ogni scuola può *apportare regolazioni e personalizzazioni all'interno delle sezioni in maniera da rendere il PTOF corrispondente alle specifiche esigenze* e alla peculiarità del suo contesto.

I diversi campi del modello sono sempre modificabili e *non ci sono sezioni o sottosezioni che devono obbligatoriamente essere compilate perché il Piano si intenda compiutamente predisposto.*

L'elaborazione del PTOF è rimessa alla scelta autonoma delle scuole che possono personalizzarne il contenuto e scegliere se utilizzare o meno le sezioni o le sottosezioni loro proposte.

Ad esempio, le sezioni e sottosezioni predisposte nella Nota sono:

SEZIONE 1-La scuola e il suo contesto

- Analisi del contesto e dei bisogni del territorio
- Caratteristiche principali della scuola
- Ricognizione attrezzature e risorse strutturali
- Risorse professionali

SEZIONE 2 - Le scelte strategiche

- Priorità desunte dal RAV
- Obiettivi formativi prioritari
- Piano di miglioramento
- Principali elementi di innovazione

SEZIONE 3-L'offerta formativa
- Traguardi attesi in uscita
- Insegnamenti e quadri orario
- Curricolo di istituto
- Alternanza scuola-lavoro
- Iniziative di ampliamento curricolare
- Attività previste in relazione al Piano Nazionale Scuola Digitale
- Valutazione degli apprendimenti
- Azioni della scuola per l'inclusione scolastica

SEZIONE 4 - L'organizzazione
- Modello organizzativo
- Organizzazione Uffici e modalità di rapporto con l'utenza
- Reti e Convenzioni attivate
- Piano di formazione del personale docente
- Piano di formazione del personale ATA

SEZIONE 5- Il monitoraggio, la verifica e la rendicontazione

Se durante l'anno emergono criticità, è possibile apportare al PTOF delle **modifiche**: queste possono essere apportate ogni anno **entro il mese di ottobre**.

L'aggiornamento del PTOF 2019-2022, in quanto rappresenta uno strumento di comunicazione tra la scuola e la famiglia, è realizzabile entro il 7 gennaio 2020, termine iniziale per le iscrizioni dell'a.s. 2020-2021 (Nota 22994/2019).

Le modifiche da apportare presuppongono:
- l'analisi del RAV già predisposto e del relativo Piano di miglioramento;
- l'analisi del programma annuale e la verifica del livello di attuazione dei progetti;
- l'ascolto dei docenti, dei collaboratori, dei coordinatori dei progetti coinvolti dalle criticità;
- lo studio dello stato delle attrezzature didattiche etc.

Sulla base di questi elementi, ossia sull'analisi della situazione di partenza da correggere, il DS potrà formulare al Collegio gli indirizzi più opportuni per elaborare le modifiche necessarie, che poi dovranno essere approvate dal Consiglio di istituto.

3 Il curricolo della scuola

Nel PTOF le scuole determinano il **curricolo obbligatorio** per i propri alunni (art. 8 D.P.R. 275/1999).

Il **curricolo** è il percorso educativo-didattico che la scuola, all'interno del suo PTOF, progetta e segue per garantire il successo formativo degli alunni, ossia per far conseguire gradualmente agli alunni gli obiettivi di apprendimento e le competenze specifiche delle varie discipline.

Il curricolo, **elaborato dal Collegio dei docenti**, in sinergia con le famiglie e le componenti civili e sociali del territorio, si apre presentando il profilo delle competenze a livello generale che deve aver acquisito l'alunno al termine delle scuole dei vari cicli (indicando per ogni singola disciplina *obiettivi di apprendimento e traguardi delle competenze specifiche*). Il curricolo può essere costruito **in verticale** per vedere come si articola gradualmente il percorso per raggiungere le mete che l'istituto propone ai suoi alunni, ma può essere visto anche **in orizzontale** tra le varie discipline per evitare la frammentazione dei saperi.

La scelta del curricolo è a discrezione della scuola che autonomamente può scegliere il percorso da seguire in funzione delle varie esigenze degli alunni che frequentano la scuola, delle competenze messe a disposizione e delle risorse presenti.

Il **curricolo** è, dunque, il **piano di studi della singola scuola** che deve essere elaborato nel rispetto del monte-ore stabilito a livello nazionale. Può contemplare, oltre alle discipline fondamentali, discipline alternative integrative. In tal modo ogni scuola cerca di creare un'offerta formativa diversificata in funzione del tessuto sociale in cui opera.

In ogni curricolo (art. 9, D.P.R. 275/1999) c'è una **quota obbligatoria** di attività e discipline stabilite a livello nazionale (e quindi uguale per tutti gli alunni dello stesso ordine di scuola) e una **quota definita autonomamente** (cd. *riservata*) da ogni istituto come **ampliamento dell'offerta formativa** (che comprende le discipline e le attività scelte liberamente dalle scuole).

In ogni caso, nell'integrare la quota nazionale del curricolo con quella riservata alle scuole, deve essere sempre garantito «*il carattere unitario del sistema di istruzione*», così come deve essere valorizzato «*il pluralismo culturale e territoriale*», con la precisazione di dover rispettare le diverse finalità dei diversi gradi di scuola.

Le scuole possono utilizzare la quota oraria loro assegnata per:

— realizzare compensazioni tra le discipline e le attività di insegnamento previste dagli attuali programmi;
— attivare ulteriori insegnamenti finalizzati al raggiungimento degli obiettivi previsti dal PTOF.

STRUTTURA DEL CURRICOLO

QUOTA NAZIONALE	Obiettivi formativi comuni a tutti
QUOTA RISERVATA	Obiettivi formativi integrativi
QUOTA OPZIONALE	Curricolo aggiuntivo eventuale conseguente all'ampliamento dell'offerta formativa

La scuola ha, quindi, la possibilità concreta di realizzare l'autonomia didattica proprio con la predisposizione del curricolo. La possibilità per ogni istituto di **ampliare l'offerta formativa con discipline e attività facoltative**, per la *realizzazione dei percorsi formativi integrati*, presuppone **accordi** che l'istituzione scolastica programma con gli enti locali, le Regioni e altre istituzioni pubbliche e private. A tale scopo le scuole sono autorizzate ad aderire a *convenzioni*, nonché a stipulare contratti ed accordi con vari enti, anche per la realizzazione di specifici progetti a livello nazionale, regionale o locale.

Possono essere previste attività in favore anche degli adulti, nel cui ambito possono essere promosse iniziative di informazione e formazione per i genitori degli alunni (art. 9, comma 5, D.P.R. 275/1999).

Nella **Buona scuola**, grande spazio è dedicato al **potenziamento** (termine sotto il quale si ricomprendono il rafforzamento degli insegnamenti in termini di oggetto di studio e di corrispondenti docenti) importante strumento — non utilizzato sempre nel migliore dei modi — per l'ampliamento dell'offerta formativa delle scuole autonome. Infatti, la L. 107/2015 stabilisce che «nell'organico dell'autonomia confluiscono posti comuni, posti per il sostegno e posti per il potenziamento dell'offerta formativa» (comma 63, art. 1, L. 107/2015).

Ciò è strumentale soprattutto in relazione al fatto che l'offerta formativa è potenziata «nel rispetto del monte orario degli insegnamenti e tenuto conto della quota di autonomia dei curricoli e degli spazi di flessibilità».

4 L'attività di programmazione nella scuola

Una volta definito il curricolo, l'**attività di programmazione di una scuola** si esplica in tre momenti fondamentali:

— **programmazione d'istituto**, elaborata dal Consiglio di Istituto, che individua le finalità educative generali dopo aver acquisito tutte le informazioni provenienti dal contesto territoriale su cui si insedia la scuola, e le risorse interne a disposizione della stessa.

  Ad esempio:

  — dotazione della scuola in termini di spazi (presenza di laboratori, spazi da utilizzare per aule speciali, aule per proiezioni a grandi gruppi etc.);
  — dotazione della scuola per quanto riguarda il personale docente (indipendentemente dalla titolarità dell'insegnamento: disponibilità di insegnanti per attività integrative, censimento di particolari competenze etc.);
  — dotazione della scuola in riferimento ai materiali (consistenza della biblioteca, audiovisivi, materiale di laboratorio, materiale di consumo etc.);
  — numero degli alunni per classe; presenza di classi parallele;
  — rendimento scolastico complessivo e nelle singole materie;
  — provenienza socio-culturale degli alunni, motivazioni, interessi, partecipazione etc.;

— **programmazione educativa**, elaborata dal Collegio dei docenti, la quale progetta i percorsi formativi correlati agli obiettivi e alle finalità nei programmi, della scuola nel suo complesso;
— **programmazione didattica**, elaborata e approvata dal Consiglio di intersezione, di interclasse o di classe, che delinea il percorso formativo della classe e del singolo alunno, adeguando ad essi gli interventi operativi.

Il lavoro del Consiglio d'istituto e del Collegio dei docenti è preposto a quello del **Consiglio di classe**, al quale compete un'analisi più realistica della situazione di partenza degli alunni. Infatti, ogni classe evidenzia caratteristiche, risorse, bisogni diversi, cosicché ciascun Consiglio di classe deve adattare l'attività programmatoria alle esigenze degli allievi.

La prima azione da compiere è la **verifica dei prerequisiti e delle abilità**, dopodiché occorre individuare **interventi didattici mirati**.

In linea generale si può dire che la **programmazione didattica** consista in una serie di operazioni compiute dall'insegnante (o dagli insegnanti) per organizzare il proprio lavoro didattico, in un tempo definito, all'interno della scuola in cui si opera.

A partire dal curricolo d'istituto, parte integrante del PTOF, i docenti, dunque, programmano collegialmente l'attività educativa e didattica, individuando le strategie più idonee per le diverse classi e le esperienze di apprendimento più efficaci.

5 I diversi ruoli nell'elaborazione del PTOF

Le attività di programmazione dell'offerta formativa devono necessariamente essere deliberate dagli **organi collegiali** dell'istituzione scolastica, **partendo** innanzitutto *dagli indirizzi forniti dal Dirigente scolastico al Collegio dei docenti* per l'elaborazione del Piano.

L'elaborazione del nuovo PTOF si distingue rispetto al passato per il nuovo percorso procedurale che riformula il ruolo del Dirigente scolastico e quello degli organi collegiali coinvolti nella stesura del PTOF.

In questo nuovo contesto, il Dirigente scolastico ha una **funzione di indirizzo** nei confronti del Collegio dei docenti, organo con responsabilità in ambito didattico-educativo: ora rispetto al passato **gli indirizzi** per l'attività **della scuola e le scelte di gestione e di amministrazione sembrerebbero in tal modo sottratti al Consiglio di istituto**, organo di indirizzo per eccellenza e affidati, invece, al DS che diventa un vero *leader educativo*.

Al **Collegio dei docenti** spetta il compito di **elaborare il Piano**, come nella distribuzione delle competenze previgente, del resto al Consiglio di istituto spetta, come ultimo passaggio, di **approvare il Piano**.

I suddetti indirizzi del Dirigente scolastico forniscono un *orientamento* per le azioni che si intendono svolgere per il raggiungimento degli obiettivi prefissati, tenendo conto sia dell'aspetto didattico-educativo e formativo degli alunni che di quello organizzativo-gestionale ed amministrativo, e sono espressione fondamentale dei suoi poteri dirigenziali in merito alla gestione unitaria dell'istituzione scolastica e delle risorse finanziarie e strumentali e alla direzione, coordinamento e valorizzazione delle risorse umane.

6 Il Piano annuale delle attività dei docenti

Sulla base delle scelte operate nel **PTOF**, all'inizio dell'anno scolastico, il Dirigente scolastico, in quanto responsabile delle risorse umane, deve formulare il **Piano annuale delle attività dei docenti** (art. 28 CCNL 2006-2009 *confermato* dal **CCNL 2016-2018**).

Il Piano formalizza gli obblighi di lavoro dei docenti complementari e funzionali alle attività di insegnamento. Secondo la disposizione contrattuale dell'art. 28, esso è **deliberato dal Collegio dei docenti** «*nel quadro della programmazione dell'azione didattico-educativa*», che ne dà informazione alle organizzazioni sindacali.

Il Piano comprende e definisce gli impegni lavorativi del personale docente, e può prevedere *attività aggiuntive*, collegate alla pianificazione espressa nel PTOF, del quale rappresenta la concretizzazione.

A differenza del PTOF, il Piano annuale si caratterizza per una procedura più agevole e per così dire aperta, cioè suscettibile di modificazioni funzionali alle esigenze formative che possono sopraggiungere nel corso dell'anno scolastico. Se esigenze didattico-formative richiedono aggiustamenti della pianificazione, *si agirà direttamente sul Piano annuale*, che contiene in forma sintetica le attività dei singoli docenti, piuttosto che sul PTOF.

In base alla contrattazione collettiva del comparto scuola, il **Dirigente scolastico è tenuto ad informare le rappresentanze sindacali** (e quelle firmatarie del CCNL 2016-2018) sui contenuti del Piano annuale delle attività docenti: in caso contrario, si configura condotta antisindacale.

Il Piano annuale delle attività prevede, ai sensi dell'**art. 29 CCNL 2006-2009**:

— fino a 40 ore annue per la partecipazione alle riunioni del Collegio dei docenti, compresa l'attività di programmazione e verifica di inizio e fine anno e l'informazione alle famiglie sui risultati degli scrutini trimestrali, quadrimestrali e finali e sull'andamento delle attività educative nelle scuole materne e nelle istituzioni educative;
— fino a 40 ore annue per la partecipazione ai consigli di classe, di interclasse, di intersezione; si precisa che la programmazione di tale monte orario deve tener conto dei docenti con un numero di classi superiori a sei.

Rientra nelle attività funzionali all'insegnamento lo svolgimento degli scrutini e degli esami, compresa la compilazione degli atti relativi alla valutazione. Tali attività non sono computate nelle 40 ore.

Eventuali sforamenti di quote orarie vengono considerate e retribuite come ore aggiuntive e non sono obbligatorie avendo i docenti già assolto, con il superamento delle 40+40 ore, agli obblighi contrattuali.

7 La progettazione di istituto

Dopo quanto detto nei paragrafi precedenti, possiamo ora delineare il **ciclo della progettazione** che annualmente la scuola è chiamata a realizzare.

1) A monte, come **documento di macro-progettazione**, vi è il **PTOF** che individua le grandi scelte formative e organizzative. Il PTOF, come visto, pur avendo validità triennale, può essere modificato ogni anno. Il DS definisce gli *indirizzi* per le attività della scuola e delle scelte di gestione e di amministrazione; il Collegio dei docenti elabora il PTOF sulla base degli indirizzi del DS, il Consiglio di istituto lo approva (l'URS verificherà poi che il PTOF rispetti il limite dell'organico assegnato).

2) Sulla base delle scelte fatte nel PTOF, il DS, prima dell'inizio delle lezioni, predispone il **Piano annuale delle attività** in cui vengono individuati gli impegni del personale docente. Il piano **è approvato dal Collegio dei docenti** nel quadro della programmazione dell'azione didattico-educativa.

3) Sulla base del Piano annuale delle attività dei docenti, il DS emana la **direttiva al DSGA**, che a sua volta è chiamato ad elaborare la proposta di **Piano annuale delle attività del personale ATA**, che sarà adottato dal DS.

4) Sempre sulla base del Piano annuale delle attività, il Consiglio di classe è chiamato ad elaborare e approvare annualmente la **programmazione di classe (PAC)** o la programmazione di interclasse (nelle scuole primarie e dell'infanzia). Infatti, ogni classe evidenzia caratteristiche, risorse, bisogni diversi, cosicché ciascun Consiglio di classe deve adattare l'attività programmata nel POF alle esigenze degli allievi. La programmazione di classe è sottoposta a sistematici momenti di verifica e di valutazione dei risultati, per adeguare l'azione didattica alle esigenze formative che dovessero emergere durante l'anno.

5) Infine entro il mese di dicembre il DS, sulla base di quanto definito nel Piano annuale delle attività dei docenti e del personale ATA, apre la *contrattazione di istituto* ed elabora il **Programma annuale**, in cui si destinano le risorse finanziarie in coerenza con le previsioni del PTOF (SALVI).

In sintesi

- L'offerta formativa di ogni istituzione scolastica è contenuta nel **Piano triennale dell'offerta formativa (PTOF)** la cui progettazione è valida per un triennio. Esso rappresenta la carta d'identità della scuola e va pubblicizzato sul sito della scuola. Il documento è elaborato dal Collegio dei docenti, sulla base degli indirizzi definiti dal dirigente scolastico ed è infine approvato dal Consiglio d'istituto.
- Il **curricolo** della scuola è il piano di studi della singola scuola e va trasfuso nel PTOF. Al suo interno le scuole inseriscono il curricolo obbligatorio, integrando la quota definita a livello nazionale con la quota loro *riservata*. Esiste poi la possibilità per le scuole di ampliare l'offerta formativa con discipline e attività facoltative.
- Nella scuola la **programmazione** è di tre tipi: d'istituto, educativa e didattica. La prima è elaborata dal Consiglio d'istituto, la seconda è affidata al Collegio dei docenti, la terza al Consiglio di classe/interclasse.
- All'offerta formativa corrisponde l'elaborazione del **Piano annuale delle attività dei docenti** che viene predisposto dal Dirigente scolastico su proposta del Collegio dei docenti e deliberato infine da quest'ultimo. Non è un atto unilaterale ed è "aperto" in quanto suscettibile di modifica.

2
La scuola dell'integrazione, inclusiva e multiculturale

1 Gli strumenti dell'integrazione degli alunni disabili

1.1 Introduzione

Il testo normativo principale in materia di disabilità rimane la **legge-quadro n. 104/1992**, la quale regola la materia dell'integrazione, assistenza e superamento dell'emarginazione del disabile, tutela le pari dignità, opportunità e libertà di ciascuno, detta norme in favore della prevenzione e rimozione delle condizioni invalidanti per lo sviluppo sociale della persona disabile.

In particolare, l'**integrazione scolastica degli allievi in situazione di handicap**, dalla scuola dell'infanzia fino all'università, è sancita dall'art. 12 («Diritto all'educazione e all'istruzione») della suddetta legge ed è disciplinata dal *Testo Unico delle leggi in materia di istruzione* (**D.Lgs. 16 aprile 1994, n. 297**). La frequenza alle classi comuni di alunni con handicap anche grave è un diritto soggettivo esigibile e la scuola non può rifiutarne l'iscrizione, anche nel caso in cui vi sia un numero di iscrizioni superiore alla capacità ricettiva della stessa (art. 3, L. 104/1992; C.M. 364/1986). La stessa legge all'art. 8 («Inserimento e integrazione sociale»), lett. *g)*, garantisce il trasporto scolastico (competenza di Comune e Provincia, *ex* art. 139 D.Lgs. 112/1998) e la partecipazione degli alunni disabili alle gite scolastiche, con garanzia di un accompagnatore (C.M. 291/1992, art. 8, comma 2) designato all'interno della comunità scolastica.

Il diritto all'istruzione e all'integrazione scolastica dei disabili è basato su **due principali strumenti organizzativi**:

1. l'elaborazione di una documentazione specifica che coinvolge diverse istituzioni, finalizzata a interventi individualizzati;
2. la nomina di docenti specializzati, cioè in possesso di particolari titoli culturali e professionali già fissati nel **D.P.R. del 31 ottobre 1975, n. 970** (*Norme in materia di scuole aventi particolari finalità*).

La L. 104/1992, con le sue numerose e modifiche normative (**D.Lgs. 66/2017, D.Lgs. 96/2019**), prevede una particolare **cura educativa** nei confronti degli alunni con disabilità che si esplica, come abbiamo visto, in un percorso formativo individualizzato, anche attraverso la realizzazione e la verifica *in itinere* di documenti importanti quali:

- *certificato medico diagnostico-funzionale*, a cura della ASL;
- *profilo di funzionamento*, a cura dell'Unità di valutazione multidisciplinare (SSN);
- **piano educativo individualizzato (PEI)**, redatto dal gruppo di lavoro operativo della scuola.

I documenti descritti possono confluire nel più ampio Progetto individuale (L. 328/2000), predisposto dall'ente locale di competenza, qualora venga richiesto.

1.2 Il percorso per l'inclusione scolastico dell'alunno disabile

Consideriamo ora i documenti dell'istruzione integrata e il grado di responsabilità delle istituzioni coinvolte, attraverso il percorso di inserimento scolastico che la famiglia di un bambino disabile deve intraprendere. La disciplina della certificazione della disabilità, in particolare, della sua **procedura**, è stata innovata dal **D.Lgs. 66/2017** e dal **D.Lgs. 96/2019** che hanno modificato la L. 104/1992, nella direzione di una sua **semplificazione**.

Al fine di rendere l'inclusione sempre più effettiva, il processo diretto a garantirla interessa, oltre al docente di sostegno in primo luogo, tutte le componenti scolastiche: dal Dirigente scolastico, al gruppo docenti, al personale ATA, agli studenti, alle famiglie, tutta la comunità scolastica appare coinvolta nel processo.

Infatti, la nuova disciplina ha, tra l'altro, rafforzato la *partecipazione* e la *collaborazione* delle famiglie e delle associazioni, ha ridefinito i compiti spettanti a ciascun Ente, modificato la composizione delle *commissioni* mediche per l'accertamento della condizione di disabilità, introdotto il **modello bio-psico-sociale ICF** come parametro per la disabilità, ha fatto confluire i precedentemente previsti documenti della *diagnosi funzionale* e del *profilo dinamico funzionale* nell'unico **Profilo di funzionamento**, ha riordinato i **Gruppi di lavoro** per l'inclusione attribuendogli i rispettivi ruoli, collocato il Piano educativo individualizzato all'interno del **Progetto individuale**, già previsto dalla L. 328/2000.

1.3 La procedura di accertamento e la certificazione della disabilità

L'accertamento della disabilità è disciplinato nella normativa dalla legge quadro n. 104, con le modifiche apportate dal decreto n. 66 e dal suo correttivo, il decreto n. 96 del 2019, che hanno soppresso l'Atto di indirizzo (D.P.R. 24-2-1994) e il D.P.C.M. 185/2006 che in precedenza hanno regolato la materia.

La procedura di accertamento della disabilità ha inizio con la domanda per l'accertamento e si conclude con la sua certificazione necessaria ai fini dell'inclusione scolastica.

Essa è stata modificata, già con il decreto n. 66, nell'intento di semplificarla, attraverso l'introduzione di un unico documento, costituito dal **Profilo di funzionamento** che sostituisce, ricomprendendoli, la *diagnosi funzionale* e il *profilo dinamico funzionale*. I contenuti, i criteri e le modalità di redazione saranno oggetto di apposite Linee guida.

Di seguito si dà conto del contenuto dei due documenti citati, la diagnosi funzionale (DF) e il profilo dinamico funzionale (PDF), confluiti nel Profilo di funzionamento, così come previsto secondo la normativa precedente.

La domanda per l'accertamento della condizione di disabilità in età evolutiva **ai fini dell'inclusione scolastica**, corredata di *certificato medico diagnostico-funzionale* contenente la diagnosi clinica e gli elementi attinenti alla valutazione del funzionamento a cura della ASL, deve essere presentata all'Istituto nazionale della previdenza sociale (INPS) che deve darvi riscontro non oltre 30 giorni dalla data di presentazione.

Le commissioni mediche, nel caso in cui la procedura di accertamento riguardi persone in età evolutiva, saranno costituite da un **medico legale**, che assume le funzioni di presidente, e da **due medici,** di cui uno *specialista in pediatria o in neuropsichiatria* infantile e l'altro *specialista nella patologia* che connota la condizione di salute del soggetto e integrate da un *assistente specialistico o da un operatore sociale*, o da uno *psicologo* in servizio presso strutture pubbliche, individuati dall'ente locale o dall'INPS quando l'accertamento sia svolto dal medesimo Istituto, nonché, negli altri casi, da un medico INPS.

Le commissioni mediche esaminano la domanda ed effettuano, su richiesta dei genitori o degli alunni/e o degli studenti/esse, l'**accertamento della condizione di disabilità** in età evolutiva, necessario ai fini dell'inclusione scolastica. Tale accertamento è *propedeutico* alla redazione del **Profilo di funzionamento**, predisposto secondo i criteri del modello bio-psico-sociale della Classificazione internazionale del funzionamento, della disabilità e della salute (ICF) dell'Organizzazione Mondiale della Sanità (OMS), ai fini della formulazione del *Piano educativo individualizzato (PEI)* facente parte del *Progetto individuale* (L. 328/2000), dei quali il Profilo è a sua volta documento propedeutico.

1.4 Il Profilo di funzionamento

Il Profilo di funzionamento, previsto dall'art. 12, comma 5, L. 104/1992, quindi ricomprende la diagnosi funzionale e il profilo dinamico-funzionale ed è redatto da un'**Unità di valutazione multidisciplinare**, nell'ambito del SSN, composta da:

a) uno specialista in neuropsichiatria infantile o un medico specialista, esperto nella patologia che connota lo stato di salute del minore;
b) almeno due delle seguenti figure: un esercente di professione sanitaria nell'area della riabilitazione, uno psicologo dell'età evolutiva, un assistente sociale o un pedagogista o un altro delegato, in possesso di specifica qualificazione professionale, in rappresentanza dell'Ente locale di competenza.

Il Profilo di funzionamento contiene indicazioni relative anche alle competenze professionali e alla *tipologia delle misure di sostegno* e delle risorse strutturali utili ai fini dell'inclusione.

Alla sua redazione *collaborano i genitori* dell'alunna o dell'alunno, nonché, nel rispetto del *diritto di autodeterminazione* nella massima misura possibile, della studentessa o dello studente con disabilità, con la partecipazione del Dirigente scolastico oppure di un docente specializzato sul sostegno didattico della scuola. Esso viene aggiornato ad ogni passaggio di grado di istruzione e in caso di sopravvenute condizioni di funzionamento della persona.

I genitori dell'alunno/a disabile inviano il Profilo di funzionamento alla **scuola** ai fini della predisposizione del **Piano educativo individualizzato** e all'*Ente locale* di competenza per la predisposizione del *Progetto individuale*, qualora venga richiesto.

Il Progetto individuale di cui il PEI fa parte, è redatto dall'Ente locale di competenza, d'intesa con la ASL, sulla base del Profilo di funzionamento, su richiesta e con la *collaborazione* dei genitori.

Le prestazioni, i servizi e le misure di cui al Progetto individuale sono definite anche *con la partecipazione di un rappresentante dell'istituzione scolastica interessata* (art. 6 D.Lgs. 96/2019).

2 Il Piano educativo individualizzato (PEI)

Il Piano educativo individualizzato rappresenta il progetto di vita scolastica di ogni alunno con disabilità, nel quale sono esplicitati i diversi interventi didattico-educativi, riabilitativi, di socializzazione e integrazione predisposti in favore dell'alunno/a.

Il PEI, di cui tratta l'art. 12 della L. 104/1992 (modificato dall'art. 7 D.Lgs. 66/2017 e dal decreto n. 96 del 2019), individua obiettivi educativi e didattici, strumenti, strategie e modalità per realizzare un ambiente di apprendimento nelle dimensioni della relazione, della socializzazione, della comunicazione, dell'interazione, dell'orientamento, anche sulla base degli interventi di corresponsabilità educativa intrapresi dall'intera comunità scolastica per il soddisfacimento dei bisogni educativi individuati.

All'interno del PEI sono esplicitate le modalità di sostegno didattico, compresa la proposta del **numero di ore di sostegno alla classe**, le modalità di verifica, i criteri di valutazione, nonché gli interventi di assistenza igienica e di base, svolti dal personale ausiliario nell'ambito del plesso scolastico. L'inclusione, infatti, in base all'art. 1 del decreto n. 96, costituisce «impegno fondamentale di tutte le componenti della comunità scolastica».

Il documento viene *elaborato e approvato* dal **Gruppo di Lavoro Operativo per l'inclusione**, composto dal *team* dei docenti contitolari o dal Consiglio di classe, con la partecipazione dei genitori dell'alunno con disabilità, delle figure professionali specifiche, interne ed esterne all'istituzione scolastica che interagiscono con l'alunno stesso, nonché con il supporto dell'Unità di valutazione multidisciplinare. Inoltre, all'interno del Gruppo di lavoro è assicurata la partecipazione attiva dell'alunno in condizione accertata di disabilità in età evolutiva, ai fini dell'inclusione scolastica nel rispetto del *principio di autodeterminazione*.

Nella redazione del PEI occorre tenere conto dell'accertamento della condizione di disabilità e del Profilo di funzionamento; inoltre, il documento indica le modalità di coordinamento degli interventi in esso previsti e il modo in cui questi si intersecano con il Progetto individuale.

Esso viene redatto in via *provvisoria* **entro il mese di giugno** e in via *definitiva*, di norma, **non oltre il mese di ottobre**, tenendo conto degli elementi previsti nel decreto ministeriale da adottarsi entro sessanta giorni dall'entrata in vigore della legge, che contiene, inoltre, le modalità per l'assegnazione delle misure di sostegno e il modello di PEI, da adottare da parte delle istituzioni scolastiche.

Il PEI è redatto a partire dalla scuola dell'infanzia ed è aggiornato in presenza di nuove e sopravvenute condizioni di funzionamento della persona e, nei passaggi di grado di istruzione e nei casi di trasferimento, è assicurata l'interlocuzione tra i docenti della scuola di provenienza e quelli della scuola di destinazione.

Sulla base dei singoli PEI di ogni bambina e bambino, infine, ogni scuola, nell'ambito del Piano triennale dell'offerta formativa (PTOF) predispone il *Piano per l'inclusione* nel quale sono definite le modalità per l'utilizzo coordinato delle risorse, *delle misure di sostegno* al fine del superamento delle barriere e dell'individuazione dei facilitatori del contesto di riferimento, nonché per il miglioramento della qualità dell'inclusione (art. 8 D.Lgs. 96/2019).

Il **PEI viene redatto all'inizio di ciascun anno scolastico**, dopo un periodo di osservazione e di analisi della situazione di partenza. L'insegnante di sostegno raccoglie tutte le informazioni e il materiale relativo all'alunno e compila la parte didattica del PEI: per elaborare un progetto efficace e funzionale occorre sapere cosa l'alunno sa fare, cosa non sa fare e cosa potrebbe fare (potenzialità).

Il PEI deve essere stilato alla luce delle abilità possedute dell'alunno, delle difficoltà di apprendimento, dei punti di forza e dei punti critici. Deve tener conto di tutti i progetti in cui è coinvolto l'alunno: i progetti didattico-educativi, riabilitativi e di socializzazione individualizzati, le attività extra scolastiche sportive, laboratoriali e creative, riabilitative e di socializzazione.

La progettazione del PEI per l'alunno con difficoltà di apprendimento si inserisce all'interno della programmazione della classe e segue le stesse regole progettuali della programmazione, con la sola differenza di essere rivolta al singolo e non al gruppo classe.

Le operazioni progettuali coinvolgono, quindi, tutto il Consiglio di classe. La tipologia di programmazione che seguirà l'alunno disabile:

- è riferita agli **obiettivi della classe**;
- procede per **obiettivi minimi semplificati**;
- è una **programmazione differenziata**.

Il Consiglio di classe decide le linee operative, assumendosi la responsabilità delle scelte e dandone comunicazione alla famiglia. Quest'ultima può accettare o rifiutare la proposta di programmazione differenziata per il proprio figlio.

In caso di rifiuto da parte della famiglia è previsto che l'alunno venga valutato con gli stessi criteri adottati per il gruppo classe. L'insegnante di sostegno deve trovare i punti d'incontro, tra gli obiettivi della classe e gli obiettivi che l'alunno in situazione di difficoltà di apprendimento può raggiungere.

Nel caso del passaggio da un grado di scuola all'altro, il Dirigente scolastico deve prendere accordi con la scuola che successivamente accoglierà l'alunno per garantire la **continuità** e la presa in carico (trasferendo anche i relativi fascicoli). In questo caso il PEI deve essere realizzato con la collaborazione dei docenti del ciclo precedente.

Dunque, nell'ottica di una *scuola inclusiva*, la relativa progettazione è esercitata dai docenti contitolari o dal Consiglio di classe che individuano, insieme al *docente di sostegno* e con il supporto dell'*unità di valutazione multidisciplinare*, le strategie di apprendimento e le modalità didattiche per il successo formativo della persona.

Il *Piano Educativo Individualizzato* (PEI) dunque *diviene parte integrante* del *Progetto individuale*, potenziandolo poiché non è più inteso quale mero documento burocratico, ma l'occasione fondamentale per la realizzazione del *progetto di vita scolastica* degli alunni e degli studenti con disabilità. Infatti, esso, nell'ambito della *progettazione integrata*, è elaborato con la partecipazione delle famiglie e di tutti gli operatori assegnati alla classe in supporto alla disabilità.

2.1 Il Piano per l'inclusione

Ai fini della programmazione e progettazione, il decreto n. 66 (art. 8) prevede che ciascuna scuola predisponga il **Piano per l'inclusione (PI)**, il principale documento programmatico in materia, con il quale sono definite le modalità per l'utilizzo coordinato delle risorse e gli interventi di miglioramento della qualità dell'inclusione scolastica.

Il Piano viene predisposto ogni anno (entro giugno) da ciascuna scuola nell'ambito della definizione del Piano triennale dell'offerta formativa, costituendone *parte integrante* e comprende l'utilizzo delle misure di sostegno sulla base dei singoli PEI di ogni bimba o bimbo, alunna e alunno, studente e studentessa, nel rispetto del principio di *accomodamento ragionevole*.

Il Collegio dei docenti definisce il PI sulla base della programmazione, proposta e supporto del Gruppo di lavoro per l'inclusione (GLI).

Il Piano poi viene attuato dallo stesso GLI, con il supporto di *studenti, genitori e associazioni*.

Esso è diverso dal *Piano Annuale per l'inclusività*, previsto dalla direttiva BES del 27-12-2012 e dalla C.M. n. 8/2013 (con la dicitura PAI).

3 I gruppi per l'inclusione (GLIR-GIT-GLI-GLHO)

Con l'approvazione del D.Lgs. 66/2017 e le modifiche del D.Lgs. 96/2019, è stato riscritto l'art. 15 L. 104/1992 e sono istituiti **nuovi Gruppi per l'inclusione scolastica**.

Nel nuovo art. 15, così come modificato dall'art. 9 del decreto n. 66, sono disciplinati il:

— **Gruppo di lavoro interistituzionale regionale (GLIR)**, istituito presso ogni USR; esso ha compiti di consulenza e proposta all'Ufficio scolastico regionale per la definizione, l'attuazione e la verifica degli accordi di programma; è presieduto dal dirigente preposto all'USR o da un suo delegato; vi partecipano i rappresentanti delle Regioni, degli enti locali e delle associazioni delle persone con disabilità maggiormente rappresentative a livello regionale nel campo dell'inclusione scolastica;

— **Gruppo per l'inclusione territoriale (GIT)** istituito *per ogni ambito territoriale provinciale, o a livello di Città metropolitana*; tale organo è coordinato da un dirigente tecnico o scolastico che lo presiede ed è composto da personale docente esperto nell'ambito dell'inclusione, anche nella prospettiva bio-psico-sociale, e nelle metodologie didattiche inclusive e innovative. Il GIT conferma la richiesta inviata dal DS all'USR per le misure di sostegno, oppure può eprimere parere difforme. Per lo svolgimento di ulteriori compiti di consultazione e programmazione delle attività nonché per il coordinamento degli interventi di competenza dei diversi livelli istituzionali sul territorio, il GIT è integrato:
   a) dalle associazioni rappresentative delle persone con disabilità nel campo dell'inclusione scolastica;
   b) dagli enti locali e dalle Aziende sanitarie locali;

— **Gruppo di lavoro per l'inclusione (GLI)**, istituito presso ciascuna istituzione scolastica, è composto da docenti curricolari, docenti di sostegno ed eventualmente *personale ATA*, nonché specialisti della Azienda sanitaria locale; è nominato e **presieduto dal Dirigente scolastico**; ha il compito di supportare il Collegio dei docenti nella definizione e realizzazione del **Piano per l'inclusione**, e i docenti contitolari e i Consigli di classe nell'attuazione dei Piani educativi individualizzati (PEI).
In sede di definizione e attuazione del Piano di inclusione, il GLI si avvale della consulenza e del supporto degli studenti, dei genitori e delle associazioni delle persone con disabilità maggiormente rappresentative del territorio nel campo dell'inclusione scolastica. Al fine di realizzare il Piano di inclusione e il PEI, il GLI collabora con il GIT e con le istituzioni pubbliche e private presenti sul territorio. Il GIT conferma la richiesta inviata dal DS all'USR per le misure di sostegno, oppure può eprimere parere difforme.

Il **GLHO**, gruppo di lavoro operativo per l'inclusione può essere costituito presso ogni istituzione scolastica, per definire il PEI, per la verifica del processo di inclusione dei **singoli alunni** compresa la proposta di quantificazione di ore di sostegno e delle altre misure di sostegno, tenuto conto del profilo di funzionamento. Ciascun GLHO è composto dal *team* dei docenti contitolari o dal Consiglio di classe, con la partecipazione dei genitori del soggetto con disabilità, delle figure professionali specifiche, interne ed esterne all'istituzione scolastica che interagiscono con la classe e con il disabile. All'interno del GLHO è assicurata la partecipazione attiva degli studenti con accertata condizione di disabilità in età evolutiva ai fini dell'inclusione scolastica, nel rispetto del principio di autodeterminazione.

Ciascun gruppo per l'inclusione scolastica ha dunque una sfera di azione diversa ma complementare, con competenze e funzioni che sono strettamente connesse tra di loro, per porre in essere una sinergia funzionale agli obiettivi da raggiungere: massima tutela della disabilità e integrazione e inclusione scolastica degli studenti con disabilità che hanno bisogno del docente di sostegno.

Per ciò che concerne l'aspetto concreto della quantificazione, della richiesta e dell'**assegnazione delle risorse per il sostegno didattico**, la proposta all'USR avviene a cura del *Dirigente scolastico* che, raccolte le osservazioni del GLI, dopo aver sentito il GIT e dopo l'analisi dei singoli *Piani educativi individualizzati*, tenendo conto delle altre misure di sostegno, invia la richiesta complessiva dei posti di sostegno all'Ufficio scolastico regionale. **All'USR spetta dunque l'ultima parola sulle risorse per il sostegno didattico**, che interviene con l'assegnazione dei posti di sostegno all'interno dell'organico dell'autonomia delle diverse istituzioni scolastiche.

Un **Gruppo di lavoro per l'inclusione** (GLI) è stato istituito anche dalla Direttiva ministeriale del 27-12-2012 e disciplinato con la Circolare n. 8/2013. Esso ha competenze estese a tutti gli studenti *con qualunque tipo di Bisogno educativo speciale*.

Il GLI svolge le seguenti **funzioni** (C.M. 8/2013):

- rilevazione dei BES presenti nella scuola;
- raccolta e documentazione degli interventi didattico-educativi posti in essere anche in funzione di azioni di apprendimento organizzativo in rete tra scuole e/o in rapporto con azioni strategiche dell'Amministrazione;
- focus/confronto sui casi, consulenza e supporto ai colleghi sulle strategie/metodologie di gestione delle classi;
- rilevazione, monitoraggio e valutazione del livello di inclusività della scuola;
- raccolta e coordinamento delle proposte formulate dai singoli GLH (gruppi di lavoro sulle disabilità d'istituto, oggi non più previsti);
- elaborazione di una proposta di Piano per l'Inclusività riferito a tutti gli alunni con BES.

In base alla C.M. 8/2013, il GLI «formulerà un'ipotesi globale di utilizzo funzionale delle risorse specifiche, istituzionali e non, per incrementare il livello di inclusività generale della scuola nell'anno successivo.

Il Piano sarà discusso e deliberato in Collegio dei Docenti e inviato ai competenti Uffici degli USR, nonché ai GLIP e al GLIR, per la richiesta di organico di sostegno, e alle altre istituzioni territoriali come proposta di assegnazione delle risorse di competenza, considerando anche gli Accordi di Programma in vigore o altre specifiche intese sull'integrazione scolastica sottoscritte con gli Enti Locali.

A seguito di ciò, gli USR assegnano alle singole scuole globalmente le risorse di sostegno secondo quanto stabilito dall' art. 19, comma 11 della legge n. 111/2011.

Nel mese di settembre, in relazione alle risorse effettivamente assegnate alla scuola, ovvero, secondo la previsione dell'art. 50 della L. n. 35/2012, alle reti di scuole, il Gruppo provvederà ad un adattamento del Piano, sulla base del quale il Dirigente scolastico procederà all'assegnazione definitiva delle risorse, sempre in termini «funzionali».»

È grazie al contributo del GLI alla programmazione scolastica che nel Piano triennale dell'offerta formativa (PTOF) della singola scuola può emergere un nuovo impegno per l'inclusione, basato sul monitoraggio delle potenzialità esistenti e sulle prospettive di possibile miglioramento.

L'art. 15 della L. 104/1992, nella sua versione precedente, prevedeva che presso ogni scuola di ogni ordine e grado il Dirigente scolastico dovesse nominare il **GLH di istituto (GLHI),** che affiancava i **GLH Operativi (GLHO)** sui singoli allievi diversamente abili.

Il decreto n. 66 non fa più alcun riferimento ai gruppi per l'inclusione che hanno sempre operato negli istituti scolastici in questo settore, previsti dall'art. 15 L. 104/1992 prima degli interventi di modifica:

— i GLH di istituto (**GLHI**), sono ormai sostituiti dai GLI (D.Lgs. 66/2017);
— i GLH operativi (**GLHO**) restano operativi e sono composti dal *team* dei docenti contitolari o dal Consiglio di classe per la classe in cui sia presente un alunno/a che necessita di sostegno.

4 L'insegnante di sostegno

4.1 Il docente specializzato

Il docente specializzato è la risorsa fondamentale attraverso cui si concretizza l'integrazione dell'alunno disabile. La presenza di tali docenti fu prevista già nella normativa proposta dal ministro Falcucci, secondo il rapporto di 1 a 4, ossia di un insegnante di sostegno per ogni quattro alunni disabili.

L'**insegnante di sostegno** è un docente in possesso di specializzazione per le attività di sostegno che viene **assegnato alla classe** (L. 104/1992) in cui è stato inserito almeno un alunno con disabilità, per promuovere l'integrazione al suo interno. Pertanto, deve disporre del titolo conseguito mediante un percorso formativo adeguato.

Le Università attivano corsi cui possono accedere docenti già *abilitati all'insegnamento,* dopo aver superato *una prova di selezione*. Al termine del percorso formativo che ha la durata di un anno accademico, e al superamento della relativa prova finale, gli specializzati conseguiranno un titolo polivalente, grazie al quale potranno iscriversi negli *elenchi per il sostegno*.

Il **numero complessivo di ore di sostegno**, tranne casi particolari, è stabilito nei documenti per la richiesta del sostegno didattico elaborati dal Consiglio di classe, e può essere, su base settimanale, di diciotto ore (rapporto 1 a 1), nove ore (rapporto 1 a 2), sei ore (rapporto 1 a 3), oppure quattro ore e mezza (rapporto 1 a 4).

Nelle **scuole secondarie di secondo grado** la L. 104/1992 prevedeva la nomina dei docenti per le attività di sostegno secondo le aree disciplinari di particolare interesse per l'alunno, in base a quanto indicato nel PEI; tali aree sono quelle scientifica, umanistica, tecnica e psico-motoria. Tali aree sono state poi soppresse (L. 12/2013) e per gli insegnamenti del secondo grado è compilato un elenco unico (gli elenchi delle graduatorie di istituto di prima fascia e ad esaurimento sono modificati), articolato in fasce, anche per il triennio 2019-2022 (L. 21/2016). Per ogni tipo di deficit vanno applicati metodi particolari che trovano il proprio senso nelle specifiche problematiche che quel deficit comporta.

Il docente di sostegno delle scuole secondarie di secondo grado, nel delicato momento della pianificazione delle attività, deve proporre al Consiglio di classe una particolare programmazione per l'alunno disabile: un'opzione (il **PEI semplificato**) porta al rilascio di un diploma a tutti gli effetti, l'altra (il **PEI differenziato**) si conclude con un semplice attestato di frequenza. Pertanto è rimessa al **Consiglio di classe** la scelta del tipo di percorso da seguire, ossia una programmazione differenziata (*PEI differenziato*) o curricolare per obiettivi minimi (*PEI semplificato*), va fatta dopo un'attenta e scrupolosa analisi dei prerequisiti e delle potenzialità a lungo termine del ragazzo, e deve scaturire da motivazioni legate esclusivamente alle reali potenzialità dell'alunno (fermo restando che è la famiglia a dare il consenso sull'uno o sull'altro tipo di programmazione). Compiuta tale scelta, è bene che il docente di sostegno analizzi i dati di partenza (documentazione e somministrazione di test sui prerequisiti del ragazzo), faccia un accurato *assessment*, identifichi i traguardi da raggiungere, scelga le strategie idonee alla «diversità» con cui si deve confrontare, reperisca i mezzi e gli strumenti necessari, predisponga diverse modalità di verifica di tutte le fasi del processo formativo attivato, tenendosi pronto, infine, a modificare in itinere il progetto, ovvero a mettersi in discussione qualora il discente non consegua i risultati sperati.

Per quanto riguarda la **programmazione curricolare con obiettivi minimi**, le finalità, i criteri di valutazione e la specificità degli obiettivi rimandano a quelli delle discipline curricolari.

Ciò che cambia è la modalità con la quale si facilitano gli apprendimenti e l'autorevolezza con cui l'insegnante riesce a farlo, la qual cosa implica che i vari contenuti dovranno essere:

- sintetizzati e semplificati con mappe concettuali corredate di immagini;
- veicolati attraverso un'idonea struttura linguistica e un linguaggio semplice, chiaro e comprensibile;
- limitati, per evitare la ridondanza delle informazioni;
- spiegati con modalità che stimolino la memoria (ad esempio, attraverso l'evidenziazione percettiva delle informazioni più rilevanti);
- interiorizzati, chiedendone all'alunno la lettura e la ripetuta esposizione orale;
- valutati mediante prove equipollenti (art. 17, comma 1, O.M. 30/2008), qualora la difficoltà di alcune materie lo richieda, e interrogazioni orali programmate.

4.2 La formazione e l'accesso degli insegnanti di sostegno nel D.Lgs. 66/2017

Con il **D.Lgs. 66/2017** è stata introdotta una nuova disciplina per l'accesso ai ruoli per l'insegnamento sui posti di sostegno didattico, ai bambini e bambine della **scuola dell'infanzia e della scuola primaria** con disabilità certificata. Occorre un **titolo** valido (*laurea in scienze della formazione primaria*, oppure un *diploma magistrale* con valore di abilitazione conseguito entro l'a.s. 2001-2002) ed un **diploma di specializzazione**, conseguito al termine di un apposito corso (cd. *TFA sostegno*).

Il **corso di specializzazione in pedagogia e didattica speciale per le attività di sostegno didattico e l'inclusione scolastica** (art. 12 D.Lgs. 66/2017) ha durata annuale e prevede l'acquisizione di 60 crediti formativi universitari, comprensivi di almeno 300 ore di tirocinio, pari a 12 crediti formativi universitari.

Esso viene attivato presso le Università nelle quali sono attivi i corsi di laurea in Scienze della formazione primaria ed è programmato in base al fabbisogno su scala nazionale. Ai fini dell'accesso al corso è richiesto il superamento di una prova predisposta dalle Università.

Con **D.M. 92/2019** sono state dettate le disposizioni sulla specializzazione sul sostegno ed i relativi percorsi, ai sensi del D.M. 249/2010 ed integrando le norme del D.M. 30-9-2011.

L'obiettivo del decreto di attuazione della Buona scuola è quello di rendere strutturale un sistema di formazione dei docenti che sia **iniziale**, rivolta agli insegnanti di sostegno e specifica per le disabilità, e **in servizio**, sulla didattica inclusiva e sulla pedagogia speciale, quest'ultima estesa a tutto il contesto scolastico, anche al personale ATA, e non più delegata solo all'insegnante di sostegno.

Infatti, come si legge nell'art. 13, le istituzioni scolastiche definiscono il **Piano di formazione** all'interno del Piano triennale dell'offerta formativa (nell'ambito delle risorse del Piano triennale di formazione obbligatorio per i docenti curricolari e di sostegno in servizio previsto dalla Buona scuola al comma 124), individuando le attività rivolte *ai docenti, in particolare* a quelli delle classi in cui sono presenti bambine e bambini con disabilità certificata, con attenzione alla didattica inclusiva e in coerenza con i piani degli studi individualizzati. Il Piano definisce anche le attività per il personale ATA, «in coerenza con i profili professionali, le competenze sugli aspetti organizzativi, educativo-relazionali, sull'assistenza di base, in relazione all'inclusione scolastica».

Inoltre, per garantire la **continuità educativa e didattica** alle bambine e ai bambini con disabilità, si prevede, all'art. 14 del decreto, che il dirigente scolastico possa proporre ai docenti dell'organico dell'autonomia, in possesso della specializzazione, anche attività di sostegno didattico; inoltre, sulla base di eventuale richiesta della famiglia in caso di rapporto proficuo tra docente e alunno, ai docenti con contratto a tempo determinato e con titolo di specializzazione potranno essere proposti, per i posti di sostegno didattico, ulteriori contratti per l'anno scolastico successivo ferma restando la disponibilità dei posti e le operazioni relative al personale a tempo indeterminato, ai sensi dell'art. 1, comma 131, L. 107/2015.

Infine, per garantire la continuità didattica durante l'anno scolastico, si prevede l'applicazione dell'articolo 461 del D.Lgs. 297/1994: in tal modo, almeno per tutto l'anno scolastico l'insegnante di sostegno dovrebbe rimanere lo stesso, non più però per l'intero percorso scolastico come nel progetto della Buona scuola.

L'inclusione scolastica diventa parte della **valutazione** delle scuole, **attraverso criteri definiti dall'INVALSI**. Alla predisposizione di tali criteri prenderà parte anche l'Osservatorio per l'inclusione scolastica istituito presso il MIUR, composto dai rappresentanti delle Associazioni delle persone con disabilità maggiormente rappresentative sul territorio nazionale nel campo dell'inclusione scolastica. Tra i criteri, trovano posto il **livello di inclusività** del Piano triennale dell'offerta formativa, la realizzazione di percorsi per la personalizzazione, di iniziative per la formazione, il grado di fruibilità degli strumenti per favorire l'inclusione.

Per la formazione iniziale degli insegnanti specializzati della **secondaria di primo e di secondo grado**, bisogna invece fare riferimento ad un altro decreto attuativo della Buona scuola, e precisamente all'art. 10 del **D.Lgs. 59/2017**, modificato dalla L. 145/2018 (*legge di bilancio 2019*) di riordino del sistema di formazione iniziale e accesso ai ruoli di docente nella scuola secondaria.

Per diventare docente per il sostegno della **scuola secondaria di primo e secondo grado**, occorrerà superare un concorso ordinario e seguire un percorso di formazione e prova della durata di un anno.

Con il decreto n. 59, tutti i laureati potranno partecipare ai concorsi, purché abbiano conseguito 24 crediti universitari in settori formativi psico-antropo-pedagogici o nelle metodologie didattiche. I concorsi avranno cadenza biennale.

I docenti assunti a tempo indeterminato sui posti di sostegno possono chiedere il passaggio sui posti comuni dopo un quinquennio di appartenenza nelle sezioni dei docenti per il sostegno didattico (**art. 14 del D.Lgs. 66/2017**).

4.3 La valutazione degli alunni disabili

Il provvedimento normativo di riferimento è il **D.Lgs. 62/2017**: all'art. 11 prevede che la valutazione degli alunni disabili del **primo ciclo** è **espressa in decimi** e si riferisce al *comportamento*, alle *discipline* e alle *attività* svolte sulla base del *PEI*.

Per il resto, le norme sulla valutazione sono quelle applicabili agli alunni del primo ciclo in generale (→ Cap. 5, Parte I).

Gli alunni/e partecipano agli *INVALSI* per i quali si prevede che il Consiglio di classe possa ricorrere all'utilizzo di **misure compensative o dispensative**, specifici adattamenti o l'esonero.

Durante l'esame di Stato si può ricorrere a **prove differenziate** con valore equivalente (già previsto dal D.P.R. 122/2009 e confermato).

La **certificazione delle competenze** deve essere coerente con il PEI dell'alunno/a.

Per il **secondo grado**, il D.Lgs. 62/2017 conferma la sostanza delle disposizioni previgenti (D.Lgs. 122/2009 e L. 104/1992) in materia di valutazione: gli studenti disabili sono valutati da tutti i docenti in base al PEI, e possono essere svolte **prove equipollenti** con tempi più lunghi.

Disabilità gravi che abbiano portato a **PEI differenziato** conducono ad una valutazione differenziata del percorso diverso dalle linee guida ministeriali e non consentità il rilascio di un titolo di studio (occorre l'approvazione della famiglia).

Per l'esame di Stato è dettata la specifica disciplina all'art. 20, D.Lgs. 62/2017, mentre per l'ammissione, ciò che è previsto all'art. 13 vale per gli alunni in generale, dunque anche per gli alunni con disabilità.

5 I Disturbi Specifici di Apprendimento (DSA)

La **L. 170/2010** (*Nuove norme in materia di disturbi specifici di apprendimento in ambito scolastico*) che ha riconosciuto la **dislessia**, la **disortografia**, la **disgrafia** e la **discalculia** come disturbi specifici di apprendimento, sottolinea che la disabilità e l'handicap non sono legati necessariamente a una menomazione fisica manifesta e che i problemi di integrazione, emarginazione e disadattamento possono nascere anche da difficoltà di apprendimento non riconducibili a patologie neurologiche. La legge in questione considera i disturbi dovuti a dislessia, disgrafia, disortografia e discalculia come disturbi che «*possono costituire una limitazione importante per alcune attività della vita quotidiana*» (art. 1, comma 1).

Il riconoscimento di difficoltà cognitive nella lettura, nella scrittura o nel calcolo quali specifici disturbi dell'apprendimento è un'importante **conquista** per il mondo della pedagogia, poiché consente ai docenti curricolari e di sostegno di riconoscere negli alunni le vere cause di un insuccesso scolastico, per nulla imputabile a incapacità e/o negligenza, e di intervenire in maniera consequenziale attivando efficaci e sperimentate metodiche personalizzate. La succitata legge, infatti, al comma 3 dell'art. 3, recita: «*È compito delle scuole di ogni ordine e grado, comprese le scuole dell'infanzia, attivare, previa apposita comunicazione alle famiglie interessate, interventi tempestivi, idonei ad individuare i casi sospetti di DSA degli studenti, sulla base dei protocolli regionali*».

A tal fine, il MIUR da anni propone percorsi di formazione (corsi di perfezionamento e Master) in «Didattica e psicopedagogia per i Disturbi specifici di Apprendimento» rivolti al personale docente e dirigente delle scuole di ogni ordine e grado, compresa la scuola dell'infanzia, affinché acquisisca:

— un'adeguata preparazione riguardo alle problematiche relative ai DSA;
— la competenza per individuarne precocemente i segnali;
— la conseguente capacità di applicare strategie didattiche, metodologiche e valutative adeguate.

La L. 170/2010 tutela il diritto allo studio in maniera diversa dalla L. 104/1992, concentrando l'attenzione su *interventi didattici personalizzati* e su **strumenti compensativi**, su **misure dispensative** e su adeguate forme di verifica e valutazione.

Il **D.M. 12-7-2011, n. 5669** ha dettato, poi, le norme attuative della L. 170/2010. L'art. 3 conferma la previsione di legge secondo la quale le istituzioni scolastiche devono attivare percorsi di *didattica individualizzata e personalizzata*, basata su *misure dispensative* e *strumenti compensativi*. A tal fine le scuole dovranno tener conto delle «**Linee guida per il diritto allo studio degli alunni e degli studenti con DSA**» allegate al decreto.

Per ciò che concerne la **diagnosi di DSA**, essa può essere formulata con certezza soltanto alla fine della **seconda classe della scuola primaria**.

Espansione Web
Linee guida per il diritto allo studio degli alunni con DSA

I **soggetti** attori del percorso di individuazione dei DSA sono:

— la famiglia che fa valutare il disturbo (su segnalazione propria o del pediatra), ne consegna la diagnosi alla scuola e ne verifica la gestione;
— il docente;
— il Dirigente scolastico che, nel rispetto dell'autonomia delle istituzioni scolastiche, copre il ruolo di garante del dialogo tra i soggetti nel rispetto delle iniziative;
— il referente di istituto, un docente la cui nomina è rimessa all'autonomia delle singole scuole, che assume funzioni nei confronti del Collegio dei docenti;
— gli Uffici Scolastici Regionali che attivano iniziative specifiche dirette a garantire il diritto allo studio degli alunni affetti da DSA, inquadrandole in un'ottica di stabilità.

La **certificazione della diagnosi** da parte del Servizio sanitario nazionale (art. 3) consente di intraprendere l'iter riabilitativo, in modo da mettere a disposizione di chi è affetto da DSA adeguate misure didattiche ed educative, fra cui:

— appositi provvedimenti dispensativi e compensativi di flessibilità didattica nel corso dei cicli di istruzione e formazione e negli studi universitari (art. 5, comma 1);
— l'uso di una didattica individualizzata e personalizzata;
— l'introduzione di strumenti compensativi, compresi i mezzi di apprendimento alternativi e le tecnologie informatiche, nonché misure dispensative da alcune prestazioni non essenziali ai fini della qualità dei concetti da apprendere (art. 5, comma 2, lett. *a)* e *b)*);
— adeguate forme di verifica e di valutazione, anche per quanto concerne gli esami di Stato e di ammissione all'università, nonché gli esami universitari (art. 5, comma 4).

La L. 170/2010 prevede altresì la possibilità, per i familiari di primo grado degli studenti affetti da DSA che frequentano il primo ciclo di istruzione, di fruire di *orari flessibili di lavoro* (art. 6, comma 1). In effetti la legge in questione intende contribuire a sensibilizzare non solo le scuole ma la società intera riguardo al problema DSA, affinché tutti, solidali con gli studenti in difficoltà, limitino il più possibile disagi relazionali ed emozionali per chi è colpito da tali disturbi dell'apprendimento. Alla scuola, intesa come istituzione, viene dunque affidato il compito più impegnativo: quello di supportare le famiglie nel difficile incarico di promuovere lo sviluppo delle potenzialità dei figli e ottenerne il successo scolastico.

Con l'obiettivo di assicurare il diritto allo studio degli alunni e degli studenti con DSA (e BES), le istituzioni scolastiche possono avvalersi del supporto tecnico-scientifico fornito dai **Centri Territoriali di Supporto** (CTS) attivati dal MIUR, che informano e coadiuvano docenti, genitori e alunni nelle modalità didattiche da utilizzare per il singolo DSA o BES, sulle risorse tecnologiche disponibili e in generale, sulle tematiche relative alle disabilità e ai disturbi evolutivi specifici.

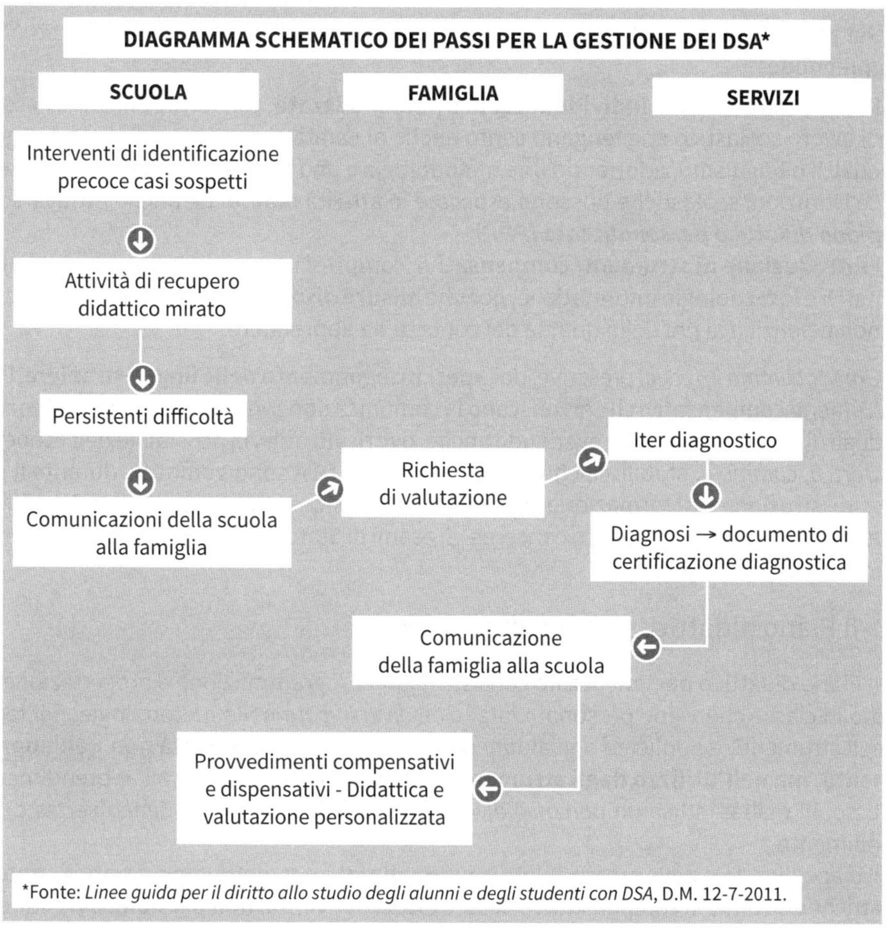

*Fonte: *Linee guida per il diritto allo studio degli alunni e degli studenti con DSA*, D.M. 12-7-2011.

6 Il diritto allo studio degli alunni con DSA e gli strumenti compensativi

Il 20 luglio 2011 è stato presentato il decreto attuativo della legge 170/2010 (**D.M. n. 5669/2011**) con le relative *Linee Guida per il diritto allo studio di alunni e studenti con DSA*. Si tratta di un documento che chiarisce, come già anticipato, le indicazioni espresse nella legge riguardo alle modalità di **formazione dei dirigenti scolastici e dei docenti**, alle **misure didattiche di supporto**, all'uso degli **strumenti compensativi e dispensativi** e alle forme di **verifica e di valutazione** previste per assicurare il diritto allo studio degli alunni e degli studenti con diagnosi di DSA, delle scuole di ogni ordine e grado del sistema nazionale di istruzione.

«L'obiettivo di tali misure e strumenti è quello di porre l'alunno con disturbo specifico di apprendimento sullo stesso piano dei suoi compagni» (G. STELLA). I programmi, infatti, sono gli stessi per tutti gli studenti, *gli obiettivi sono comuni alla classe*, a prescindere dal disturbo che va in ogni caso compensato.

Sul piano operativo, gli strumenti di intervento previsti dall'art. 5 della L. 170/2010 comprendono:

a) l'uso di una **didattica individualizzata e personalizzata**, con forme efficaci e flessibili di lavoro scolastico che tengano conto anche di caratteristiche peculiari dei soggetti, quali il bilinguismo, adottando una metodologia e una strategia educativa adeguate». Le istituzioni scolastiche possono esplicare le attività didattiche anche attraverso un ***piano didattico personalizzato (PDP)***;
b) l'**introduzione di strumenti compensativi**, compresi i mezzi di apprendimento alternativi e le tecnologie informatiche, nonché **misure *dispensative*** da alcune prestazioni non essenziali ai fini della qualità dei concetti da apprendere.

L'*art. 5, comma 2, lett. c)* prescrive, poi, «per l'**insegnamento delle lingue straniere**, l'uso di strumenti compensativi che favoriscano la comunicazione verbale e che assicurino ritmi graduali di apprendimento, prevedendo anche, ove risulti utile, la possibilità dell'esonero».

L'*art. 5, comma 4,* stabilisce che «agli studenti con DSA sono garantite, durante il percorso di istruzione e di formazione scolastica e universitaria, adeguate forme di verifica e di valutazione, anche per quanto concerne gli esami di Stato e di ammissione all'Università nonché gli esami universitari».

6.1 Il Piano didattico personalizzato (PDP)

Il Piano didattico personalizzato consiste in una programmazione e progettazione del lavoro in classe che viene personalizzata, cioè *diversificata* nelle metodologie, nei tempi e negli strumenti, e applicata agli alunni con DSA che hanno **difficoltà non nell'apprendimento, ma nell'utilizzo degli strumenti** ordinariamente destinati all'apprendimento.

Esso, in realtà, indica un *percorso diverso* per raggiungere i *medesimi obiettivi* di apprendimento.

Il piano didattico deve essere, infatti, **personalizzato** per metodologie, tempi, strategie didattiche e strumenti compensativi e misure dispensative, ma **non per obiettivi** che devono essere gli stessi del gruppo classe; a tal fine, al piano andrà allegata la programmazione disciplinare e il quadro con gli obiettivi educativi stabilito durante i Consigli di classe di inizio anno. Il PDP è redatto dal team dei docenti di classe: **per i DSA non è previsto il supporto di un docente di sostegno**.

Le proposte didattiche necessitano di **personalizzazione e individualizzazione di metodologie e contenuti**. Le esigenze di ciascun individuo, soprattutto se portatore di un bisogno educativo speciale, non possono essere risolte con una «ricetta educativa preordinata», ma si costruiscono giorno per giorno sulla conoscenza dell'alunno e del gruppo classe in cui è inserito, non dimenticando le connessioni con il suo ambiente familiare e territoriale.

Il PDP, infatti, è un «*contratto*» con le famiglie. Una volta redatto, una **copia** dello stesso viene **consegnata alla famiglia** dell'alunno.

Nella sua *progettazione* devono essere indicate le *modalità di accordo* tra docenti e genitori, poiché i **protagonisti** del processo sono: la **scuola**, la **famiglia** e l'**alunno**.

6.2 La valutazione degli alunni con DSA

La normativa, all'art. 11 del D.Lgs. 62/2017, stabilisce che la **valutazione degli apprendimenti** sia **coerente** con il **PDP** dell'alunno con DSA, predisposto dai docenti contitolari nella scuola primaria e dal consiglio di classe nella secondaria di primo grado, di cui tiene conto la commissione dell'**esame di Stato**, sia nel primo che nel secondo ciclo.

Le prove possono essere svolte con *tempi più lunghi* e *strumenti compensativi*.

Per le lingue straniere è previsto l'**esonero** dallo studio o la *dispensa dalla prova scritta*: nel primo ciclo, è ininfluente il ricorso alle prove differenziate, anche in caso di esonero; nel **secondo ciclo**, le prove differenziate per l'esonero consentono il rilascio solo di **crediti formativi**.

Gli alunni e le alunne con DSA partecipano alle prove Invalsi, per lo svolgimento delle quali il Consiglio di classe può disporre adeguati strumenti compensativi correnti con il PDP.

7 I bisogni educativi speciali (BES)

A più di trent'anni dalla L. 517/1977, si è reso necessario fare il punto sull'integrazione scolastica degli alunni con difficoltà di apprendimento, anche alla luce delle criticità emerse e del contesto più ampio di inserimento, che va oltre la dicotomia alunno disabile/alunno normodotato, ma che si rifà al più ben vasto sistema delineato dal modello diagnostico ICF dell'OMS, che, come sappiamo, considera la persona nella sua totalità in una prospettiva bio-psico-sociale.

L'attenzione verso i bisogni educativi speciali (BES) si è, così, sviluppata nel nostro Paese all'indomani della **direttiva ministeriale del 27 dicembre 2012** «*Strumenti di intervento per alunni con bisogni educativi speciali e organizzazione territoriale per l'inclusione scolastica*». Attraverso questo documento, la scuola italiana ha recepito l'apporto fornito dal modello diagnostico ICF dell'OMS, che ha permesso di individuare i cosiddetti BES a carico dell'alunno, a prescindere da tipizzazioni e classificazioni talvolta fuorvianti.

Nel testo della Direttiva si legge: «In ogni classe ci sono alunni che presentano una richiesta di *speciale attenzione* per una varietà di ragioni: svantaggio sociale e culturale, disturbi specifici di apprendimento e/o disturbi evolutivi specifici, difficoltà derivanti dalla non conoscenza della cultura e della lingua italiana perché appartenenti a culture diverse. Nel variegato panorama delle nostre scuole la complessità delle classi diviene sempre più evidente».

Quest'*area dello svantaggio scolastico*, che ricomprende problematiche diverse, viene indicata come area dei **bisogni educativi speciali**, in cui sono comprese **tre grandi sottocategorie**:

— quella della **disabilità** (L. 104/1992);
— quella dei **disturbi evolutivi specifici** (L. 170/2010).

In particolare nel testo della Direttiva ministeriale si legge che, per **disturbi evolutivi specifici** si intendono:

— i *disturbi specifici dell'apprendimento* (DSA) di cui abbiamo parlato nei paragrafi precedenti;
— i *deficit del linguaggio*;
— i *deficit delle abilità non verbali*;
— i *deficit della coordinazione motoria*;
— i *deficit dell'attenzione*;
— i *deficit dell'iperattività*;

— quella dello **svantaggio socioeconomico, linguistico, culturale**.

I bisogni educativi speciali (che in altri Paesi europei vengono definiti come *Special Educational Needs*) sono dunque conseguenza di stati che un alunno attraversa, con continuità o per determinati periodi, per ragioni fisiche, fisiologiche o anche di natura psico-sociale, e che richiedono adeguata e personalizzata risposta.

Si tratta spesso di problematiche che, non certificabili dalla L. 104/1992, **non determinano** per l'alunno il diritto all'**insegnante di sostegno**.

Ciononostante, la normativa prevede che le scuole — con determinazioni assunte dai **Consigli di classe**, risultanti dall'esame della documentazione clinica presentata dalle famiglie e sulla base di considerazioni di carattere psicopedagogico e didattico — possono avvalersi per tutti gli alunni con bisogni educativi speciali degli **strumenti compensativi** e delle **misure dispensative** previsti dalle disposizioni attuative della L. 170/2010. Ciò significa che tali strumenti e misure possono e devono essere messi in campo *anche in assenza di una certificazione medica rilasciata dal servizio sanitario*. In assenza di diagnosi o certificazione clinica, la normativa prevede che il Consiglio di classe o il *team* docenti motivino, verbalizzandole, le decisioni prese, condividendole con la famiglia. Tra i passaggi necessari al conseguimento del successo formativo, infatti, figura quello di accompagnare l'alunno e i suoi familiari nel processo di presa d'atto delle difficoltà rilevate a scuola.

L'attenzione verso i bisogni educativi speciali è quanto mai viva da parte delle istituzioni, che orientano il proprio intervento verso la *formazione dei docenti e degli operatori del settore* affinché le competenze in materia di inclusività divengano a tutti gli effetti componenti imprescindibili della professione educativa.

Di fronte ad alunni con bisogni speciali, l'orientamento ministeriale è quello di elaborare **percorsi specifici** (la **C.M. 8/2013** estende a tutti gli studenti in difficoltà il diritto alla **personalizzazione** dell'apprendimento, richiamandosi alle norme di principio della L. 53/2003) con la **possibilità** per la scuola, qualora lo ritenga necessario, di stilare un **Pia-**

no Didattico Personalizzato (**PDP**) allo scopo di definire, monitorare e documentare le strategie di intervento più adatte e, allo stesso tempo, fissare i criteri di valutazione degli apprendimenti.

Mediante il Piano Didattico Personalizzato, la scuola definisce gli interventi che si propone di attuare nei confronti degli alunni con esigenze didattiche particolari ma non riconducibili alla disabilità. Per i **disabili con certificazione** basata sui criteri della legge 104/1992, infatti, come abbiamo visto, la programmazione avviene, invece, mediante l'elaborazione del **Piano Educativo Individualizzato (PEI)**.

Per gli alunni con **certificazione di DSA**, il **PDP** è di fatto **obbligatorio** e prevede dei contenuti minimi come indicato nelle *Linee Guida del 2011*.

BES

ALUNNI CON DISABILITÀ (certificata *ex* L. 104/92)	ALUNNI CON DSA (certificata *ex* L. 170/2010)	ALUNNI CON ALTRI BES (D.M. 27-12-2012 e C.M. 8/2013)
Disabilità psico motoria	Dislessia	Altre tipologie di disturbo evolutivo specifico (es. DDAI)
Disabilità sensoriale	Disortografia	Alunni con DSA non certificati
Disturbi neuropsichici	Disgrafia	Alunni con svantaggio socioeconomico
Pluridisabilità	Discalculia	Alunni con svantaggio socioculturale
Insegnante di sostegno		
PIANO EDUCATIVO INDIVIDUALIZZATO (obbligatorio) redatto dalla scuola e dai servizi socio sanitari con la collaborazione delle famiglie	**PIANO DIDATTICO PERSONALIZZATO** (obbligatorio) redatto dalla scuola in accordo con le famiglie	**PIANO DIDATTICO PERSONALIZZATO** redatto dalla scuola in accordo con le famiglie ed eventualmente il contributo di esperti

Per ciò che concerne la **valutazione** degli alunni con BES diversi dalla disabilità e dai DSA, il Consiglio di classe può prevedere l'uso di *strumenti compensativi* e di *particolari metodologie didattiche*.

Ai fini **valutativi** occorre tener presenti i livelli di partenza, i risultati raggiunti e i livelli di apprendimento previsti per la classe.

Durante l'**esame di Stato**, non sono previste differenziazioni nella verifica degli apprendimenti.

8 La scuola inclusiva

In conclusione, una **scuola può definirsi inclusiva** quando:

— riesce a **valorizzare le differenze** e coinvolgere l'intera platea scolastica nel processo educativo;
— **coinvolge in maniera efficace i diversi attori presenti sul territorio**, quali le famiglie, gli enti istituzionali; le ASL, le associazioni;
— è in grado di **rimuovere gli ostacoli** alla realizzazione dei processi di apprendimento e valutazione per tutti gli studenti;
— permette a ciascuno studente di **sentirsi parte integrante del gruppo**, valorizzato e sostenuto nelle sue difficoltà.

Per raggiungere tali obiettivi, occorre partire anzitutto dalla conoscenza, da parte del docente, dell'alunno con bisogni educativi speciali, così da arginare e superare le sue difficoltà. Ciò può avvenire con la collaborazione della famiglia, con la quale è auspicabile instaurare un'alleanza educativa che consenta il buon esito delle strategie messe in campo. Il progetto formativo richiede la condivisione di più soggetti, tra cui i compagni di classe, che vanno informati circa le difficoltà vissute dallo studente, così da non percepire come corsie preferenziali le misure dispensative e gli strumenti compensativi posti a sua disposizione.

Ai sensi dell'**art. 4 D.Lgs. 66/2017**, la qualità dell'inclusione scolastica entra a far parte del procedimento di **valutazione** delle istituzioni scolastiche previsto dal D.P.R. 80/2013. I **criteri** per la valutazione della qualità dell'inclusione sono definiti dall'**INVALSI** e riguardano:

— il livello di inclusività del PTOF;
— i percorsi di personalizzazione;
— il livello di convolgimento dei soggetti, nel Piano per l'inclusione;
— le iniziative per la valorizzazione delle competenze;
— l'utilizzo degli strumenti e criteri condivisi;
— l'accessibilità e fruibilità delle risorse.

9 La scuola in ospedale (SIO) e l'istruzione domiciliare (ID). Le Linee di indirizzo 2019

La scuola in ospedale (SIO) e l'istruzione domiciliare (ID) rappresentano l'esigenza molto sentita, alla quale nel tempo si è data nel nostro ordinamento una risposta molto strutturata, di garantire a tutti gli alunni e alunne, studenti e studentesse delle scuole di ogni ordine e grado, la **pari opportunità di istruzione** attraverso la reale fruizione del diritto-dovere all'istruzione e formazione, *anche a domicilio o in luoghi di cura*, al fine di proseguire il proprio percorso didattico/formativo senza il rischio di incontrare difficoltà di reinserimento, una volta superata la situazione di *temporanea* malattia.

Il sistema di istruzione formazione si impegna a raggiungere questo obiettivo attraverso "strategie educative e didattiche finalizzate allo sviluppo delle potenzialità di ciascuno nel rispetto del diritto all'autodeterminazione e all'accomodamento ragionevole, nella prospettiva della migliore qualità di vita" (art. 1 D.Lgs. 66/2017).

Il riferimento normativo di partenza per queste due tipologie di servizi è la L. 28 agosto 1997, n. 285, anche se già la legge quadro del 1992 aveva previsto la necessità dell'erogazione di servizi scolastici alternativi, per alunni affetti da gravi patologie. Con questo sistema di cui SIO e ID fanno parte, l'ordinamento vuole promuovere la tutela dei minori come titolari di diritti e beneficiari di garanzie, anche al fine di evitare che l'interruzione del percorso di studi a causa di gravi patologie dia luogo a ripetenze e dispersione scolastica.

La SIO e la ID costituiscono, dal punto di vista della scuola, uno specifico ampliamento dell'offerta formativa, che si aggiunge alle opportunità di *autonomia* e *flessibilità* riconosciute alle istituzioni scolastiche, per assicurare l'erogazione di servizi alternativi ai giovani in situazione di temporanea malattia.

Tali percorsi scolastici sono validi a tutti gli effetti e mirano a realizzare *piani didattici personalizzati e individualizzati* secondo le specifiche esigenze.

La scuola in ospedale e l'istruzione domiciliare, sono previste dal sistema nazionale di istruzione e formazione, ma sono riconosciute anche in *ambito sanitario*, come parte integrante del percorso terapeutico.

In molti casi, il rapporto tra SIO e ID deve essere **coordinato**, in quanto esse concorrono per la realizzazione del diritto all'istruzione e formazione del medesimo alunno. A tal fine i diversi operatori, ciascuno nel rispetto dei rispettivi ruoli definisce e condivide ogni progetto, anche e soprattutto se integrato fra SIO, ID e frequenza regolare della scuola, a cui partecipano le famiglie, il personale sanitario e della scuola, nonché i diversi soggetti pubblici e privati operanti sul territorio.

9.1 Le Linee di indirizzo del 2019

Con il decreto Miur n. 461 del 6 giugno 2019 sono state adottate le **Linee di indirizzo nazionali sulla scuola in ospedale (SIO) e l'istruzione domiciliare (ID)**.

Il documento si propone di adeguare le modalità di erogazione del servizio della scuola in ospedale e a domicilio alla mutata realtà, sia scolastica che sanitaria.

Le Linee di indirizzo sono state redatte da un apposito gruppo di lavoro, costituito presso il Ministero con decreto 838/2018, con il compito di definire tutte le azioni di supporto, sviluppo e coordinamento nazionale, incluso il funzionamento del portale nazionale per la SIO e la ID.

In precedenza, un documento di analoga portata era stato emanato nel 2003: si tratta del Vademecum ad uso delle scuole di ogni ordine e grado, "Il servizio di istruzione domiciliare", che le Linee guida intendono ampliare ed integrare.

Esse si pongono come un concreto strumento operativo diretto ad agevolare le procedure documentali e amministrative necessarie per avviare i progetti (nella pratica, infatti, la SIO e la ID si attivano attraverso la predisposizione di *progetti di offerta formativa per l'alunno ospedalizzato*, da inserire nel PTOF).

Inoltre, esse intendono fornire indicazioni utili a calibrare in maniera opportuna le strategie metodologico-didattiche e a gestire l'aspetto relazionale nel complesso dei rapporti tra sistema sanitario, scuola e famiglia dell'alunno temporaneamente malato.

Il merito principale delle Linee di indirizzo consiste nell'aver tenuto conto, nella sua stesura, del mutato quadro normativo, dell'autonomia scolastica, e nell'aver dato una visione d'insieme ad una materia oggetto di una normativa frammentata, nel rispetto della quale esse comunque si pongono.

Infatti, esse ripropongono gli **elementi fondamentali** di gestione del servizio di scuola in ospedale e istruzione domiciliare, rispondenti a *criteri di efficacia e qualità* del pubblico servizio scolastico, quali:

- garantire l'integrazione dell'intervento della scuola ospedaliera con quello della classe di appartenenza e con l'attività didattica di istruzione domiciliare dello studente;
- ricontestualizzare il domicilio-scuola, in modo da garantire allo studente la massima integrazione con il suo gruppo classe; a tal fine è indispensabile l'individuazione di strategie didattiche e relazionali adeguate al contesto;
- diffondere la conoscenza delle opportunità offerte dalla scuola in ospedale e dall'istruzione domiciliare, considerato che potrebbe interessare, senza preavviso e con urgenza, qualsiasi contesto scolastico;
- garantire omogeneità nell'erogazione del servizio su tutto il territorio nazionale, attraverso indicazioni di dettaglio per una corretta e completa applicazione.

9.2 Il ruolo della scuola

Nell'attivazione di percorsi alternativi, il ruolo delle scuole diventa di primo piano: ogni istituzione scolastica è tenuta a mettere in atto ogni forma di flessibilità del percorso scolastico, a fronte di disagi socio-sanitari oppure economici.

Nel caso di alunni, iscritti a scuole di ogni ordine e grado, i quali, a causa di gravi patologie, siano sottoposti a terapie domiciliari o in regime di *day hospital* che impediscono la frequenza regolare della scuola per un periodo **non inferiore ai 30 giorni (anche non continuativi)**, è necessario fare una richiesta documentata all'istituzione scolastica, con allegata certificazione sanitaria rilasciata dal medico ospedaliero o di un servizio del SSN (non il medico di base), la quale è tenuta ad elaborare un *progetto di offerta formativa* per l'alunno ospedalizzato.

Il progetto deve avere delle precise indicazioni: la durata, il numero di docenti coinvolti (che si sono dichiarati disponibili) e deve essere approvato dal Collegio dei docenti e dal Consiglio di istituto, e inserito nel *Piano dell'offerta formativa* della scuola.

La richiesta e il progetto elaborato vengono poi inoltrati al competente Ufficio Scolastico Regionale, che procede alla valutazione della documentazione presentata ai fini dell'approvazione e della successiva assegnazione delle risorse finanziarie.

9.3 Il servizio di scuola in ospedale

La scuola in ospedale si svolge in **sezioni** scolastiche dipendenti da istituzioni scolastiche statali che funzionano sulla base di apposite convenzioni all'interno dell'ospedale.

Le **sezioni ospedaliere** sono individuate dagli Uffici scolastici regionali che, inoltre, promuovono la costituzione di una *rete di scopo* tra tutte le scuole con sezioni ospedaliere di ogni ordine e grado, con capofila la **scuola-polo regionale**, al fine di garantire il coordinamento tra le diverse sezioni ospedaliere e l'omogeneità del servizio.

La scuola polo regionale, individuata dall'USR, oltre a fare un'analisi dei bisogni formativi espressi dagli istituti scolastici con sezioni ospedaliere, a collaborare con l'USR alla raccolta e registrazione dei dati e degli interventi delle sezioni ospedaliere della propria Regione, favorisce la diffusione di pratiche educative innovative ed efficaci in tutte le scuole del territorio, in diretta collaborazione con **gli istituti scolastici dove sono presenti le sezioni di scuola ospedaliera**. La scuola polo regionale svolge un'azione di sensibilizzazione e rappresenta lo "sportello informativo" sul territorio riguardo alla scuola ospedaliera e all'istruzione domiciliare, con il ruolo di supportare e formare le scuole, e quante si avvicinano per la prima volta a questa realtà. È anche affidataria delle dotazioni tecnologiche a supporto dell'istruzione domiciliare ed è incaricata della gestione amministrativo-contabile delle risorse.

Il servizio scolastico è assicurato alle bambine e ai bambini, alle studentesse e agli studenti e alle ragazze e ai ragazzi ricoverati nelle strutture ospedaliere con sezione di scuola ospedaliera, al fine di garantire il diritto di conoscere e apprendere in ospedale, nonostante la malattia.

È indispensabile il **raccordo** con la scuola di appartenenza dell'allievo ospedalizzato, per concordare interventi formativi coerenti e finalizzati alla maturazione globale della persona attraverso la condivisione di un progetto formativo. L'alunna e l'alunno ospedalizzati sono presi in carico dalla sezione ospedaliera, che opera in sintonia e raccordo con la scuola di appartenenza.

È la sezione ospedaliera che opera interventi didattici sull'alunna e sull'alunno, in coerenza e continuità con la programmazione della sua classe. Il **docente ospedaliero** registra e documenta gli interventi formativi, effettua *prove di verifica* e cura gli adempimenti relativi alla *valutazione*.

La **documentazione** del percorso scolastico ospedaliero è di competenza della scuola ospedaliera, che la trasmette al Consiglio di classe di appartenenza, all'atto delle dimissioni dell'alunno dall'ospedale e del suo rientro a casa, o, nel caso di mancata dimissione, al momento delle valutazioni periodiche e finali. Da tale momento, l'alunna e l'alunno tornano in carico alla scuola di appartenenza.

L'attività didattica svolta è **riconosciuta dalla scuola di appartenenza** ed è **valida** a tutti gli effetti.

È indispensabile il raccordo con la scuola di appartenenza dell'allievo ospedalizzato, al fine della **valutazione** che, in base al D.Lgs. 62/2017, è di competenza diversa a seconda della durata della frequenza scolastica in ambito ospedaliero o in classe: *le alunne e gli alunni, le studentesse e gli studenti frequentano corsi di istruzione funzionanti in ospedali o in luoghi di cura per periodi temporalmente rilevanti, i docenti che impartiscono i relativi insegnamenti trasmettono alla scuola di appartenenza elementi di conoscenza in ordine al percorso formativo individualizzato attuato dai predetti alunni e studenti ai fini della valutazione periodica e finale* (art. 22).

9.4 Il servizio di istruzione domiciliare

Al fine di gestire al meglio il periodo di istruzione a domicilio dell'alunno o dell'alunna, è importante richiamare l'attenzione sul rapporto *cooperativo* tra insegnanti e personale medico coinvolto, come il pediatra o il medico di base, per reperire informazioni anche per un migliore rientro nella classe di appartenenza.

L'attivazione del servizio di istruzione domiciliare prende l'avvio con l'elaborazione da parte del Consiglio di classe di un **progetto formativo** che contiene con precisione il numero di docenti coinvolti, gli ambiti disciplinari, le ore di lezione etc. Le scuole autonome potranno anche predisporre un progetto generale al quale gli allievi e le loro famiglie richiedenti potranno aderire, da adattare con le diverse specificità del caso.

L'attivazione di progetti di istruzione domiciliare non necessariamente dovrà essere successiva a una precedente ospedalizzazione. Per un'allieva e un allievo temporaneamente malato e curato a casa, con prestazioni domiciliari, la scuola potrà richiedere, ad un apposito Comitato tecnico regionale costituito dall'USR, il finanziamento di un progetto di istruzione domiciliare realizzato dagli insegnanti della scuola stessa. L'alunna e l'alunno potranno continuare a essere seguiti dai docenti ospedalieri, nel caso di precedenti ricoveri, nei giorni di day hospital.

Per gli alunni con **disabilità certificata** in base alla L. 104/1992, impossibilitati a frequentare la scuola, l'istruzione domiciliare potrà essere garantita dall'*insegnante di sostegno*, assegnato in coerenza con il progetto individuale e il piano educativo individualizzato (PEI).

Il servizio di istruzione a domicilio viene erogato attraverso i **docenti dell'istituzione scolastica di appartenenza**, nelle *ore eccedenti* il normale servizio. In mancanza, può essere affidata ad altri docenti della stessa scuola, che si rendano disponibili oppure a docenti di scuole vicine, oppure ancora coinvolgendo dei docenti ospedalieri. Il Dirigente scolastico, in caso di mancanza di disponibilità può anche reperire *personale esterno* alla scuola, anche attraverso l'ausilio delle scuole con sezioni ospedaliere, del relativo ambito territoriale, provinciale e regionale.

9.5 La somministrazione di farmaci in orario scolastico

Questa particolare situazione riguarda alunni che sono affetti da patologie per le quali risulti, da specifica **certificazione** del medico curante, indispensabile assumere la terapia farmacologica durante le ore di permanenza a scuola. La possibilità di somministrare farmaci a scuola consente così a questi alunni di fruire del diritto allo studio regolarmente.

Le *Linee guida* del MIUR e del Ministero della salute, del 2005, *per la definizione degli interventi finalizzati all'assistenza di studenti che necessitano di farmaci in orario scolastico*, sono dirette a garantire il diritto allo studio, la salute ed il benessere degli alunni medesimi.

La somministrazione può avvenire soltanto dietro specifica autorizzazione della ASL competente nel territorio e coinvolge i seguenti soggetti:

— la famiglia dell'alunno;
— la scuola (Dirigente scolastico, docenti e ATA);
— i servizi sanitari (medici di base e ASL competenti);
— gli enti locali (che individuano gli operatori assegnati in riferimento al percorso d'integrazione scolastica e formativa dell'alunno).

La procedura prende le mosse dalla **richiesta formale** alla scuola da parte della famiglia dell'alunno, in forma *scritta e corredata da apposita certificazione* medica attestante lo stato di malattia dell'allievo con la prescrizione specifica dei farmaci da assumere e in quale quantità.

Il Dirigente scolastico, dunque:

— individua il luogo idoneo per la conservazione dei farmaci;
— autorizza i genitori dell'alunno ad accedere ai locali scolastici durante le ore di lezione per la somministrazione dei suddetti farmaci;
— verifica la disponibilità del personale docente e ATA a somministrare i farmaci all'alunno, qualora i genitori non possano.

In particolare, il personale eventualmente coinvolto deve aver seguito un *corso di primo soccorso* o altra apposita attività formativa promossa dagli Uffici scolastici regionali, in collaborazione con ASL e Assessorati per la salute.

Nel caso in cui non dovesse riscontrare alcuna di queste caratteristiche nel personale, il Dirigente può stipulare accordi e convenzioni con *altri soggetti istituzionali del territorio*, oppure con i competenti Assessorati per la salute e per i servizi sociali, al fine di ricorrere ad Enti ed Associazioni di volontariato (Croce Rossa Italiana).

Se nessuna delle soluzioni sopra indicate fosse possibile, il Dirigente dovrà darne comunicazione alla famiglia e al Sindaco del Comune di residenza dell'alunno; in ultima analisi ovvero qualora si ravvisi la sussistenza di una situazione di emergenza, si ricorrerà al Sistema sanitario nazionale attraverso i presìdi di Pronto Soccorso.

10 L'iscrizione a scuola di alunni stranieri

La normativa sui BES include nell'area dei bisogni speciali gli alunni con **svantaggio socio-economico, linguistico o culturale**. Tali situazioni di disagio, possono insorgere in qualsiasi fase del ciclo scolastico e, nella maggior parte dei casi, *hanno carattere transitorio*. Ciononostante, tale stato di svantaggio richiede un'attenzione particolare da parte della scuola ed, in particolare, dei docenti.

Secondo le Indicazioni nazionali del 2012, gli alunni giunti da poco in Italia e quelli nati in Italia e quelli nati in Italia (immigrati di *prima* e *seconda generazione*) «richiedono interventi differenziati che non devono investire il solo insegnamento della lingua italiana ma la progettazione didattica complessiva della scuola e quindi dei docenti di tutte le discipline».

Da questo documento, così come dalla *Carta Costituzionale* e dal testo di documenti internazionali, quali la *Convenzione internazionale sui diritti dell'infanzia* dell'ONU (1989), scaturiscono gli impegni educativi a cui la scuola è chiamata per promuovere l'**integrazione culturale** e la **valorizzazione della cultura di appartenenza**, allo scopo di favorire lo scambio produttivo delle diversità come valori e occasioni formative. Nella scuola si fa strada la dimensione europea dell'insegnamento, in direzione *interculturale*.

I ragazzi con cittadinanza non italiana, anche se in posizione non regolare, hanno **diritto all'istruzione alle stesse condizioni degli alunni italiani**; pertanto, al pari di questi ultimi hanno l'**obbligo di iscriversi** e frequentare le scuole statali o paritarie e il dovere di conformarsi alle disposizioni nazionali in materia di istruzione.

L'**iscrizione a scuola** può avvenire **in qualsiasi momento dell'anno scolastico**, come per gli alunni italiani.

L'art. 45 D.P.R. 394/1999 (*Regolamento sull'immigrazione*) fornisce criteri e indicazioni per l'iscrizione e l'inserimento degli alunni con cittadinanza non italiana, rimettendo al *Consiglio di circolo/istituto* e al *Collegio dei docenti* la responsabilità per un corretto inserimento che tenga conto dell'età, dei livelli di competenze e della scolarizzazione pregressa dell'alunno straniero.

Le difficoltà di inserimento e di integrazione incontrate dagli studenti stranieri rende più diffuso fra questi alunni il fenomeno dell'abbandono scolastico. Contrastare il disagio e la dispersione scolastica significa attuare un piano di orientamento sia scolastico che professionale. Imparare a orientarsi, sulla base del concetto di *lifelong learning* (apprendimento lungo l'arco della vita) emerso dalle direttive europee, è una competenza che i giovani dovranno applicare più volte nel corso della vita. La **L. 13 luglio 2015, n. 107**, all'art. 32, sottolinea la necessità di percorsi di orientamento rivolti specificamente agli studenti stranieri: «Le attività e i progetti di orientamento scolastico nonché di accesso al lavoro sono sviluppati con modalità idonee a sostenere anche le eventuali difficoltà e problematiche proprie degli studenti di origine straniera».

La Direttiva del 2012 individua, come abbiamo detto, come BES anche disagi relativi all'area linguistica, socio-economica e culturale che non sempre è facile evidenziare. A tal proposito, le linee guida prevedono che «per questi alunni, e in particolare per coloro che sperimentano difficoltà derivanti dalla non conoscenza della lingua italiana — per esempio alunni di origine straniera di recente immigrazione e, in specie, coloro che sono entrati nel nostro sistema scolastico nell'ultimo anno — è parimenti possibile **attivare percorsi individualizzati e personalizzati**, oltre che adottare **strumenti compensativi** e **misure dispensative** (ad esempio la dispensa dalla lettura ad alta voce e le attività ove la lettura è valutata, la scrittura veloce sotto dettatura, etc.) [...] In tal caso si avrà cura di monitorare l'efficacia degli interventi affinché siano messi in atto per il tempo strettamente necessario.

Pertanto, a differenza delle situazioni di disturbo documentate da diagnosi, le misure dispensative, nei casi sopra richiamati, avranno *carattere transitorio* e attinente gli aspetti didattici, privilegiando dunque le strategie educative e didattiche attraverso percorsi personalizzati, più che strumenti compensativi e misure dispensative» (*Nota n. 2563 del 22 novembre 2013*).

La Circolare Ministeriale 8/2013 ha chiarito che gli alunni con cittadinanza non italiana necessitano di interventi didattici relativi all'apprendimento della lingua ma **solo in via eccezionale di un Piano Didattico Personalizzato**, poiché la *personalizzazione* va coordinata con le tematiche dell'inclusione e del riconoscimento delle diversità.

A tal fine, la **L. 107/2015** ha previsto che nelle aree con una forte componente di alunni stranieri siano realizzati dei **piani di integrazione**, oltre a laboratori linguistici per perfezionare l'italiano come seconda lingua e laboratori di lingue non comunitarie.

Una disciplina specifica è prevista poi per la loro **valutazione**.

I docenti dovranno rilevare le *competenze in ingresso*, attraverso colloqui, somministrazione di *prove in ingresso*, con l'eventuale intervento di mediatori culturali.

Il livello di partenza è funzionale alla definizione del percorso educativo personalizzato; non sempre, infatti è necessario un *piano didattico personalizzato*: se è necessario rimuovere ostacoli determinati all'apprendimento, il Collegio individuerà gli specifici bisogni sui quali intervenire.

Durante gli esami, secondo le Linee guida (nota MIUR 4233/2014) non sono ammesse prove differenziate; per l'**esame del primo ciclo**, è ammessa la presenza di mediatori linguistici; nell'**esame del secondo ciclo** sono crediti formativi gli eventuali percorsi di miglioramento della lingua d'origine.

11 Le Linee guida del 2014

Espansione Web
Linee guida 2014 per l'accoglienza e l'integrazione degli alunni stranieri

Le prime Linee guida per l'accoglienza e l'integrazione degli alunni stranieri risalgono al 2006. Esse sono state sostituite dalle **Linee guida per l'accoglienza e l'integrazione degli alunni stranieri** emanate nel 2014 (con **nota n. 4233 del 19-2-2014**).

La tutela del diritto di accesso a scuola del minore straniero trova le sue fonti normative nella legge sull'immigrazione n. 40 del 6 marzo 1998 e nel decreto legislativo n. 286 del 25 luglio 1998 «Testo unico immigrazione», **che**

riunisce e coordina gli interventi in favore dell'accoglienza e integrazione degli immigrati, ponendo particolare attenzione all'integrazione scolastica. La legge n. 189 del 30 luglio 2002 ha poi confermato le procedure di accoglienza degli alunni stranieri a scuola.

Nel dettaglio, le Linee guida 2014 hanno previsto:

— lo stanziamento di apposite **risorse finanziarie** per gli interventi di sostegno alle scuole per l'inserimento di bambini stranieri e di ulteriori finanziamenti a favore delle scuole dei territori con alta presenza di cittadini stranieri;
— al fine di evitare concentrazioni di iscrizioni di alunni stranieri è suggerita la realizzazione di **accordi di rete** tra le scuole e gli enti locali. Gli Uffici scolastici regionali, d'intesa con gli enti territoriali, potranno comunque definire autonomamente **quanti bambini stranieri** per classe si potranno iscrivere alle scuole del proprio territorio. In accordo con la Circolare ministeriale n. 2/2010, le iscrizioni di minori non italiani **non** dovranno superare il **30%** degli iscritti, quale esito di un'equilibrata distribuzione degli alunni con cittadinanza non italiana tra istituti dello stesso territorio. L'entrata in vigore del limite del 30% è stata prevista a partire dall'anno scolastico 2010-2011, ma in modo graduale: introducendolo, cioè, a partire dalle classi prime sia della scuola primaria, sia della scuola secondaria di I e II grado, con l'opportunità di poterlo poi innalzare (previa determinazione del direttore generale dell'Ufficio scolastico regionale) a fronte della presenza di alunni stranieri già in possesso di adeguate competenze linguistiche, oppure, al contrario, di ridurlo, a fronte della presenza di alunni stranieri che dimostrino, all'atto dell'iscrizione, una padronanza della lingua italiana ancora inadeguata per una compiuta partecipazione all'attività didattica, e comunque a fronte di particolari e documentate complessità;
— l'**assegnazione** degli alunni non italiani nelle classi è **autonomamente** decisa dalle scuole, dunque dal Dirigente scolastico, che dovranno comunque procedere ad un accertamento delle competenze e dei livelli di preparazione dell'allievo per assegnarlo, di conseguenza, alla classe definitiva, che potrà anche essere inferiore alla classe corrispondente all'età anagrafica. In ogni caso le scuole possono prevedere che l'inserimento in una classe di un alunno straniero sia preceduto o accompagnato da una prima fase di approfondimento della conoscenza linguistica finalizzata a un efficace inserimento dell'alunno stesso nella classe;
— per migliorare la conoscenza della lingua italiana possono essere altresì organizzati appositi corsi di potenziamento, tenuti, dove possibile, dagli insegnanti della scuola stessa;
— in fase di valutazione, i minori con cittadinanza non italiana presenti sul territorio nazionale sono valutati nelle forme e nei modi previsti per i minori italiani (D.P.R. 394/1999, art. 45). Ciò vale anche per le tutele specifiche previste dalle norme se lo studente è affetto da disabilità certificata ai sensi della L. 104/1992 o da DSA certificato ai sensi della L. 170/2010 o presenta difficoltà ricomprese nella recente *Direttiva sui bisogni educativi speciali* (BES) emanata il 27 dicembre 2012.

Infine, il fenomeno dell'**adozione internazionale** — cioè l'adozione di un minore di nazionalità straniera da parte di una famiglia italiana — è crescente nel nostro paese, al punto che il tema del loro inserimento nel tessuto scolastico nazionale, è stato oggetto di un apposito documento ministeriale con la **nota MIUR n. 7443 del 18 dicembre 2014.**

Tale documento, pur partendo dal presupposto che non necessariamente gli alunni stranieri adottati presentando delle difficoltà di inserimento, evidenzia alcune **aree critiche** peculiari di questa categoria di minori, su cui si deve concentrare l'intervento della scuola.

Rispetto a tali aree critiche, la Nota MIUR 7443, allo scopo di facilitare l'inserimento di tali alunni svantaggiati, individua tre fondamentali **ambiti d'intervento**:

- *ambito amministrativo-burocratico*, prevedendo facilitazioni per le famiglie interessate nella fase delle iscrizioni, nei tempi e nei modi di presentazione della documentazione per l'iscrizione, nella scelta delle classi di ingresso che in casi particolari può consentire di *inserire il minore in una classe inferiore di un anno a quella corrispondente all'età anagrafica*;
- *ambito comunicativo-relazionale*, con individuazione dell'insegnante referente, scelta di strategie adeguate di prima accoglienza (attraverso la preventiva raccolta di una serie di informazioni), possibilità di prevedere prolungamenti di orari, maggiore frequenza degli incontri scuola-famiglia, nomina di un «facilitatore linguistico» (un docente abilitato di Italiano L2 specificatamente incaricato del percorso formativo sulla lingua italiana);
- *continuità,* nel senso che il percorso formativo individualizzato deve proseguire lungo tutta la carriera scolastica dell'alunno straniero.

Le difficoltà maggiori degli alunni stranieri adottati, rispetto agli alunni stranieri che arrivano in Italia con la loro famiglia di origine, costituiscono un'importante differenza per due ordini di motivi:

- essi spesso arrivano da *esperienze particolarmente sfavorevoli* nel periodo antecedente all'adozione: abbandono in età precoce, inserimenti in orfanotrofi nel paese di origine, mancanza di figure affettive di riferimento, situazioni che possono portare il bambino a costruire una rappresentazione di sé come soggetto indesiderabile;
- essi subiscono un distacco dal paese d'origine, dalle loro abitudini linguistiche, culturali, alimentari più traumatico: a differenza dei minori immigrati con la famiglia, che mantengono un rapporto vitale con la cultura e la lingua d'origine, il bambino adottato è inserito in un ambiente familiare italiano, perdendo velocemente la lingua d'origine, le abitudini, gli stili di vita originari e possono manifestare un'accentuata ambivalenza verso la cultura di provenienza, con alternanza di momenti di nostalgia/orgoglio a momenti di rimozione/rifiuto.

Sempre secondo la Nota del Ministro del 2014, nella **scuola dell'infanzia e primaria** è auspicabile inserire nel gruppo classe un alunno adottato internazionalmente **non prima di dodici settimane** dal suo arrivo in Italia, mentre nella **scuola secondaria** non prima di **quattro/sei settimane**.

In sintesi

- La L. 104/1992, modificata dal **D.Lgs. 66/2017**, affronta la problematica dell'handicap a livello scolastico: in particolare, l'art. 13 della legge quadro garantisce il diritto all'educazione e all'istruzione della persona handicappata nelle scuole di ogni ordine e grado.
  Gli strumenti di istruzione e formazione necessari all'effettiva integrazione degli alunni con disabilità sono:
  — il **Profilo di funzionamento** che sostituisce dal 1° settembre 2019, la *diagnosi funzionale* e il *profilo dinamico-funzionale*;
  — il Piano educativo Individualizzato (Pei), progetto di vita scolastica dell'alunno.
  Entrambi i documenti confluiscono nel **Progetto individuale** che è redatto in collaborazione con la famiglia.
- La valutazione degli alunni tiene conto del Pei e ammette la possibilità di prove di esame differenziate con valore equivalente.
- La **L. 170/2010** (Nuove norme in materia di disturbi specifici di apprendimento in ambito scolastico) ha riconosciuto la dislessia, la disortografia, la disgrafia e la discalculia come disturbi specifici di apprendimento. Essa prevede interventi didattici personalizzati e strumenti compensativi, misure dispensative e adeguate forme di verifica e valutazione. Le istituzioni scolastiche possono esplicare le attività didattiche anche attraverso un piano didattico personalizzato (PDP).
- Per gli alunni con DSA **non** è previsto il supporto di un docente di sostegno.
- Con il termine **BES** (D.M. 27 dicembre 2012) si identificano:
  — le disabilità (L. 104/1992)
  — i disturbi evolutivi specifici (L. 170/2010)
  — lo svantaggio socioeconomico, linguistico, culturale.
  Non determinano per l'alunno il diritto all'insegnante di sostegno, ma possono dar luogo al ricorso a strumenti compensativi e delle misure previsti dalle disposizioni attuative della L. 170/2010, anche in assenza di una certificazione medica. La scuola può elaborare un PDP per tutti gli alunni con BES, qualora lo ritenga necessario. In ogni caso deve costituire un gruppo di lavoro dedicato alle problematiche BES, Gruppo di lavoro per l'inclusione (GLI) per l'elaborazione del Piano annuale per l'inclusività (PAI).
- I bambini e i ragazzi con **cittadinanza non italiana**, anche se in posizione non regolare, hanno **diritto all'istruzione** alle stesse condizioni degli alunni italiani. Hanno l'obbligo di iscriversi e frequentare le scuole statali e paritarie e di conformarsi alle disposizioni nazionali in materia.
  La loro iscrizione può avvenire in **qualsiasi momento** dell'anno scolastico.
  Il D.P.R. 394/1999 rimette al **Consiglio di istituto e al Collegio dei docenti** la responsabilità per un corretto inserimento dell'alunno.
- Al fine di evitare la concentrazione di alunni stranieri nelle classi è stabilito il limite del **30%** degli iscritti (che può essere innalzato) ed in generale è auspicabile che siano presenti non più di **cinque alunni stranieri** per classe.

- Il **Protocollo di accoglienza** è deliberato dal Collegio dei docenti e definisce con precisione i ruoli e regole condivise da tutte le componenti della scuola nei vari momenti: iscrizione, accoglienza, assegnazione alla classe, definizione del curricolo con eventuale piano didattico personalizzato, valutazione, orientamento e continuità, rapporti con le famiglie.
- Al fine di attivare un intervento di **istruzione in ospedale** è necessario fare una richiesta documentata alla scuola, la quale è tenuta ad elaborare un progetto di offerta formativa per l'alunno ospedalizzato. L'**istruzione a domicilio** può essere attivata sulla base di un progetto a domicilio con docenti disponibili e in orario aggiuntivo, o con un progetto a distanza ricorrendo alle moderne tecnologie.

3
La scuola contro la devianza e il bullismo

1 Devianza giovanile e delinquenza minorile

Il fenomeno della devianza giovanile è purtroppo in grande espansione.

Gli indicatori più vistosi della condizione di crisi in cui versa il mondo giovanile sono costituiti dal crescente numero di atti di violenza attuati o subiti, dall'abbandono scolastico, dal reclutamento sempre più precoce in gruppi criminali e dall'aumento di comportamenti generalmente antisociali e a rischio.

Alla base della devianza giovanile vi è una **molteplicità di fattori**: ambiente di sviluppo, contesto familiare, «gruppo» di amici (il *gruppo dei pari*, che spesso degenera in *branco*, e che, soprattutto nella preadolescenza, ha un ruolo determinante).

Secondo molti, l'espressione in **forme di aggressività** e **violenza fisica**, a sua volta, dipende anche da una serie di modelli propagati dai mass-media, spesso proposti come vincenti e come valida alternativa al dialogo. Senza contare il ruolo assunto dai *social media* (Facebook, Instagram, Youtube etc), *forum, chat*. Accade così che condizioni di povertà di dialogo e di isolamento portino molti giovani a individuare nella violenza la compensazione del proprio disagio e una via di affermazione della propria personalità.

In determinati casi la devianza prende la forma del **bullismo**, fino a vere e proprie forme di **delinquenza minorile**.

Nella maggior parte dei casi, alla base della delinquenza minorile vi è una storia di disagio: bambini cresciuti in strutture socio-assistenziali anziché in famiglia, carenze di scolarizzazione (spesso con abbandoni prima della fine dell'obbligo), emarginazione sociale e culturale, disgregazione familiare: tutte condizioni che implicano anche una notevole responsabilizzazione educativa.

2 Il bullismo

2.1 Definizione

Con il termine «*bullismo*», di origine anglosassone, si indica, secondo la definizione fornita dal Consiglio d'Europa nelle Linee guida del 2009, un **comportamento aggressivo ripetuto** nel tempo contro un individuo con l'intenzione di ferirlo fisicamente o moralmente. È caratterizzato da certe forme di **abuso** con le quali una persona tenta di esercitare un **potere** su un'altra persona. Può manifestarsi con l'uso di soprannomi offensivi, di *insulti verbali o scritti*, *escludendo* la vittima da certe attività, da certe forme di vita sociale, con *aggressioni fisiche o angherie*. I cosiddetti bulli possono talvolta agire in questo modo per rendersi popolari o per essere considerati dei "duri" o per attirare l'attenzione. Il cd. bullo può anche essere spinto dalla gelosia o agire in questo modo perché è a sua volta vittima di bullismo. Quindi un soggetto vittima di bullismo può essere, fuori da quel contesto, bullo a sua volta.

È difficile "*smascherare*" il bullo: infatti la complessità del bullismo risiede nel fatto che esso non è riconducibile alla sola condotta di singoli (bambini, ragazzi preadolescenti e adolescenti; maschi o femmine) ma riguarda il **gruppo dei pari** nel suo insieme. Tra i coetanei, il fenomeno spesso si diffonde grazie a dinamiche di gruppo, soprattutto in presenza di atteggiamenti di **tacita accettazione** delle prepotenze ai danni dei **più deboli**.

Naturalmente il bullismo ha delle precise caratteristiche e va tenuto distinto da altri comportamenti aggressivi.

Si ha vero e proprio bullismo solo quando l'azione aggressiva del bullo è:
— *continua e sistematica*;
— *deliberatamente volta a danneggiare sempre la stessa vittima* (o le stesse vittime).

Il singolo atto di **violenza isolata**, quindi, se può avere ripercussioni di carattere sociale o addirittura penale, **non** può considerarsi **atto di bullismo**.

Ancora, possiamo distinguere due forme di bullismo:
— un *bullismo diretto* in cui sono evidenti le prepotenze fisiche (scherzi di cattivo gusto, spintoni, calci, schiaffi etc.) e/o verbali (offese, attribuzioni di soprannomi ridicoli o volgari, turpiloquio) e che è più facilmente individuabile;
— un *bullismo indiretto*, in cui il bullo (e il suo gruppo di seguaci) non affronta direttamente la vittima ma agisce diffondendo dicerie sul conto della stessa, escludendola dal gruppo dei pari (dalle feste, dai luoghi di ritrovo e aggregazione) dalle chat, diffondendo calunnie e pettegolezzi, isolandolo quindi socialmente (si parla a questo proposito anche di *bullismo relazionale*).

Gli **atti di bullismo** possono essere di varia natura: *fisica*, *verbale* (ingiurie, minacce, pettegolezzi pesanti) o *psicologica* e in generale hanno tutti lo stesso obiettivo isolare la vittima, escluderla dal gruppo, indebolirla dal punto di vista psicologico.

2.2 Le Linee guida del 2015

La scuola è chiamata in prima linea a contrastare ogni forma di bullismo: già le **Linee di orientamento per il contrasto al bullismo** (**nota MIUR n. 2519, aprile 2015**) impongono alla scuola di adottare misure atte a prevenire e combattere tali fenomeni, in collaborazione con le famiglie (che devono non solo educare i propri figli ma soprattutto vigilare sui loro comportamenti), rafforzando e valorizzando il *Patto di correspondabilità educativa* previsto dallo Statuto delle studentesse e degli studenti della scuola secondaria (→ Cap. 9, Parte I).

In particolare le Linee di orientamento prendono in considerazione anche situazioni di debolezza già di base, come i bambini *autistici*, richiamano l'attenzione delle istituzioni scolastiche e dei docenti sull'importanza dei *comportamenti corretti in rete* dei cd. "nativi digitali", gettando le basi per quella che sarà poi la legge sul *cyberbullismo* del 2017 (vedi *infra*).

Ma la scuola non è lasciata sola in quest'opera di prevenzione: insieme alla collaborazione delle famiglie, sono previsti Centri Territoriali di Supporto (CTS), istituiti nell'ambito del Progetto "Nuove Tecnologie e Disabilità" dagli Uffici Scolastici Regionali in accordo con il Ministero e collocati, a livello provinciale, presso scuole Polo sia nelle loro articolazioni territoriali.

La strategia di contrasto dei fenomeni del bullismo dovrebbe essere costituita, quindi, **già a partire dalle scuole primarie,** da un insieme di misure di prevenzione rivolte agli studenti di varia tipologia.

Ogni istituzione scolastica, anche in rete con altre scuole, sulla base delle risorse umane e finanziarie disponibili e in collaborazione con enti e associazioni territoriali in un'ottica di sinergia interistituzionale, è chiamata a mettere in campo le necessarie azioni preventive e gli accorgimenti tecnici e organizzativi.

Sarebbe opportuno prevedere tra le **azioni di prevenzione** delle singole istituzioni scolastiche, ad esempio:

- il coinvolgimento di tutte le componenti della comunità scolastica nella prevenzione e nel contrasto del bullismo e del cyberbullismo, favorendo la collaborazione attiva dei genitori;
- l'aggiornamento del Regolamento di Istituto con una sezione dedicata all'utilizzo a scuola di computer, smartphone e di altri dispositivi elettronici;
- la comunicazione agli studenti e alle loro famiglie sulle sanzioni previste dal Regolamento di Istituto nei casi di bullismo, cyberbullismo e navigazione online a rischio;
- la somministrazione di questionari agli studenti e ai genitori finalizzati al monitoraggio, anche attraverso piattaforme online con pubblicazione dei risultati sul sito web della scuola, che possano fornire una fotografia della situazione e consentire una valutazione oggettiva dell'efficacia degli interventi attuati;
- percorsi di formazione tenuti da esperti rivolti ai genitori sulle problematiche del bullismo e del cyberbullismo impostati anche sulla base dell'analisi dei bisogni;
- ideazione e realizzazione di campagne pubblicitarie attraverso messaggi video e locandine informative;
- la creazione sul sito web della scuola di una sezione dedicata ai temi del bullismo e/o cyberbullismo in cui inserire uno spazio riservato alle comunicazioni scuola-famiglia e una chat dedicata gestita dagli studenti eventualmente attraverso i loro rappresentanti;
- l'apertura di uno Sportello di ascolto online e/o face to face presso ciascuna scuola sede di CTS;
- l'utilizzo di procedure codificate per segnalare alle famiglie, Enti e/o organismi competenti i comportamenti a rischio;
- la valorizzazione del ruolo del personale scolastico e, in particolare, degli assistenti tecnici al fine di un utilizzo sicuro di Internet a scuola.

È importante anche che i **docenti** sappiano essere pronti e preparati, dunque **formati** in ingresso e in servizio, per fornire una risposta adeguata alle esigenze formative ed educative degli studenti.

3 Il cyberbullismo e la L. n. 71/2017

Il cyberbullismo è una forma di bullismo indiretto, in costante aumento, la cui diffusione va di pari passo con la diffusione delle nuove tecnologie. È un particolare tipo di aggressività intenzionale che si manifesta attraverso i **social network** (Facebook, Instagram, Youtube etc.), forum, chat (Whatsapp etc.). È una forma di prevaricazione particolarmente insidiosa perché non solo non consente a chi la subisce di sfuggire o nascondersi, ma perché ha un'immediatezza e una capacità di diffusione di cui spesso lo stesso bullo non ha contezza (si pensi alle foto o ai video hard che fatti da un telefonino in privato possono essere messi in rete e diffusi in poco tempo tra migliaia, a volte milioni, di persone).

"La tecnologia consente infatti ai bulli di infiltrarsi nelle case e nella vita delle vittime, di materializzarsi in ogni momento, perseguitandole con messaggi, immagini, video offensivi o pubblicati sui siti web" (nota ministeriale n. 2519). La garanzia dell'*anonimato* poi, in molti casi, fa cadere nel bullo i pochi freni inibitori che gli rimangono, favorendo atteggiamenti ancora più aggressivi e violenti.

Peraltro con il diffondersi dei cellulari tra i bambini della primaria, fenomeni di cyberbullismo incominciano a registrarsi anche in tenerissima età.

3.1 Altri documenti di riferimento per il contrasto al bullismo: le Linee guida nazionali per la parità dei sessi

Il bullismo è un fenomeno che può trovare le più efficaci azioni di contrasto proprio nella scuola. Non è un caso quindi che nel tempo il percorso della prevenzione e del contrasto al fenomeno abbia normativamente coinvolto *in primis* le istituzioni scolastiche.

Il contrasto al bullismo e al cyberbullismo passano, in un'ottica *propositiva*, anche attraverso una sensibilizzazione al *rispetto delle diversità di ogni tipo* e una formazione a tutti i livelli sui principi alla base della nostra Carta costituzionale.

Le prime Linee guida del 2015 si inquadrano nel più ampio *Piano nazionale di prevenzione del bullismo e del cyberbullismo a scuola 2016-2017* e sono state seguite da un progetto del Miur, il **Piano per l'educazione al rispetto delle differenze**, composto *dalle Linee guida nazionali per la parità dei sessi ai sensi della L. 107/2015 (art. 1, comma 16)* e dalle ***Linee di orientamento per la prevenzione e il contrasto del cyberbullismo***, ai sensi dell'art. 4 della L. 71/2017 di prevenzione del cyberbullismo (→ *infra*).

Le Linee guida nazionali rappresentano un **documento di indirizzo** finalizzato alla promozione nelle scuole dell'educazione alla «parità tra i sessi, la prevenzione della violenza di genere e di tutte le altre discriminazioni» per radicare i valori insiti nell'art. 3 della Costituzione.

Le scuole sono chiamate attraverso un percorso ed un confronto aperto, ad approfondire i temi connessi alla parità dei sessi, come il contrasto alla violenza di genere (la Convenzione del Consiglio d'Europa sulla prevenzione e la lotta contro la violenza nei confronti delle donne e la violenza domestica è stata ratificata dall'Italia con la legge 27 giugno 2013, n. 77) e di tutte le forme di discriminazione, e ad inserirli nel Piano dell'offerta formativa, in coerenza con quanto previsto dalla L. 107/2015.

Si legge nel testo: "*il principio di pari opportunità deve trovare la giusta collocazione nel PTOF quale linea strategica delle attività della scuola, sia come principio ispiratore della sua identità, sia mediante attività progettuali, valorizzando l'apporto del territorio e della comunità educante (famiglie, mondo associativo, istituzioni*".

In realtà il Piano ha però un respiro più ampio, in quanto le azioni di promozione si estendono *all'educazione al rispetto* nelle scuole in generale e al rispetto delle differenze di qualsiasi tipo.

Un altro punto importante per le sue implicazioni, è l'impegno del Miur nella promozione di un utilizzo della Rete in modo non ostile, finalizzato a "una maggiore consapevolezza dell'utilizzo degli strumenti digitali per la *costruzione di un vero e proprio diritto alla cittadinanza digitale*".

In perfetta aderenza con il Vademecum, sintesi del lavoro edito dal Consiglio d'Europa "No hate speech", il Ministero ha fatto propria l'azione di sensibilizzazione e informazione sul tema del contrasto *all'istigazione all'odio online*, promuovendo in tutte le scuole secondarie di secondo grado la conoscenza e l'approfondimento dell'argomento, nella direzione della "lotta al discorso d'odio".

L'obiettivo è quello di sviluppare congiuntamente iniziative di sensibilizzazione sui temi della comunicazione non ostile e di promozione di una **cittadinanza digitale attiva e consapevole**, attraverso la realizzazione di specifici momenti formativi rivolti ai docenti e agli studenti sul territorio nazionale.

3.2 Le Linee di orientamento del Ministero per la prevenzione e il contrasto del cyberbullismo

In seguito, in attuazione della **L. 71/2017** (sulla quale vedi *infra*) il Ministero ha adottato le *Linee di orientamento per la prevenzione e il contrasto del cyberbullismo* dell'ottobre 2017.

Il documento, che si pone in continuità con le Linee guida già emanate nell'aprile del 2015, apportando le integrazioni e le modifiche necessarie coerenti con le nuove disposizioni normative, ha l'obiettivo di prevenire e contrastare il cyberbullismo nelle scuole.

In esso si ribadisce il ruolo centrale che riveste la scuola, chiamata a realizzare azioni che prevedano "*la formazione del personale, la partecipazione di un proprio referente per ogni autonomia scolastica, la promozione di un ruolo attivo degli studenti, nonché di ex studenti che abbiano già operato all'interno dell'istituto scolastico in attività di peer education, la previsione di misure di sostegno e di rieducazione dei minori coinvolti*".

La figura del **docente referente**, infatti, risulta **centrale**: la scuola lo individua preferibilmente tra i docenti che posseggano competenze specifiche ed abbiano manifestato l'interesse ad avviare un percorso di formazione specifico.

Tale figura ha il compito di coordinare le iniziative di prevenzione e di contrasto del cyberbullismo, anche avvalendosi della collaborazione delle Forze di polizia nonché delle associazioni e dei centri di aggregazione giovanile presenti sul territorio e di raccogliere e diffondere le buone pratiche educative, organizzative e azioni di monitoraggio, favorendo così l'elaborazione di un modello di e-policy d'istituto.

Inoltre, con l'idea di promuovere forme conciliative che possano evitare il coinvolgimento dei minori, sia quali autori del reato sia quali vittime in procedimenti penali, l'art. 7 della L. 71/2017 prevede uno strumento d'intervento preventivo, ovvero l'**ammonimento** del Questore.

Tale previsione viene poi approfondita nelle Linee per l'orientamento che ne sottolinea l'impatto di tipo educativo, poiché induce nel minore una riflessione sul *disvalore* del proprio atto.

Nello specifico, è possibile rivolgere al Questore, autorità provinciale di Pubblica Sicurezza, un'istanza di ammonimento nei confronti del minore ultraquattordicenne autore della condotta molesta (vedi *infra*). Tale strumento rappresenta un significativo *deterrente* per incidere in via preventiva sui minori ed evitare che comportamenti, frequentemente assunti con leggerezza, possano avere conseguenze gravi per vittime e autori.

3.3 La L. 71/2017 sul cyberbullismo

Veniamo dunque ad esaminare il provvedimento normativo con il quale si è sancito legislativamente il *dovere di contrastare* tutti i tipi di bullismo nelle scuole. Il 18 giugno 2017 è infatti entrata in vigore la nuova legge sul cyberbullismo: **L. 29 maggio 2017, n. 71**, *Disposizioni a tutela dei minori per la prevenzione ed il contrasto del fenomeno del cyberbullismo*.

La nuova normativa impone a tutte le scuole il compito di promuovere l'educazione all'uso consapevole della rete Internet. In particolare, essa è diretta:

— ai docenti e al personale scolastico, in quanto principalmente attraverso l'osservazione quotidiana dei comportamenti degli alunni e degli studenti si possono individuare e prevenire gli atti di bullismo e cyberbullismo;
— ai Dirigenti scolastici, che devono agire in caso di incidenti ed episodi violenti che possono verificarsi nelle scuole.

In particolare la **legge n.71/2017** prevede che:

— ciascun minore ultraquattordicenne (o i suoi genitori o il tutore) che sia stato vittima di cyberbullismo può **inoltrare al titolare del trattamento, al gestore del sito internet o del social un'istanza** per *l'oscuramento, la rimozione o il blocco dei contenuti diffusi* nella rete. Se entro 24 ore il gestore del sito non provvede, l'interessato può rivolgere analoga richiesta al *Garante per la protezione dei dati personali*, che rimuoverà i contenuti entro 48 ore;
— ogni istituto scolastico deve individuare fra i docenti **un referente per il coordinamento a scuola delle iniziative di prevenzione e di contrasto del cyberbullismo**, anche avvalendosi della collaborazione delle Forze di polizia e delle associazioni e dei centri di aggregazione giovanile presenti sul territorio. A tal fine sono previsti programmi per il triennio 2017-2019 di formazione del personale scolastico sul tema. Il **docente referente di istituto** ha il compito di coordinare le iniziative di prevenzione e di contrasto del cyberbullismo e svolge un importante compito di supporto al DS per la revisione/stesura del Regolamento di istituto, nonché di atti e documenti come PTOF, PdM e RAV;
— il Dirigente scolastico che venga a conoscenza di atti di cyberbullismo **deve informare tempestivamente i genitori dei minori coinvolti**. I Regolamenti scolastici e il Patto educativo di corresponsabilità dovranno prevedere **esplicite sanzioni disciplinari** (di carattere educativo e non punitivo), commisurate alla gravità degli atti compiuti.

Fino a quando non è proposta querela o non è presentata denuncia per qualcuno dei reati di cui agli art. 594 (Ingiuria - articolo ora abrogato: l'ingiuria non è più reato ma semplice illecito civile), 595 (Diffamazione) e 612 (Minaccia) del codice penale e all'art. 167 del codice per la protezione dei dati personali (Trattamento illecito di dati personali), per i minori, fra i 14 e i 18 anni, autori di atti di cyberbullismo **scatta l'ammonimento**. Il Questore, autorità provinciale di Pubblica sicurezza, su **istanza** del DS, può ammonire (in via preventiva) il minore ultraquattordicenne autore della condotta molesta. L'ammonimento, in quanto provvedimento amministrativo, non richiede una prova certa e inconfutabile dei fatti, essendo sufficiente un quadro indiziario che lasci presupporre quanto denunciato. Ai fini dell'ammonimento, il Questore convoca il minore, insieme ad almeno un genitore. Gli effetti dell'ammonimento cessano al compimento della maggiore età;

— i servizi territoriali, con l'ausilio delle associazioni e degli altri enti che perseguono le finalità della legge, sono incaricati di promuovere **progetti personalizzati per soste-**

nere le vittime di cyberbullismo e di **rieducare**, anche attraverso l'esercizio di attività riparatorie o di utilità sociale, i minori autori di cyberbullismo.

4 Le sanzioni della scuola contro atti di bullismo

I primi a poter accorgersi del perpetrarsi di atti di bullismo sono proprio gli insegnanti (raramente la famiglia, sia del bullo che della vittima, può accorgersene tempestivamente). Ai primi segnali di comportamenti sospetti, il docente, in concerto con la scuola e il Dirigente scolastico, deve intraprendere alcune attività:

- sensibilizzare il gruppo o la classe sul tema, approfondendo anche temi quali l'uso consapevole dei social network, netiquette, educazione alla privacy soprattutto digitale, convivenza civile, legalità etc.;
- vigilare efficacemente sul comportamento degli studenti sia in classe, che nelle pause, nelle gite scolastiche etc.;
- organizzare incontri della classe con esperti di devianza giovanile;
- organizzare incontri personali con i genitori e i familiari di bulli e vittime;
- ricordare alla classe quali sono le regole di convivenza sociale generali nonché quelle di istituto (come il Regolamento di istituto) e pretenderne il rispetto;
- comminare le sanzioni previste per i vari comportamenti (che devono essere ispirate a un principio di proporzionalità tra sanzione irrogabile ed infrazione disciplinare commessa).

In generale, quindi, le singole istituzioni scolastiche devono **integrare l'offerta formativa con attività finalizzate alla prevenzione e al contrasto del bullismo e del cyberbullismo**, nell'ambito delle tematiche afferenti *Cittadinanza e Costituzione* per tradurre i "saperi" in comportamenti consapevoli e corretti, indispensabili a consentire alle giovani generazioni di esercitare la democrazia nel rispetto della diversità e delle regole della convivenza civile. Le indicazioni relative ad un utilizzo sicuro della Rete da parte degli studenti potranno essere oggetto di specifici moduli didattici, *da inserire nel Piano dell'Offerta Formativa*.

Ma qual è in questi casi la **sanzione più adatta**? Si ricorda che lo *Statuto delle Studentesse e degli Studenti*, il D.P.R. 24 giugno 1998, n. 249, ha introdotto un nuovo sistema ispirato al principio educativo in base al quale il provvedimento disciplinare verso il discente deve prevedere anche *comportamenti attivi di natura "riparatoria - risarcitoria"*. In altre parole, si afferma il principio innovativo per cui la sanzione irrogata, anziché orientarsi ad "espellere" lo studente dalla scuola, deve tendere sempre verso una responsabilizzazione del ragazzo all'interno della comunità di cui è parte. Si deve, cioè, puntare a condurre colui che ha violato i propri doveri non solo ad assumere consapevolezza del disvalore sociale della propria condotta, ma anche a porre in essere dei comportamenti volti a "riparare" il danno arrecato (Direttiva Min. n. 16 del 5 febbraio 2007).

L'**allontanamento temporaneo** dell'alunno dalla scuola deve essere previsto come sanzione estrema da comminare per le condotte più gravi e reiterate e per periodi non superiori a quindici giorni.

L'art. 5 L. 71/2017 prevede che il DS nelle linee di indirizzo del PTOF e del Patto di corresponsabilità (D.P.R. 235/2007) definisce misure specificatamente dedicate alla prevenzione del cyberbullismo. Le misure di intervento immediato che i Dirigenti scolastici sono chiamati ad effettuare qualora vengano a conoscenza di episodi di cyberbullismo, devono essere disciplinate nei Regolamenti di Istituto e nei Patti di corresponsabilità, al fine di regolamentare l'insieme dei provvedimenti sia di natura disciplinare che di natura educativa e di prevenzione.

In sintesi

- Il **bullismo** è un comportamento aggressivo ripetuto nel tempo contro un individuo per ferirlo fisicamente o moralmente. Il problema del bullismo è complesso, non riconducibile alla sola condotta del singolo, ma ad un gruppo di pari nel suo insieme. Può essere diretto o indiretto e gli atti di bullismo di varia natura.
- Il **cyberbullismo** si manifesta attraverso i social media, forum e chat.
- Le azioni della scuola possono essere di vario tipo: dall'informazione e **sensibilizzazione**, alla somministrazione di questionari, alla vigilanza, a progetti extracurricolari, ma nello specifico la sanzione diretta più adatta nei confronti dell'alunno che ha commesso atti di bullismo gravi e ripetuti è **l'allontanamento temporaneo** dalla comunità scolastica per non più di 15 giorni.

4
Scuola trasparente e digitale

1 Lo sviluppo del digitale al servizio della scuola

Nessun settore della vita moderna può ormai prescindere dall'utilizzo delle tecnologie informatiche e digitali: tale considerazione di ordine generale, trasferita alla dimensione scolastica, porta ad affermare che i nuovi strumenti digitali rappresentino, senza dubbio, una risorsa importante sia **per la gestione amministrativa della scuola** che **per lo svolgimento delle attività didattiche e l'apprendimento degli alunni**.

Sebbene si tratti, in realtà, di due facce della stessa medaglia — la prima, rivolta prettamente agli operatori e al personale della scuola, la seconda invece a docenti e alunni — è possibile sottolineare che entrambe presuppongono la *digitalizzazione della scuola nel suo complesso*, quale amministrazione pubblica.

Tale profilo, infatti, discende dalla progressiva informatizzazione della P.A. italiana, in un percorso che, specie negli ultimi anni, ha visto una instancabile produzione del legislatore, anche sulla scorta degli impulsi provenienti dall'Unione europea.

Sono stati introdotti nuovi **strumenti digitali** al servizio del cittadino ed è stata impressa una notevole accelerazione all'evoluzione digitale della scuola, quale fattore importante per l'introduzione di **nuove pratiche**, **metodologie** e **forme di lavoro**. La trattazione ha per oggetto la **scuola**, nella dimensione **digitale**, in quanto amministrazione pubblica.

2 Trasparenza e digitalizzazione

Prima di addentrarci nelle tematiche proprie di ogni pubblica amministrazione digitale occorre fare una breve premessa in ordine alle **attività di comunicazione e di informazione** delle stesse nonché in tema di **rapporto trasparenza/digitalizzazione**.

Circa il primo punto, la disciplina normativa sulle **comunicazioni** in generale delle PP.AA. è contenuta nella **L. 150/2000**, la quale considera attività di informazione e di comunicazione istituzionale quelle volte a conseguire (art. 1):

a) l'informazione ai mezzi di comunicazione di massa, attraverso stampa, audiovisivi e strumenti telematici;
b) la comunicazione esterna rivolta ai cittadini, alle collettività e ad altri enti attraverso ogni modalità tecnica ed organizzativa;
c) la comunicazione interna realizzata nell'ambito di ciascun ente.

Calata nella realtà della **scuola dell'autonomia**, in particolare, la comunicazione istituzionale deve tendere a:

— *garantire il principio di trasparenza*;
— incentivare lo **spirito di appartenenza** del personale scolastico alla identità della scuola;

— dare una **immagine corretta e positiva della scuola** sul territorio di riferimento e, di conseguenza, creare delle *sinergie valide e fattive* con gli utenti esterni alla scuola stessa (ricordiamo che le scuole interagiscono a diversi livelli con altri soggetti, non solo con le famiglie, ma anche con Regioni, enti locali, altre scuole).

In tale ottica, la comunicazione istituzionale diviene parte integrante della dimensione scolastica nonché, al tempo stesso, anche *presupposto* per la realizzazione degli obiettivi didattici ed organizzativi che la stessa si prefigge.

È molto importante anche il profilo della **formazione professionale**: infatti la suddetta legge pone in capo alle amministrazioni pubbliche l'obbligo di individuare, nell'ambito delle proprie dotazioni organiche, il personale da adibire alle attività informative e di comunicazione (cfr. l'art. 4).

Nella scuola, ad esempio, è compito del DS assicurare la **formazione dei docenti, del DSGA e di tutto il personale amministrativo**, nell'ottica della diffusione di pratiche condivise di comunicazione istituzionale, nello specifico in ordine all'utilizzo delle tecnologie informatiche e della conoscenza delle regole in tema di trasparenza (GIANNELLI).

L'**attuazione** della **L. 150/2000** all'interno delle scuole spetta al **Dirigente scolastico**.

Ogni aspetto dell'operato e dell'organizzazione della pubblica amministrazione deve essere conoscibile e controllabile dai cittadini: il **principio di trasparenza**, infatti, quale «**livello essenziale delle prestazioni**», concorre alla realizzazione di una P.A. aperta e al servizio del cittadino, nell'ottica di una regolazione in chiave democratica del rapporto tra amministrazioni ed amministrati.

Il concetto di trasparenza si è nel tempo progressivamente evoluto, arricchendosi di nuove implicazioni e ponendosi tra i pilastri portanti delle riforme che, negli ultimi anni, hanno inciso sulla fisionomia dell'apparato pubblico.

Il riferimento normativo da cui partire per eseguire un discorso sulla digitalizzazione della P.A. è l'art.**3bis L. 241/1990**, *legge sul procedimento amministrativo* che dispone che, per conseguire maggiore efficienza nella loro attività, le pubbliche amministrazioni devono incentivare l'**uso della telematica** sia nei rapporti interni tra le P.A. che tra queste e i cittadini.

Il ruolo di assoluta rilevanza assunto dal principio di trasparenza giustifica la sempre maggiore attenzione del legislatore per il **binomio digitalizzazione/trasparenza**, nell'ottica di un *rinnovato ruolo della P.A.*, quale *erogatrice di servizi* e *centro di riferimento per l'utenza*.

Il testo normativo principale in materia di digitalizzazione della P.A. è il **Codice dell'amministrazione digitale** (cd. **CAD**), **D.Lgs. 7-3-2005, n. 82**.

Il Codice dell'amministrazione digitale - CAD si configura come una specie di «Costituzione del mondo digitale», finalizzata alla semplificazione e al riassetto della normativa in materia di informatica nelle pubbliche amministrazioni.

3 I documenti informatici e il sistema delle firme

Il **documento informatico** è il documento elettronico che contiene la rappresentazione informatica di atti, fatti o dati giuridicamente rilevanti.

Formare in modalità digitale atti e documenti della P.A. è garanzia non solo di celerità nelle procedure ma anche fonte di risparmio per le amministrazioni stesse, in quanto il documento informatico ha la stessa valenza del suo omologo cartaceo (art. 20 CAD).

Il CAD prevede che gli atti formati dalla P.A. con strumenti informatici, nonché i dati e i documenti informatici detenuti dalle stesse, costituiscono informazione primaria ed originale da cui è possibile effettuare anche duplicazioni e copie (art. 23ter CAD).

Il valore giuridico e probatorio di un documento informatico è collegato alla **firma** che lo contraddistingue. La firma, intesa quale *sottoscrizione del documento*, quindi come collegamento tra autore e documento, può, ai sensi del CAD, essere resa in modalità digitale. Il documento informatico, infatti, soddisfa il requisito della forma scritta ed ha efficacia probatoria quando vi è apposta una *firma digitale, altro tipo di firma elettronica qualificata* o una *firma elettronica avanzata*.

Il Codice dell'amministrazione digitale prevede infatti la **firma digitale**, quel particolare tipo di firma qualificata basata su un sistema di chiavi crittografiche (una pubblica e una privata) correlate tra loro, che consente ai titolari di rendere manifesta e di verificare la provenienza e l'integrità di un documento informatico cui è apposta.

Nella scuola, i soggetti titolari di firma digitale sono il **DS** e il **DSGA**.

3.1 Spid e identità digitale

Per «**identità digitale**» si intende la rappresentazione informatica della corrispondenza tra un utente e i suoi attributi identificativi, verificata attraverso l'insieme dei dati raccolti e registrati in forma digitale (art. 1, comma 1, lett. uquater, CAD).

Il CAD stabilisce che **chiunque** ha il diritto di accedere ai servizi on line delle P.A. tramite la propria *identità digitale* (art. 3bis).

Lo Spid, acronimo di «**sistema pubblico di identità digitale**», è il sistema di autenticazione tramite il quale i privati possono accedere ai servizi on line della P.A. con un'**unica password**.

Tale sistema, previsto dal CAD, è stato attuato mediante una serie di step: il D.P.C.M. 24-10-2014 e la determinazione n. 189/2016 dell'Agenzia per l'Italia Digitale.

Ne è un esempio l'accesso tramite Spid alla «Carta del docente» prevista per i docenti di ruolo dalla Buona Scuola.

3.2 La trasmissione del documento informatico e la posta elettronica certificata

I documenti trasmessi da qualunque soggetto (pubblico o privato) ad una pubblica amministrazione con un mezzo telematico o informatico, idoneo ad accertarne la fonte di provenienza, soddisfano il requisito della **forma scritta** e la loro trasmissione non deve essere seguita da quella del documento originale.

Le forme di trasmissione informatica sono costituite dalla posta elettronica semplice e dalla posta elettronica certificata:

- la trasmissione dei documenti mediante **posta elettronica semplice** è disciplinata dall'art. 47 CAD, che ne prevede la validità ai fini del procedimento amministrativo una volta che ne sia verificata la provenienza; il documento può essere, altresì, reso disponibile previa comunicazione delle modalità di accesso telematico allo stesso;
- la **posta elettronica certificata (PEC)** è invece un sistema di comunicazione in cui le *e-mail* hanno *valore legale equiparato ad una raccomandata con ricevuta di ritorno.*

Tutte le pubbliche amministrazioni devono istituire e pubblicare nell'Indice dei domicili digitali delle PP.AA. e dei gestori dei pubblici servizi almeno una casella di posta elettronica certificata per *ciascun registro di protocollo* (art. 47 D.Lgs. 82/2005).

Le pubbliche amministrazioni, pertanto, utilizzano la PEC ai fini della *trasmissione telematica di comunicazioni* che necessitano di una ricevuta di invio e di una di consegna a soggetti che hanno preventivamente dichiarato il proprio indirizzo.
Tale dichiarazione vincola solo il dichiarante e rappresenta espressa accettazione dell'invio, tramite PEC, da parte della pubblica amministrazione, degli atti e dei provvedimenti che riguardano il dichiarante stesso.
Nell'**indice dei domicili digitali delle PP.AA.**, *ex* art. 6ter del CAD sono indicati gli indirizzi di posta elettronica certificata da utilizzare per le comunicazioni e per lo scambio di informazioni e per l'invio di documenti a tutti gli effetti di legge tra le PP.AA., i gestori di pubblici servizi e i privati.

Cos'è il domicilio digitale?

È un indirizzo elettronico eletto presso un servizio di posta elettronica certificata (che è un sistema di comunicazione in grado di attestare l'invio e l'avvenuta consegna di un messaggio di posta elettronica e di fornire ricevute opponibili a terzi) o un servizio elettronico di recapito certificato qualificato (art. 1, comma 1, lett. n-ter).
Il legislatore ha individuato due tipologie di domicili digitali distinguendo in base ai soggetti destinatari e alla posizione giuridica sottesa. Hanno l'**obbligo** di dotarsi di un domicilio digitale tutti i soggetti di cui all'*art. 2, comma 2*, i *professionisti tenuti all'iscrizione in albi ed elenchi* e i *soggetti tenuti all'iscrizione nel registro delle imprese* (art. 3bis, comma 1); *chiunque*, invece, ha **facoltà** di eleggere il proprio domicilio digitale (art. 3bis, comma 2). Entrambi i domicili sono iscritti in appositi elenchi (*Indice nazionale dei domicili digitali (INI-PEC)* delle imprese e dei professionisti; *Indice degli indirizzi della pubblica amministrazione e dei gestori di pubblici servizi*; *Indice degli indirizzi delle persone fisiche e degli altri enti di diritto privato*).

3.3 La PEC a scuola

Le scuole devono dotarsi di una casella di posta elettronica certificata per la corrispondenza sia in ingresso che in uscita.

Questa costituisce **l'indirizzo virtuale della scuola e di tutti gli uffici nei quali essa si articola**.

Le caselle di posta elettronica sono in genere gestite dall'ufficio del **Protocollo**, che procede alla lettura, almeno una volta al giorno, della corrispondenza ivi pervenuta e adotta gli opportuni metodi di conservazione in relazione alle varie tipologie di messaggi e ai tempi di conservazione richiesti.

4 Il sito web della scuola

Nel corso degli anni i **siti web** hanno acquisito una sempre maggiore importanza, diventando — di fatto — il principale *front office* di ogni ente nei confronti dei propri utenti: sul presupposto, infatti, del principio di trasparenza quale accessibilità totale dei dati e documenti detenuti dalle pubbliche amministrazioni, il legislatore ha previsto la pubblicazione sui siti di ogni aspetto concernente attività ed organizzazione della P.A., in ossequio alle prescrizioni del T.U. trasparenza, D.Lgs. 33/2013.

Se l'art. 53 C.A.D. prevede che le pubbliche amministrazioni realizzino siti istituzionali semplici, chiari e facilmente accessibili a tutti, il D.Lgs. 33/2013 (modif. dal D.Lgs. 97/2016) provvede a specificare in modo analitico **gli obblighi di pubblicazione** e a garantire il **diritto del cittadino di accedere ai siti** direttamente, senza autenticazione ed identificazione.

Sono, inoltre, ampliati gli obblighi di pubblicità *on-line* in materia di opere pubbliche e contratti pubblici, attività di pianificazione e governo del territorio e servizio sanitario nazionale.

In merito alla struttura del **sito web istituzionale delle scuole**, il **D.Lgs. 14 marzo 2013, n. 33** riordina, in un unico testo normativo, le disposizioni in materia di obblighi di pubblicità, trasparenza e diffusione delle informazioni da parte delle Pubbliche Amministrazioni, istituzioni scolastiche comprese.

Esso, inoltre, ha operato una sistematizzazione dei principali obblighi di pubblicazione e ha previsto la creazione, all'interno del sito, di una sezione *online* denominata «**Amministrazione trasparente**» (che sostituisce la precedente «Trasparenza, valutazione e merito» prevista dal D.Lgs. 150/2009).

4.1 Gli obblighi di trasparenza della scuola

Le istituzioni scolastiche, dunque, devono essere dotate di un proprio **sito web istituzionale** in cui, alla **sezione «Amministrazione trasparente»**, inserire le informazioni relative alla vita della scuola.

La figura del **responsabile della trasparenza** (art. 43 D.Lgs. 33/2013) nella scuola coincide con il **Dirigente scolastico**: egli ha il compito di garantire il tempestivo, regolare ed efficace flusso delle informazioni da pubblicare.

Ad esempio, devono trovare posto sul sito della scuola, tra gli altri:

- tutte le informazioni che riguardano *l'organizzazione amministrativa* e i dipendenti, ad es. articolazione degli uffici, personale a tempo indeterminato e determinato, elenco delle figure dirigenziali, elenco dei consulenti e collaboratori a qualsiasi titolo etc.;
- tutti i dati concernenti i *procedimenti amministrativi*, compresi gli atti da allegare e l'indicazione degli uffici cui rivolgersi;
- tutti *i provvedimenti* emanati dalla scuola;
- tutti gli *atti di spesa della scuola*, quali contratti con privati o accordi con amministrazioni, scelta del contraente per lavori o forniture ai sensi del nuovo Codice dei contratti (D.Lgs. 50/2016) e la relativa procedura di individuazione. Inoltre, devono essere pubblicati tutti gli incarichi di consulenza affidati a soggetti esterni, a qualsiasi titolo, per i quali è previsto un compenso.

4.2 Responsabile della prevenzione della corruzione e della trasparenza nella scuola

Le **Linee guida** emanate con **Delibera n. 430** del **13 aprile 2016**, dall'Autorità nazionale anticorruzione (A.N.AC.), hanno dettato le **indicazioni operative** dirette a guidare le istituzioni scolastiche nell'applicazione delle disposizioni in materia di **anticorruzione** e **trasparenza**, in base alla L. 190/2012 (legge anticorruzione) e al T.U. trasparenza (D.Lgs. 33/2013).

In particolare, si affronta l'argomento dell'individuazione delle figure alle quali affidare gli incarichi di *Responsabile della prevenzione della corruzione* e di *Responsabile della trasparenza* e, di conseguenza, il dovere di predisporre il *Piano triennale per la prevenzione della corruzione* (**PTPC**) posto che il *Programma triennale per la trasparenza e l'integrità* (PTTI) per le istituzioni scolastiche.

In seguito il **D.Lgs. 97/2016**, cd. *FOIA*, ha **unificato** in un solo strumento (il **Piano triennale per la prevenzione della corruzione e della trasparenza - PTPCT**) gli obblighi di trasparenza delle amministrazioni pubbliche.

Nella generalità delle pubbliche amministrazioni le figure dei **responsabili della trasparenza** e dei **responsabili della prevenzione della corruzione** coincidono, unificate nel **Responsabile della prevenzione della corruzione e della trasparenza**. Nella scuola l'applicazione della normativa in tema di trasparenza e di anticorruzione assume contorni peculiari, infatti, il **Responsabile della prevenzione della corruzione e della trasparenza**, in base al D.Lgs. 97/2016, è il **Direttore** dell'**ufficio scolastico regionale**.

I principali adempimenti cui il **Dirigente scolastico**, referente della prevenzione della corruzione e della trasparenza nell'istituzione scolastica che dirige, è tenuto sono: **attuare le disposizioni del PTPCT** e monitorare le azioni, garantire la corretta trasmissione e pubblicazione dei dati nel sito web della propria istituzione scolastica ed assicurare l'esercizio dell'accesso civico semplice e generalizzato.

Il Piano si caratterizza perché ha la funzione di veicolare all'interno di ogni amministrazione, con comportamenti organizzativi e professionali, i *valori dell'etica, dell'integrità e dell'onestà*; pertanto, esso si configura come parte integrante della *performance* complessiva di ogni amministrazione e specificamente della scuola.

Per questo motivo, deve sussistere uno stretto collegamento tra il PTPCT regionale per le istituzioni scolastiche e **gli obiettivi del Dirigente scolastico**. Tali obiettivi sono individuati a livello nazionale e inseriti *nell'incarico di ciascun Dirigente scolastico*.

Le misure di prevenzione e contrasto alla corruzione previste nel PTPCT devono poi essere rispettate da tutti i dipendenti dell'istituzione scolastica e, dunque, sia dal personale che dal Dirigente, che ne risponde in egual misura. Per il mancato rispetto delle disposizioni contenute nel PTPCT, si applicano le disposizioni in materia di *responsabilità disciplinare* previste dalla contrattazione di comparto.

La *ratio* di tale impostazione è la seguente: il DS ha la responsabilità complessiva di gestire ed amministrare la propria istituzione scolastica, e di conseguenza è **responsabile della trasparenza** nella gestione della scuola secondo le disposizioni del PTPCT, ma non potrebbe svolgere quelle funzioni tipiche del responsabile della prevenzione della corruzione. Per questo motivo, la relativa **predisposizione del PTPCT**, compete ai **Direttori USR**.

Nella citata delibera n. 430 vengono poi individuati anche gli **ambiti potenzialmente a rischio corruzione**, che pertanto vanno più attentamente monitorati.

TRASPARENZA NELLE SCUOLE E SETTORI DA MONITORARE IN MANIERA SPECIFICA (DELIBERA A.N.AC. 430/2016)

Sito web istituzionale	Sezione «Amministrazione trasparente»
Dirigente scolastico	Responsabile della trasparenza

AMBITI POTENZIALMENTE «A RISCHIO CORRUZIONE» DA MONITORARE

Progettazione del servizio scolastico	• elaborazione del PTOF • programmazione annuale
Organizzazione del servizio scolastico	• iscrizione degli studenti e formazione delle classi • acquisizione del fabbisogno dell'organico dell'autonomia: individuazione dei posti comuni, di sostegno e di potenziamento • formulazione di proposte di incarico ai docenti coerenti con il PTOF • assegnazione di docenti alle classi • determinazione degli orari di servizio dei docenti • conferimento incarichi di supplenza • costituzione organi collegiali • attribuzione incarichi di collaborazione • adozione dei libri di testo e scelta dei materiali didattici
Autovalutazione dell'istituzione scolastica	• elaborazione del RAV • elaborazione del Piano di miglioramento
Sviluppo e valorizzazione delle risorse umane	• definizione del Piano di formazione in servizio dei docenti • attribuzione incarichi aggiuntivi ai docenti e al personale ATA e criteri oggettivi per l'attribuzione di incarichi • valutazione e incentivazione dei docenti • costituzione e funzionamento del Comitato di valutazione • conferimento degli incarichi di docenza

5 La dematerializzazione documentale nella scuola

All'*iter* di digitalizzazione della P.A., avviato con il Codice dell'amministrazione digitale e le successive normative di riforma, è legato anche il processo di *dematerializzazione* dei documenti delle pubbliche amministrazioni, ossia **la progressiva sostituzione dei supporti tradizionali della documentazione amministrativa in favore del documento informatico**.

Quella della dematerializzazione è in generale una delle linee di azione più significative per la riduzione della spesa pubblica e, come tale, è compresa tra gli obiettivi dell'Agenda Digitale Italiana (AgID).

La dematerializzazione, tra i suoi passaggi fondamentali, prevede che:

— le pubbliche amministrazioni formano gli originali dei propri documenti utilizzando le tecnologie informatiche;

— ogni comunicazione in ingresso ed in uscita deve essere protocollata in via informatica (*protocollo informatico*);

— ogni aspetto dell'organizzazione e dell'azione della P.A. deve trovare apposita pubblicazione sui siti web istituzionali (come già ampiamente illustrato);

— la conservazione dei documenti deve essere gestita in via telematica da parte di un *Responsabile della conservazione*;

- devono essere predisposte apposite misure di sicurezza informatica;
- devono essere create non solo delle apposite aree/spazi che assicurino la comunicazione a tutto tondo tra tutti i soggetti della scuola (interni ed esterni) ma deve essere anche assicurata una preparazione professionale adeguata per il personale che, nel concreto, va a gestire le soluzioni tecnologiche.

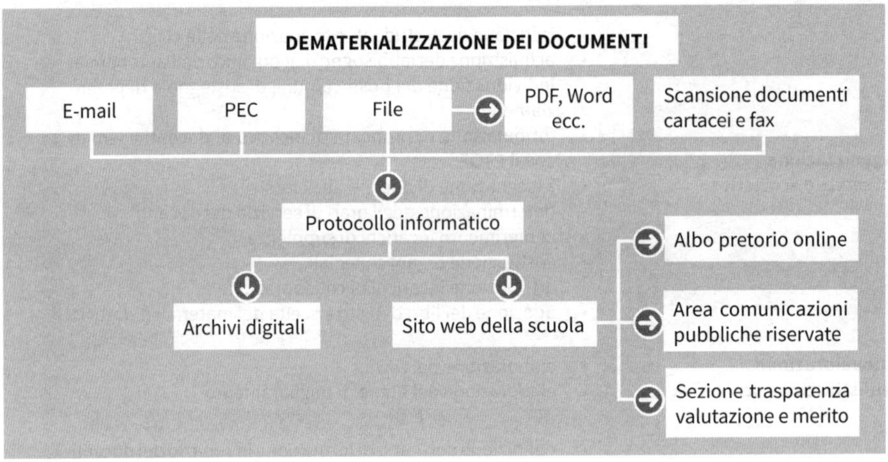

5.1 La dematerializzazione applicata alla scuola

La dematerializzazione applicata alle istituzioni scolastiche ha non solo il vantaggio di abbattere i costi (e gli sprechi) di carta e cancelleria ma anche quello di **migliorare i processi gestionali interni alla scuola**: infatti, «*Dematerializzare non vuol dire solo passare dal cartaceo al digitale, riducendo costi e ottimizzando risorse, ma significa soprattutto prendere consapevolezza che si rende necessario cambiare modo di operare e trattare qualsiasi procedimento, da parte di tutti i soggetti coinvolti, dal Dirigente scolastico, al Direttore SGA, agli Assistenti amministrativi, ad ogni figura di sistema interessata alla gestione documentale*» (GRAZIUSO).

Oltre al Codice dell'amministrazione digitale, vi sono altre normative che si sono occupate di dematerializzazione della scuola: in particolare con il **decreto legge n. 95/2012**, convertito dalla legge n. 135/2012 (cd. *spending review*), viene dato un ulteriore input al processo di cui si sta trattando mediante:

- le iscrizioni da effettuare con modalità *on-line*;
- l'introduzione della pagella in formato elettronico, con la stessa validità legale del documento cartaceo;
- i registri on line;
- l'invio delle comunicazioni agli alunni e alle famiglie in formato elettronico.

L'attuazione della dematerializzazione nella scuola è ancora in pieno divenire.

Dal 2016 sarebbe dovuto entrare in vigore per le pubbliche amministrazioni l'obbligo di produrre e gestire documenti esclusivamente digitali. Tale obbligo è stabilito dall'art. 40 D.Lgs. 82/2005 CAD, e dal DPCM del 13 novembre 2014 in tema di sviluppo digitale del Paese e successive modifiche e integrazioni. Per le amministrazioni dunque tale scadenza avrebbe dato il via all'addio alla carta a favore del digitale.

A causa però delle difficoltà operative incontrate sul cammino della dematerializzazione, è slittato lo *switch off* al digitale per le scuole, così come per tutte le P.A., sebbene sia ormai imminente, in quanto entro il 2017 le scuole devono obbligatoriamente eliminare la carta e passare ai documenti digitali. Allo stesso modo tutti i vecchi sistemi di archiviazione e conservazione devono essere dismessi e i nuovi devono rispondere ai requisiti imposti dalle regole tecniche.

Tutto ciò comporta alcune conseguenze importanti:

- in primo luogo, non sarà più attuato lo *smistamento di circolari ministeriali* o degli uffici regionali e provinciali in formato cartaceo in quanto le stesse potranno essere visualizzate sui relativi siti;
- le circolari e gli avvisi alle famiglie, agli alunni, al personale Docente ed ATA saranno pubblicati sul sito istituzionale della scuola con valore di notifica agli interessati;
- tutto il personale scolastico viene di conseguenza obbligato a consultare con regolarità il sito istituzionale della scuola e la posta elettronica personale, senza alcuna giustificazione in ipotesi di mancata presa visione delle comunicazioni pubblicate.

6 Il Piano Nazionale per la Scuola Digitale

Nel programma della "Buona Scuola" varato con la L. 107/2015, con l'obiettivo di ammodernare e ristrutturare il sistema scuola in Italia, è stato previsto anche il **Piano Nazionale Scuola Digitale (PNSD)**, ossia il «**documento di indirizzo** del Ministero dell'Istruzione, dell'Università e della Ricerca per il *lancio di una strategia complessiva di innovazione* della scuola italiana e per un nuovo posizionamento del suo sistema educativo nell'era digitale».

Le istituzioni scolastiche devono, infatti, promuovere, all'interno dei piani triennali dell'offerta formativa e in collaborazione con il MIUR, azioni coerenti con le finalità, i princìpi e gli strumenti previsti nel Piano nazionale per la scuola digitale.

Tale piano è stato approvato con *D.M. 27-10-2015, n. 851* collocandosi a metà strada tra le esigenze di digitalizzazione della scuola come istituzione e la necessità di sviluppare ed implementare le competenze digitali degli allievi, che devono essere coinvolti maggiormente attraverso format didattici innovativi.

Con le *successive circolari di marzo 2016* sono poi state fissate le indicazioni per formare il personale, nonché tempistiche e modalità.

Per ciò che concerne la **formazione del personale scolastico**, le fasi dei percorsi formativi già individuati sono relativi alla:

- formazione degli animatori digitali (finanziata con D.M. 435/2015). L'**animatore digitale**, secondo la definizione fornita dal MIUR, è un **docente di ruolo con spiccate capacità organizzative** che avrà il compito di seguire, per il prossimo triennio, il processo di digitalizzazione della scuola di appartenenza;
- formazione del **team per l'innovazione digitale** (D.M. 762/2014);
- formazione per *l'innovazione didattica e organizzativa del personale scolastico*: Dirigenti scolastici, Direttori dei servizi generali e amministrativi, personale amministrativo e tecnico, docenti e assistenti tecnici (che andranno a costituire i cd. *presìdi di pronto soccorso tecnico* per le scuole del primo ciclo) (finanziati col PON 2014-2020).

Alle azioni di formazione, si aggiungono poi le esperienze di alta formazione all'estero per Dirigenti scolastici e docenti e la mobilità Erasmus+ per gli animatori digitali.

7 L'educazione alla cittadinanza digitale

La **L. 92/2019** (→ *retro*) ha introdotto l'insegnamento dell'educazione civica. È un insegnamento *trasversale*, cioè riguarda tutte le discipline oggetto di insegnamento. Nel suo ambito, trova posto anche l'**educazione alla cittadinanza digitale** (art. 3). Essa si realizza nel rispetto dell'autonomia scolastica delle scuole e prevede l'acquisizione di alcune **abilità e conoscenze digitali di base** che devono essere sviluppate con gradualità, adattandoli all'età degli alunni e studenti.

Esse si possono riassumere nel modo seguente:

— valutare l'**affidabilità** delle fonti di dati, informazioni e contenuti digitali;
— individuare i **mezzi** e le **forme** di comunicazione digitali **appropriati** per un determinato contesto;
— partecipare al dibattito pubblico attraverso il ricorso a servizi digitali pubblici e privati, ricercare **opportunità di crescita personale** attraverso adeguate tecnologie digitali;
— conoscere e utilizzare le **regole** di comportamento quando si usano le tecnologie digitali e durante l'interazione all'interno delle stesse, **adattare la comunicazione** al pubblico specifico, consapevoli delle *diversità* degli ambienti digitali;
— creare e gestire la propria **identità** digitale, imparando a **proteggere** la propria reputazione e i dati che si producono e **rispettando** le identità e i dati altrui;
— conoscere le politiche di **tutela della riservatezza** dei dati personali (*privacy policy*) che i servizi digitali applicano;
— **evitare rischi** per la salute e minacce al proprio benessere fisico e psicologico, **proteggendo** sé e gli altri dai possibili pericoli degli ambienti digitali, acquisendo sempre maggiore consapevolezza di come le tecnologie digitali possono esporre a comportamenti tipici del *bullismo* e del *cyberbullismo*.

L'attuazione dell'insegnamento dell'educazione alla cittadinanza digitale, oltre alla diffusione dei contenuti e al relativo aggiornamento degli stessi, viene verificata attraverso la convocazione da parte del MIUR, almeno *ogni due anni*, della *Consulta dei diritti e dei doveri del bambino e dell'adolescente digitale,* istituita presso il Ministero e da esso regolamentata, un componente della quale è designato dall'Autorità garante per l'infanzia e l'adolescenza.

In sintesi

- Per condurre l'esame della scuola digitale, vista la molteplicità di profili che convergono in detta nozione, è opportuno partire dal **binomio digitalizzazione/trasparenza** che, nell'ottica di un *rinnovato ruolo della P.A.*, la delinea quale *erogatrice di servizi* e *centro di riferimento per l'utenza*.
- Il testo di riferimento principale in materia è il **Codice dell'amministrazione digitale**, **D.Lgs. 7-3-2005, n. 82**, cd. CAD.
- Il CAD definisce i **diritti per i cittadini e per le imprese** e il quadro giuridico che ne garantisce l'effettivo godimento nonché predispone **nuovi strumenti digitali**, come il documento informatico, le firme digitali, la PEC, il domicilio digitale.
- Anche i **siti internet delle P.A.** diventano uno strumento indispensabile per la realizzazione degli obiettivi di trasparenza e tale aspetto emerge sia dal citato CAD che dal D.Lgs. 33/2013, cd. Testo unico per la trasparenza nelle amministrazioni pubbliche.
- Le istituzioni scolastiche, in quanto amministrazioni pubbliche, devono essere dotate di un proprio **sito web istituzionale** in cui, alla **sezione «Amministrazione trasparente»**, inserire le informazioni relative alla vita della scuola, sia da un punto di vista organizzativo sia per quanto concerne le azioni poste in essere.
- In base alla nuova disciplina dettata dal D.Lgs. 33/2013, le scuole hanno l'obbligo di pubblicare sul proprio sito istituzionale nella sezione «*Amministrazione trasparente*», tra le altre cose (comma 8, art. 10, D.Lgs. 33/2013): il Piano triennale per la prevenzione della corruzione; il Piano della performance e la Relazione sulla performance, di cui all'art. 10 del D.Lgs. 150/2009; i nominativi ed i curricula dei componenti degli organismi indipendenti di valutazione della performance, di cui all'art. 14 del D.Lgs. 150/2009.
- All'*iter* di digitalizzazione della P.A., avviato con il Codice dell'amministrazione digitale e le successive normative di riforma, è legato anche il **processo di dematerializzazione dei documenti** delle pubbliche amministrazioni, ossia la progressiva sostituzione dei supporti tradizionali della documentazione amministrativa in favore del documento informatico.
- L'attuazione della dematerializzazione **interessa tutto il personale della scuola, ma soprattutto il DSGA ed il personale ATA**, nella specie gli operatori delle segreterie, chiamati a dare concretezza alle prescrizioni normative.
- Il **Piano Nazionale Scuola Digitale (PNSD)** è il **documento di indirizzo** del MIUR per il *lancio di una strategia complessiva di innovazione* della scuola italiana e per un nuovo posizionamento del suo sistema educativo nell'era digitale.

5
I sistemi scolastici dei Paesi dell'Unione europea

1 I sistemi educativi in Europa

I sistemi scolastici dei Paesi dell'Europa Occidentale presentano, al di là delle specificità che caratterizzano i singoli Stati dell'area dell'Unione, talune affinità derivanti anche dal graduale percorso di integrazione europea.

La visione complessiva offre però dati disomogenei e conferma che sistemi scolastici e politiche culturali rispecchiano le società di cui sono espressione, con la tendenza a conservare le loro peculiarità a sostegno della propria tradizione e storia, cioè della propria identità. Infatti ci sono Paesi in cui la tradizione umanistica ha avuto un peso maggiore anche sulla definizione della struttura scolastica e Paesi che invece hanno recepito più fortemente il senso dell'industrializzazione e le istanze della produzione.

Alcuni sistemi scolastici, come quelli di Francia e Italia, risultano fortemente accentrati, con direttive e contenuti stabiliti a livello centrale, mentre altri, come quello della Gran Bretagna, appaiono largamente decentrati (sebbene in entrambi i casi pare essere in atto una certa inversione di tendenza).

Taluni sistemi offrono la possibilità della *scelta universitaria a tutti* dopo qualsiasi percorso di istruzione secondaria (cosiddetti «sistemi aperti», come quello italiano), altri distinguono nettamente tra scelta universitaria e scelta occupazionale, differenziando i percorsi dell'istruzione secondaria.

Inoltre, alcuni sistemi sono organizzati su tre cicli scolastici, mentre altri (come quelli di Belgio, Danimarca, Olanda, Finlandia) hanno scelto un sistema scolastico a due cicli e in Svezia il ciclo è addirittura unico.

In ogni caso tutti gli Stati europei mostrano oggi attenzione alle necessità imposte dalla forte espansione scolastica e dalla considerevole domanda di istruzione, nonché dalle rapide trasformazioni dell'economia e della tecnologia, la qual cosa determina, nella configurazione dei nuovi profili professionali, un rinnovato senso della competitività, generato dalla possibilità per i giovani di inserirsi e «occuparsi» non più solo in ambito nazionale, ma nel più ampio e generale contesto europeo.

1.1 La composizione dei Consigli scolastici nei Paesi europei

In tutti i Paesi europei esistono organi collegiali deputati alla *governance* della scuola.

In genere i Consigli scolastici comprendono rappresentanti degli insegnanti e dei genitori; a livello dell'istruzione secondaria, la maggioranza di questi accoglie anche rappresentanti degli studenti (eccetto che nelle Comunità fiamminga e germanofona del Belgio, in Irlanda, nel Regno Unito e in Islanda). Spesso vi partecipa anche il governo locale, così come il personale non docente in alcuni paesi (Comunità francese del Belgio, Spagna,

Francia, Portogallo, Finlandia). Le differenze consistono principalmente nella presenza di rappresentanti dei settori economici e culturali, che riguarda solo la Comunità fiamminga del Belgio, la Danimarca, il Portogallo, l'Austria e il Regno Unito).

Generalmente, la composizione del consiglio scolastico tenta di riflettere un equilibrio di forze tra i rappresentanti del personale, dei genitori e dell'amministrazione scolastica, in modo che nessuno dei settori disponga della maggioranza. Tuttavia, in Danimarca e in Scozia, i genitori sono in numero nettamente superiore rispetto agli altri membri del consiglio.

I compiti e le responsabilità che spettano a questi consigli variano, spaziando dalle funzioni puramente consultive al potere esecutivo. Per esempio, in Danimarca, lo *skolebestyrelse* nella *folkeskole* ha poteri decisionali per ciò che riguarda la definizione delle linee direttrici per le attività della scuola e l'approvazione del suo budget. In Inghilterra e nel Galles, i *Governing bodies* detengono un potere decisionale per la gestione del budget e del personale, compresi i capi di istituto, mentre in Scozia, lo *School Board* svolge un ruolo consultivo nella selezione del capo di istituto. In altri paesi ancora (in Spagna con il *Consejo escolar* dell'istituto e in Portogallo con il *Conselho de escola*) il consiglio ha il potere di scegliere il capo di istituto. Tuttavia, nella maggioranza dei casi, le sue competenze si limitano alla gestione delle relazioni tra l'istituto e la comunità o le attività extrascolastiche e si estendono raramente agli aspetti relativi al budget, al personale o alla didattica.

1.2 Il Dirigente scolastico in Europa

Tra i requisiti per diventare capo d'istituto, ovvero Dirigente scolastico, solo alcuni Paesi, come, ad esempio, **Lettonia, Paesi bassi e Svezia**, non indicano ufficialmente i requisiti, eccetto la qualifica per insegnare. Nella pratica, coloro che diventano capi di istituto hanno spesso un'esperienza professionale di insegnamento. In Svezia, tutti coloro che hanno acquisito competenze nel settore educativo, risultanti da formazione o da esperienza pratica, possono essere promossi capi di istituto ed è raccomandato loro di seguire una formazione specifica dopo la loro entrata in servizio.

Nei Paesi in cui la normativa stabilisce i requisiti concernenti i futuri capi di istituto, la condizione minima è quella di avere alle spalle un'esperienza professionale di insegnamento di durata variabile da nazione a nazione. In alcuni Paesi, a questa esigenza minima si aggiungono una o più condizioni. In **Belgio (Comunità francese e tedesca), Repubblica Ceca, Estonia, Spagna, Francia (per il livello secondario inferiore e superiore), Italia, Polonia, Slovenia**, i candidati a capo di istituto devono aver esercitato il mestiere di insegnante e aver seguito una formazione specifica.

In Slovenia, l'esperienza professionale richiesta comprende anche il possesso di una qualifica di consulente o di mentore. Nel **Regno Unito**, tutti i nuovi capi di istituto devono obbligatoriamente aver conseguito la *National Professional Qualification for Headship* (Qualifica professionale nazionale per la funzione di capo di istituto). A **Cipro, in Portogallo, Finlandia e Turchia**, i capi di istituto devono possedere sia un'esperienza di insegnamento che un'esperienza amministrativa.

In alcuni Paesi, i futuri capi di istituto devono aver seguito una **formazione specifica** per svolgere quella funzione, il più delle volte, prima della loro entrata in servizio.

Ad esempio nella Repubblica Ceca, la formazione avviene dopo la nomina. In Austria, i futuri capi di istituto sono tenuti a seguire più moduli di formazione al fine di ottenere una nomina permanente. In Francia, dopo aver superato il concorso per personale direttivo, viene offerta una formazione in due cicli al termine della quale, se superata con successo, si ottiene la titolarità.

La durata minima della formazione obbligatoria per la funzione di capo di istituto è molto variabile da uno Stato all'altro: è di poche ore, in certe comunità autonome della Spagna, ma di un anno a tempo pieno a Malta.

In numerosi Paesi europei, i capi di istituto hanno la possibilità di seguire una formazione opzionale dopo la loro nomina e spesso viene vivamente raccomandato loro di farlo. Il contenuto e la durata di questa formazione variano a seconda degli organismi che la propongono.

Tutti i Paesi che organizzano una formazione specifica per la funzione di capo di istituto vi includono aspetti pedagogici e didattici, aspetti amministrativi e degli aspetti legati alla gestione delle risorse, incluse quelle finanziarie.

Tra le **condizioni** richieste per diventare capo di istituto, la più comune è quella di un periodo minimo di esperienza professionale di insegnamento. Questo periodo minimo va da un anno in Turchia e due anni in Islanda (per il livello primario) a dodici anni in Grecia e tredici a Cipro. Nella maggioranza dei paesi, il periodo minimo richiesto va da tre a cinque anni. In alcuni paesi (Grecia, Spagna, Italia, Slovenia, Slovacchia e Romania), per stabilire la durata dell'esperienza professionale, viene tenuto conto solo dell'insegnamento a tempo pieno. In Danimarca, Germania, Austria (livello primario), Finlandia e Regno Unito, viene richiesta un'esperienza di insegnamento ma i documenti ufficiali non ne precisano la durata.

2 L'istruzione obbligatoria in Europa [*]

(Fonte: ***Eurybase***, banca dati ***Eurydice*** sui sistemi educativi europei)

- **Austria**

L'istruzione è obbligatoria **per 9 anni**: inizia a 6 e termina a 15, coprendo tre livelli educativi (istruzione primaria, secondaria inferiore e il primo anno dell'istruzione secondaria superiore, di tipo accademico, preprofessionale, professionale o tecnico). Anche in Austria, come in Germania, l'obbligo ha termine dopo la scelta degli studenti fra tipologie molto differenziate di scuola secondaria superiore.

- **Belgio fiammingo**

L'istruzione è obbligatoria **dai 6 ai 18 anni.** Dai 15 anni in poi è possibile seguire l'istruzione obbligatoria a tempo parziale. L'obbligo può essere assolto seguendo l'istruzione secondaria, l'istruzione con un orario ridotto o attraverso un programma di formazione riconosciuto.

---

[*] Nella Banca dati del Concorso 2011 erano numerosi i quiz (proposti alla fine di questa Parte) concernenti i sistemi scolastici dei vari Paesi europei. Consapevoli di non poter approfondire in questa sede nel dettaglio i detti sistemi scolastici, ne riportiamo qui di seguito una rassegna sintetica.

- **Belgio francese**

L'istruzione è obbligatoria **dai 6 ai 18 anni.** Dai 15 anni in poi è possibile seguire l'istruzione obbligatoria a tempo parziale. L'obbligo può essere assolto seguendo l'istruzione secondaria, l'istruzione con un orario ridotto o attraverso un programma di formazione riconosciuto.

- **Belgio tedesco**

L'istruzione è obbligatoria **dai 6 ai 15 anni**. Dai 15 anni in poi è possibile seguire l'istruzione obbligatoria a tempo parziale.

- **Bulgaria**

L'istruzione obbligatoria **dura 9 anni (dai 7 ai 16 anni di età)** e copre i livelli primario, secondario inferiore e parte del secondario superiore (1 o 2 anni). La scuola primaria e la scuola secondaria inferiore sono organizzate in una struttura unica che dura 8 anni.

- **Cipro**

Dall'anno scolastico 2004/2005 è **obbligatorio un anno di educazione prescolare** (5 anni di età). Tuttavia, l'istruzione obbligatoria coincide essenzialmente con due livelli di istruzione: primario (*Dimotiko scholeio*) e secondario inferiore (*Gymnasio*), concludendosi alla fine di quest'ultimo livello a **15 anni di età**.

- **Croazia**

L'istruzione obbligatoria **dura 8 anni**, dai 6 ai 14 (scuola primaria e secondaria inferiore, Osnovara Škola), ed è formata da un unico ciclo, diviso in due sottocicli, ognuno della durata di 4 anni. Le lezioni del primo ciclo sono tenute da un unico insegnante per classe, mentre quelle del secondo sono tenute dai docenti delle diverse discipline.

- **Danimarca**

L'istruzione obbligatoria **dura 9 anni: dai 7 ai 16 anni di età**. Si tratta di un ciclo a struttura unica che comprende i livelli primario e secondario inferiore. Tale ciclo prevede un anno aggiuntivo non obbligatorio fino ai 17 anni.

- **Estonia**

L'istruzione obbligatoria (*Pohiharidus*) è organizzata in un ciclo a struttura unica e **dura 9 anni, dai 7 ai 17 anni di età**, che corrisponde ai livelli primario e secondario inferiore.

- **Finlandia**

L'obbligo scolastico, della **durata complessiva di 9 anni**, copre l'intero livello di istruzione di base (*Perusopetus*) che va **dai 7 ai 16 anni di età**. È organizzato in una struttura unica, corrispondente ai livelli primario e secondario inferiore. Chi lo desidera, può proseguire l'istruzione di base per un ulteriore anno.

- **Francia**

L'istruzione obbligatoria **dai 3 ai 16 anni di età**, dopo la frequenza della prima classe di un *lycée* generale, tecnologico o professionale. L'obbligo scolastico copre dunque tre livelli scolastici: quello della infanzia della scuola elementare, quello del *collège* (istruzione secondaria inferiore), quello del primo anno del *lycée* (istruzione secondaria superiore).

Già dall'ultimo anno del *collège* gli alunni hanno la possibilità di seguire un insegnamento di orientamento generale e tecnologico in un liceo di istruzione generale e tecnologica, oppure di seguire un insegnamento professionale a tempo pieno in un liceo professionale.

- **Germania**

  L'istruzione è obbligatoria **dai 6 ai 15 o 16 anni, a seconda del *Länd***. Dai 16 ai 18/19 anni gli alunni possono scegliere una modalità di istruzione obbligatoria a tempo parziale. Già all'inizio del livello secondario inferiore (10 anni di età) gli studenti, nella maggior parte dei *Länder*, devono scegliere un particolare indirizzo di studi. I primi due anni di questo livello sono considerati anni di orientamento (*Orientierungsstufe*). L'obbligo ha termine dopo la scelta degli studenti fra tipologie molto differenziate di scuola secondaria superiore.

- **Grecia**

  L'istruzione obbligatoria **dura 9 anni: inizia a 5 e si conclude a 15 anni di età**. Risulta organizzata in una struttura bipartita, comprendente il livello primario (*Dimotiko scholeio*) e quello secondario inferiore (*Gymnasio/Esperino Gymnasio*).

- **Irlanda**

  L'obbligo scolastico **è stato prolungato a 10 anni**. Inizia a 6 anni, dopo i primi due anni di scuola primaria non obbligatoria, e si conclude a 16 anni di età. È organizzato su tre livelli scolastici: scuola primaria, scuola secondaria inferiore e primo anno della scuola secondaria superiore.

- **Lettonia**

  L'obbligo **inizia a 5 anni nel livello di educazione prescolare** e si estende successivamente a un unico livello di istruzione, organizzato nella cosiddetta «struttura unica» che si conclude a 16 anni, età a partire dalla quale gli alunni possono scegliere un percorso di studi differenziato nel livello secondario superiore. Gli alunni di 15 anni che non hanno conseguito un certificato dell'istruzione di base possono farlo attraverso un percorso di istruzione professionale di base fino a 18 anni.

- **Lituania**

  L'istruzione è obbligatoria dai 6 ai 16 anni. L'obbligo coincide esattamente con due livelli di istruzione: primario e secondario inferiore. **Si conclude a 16 anni per una durata complessiva di 10 anni**.

- **Lussemburgo**

  L'obbligo scolastico **inizia a 4 anni e si conclude a 15 per una durata complessiva di 11 anni**. Nonostante i primi due anni di obbligo facciano parte dell'educazione prescolare, l'istruzione obbligatoria si estende essenzialmente su due livelli di istruzione: primario e secondario inferiore. Già a partire da quest'ultimo livello (12-15 anni di età) gli alunni devono scegliere tra due principali percorsi: generale e tecnico.

- **Malta**

  La scolarità obbligatoria **dura 11 anni: inizia a 5 anni di età** (inizio della scuola primaria) **e si conclude a 16** (fine della scuola secondaria inferiore); dunque coincide esattamente con questi due livelli di istruzione.

- **Paesi Bassi**

  L'istruzione obbligatoria **inizia a 5 anni**, dopo il primo anno di scuola primaria (*Basisonderwijs*) non obbligatorio, **e si conclude a 17 anni di età**. Successivamente copre il livello di istruzione secondaria inferiore e il primo anno, o i primi due, del livello di istruzione secondaria superiore. Un obbligo di istruzione a tempo parziale è esteso fino ai **18 anni di età**. A partire dall'anno scolastico 2007/2008 tutti i giovani fino a 18 anni di età devono continuare la formazione e conseguire una qualifica di base (HAVO, VWO, MBO).

- **Polonia**

  L'istruzione obbligatoria **durava 10 anni**, ma a partire dall'anno scolastico 2004/2005 è diventato obbligatorio anche un anno di livello prescolare, per cui dura complessivamente **dai 5 ai 16 anni di età**, fino al termine del livello secondario inferiore. Dai 16 ai 18 anni di età sono previsti due anni di istruzione obbligatoria a tempo parziale nel livello di istruzione secondaria superiore.

- **Portogallo**

  L'istruzione è obbligatoria **per 9 anni, dai 6 ai 15 anni di età**, attraverso un ciclo d'istruzione a struttura unica che comprende i livelli primario e secondario inferiore. Gli alunni di 15 anni che non completano con successo l'ultimo anno di obbligo scolastico possono proseguire la loro formazione tramite una varietà di percorsi destinati a giovani e adulti.

- **Regno Unito (Inghilterra, Galles, Irlanda del Nord)**

  L'istruzione obbligatoria **dura 11 anni (dai 5 ai 16 anni di età) in Inghilterra e Galles e 12 anni (dai 4 ai 16 anni di età) in Irlanda del Nord**. Copre l'istruzione primaria e l'istruzione secondaria, entrambe organizzate in cicli (*key stages*): *key stage 1* (2 anni in Inghilterra e Galles; 4 anni in Irlanda del Nord) e *key stage 2* (4 anni in Inghilterra e Galles; 3 anni in Irlanda del Nord) costituiscono il livello primario; *key stage 3* (3 anni) e *key stage 4* (2 anni) corrispondono all'insegnamento secondario, rispettivamente al livello secondario inferiore e al livello secondario superiore. Dopo i 16 anni di età l'istruzione prosegue nelle scuole secondarie post-obbligatorie.

- **Regno Unito (Scozia)**

  L'obbligo scolastico **dura 11 anni (dai 5 ai 16 anni di età)** e copre 7 anni di scuola primaria e 4 anni di istruzione secondaria.

- **Repubblica Ceca**

  La frequenza scolastica è obbligatoria **dai 6 a 12 anni di età**. Tutti gli alunni iniziano l'istruzione in scuole comprensive a struttura unica chiamate *zakladni skola*. Il secondo ciclo può essere frequentato nel livello secondario inferiore del *gymnázium*, che offre un'istruzione di tipo generale.

- **Romania**

  L'istruzione obbligatoria **dura 10 anni: dai 6 ai 16 anni di età**. Copre la scuola primaria (4 anni), la prima fase del livello secondario inferiore generale (4 anni) e la seconda fase del livello secondario inferiore (2 anni). Dopo 8 anni di obbligo, al termine dei primi 4 anni di istruzione secondaria inferiore generale, gli alunni scelgono se proseguire gli ultimi 2 anni di obbligo scolastico in un percorso generale (*Liceum*), che offre gli elementi necessari per proseguire gli studi a livello secondario superiore, o in un percorso professionale (*Scoala de Arte si Meserii*, «Scuola per l'arte e il commercio»). La durata dell'obbligo è stata aumentata di 2 anni a partire dall'anno scolastico 2003/2004.

- **Slovacchia**

  L'istruzione obbligatoria **dura 10 anni: dai 6 ai 16 anni** di età. È organizzata secondo diversi modelli strutturali: in un ciclo di base come struttura unica, oppure in un livello primario, secondario inferiore e secondario superiore (di cui rientrano nell'istruzione obbligatoria solo uno o due anni). Quest'ultimo livello si suddivide, fin dai 14-15 anni di età dello studente, negli indirizzi di studio generale e professionale.

- **Slovenia**

  L'istruzione obbligatoria **dura 9 anni** e si svolge in una struttura unica (*Osnovna sola*) corrispondente ai livelli primario e secondario inferiore. Gli ultimi emendamenti alla legge sull'istruzione obbligatoria (2006) hanno eliminato un decimo anno facoltativo.

- **Spagna**

  Una complessa riforma del sistema educativo spagnolo, iniziata nel 1990, ha sostituito le otto classi obbligatorie dell'*educacion general basica* e i tre anni non obbligatori dell'*ensenanzas medias* con un'unica struttura per l'istruzione secondaria (*educacion secondaria obbligatoria*), portando la durata dell'obbligo scolastico da 8 a 10 anni. L'istruzione obbligatoria **inizia oggi a 6 e termina a 16 anni** ed è suddivisa in due livelli educativi: istruzione primaria e istruzione secondaria inferiore.

- **Svezia**

  I **9 anni** di obbligo scolastico (**dai 7 ai 16 anni di età**) coprono l'intera durata dell'istruzione di base (*Grundskola*) organizzata in una struttura unica, corrispondente ai livelli primario e secondario inferiore. I bambini possono, su scelta dei genitori, iniziare il percorso di istruzione a 6 anni, che in questo caso durerà fino al 15° anno di età.

- **Ungheria**

  La scolarità obbligatoria **dura 13 anni: inizia a 5 anni** (ultimo anno del livello prescolare) **e si conclude a 18 anni di età**. Comprende un'ampia offerta di istruzione organizzata secondo modelli diversi: ciclo di base come struttura unica, oppure suddiviso in un livello primario e secondario inferiore e un livello secondario superiore che si suddivide, dopo i 16 anni, negli indirizzi di studio generale e professionale. Infatti gli studi professionali non possono essere intrapresi prima dei 16 anni, età fino alla quale tutti gli studenti devono acquisire un'istruzione comune di base.

3 Il maestro unico

- **Austria**

  Per tutti e quattro gli anni della scuola primaria sono previsti un maestro unico per classe affiancato da un insegnante di religione e, in certi casi, da un insegnante di lavori tecnici e/o tessili.

- **Belgio fiammingo**

  Un maestro unico che insegna tutte le materie. Alcune volte sono nominati insegnanti specifici per alcune materie (musica, educazione fisica, religione ed etica non confessionale).

- **Belgio francese**

  In genere c'è un unico insegnante responsabile di tutte le materie, eccetto per i corsi di filosofia, educazione fisica, lingua moderna. Molto raramente accade che alcuni insegnanti si specializzino e si dividano le materie (*assouplissement du titulariat*), il che avviene alla fine dell'istruzione primaria.

- **Estonia**

  Nei primi sei anni del ciclo di base (corrispondenti al livello primario) è previsto un maestro unico (docente generalista) che insegna tutte le materie.

- **Finlandia**

  Nei primi sei anni del ciclo di base (corrispondenti al livello primario) c'è generalmente un maestro unico che insegna tutte le materie.

- **Francia**

  È previsto il maestro unico. Talvolta si riscontra la presenza di insegnanti specialistici negli ambiti artistici e sportivi, ma in genere si tenta di scoraggiare questa tendenza.

- **Germania**

  È assegnato il maestro unico al primo e al secondo anno, mentre al terzo vengono introdotti più maestri per le varie materie, così da far abituare gli alunni al livello secondario.

- **Grecia**

  C'è un maestro specialista per inglese e seconda lingua straniera, educazione fisica e musica.

- **Inghilterra**

  È previsto il maestro unico, generalmente con incarico annuale (cambia ogni anno).

- **Lituania**

  C'è il maestro unico. Se il maestro non ha qualifiche specifiche vengono introdotti altri docenti per lingua straniera, danza etc.

- **Malta**

  Sono previsti il maestro unico annuale (cambia ogni anno) e altri insegnanti per arte, musica, teatro, informatica e comunicazione, sviluppo personale e sociale, scienze, educazione fisica.

- **Paesi Bassi**

  È stato introdotto il maestro unico, ma le scuole possono avere docenti specialisti per alcune materie (ad esempio per educazione fisica, religione, arte, musica, artigianato).

- **Portogallo**

  Lo stesso insegnante accompagna la classe per tutto il primo ciclo del percorso obbligatorio (da 6 a 10 anni).

- **Repubblica Ceca**

Nel primo ciclo della struttura unica di base (corrispondente al livello primario) vi è generalmente un maestro unico (insegnante generalista). Talvolta lingue straniere ed educazione fisica sono insegnate da un docente specifico.

- **Romania**

È previsto un unico insegnante per classe.

- **Slovacchia**

Un insegnante eventualmente affiancato da altri docenti (che insegnano anche in altre classi del primo o del secondo ciclo) per musica, disegno, educazione fisica, educazione tecnica.

- **Spagna**

C'è il maestro unico, ma sono previsti insegnanti specialistici per educazione fisica, musica, lingua straniera e per eventuali altre materie offerte dalla scuola.

- **Svezia**

In genere è assegnato un insegnante per i primi tre anni del ciclo unico (da 7 a 10 anni).

- **Ungheria**

C'è il maestro unico per i primi due anni e un altro maestro unico per i successivi due anni.

4 La valutazione nel livello di istruzione secondaria inferiore

- **Finlandia**

Nei primi sette anni della scuola di base (struttura unica dell'obbligo) la valutazione viene espressa tramite un giudizio o una votazione numerica. Alla fine, però, il voto deve essere numerico, anche se può essere accompagnato da un giudizio.

La scala numerica dei voti utilizzata per la valutazione va da 4 a 10; in particolare:

4 = insufficiente;
5 = sufficiente;
6 = discreto;
7 = soddisfacente;
8 = buono;
9 = molto buono;
10 = eccellente.

- **Francia**

Non esiste alcuna regolamentazione concernente la valutazione degli alunni del *collège* (livello secondario inferiore). In pratica il giudizio sui risultati conseguiti dagli allievi si traduce in una serie di voti riportati sul libretto dell'alunno, inviato ogni trimestre ai genitori. Tali voti sono accompagnati, per ogni materia, da giudizi dettagliati.

- **Germania**

La valutazione viene espressa sulla base di una scala di 6 voti:

1 = molto buono;
2 = buono;
3 = soddisfacente;
4 = sufficiente;
5 = insufficiente;
6 = gravemente insufficiente.

- **Grecia**

La valutazione nel livello secondario obbligatorio è sia numerica che descrittiva.

- **Danimarca**

Negli ultimi anni del ciclo unico dell'obbligo (corrispondenti al nostro secondario inferiore) i voti vengono attribuiti sulla base di una scala numerica divisa in 7 livelli:

12 = performance eccellente;
10 = performance molto buona;
7 = buona performance;
4 = onesta performance;
02 = performance ai limiti della sufficienza;
00 = performance insufficiente;
–3 = performance inaccettabile.

- **Polonia**

La scala dei voti è la seguente:

6 = eccellente;
5 = molto buono;
4 = buono;
3 = soddisfacente;
2 = accettabile;
1 = insoddisfacente.

- **Portogallo**

Nel terzo ciclo (corrispondente al livello secondario inferiore) viene attribuita una votazione da 1 a 5. Nelle aree curricolari non disciplinari la valutazione è espressa con i seguenti giudizi qualitativi: insoddisfacente, soddisfacente, più che soddisfacente.

- **Spagna**

I risultati della valutazione, nel livello dell'istruzione secondaria obbligatoria, sono espressi in termini di: insoddisfacente, soddisfacente, buono, molto buono, eccellente. Questi stessi risultati devono essere espressi anche con numeri da 0 a 10 (utilizzando solo numeri interi).

I voti sono i seguenti:

0, 1, 2, 3 o 4	=	insoddisfacente;
5	=	soddisfacente;
6	=	buono;
7 o 8	=	molto buono;
9 o 10	=	eccellente.

- **Svezia**

Il sistema di voto utilizzato si basa su una scala di tre giudizi: sufficiente, distinto, più che distinto.

- **Ungheria**

I voti attribuiti durante l'anno e al termine dei trimestri sono i seguenti:

5 = eccellente;
4 = buono;
3 = discreto;
2 = sufficiente;
1 = insufficiente.

La *condotta* viene valutata con un sistema di 4 voti:

5 = esemplare;
4 = buono;
3 = discontinua;
2 = cattiva/negligente.

Indice

Parte I Legislazione e normativa scolastica

Capitolo 1 Costituzione e scuola

Capitolo 2 Le riforme della scuola

Capitolo 3 L'autonomia scolastica

Capitolo 4 Gli ordinamenti didattici. La scuola dell'infanzia

Capitolo 5 Il primo ciclo di istruzione

Capitolo 6 Il secondo ciclo d'istruzione

Capitolo 7 Le norme comuni

Parte II La disciplina della didattica e dell'insegnamento

Capitolo 1 La gestione dell'offerta formativa

Capitolo 2 La scuola dell'integrazione, inclusiva e multiculturale

Capitolo 3 La scuola contro la devianza e il bullismo

Capitolo 4 Scuola trasparente e digitale

Capitolo 5 I sistemi scolastici dei Paesi dell'Unione europea

Il QR Code
per accedere alle risorse online

https://simone.it/d/526_c

526_c
4599014
748389

CODICE IDENTIFICATIVO
SOGOLOLUZAK

Come accedere alle nostre risorse online?

Se hai uno smartphone, per utilizzare il QR Code devi utilizzare un lettore di QR Code.

Se non hai un lettore di QR Code sul tuo smartphone, puoi scaricarlo da iTunes (se hai un iPhone) o da Play Store (se hai uno smartphone Android).

Scaricato il lettore, utilizzalo per **inquadrare il QR Code che trovi su questa pagina** con la fotocamera del tuo smartphone. Una volta inquadrato e riconosciuto il QR Code, avrai automaticamente il link per accedere alle nostre risorse online.

Se, invece, non hai uno smartphone puoi accedere alle nostre risorse online direttamente utilizzando questo indirizzo nel tuo browser:

www.simone.it/d/526_C

In entrambi i casi, registrati sulla pagina che ti abbiamo indicato (in alto a destra, nel box, **Area Riservata**, clicca sul link **Registrati**). Terminata la registrazione dovrai attendere una mail con la password che ti è stata assegnata.

Ricevuta la password **accedi all'Area Riservata** e potrai scaricare i contenuti online.

Per accedere ad alcuni contenuti è necessario digitare il **Codice identificativo** che trovi sul QR Code.

Le espansioni online allegate al presente volume sono valide fino alla data di pubblicazione della eventuale successiva edizione del volume.